Paris 1er février 1849

Monsieur,

Vos rapports de bienveillance intellectuelle esquels une cordiale que s'établissent naturellement entre l'écrivain et le lecteur, m'autorisent peut-être à vous adresser et à vous recommander le prospectus ci-joint de mes Œuvres Choisies revues, augmentées, commentées et éditées par moi-même.

Si je n'ai pas trop présumé, Monsieur, de votre indulgence pour ces faibles écrits, j'ose vous prier de lire ce prospectus, de le répandre autour de vous, de vouloir bien recueillir les noms des Souscripteurs qui répondront à cet appel et de me les transmettre.

Je n'ai pas besoin Monsieur, de vous dire que votre nom inscrit sur les pages de ce travail littéraire, me sera surtout dans mon Souvenir.

aS. D. Lamartine

P.S. Je vous prie d'adresser les lettres et listes de souscription, franc de port, à M. de Lamartine № 82 rue de l'Université, à Paris.

Prospectus des Œuvres choisies de M. Lamartine.

Dans des circonstances honorables pour l'écrivain, les amis de M. de Châteaubriand et les amis de la haute littérature se formèrent en Société d'Éditeurs, achetèrent ses œuvres pour populariser son génie. M. de Lamartine n'a point de titres à une telle munificence de la nation et de l'amitié. Si elle lui avait été offerte, il l'aurait refusée, par un juste sentiment de réserve et de modestie; il préfère en appeler à lui-même et à ses propres efforts. Nous vivons sous la loi du travail : reconnaître cette loi et s'y soumettre en pleine publicité, ce n'est point s'abaisser, c'est se conformer honorablement à son époque.

En conséquence, M. de Lamartine, redescendu libre des affaires publiques et pouvant se livrer en partie maintenant aux soins de ses affaires privées, se fait sans hésiter, et dans l'intérêt d'autrui, publicateur de ses propres œuvres. Il s'adresse au public, non comme écrivain, mais comme éditeur de ses livres.

Voici la combinaison de cette édition par l'auteur lui-même.

Les œuvres choisies et épurées de M. de Lamartine se décomposent ainsi :

Méditations poétiques, augmentées de 12 nouvelles méditations, **avec un commentaire de l'auteur lui-même**, à chaque méditation, indiquant la date, le lieu et les circonstances qui se rattachent à chacune de ses poésies . . . . . 2 vol. in-8.
Harmonies religieuses, avec commentaires, de même . . . . 2 vol.
augmentés de 8 nouvelles harmonies.
Poèmes de la mort de Socrate et de Child Harold . . . . 2 vol.
et recueillements poétiques.
Jocelyn, avec prologue et commentaires inédits . . . . 2 vol.
La tribune de M. de Lamartine ou études oratoires et politiques . . . . . 2 vol.
Voyage en Orient (revu) . . . . 4 vol.

En tout. . . 14 volumes.

M. de Lamartine s'adresse aux amis de la poésie et des lettres, et leur offre de souscrire et de faire souscrire à cette entreprise, à laquelle ils s'associent, de la manière suivante :

On souscrit à volonté pour les œuvres choisies en entier, ou pour deux, quatre, six, huit, dix volumes, à 6 francs le volume.

Le souscripteur ne paie rien d'avance.

Il a soin d'indiquer, dans la souscription signée de lui, quels sont les ouvrages qu'il désire.

Il joint son adresse à cette indication.

Sous peu de jours l'impression des ouvrages commencera. Ils seront adressés aux souscripteurs au fur et à mesure de leur publication.

On ne tirera qu'autant d'exemplaires qu'il y aura de souscripteurs.

Les noms des souscripteurs seront inscrits au dernier volume de la publication, pour rappeler à l'auteur un bienveillant concours.

M. de Lamartine, éditeur de cette édition d'élite, prie les amis des lettres à Paris, dans les départements et à l'étranger, de se mettre immédiatement en rapport avec lui, et de lui adresser les souscriptions (*franco de port*) 82, rue de l'Université, à Paris.

Les volumes leur seront adressés de Paris par M. de Lamartine, par les voies les moins coûteuses. Le prix du transport sera ajouté au prix des volumes.

Le montant de la souscription sera adressé à M de Lamartine, en mandats par la poste et sans frais.

Paris, février 1849.

Je soussigné

demeurant à

rue N^o

département

déclare souscrire pour

SIGNATURE :

Il suffit de détacher ce bulletin, de le remplir et de le jeter à la poste (affranchi) à l'adresse de **M. de Lamartine**, rue de l'Université, 82, à **Paris**.

Pour tous les États de l'Allemagne, Suède, Danemark, Pologne-Allemande, Italie, Espagne, Portugal, Suisse et Turquie, les Souscriptions auront lieu par l'intermédiaire de MM. RENOUARD et Comp., à Paris, rue Tournon, N° 6, qui feront parvenir aux Souscripteurs les volumes, au fur et à mesure de la publication.

OEUVRES COMPLÈTES

DE M. A. DE

LAMARTINE

TOME I

MÉDITATIONS POÉTIQUES

LAGNY. — TYPOGRAPHIE DE VIALAT ET Cⁱᵉ

Dupont pinxit. Hopwood sculp.

LAMARTINE.

ŒUVRES COMPLÈTES

DE M. A. DE

LAMARTINE

NOUVELLE ÉDITION

ILLUSTRÉE DE 34 BELLES GRAVURES SUR ACIER

ET DU PORTRAIT DE L'AUTEUR

TOME PREMIER

PARIS
21, quai Malaquais

ÉDITEURS :

CHARLES GOSSELIN, FURNE et Cⁱᵉ, PAGNERRE,
DUFOUR et MULAT

—

1850
1851

ADIEUX

AU COLLÉGE DE BELLEY[1]

Asile vertueux qui formas mon enfance
A l'amour des humains, à la crainte des dieux,
Où je sauvai la fleur de ma tendre innocence,
    Reçois mes pleurs et mes adieux.

Trop tôt je t'abandonne, et ma barque légère,
Ne cédant qu'à regret aux volontés du sort,
Va se livrer aux flots d'une mer étrangère,
    Sans gouvernail et loin du bord.

O vous dont les leçons, les soins et la tendresse
Guidaient mes faibles pas au sentier des vertus,
Aimables sectateurs d'une aimable sagesse,
    Bientôt je ne vous verrai plus!

Non, vous ne pourrez plus condescendre et sourire
A ces plaisirs si purs, pleins d'innocens appas;
Sous le poids des chagrins si mon âme soupire,
    Vous ne la consolerez pas!

---

[1] Cette pièce, composée en 1809, intéressera sans doute vivement les admirateurs de M. de Lamartine, comme essai précoce d'une muse qui donnait déjà la promesse si fidèlement tenue de son brillant avenir.

En butte aux passions, au fort de la tourmente,
Si leur fougue un instant m'écartait de vos lois,
Puisse au fond de mon cœur votre image vivante
    Me tenir lieu de votre voix!

Qu'elle allume en mon cœur un remords salutaire!
Qu'elle fasse couler les pleurs du repentir!
Et que des passions l'ivresse téméraire
    Se calme à votre souvenir!

Et toi, douce Amitié, viens, reçois mon hommage;
Tu m'as fait dans tes bras goûter de vrais plaisirs;
Ce dieu tendre et cruel qui m'attend au passage,
    Ne fait naître que des soupirs.

Ah! trop volage enfant, ne blesse point mon âme
De ces traits dangereux puisés dans ton carquois!
Je veux que le devoir puisse approuver ma flamme;
    Je ne veux aimer qu'une fois.

Ainsi dans la vertu ma jeunesse formée
Y trouvera toujours un appui tout nouveau,
Sur l'océan du monde une route assurée,
    Et son espérance au tombeau.

A son dernier soupir, mon âme défaillante
Bénira les mortels qui firent mon bonheur;
On entendra redire à ma bouche mourante
    Leurs noms si chéris de mon cœur!

DISCOURS DE RÉCEPTION

A L'ACADÉMIE FRANÇAISE[1].

Messieurs,

Appelé par votre indulgence bien plus que par mes faibles titres, à l'honneur dont je viens jouir aujourd'hui, à voir un nom qui vous emprunte tout et qui vous rend si peu, inscrit parmi les noms du siècle dont vous êtes l'ornement et l'élite, j'ai tardé longtemps à venir prendre acte de cette part d'illustration que vous m'avez décernée, à vous apporter le tribut de ma reconnaissance et de mon bonheur! Mon bonheur! j'en avais alors! La distinction dont vos suffrages m'honoraient, cette gloire des lettres dont votre choix est la récompense ou le présage, cet éclat d'estime et de bienveillance que répand sur une famille, sur une patrie tout entière, l'élection d'un de ses enfants; toutes ces joies de l'esprit, de la famille, de la patrie, étaient doublées pour moi! Elles se réfléchissaient dans un autre cœur. Ce temps n'est plus! Aucun des jours d'une longue vie ne peut rendre à l'homme ce que lui enlève ce jour fatal où, dans les yeux de ses amis, il lit ce qu'aucune bouche n'oserait lui prononcer : tu n'as

---

[1] M. de Lamartine, élu par l'Académie Française à la place vacante par la mort de M. le comte Daru, a pris séance le 1ᵉʳ avril 1830.

plus de mère! Toutes les délicieuses mémoires du passé, toutes les tendres espérances de l'avenir s'évanouissent à ce mot; il étend sur sa vie une ombre de mort, un voile de deuil que la gloire elle-même ne pourrait plus soulever! Ces joies, ces succès, ces couronnes, qu'en fera-t-il? Il ne peut plus les rapporter qu'à un tombeau!

Ainsi la Providence, qui se voile sous nos joies comme sous nos douleurs, nous attend avec un arrêt de mort, à l'heure de nos vains triomphes! Et mieux que ces insultes jalouses que les anciens mêlaient à leurs honneurs pour en tempérer l'ivresse, au moment où notre cœur s'élève, où notre félicité déborde, elle nous atteint avec un mot qui corrompt tout, qui détruit tout, et nous dit plus haut : Tu n'es rien! tu n'es qu'un homme! le jouet de la mort! le fils de ce qui n'est déjà plus!

Tandis que je me préparais à apporter ici, à la mémoire d'un homme qui m'était inconnu, le tribut de vos funèbres hommages et de ceux de la France! tandis que je cherchais dans vos cœurs, dans les souvenirs de son inconsolable famille, des regrets et des éloges, une source intarissable de larmes s'ouvrait dans mon propre cœur, et cette douleur que j'avais à peindre, c'était à moi de la sentir et de l'étouffer!

Pardonnez-moi donc, messieurs, si je réponds si faiblement à ce que vous aviez le droit d'attendre du successeur de M. le comte Daru! à ce que demandait de moi la mémoire de cet homme, que de son vivant même on appela l'homme probe! Je parle, dans ce temple de la parole, une langue qui n'est pas la mienne; je parle d'une douleur publique, abîmé dans ma propre douleur; mais je parle d'un homme dont le nom seul est une illustration pour sa mémoire, et dont la vie se loue elle-même dans la conscience des hommes de bien.

Poëte, philosophe, orateur, historien, administrateur, homme d'État, tant de titres vous étonnent d'abord! tant de titres m'ont étonné moi-même! Vous cherchez le secret de cette universalité dans l'homme même? Il est dans son temps : l'histoire de notre talent est presque toujours celle de notre vie!

Il naquit, il fut jeté sur la scène du monde à une de ces rares époques où la société dissoute n'est plus rien, où l'homme est tout : époques funestes au monde, glorieuses pour l'individu! temps d'orage qui fortifient le caractère quand il n'est pas brisé; tempêtes civiles qui élèvent l'homme quand elles ne l'engloutissent pas! Dans les jours d'ordre et de règle, la scène pour chacun est étroite, le sentier tracé, la vie écrite pour ainsi dire d'avance. Nous naissons dans la classe pour laquelle la fortune nous a marqués; la société presse ses rangs à droite et à gauche, il faut suivre ceux qui nous précèdent, poussés par ceux qui nous suivent dans un lit social déjà creusé devant nous; nous y marchons d'un pas plus ou moins ferme, avec la seule distinction de nos forces ou de nos faiblesses individuelles, nous arrivons au terme; si nous en valons la peine, on nous nomme, on nous caractérise en deux mots! et voilà la page de notre vie dans un siècle! changez le nom, et cette même page sera l'histoire de cent autres hommes! Mais dans ces drames désordonnés et sanglans qui se remuent à la chute ou à la régénération des empires, quand l'ordre ancien s'est écroulé, et que l'ordre nouveau n'est pas encore enfanté; dans ces sublimes et affreux interrègnes de la raison et du droit que la pensée n'ose contempler et sur lesquels l'histoire même jette un voile, de peur que l'humanité n'ait à rougir à son réveil! tout change : la scène est envahie, les hommes ne sont plus des acteurs, ils sont des hommes; ils s'abordent, ils se mesurent corps à corps, ils ne se parlent plus la langue convenue de leurs rôles, ils se parlent la langue véhémente et spontanée de leurs intérêts, de leurs nécessités, de leurs passions, de leurs fureurs! héroïsmes et bassesses, talens, génie, stupidité même, tout sert; toute arme est bonne! tout a son règne, son influence, son jour; l'un tombe parce qu'il porte l'autre, nul n'est à sa place, ou du moins nul n'y demeure;

le même homme, soulevé par l'instabilité du flot populaire, aborde tour à tour les situations les plus diverses, les emplois les plus opposés ; la fortune se joue des talens comme des caractères ! il faut des harangues pour la place publique, des plans pour le conseil, des hymnes pour les triomphes, des lumières pour la législation, des mains habiles pour amasser l'or ! des mains probes pour le toucher. On cherche un homme ! son mérite le désigne : point d'excuses ! point de refus ! le péril n'en accepte pas ! on lui impose au hasard les fardeaux les plus disproportionnés à ses forces, les plus répugnans à ses goûts ; et si, parmi ces victimes de la faveur populaire, il se rencontre un homme doué d'autant de vertus que de courage, d'autant d'activité que de forces, toujours propre au rôle qu'on lui assigne, si ce rôle n'a rien que d'honorable ; toujours supérieur au fardeau qu'on lui impose, s'il consent à l'accepter ; toujours prêt au dévouement, si la conscience le commande ; l'esprit de cet homme s'élargit, ses talens s'élèvent, ses facultés se multiplient, chaque fardeau lui crée une force, chaque emploi un mérite, chaque dévouement une vertu ; il devient supérieur par circonstance, universel par nécessité ; et à l'heure où le pouvoir qui peut seul succéder à l'anarchie, le despotisme, fort aussi de la nécessité, se présente, et cherche des appuis dans ce que la révolution a laissé d'intact et de pur ; il voit cet homme, il s'en empare, il l'élève, il se dit : ce n'est plus l'homme de la foule, c'est l'homme de l'ordre, l'homme du pouvoir, l'homme de la réparation : il est à moi ! Cet homme est M. Daru. Le secret de son universalité se trouve écrit dans sa destinée ; le secret de ses forces et de son génie vous sera révélé dans ses fonctions et dans ses ouvrages.

Né à Montpellier, en 1767, d'une famille honorable et distinguée, M. Daru reçut une éducation analogue à sa naissance, et fut destiné à l'état militaire. La révolution le surprit jeune encore ; elle apparaissait comme l'aurore d'une régénération morale et politique : on ignorait alors que les peuples ne se régénèrent point par des théories, mais par la vertu ou par la mort, et la hache sanglante des révolutions n'avait point été pesée dans les calculs de l'espérance. M. Daru passa sous les drapeaux le temps où la France s'y réfugiait tout entière; employé au ministère de la guerre, il en sortit volontairement au 18 fructidor, voulant bien servir son pays dans ses périls; dans ses passions ou dans ses crimes, jamais! Dix mois de prison lui firent payer à son prix ce jour de courage et de vertu. Ordonnateur en chef des armées, secrétaire général du ministère de la guerre, commissaire pour l'exécution de la convention de Marengo, déjà son nom s'unissait au récit de nos victoires; déjà il portait l'ordre, la lumière et la probité dans cette administration des armées, jusque-là confuse comme le pillage, imprévoyante comme le hasard; déjà l'homme dont le coup d'œil était un jugement l'avait distingué dans la foule, et avait reconnu en lui cette patience et cette énergie, qu'avec sa brutalité de génie il comparait au bœuf et au lion. Bientôt nous le retrouvons tribun : ce mot sonne mal avec le nom de M. Daru! Il n'avait du tribun que le nom. Sorti de l'école de l'anarchie, homme d'un esprit ferme et d'un cœur droit, il comprenait mieux à cette époque le pouvoir que la liberté; le pouvoir était la nécessité du moment; et c'est, n'en doutons pas, dans cette horreur de la licence qu'il faut chercher le principe de son dévouement à un homme qui fut le pouvoir incarné, parce qu'il fut la volonté inflexible. Entre la dictature et l'anarchie, M. Daru, comme la France, n'avait pas à choisir : pour remonter de la licence à la liberté, les peuples n'ont d'autre chemin que la tyrannie.

Intendant général de la grande armée et des pays conquis, secrétaire d'État en 1811, ministre de l'administration de la guerre en 1813, il déploya partout ce courage d'esprit, cette fertilité de ressources, cette inflexibilité de devoir qui le firent toujours admirer, souvent bénir, et, disons-le, quelquefois redouter des provinces où il organisait la conquête. Ministère terrible pour un cœur généreux, que celui de servir d'organe à la victoire, de demander aux peuples vaincus ou le salaire de leur liberté, ou la rançon de leur défaite! Le caractère de M. Daru passa par cette rude épreuve comme par celle du feu, sans en être atteint, et, dans des fonctions où Rome employait ses plus inexorables proconsuls, où des nations tremblantes ne s'attendent qu'à rencontrer des Verrès, elles reconnurent avec estime, quoique avec douleur, des mains probes, un esprit élevé et un cœur d'honnête homme.

Parmi tant de fonctions diverses où la pensée a peine à trouver une lacune, comment l'administrateur trouva-t-il le temps de la philosophie, de l'histoire, de la poésie? dans des momens toujours employés; dans des heures dérobées par minutes, non à ses devoirs, mais au plaisir, à la nuit, au sommeil; dans une âme toujours active, pour qui le travail était le repos du travail.

La traduction d'Horace, des traductions de Cicéron, un poëme sur Washington, un poëme sur les Alpes, un autre sur la Fronde, une épître à Delille, la traduction de Casti, des discours en vers, des discours à l'Académie, des travaux sur la librairie, sur les liquidations, l'histoire de Bretagne, l'histoire de Venise; enfin un poëme sur l'astronomie, qui n'est publié que d'hier, et qui promet d'éclairer son tombeau du rayon le plus tardif, mais le plus éclatant de sa gloire: tels furent ce qu'un tel homme appelait ses loisirs. Presque tous ses ouvrages, vous les connaissez, messieurs! il aimait à vous apporter les essais de son esprit, et trouvait dans vos suffrages l'avant-goût de ce jugement du public qu'il voulait conquérir comme il avait conquis sa fortune, avec labeur et loyauté. Parmi les discours qu'il prononça dans cette enceinte, on aime à distinguer surtout sa réponse au duc Matthieu de Montmorency, ravi sitôt aux espérances du pays et à la confiance du trône, et qui vous apportait pour titres l'âme de Fénelon, dont il avait reçu la mission sacrée. Quoique assis sur des bancs opposés, M. Daru l'honorait; car toutes les vertus se comprennent. Dans sa réponse, il lui parla de sa piété céleste et de son infatigable charité;

seul homme en effet à qui l'on pût parler en face de ses vertus, car elles n'étaient un secret que pour lui-même. Il n'est plus! une voix plus heureuse s'est élevée sur sa tombe, et a consacré parmi vous cette vie, dont la fin ressembla moins à une mort qu'au mystique sommeil du juste; mais je n'ai pu prononcer ce beau nom, ce nom qui retentira à jamais dans mon cœur comme dans un sanctuaire, sans m'arrêter un instant, sans saluer au moins d'une larme et d'un respect cette vertu qui brilla dans nos jours d'orages comme un arc-en-ciel de réconciliation et de paix, qui ne se mêla aux partis que pour les adoucir, aux lettres que pour les élever, à la politique que pour l'ennoblir. Plus heureux ou plus malheureux que la plupart d'entre vous, j'unis des regrets personnels à ceux de la France et de l'Europe; les regrets d'une chère et illustre amitié. Les dernières lignes qu'ait tracées sa main mourante, ces lignes interrompues par la mort même, m'étaient adressées; plus qu'à un autre ce souvenir m'appartient; j'y serai fidèle! Mon titre le plus cher à mes yeux sera d'avoir été aimé d'un tel homme, et ma plus douce consolation de m'attacher à sa mémoire et de la vénérer à jamais.

L'œuvre de prédilection de M. Daru était cette traduction d'Horace, commencée dans les cachots de la terreur, poursuivie et achevée enfin dans les camps, dans les palais, à travers toutes les vicissitudes d'une vie si pleine et si agitée.

Horace était le poëte de l'époque, comme le Dante semble le poëte de la nôtre; car chaque époque adopte et rajeunit tour à tour quelqu'un de ces génies immortels qui sont toujours aussi des hommes de circonstance; elle s'y réfléchit elle-même, elle y retrouve sa propre image, et trahit ainsi sa nature par ses prédilections. L'époque ressemblait à celle d'Auguste; l'Europe sortait des rudes épreuves d'une révolution qu'elle ne comprenait pas encore; il fallait détourner les yeux d'un passé souillé de sang et de boue; ne s'étonner de rien, *nil admirari*, ni des changemens de maîtres, ni des changemens des rôles, ni des murmures, ni des adulations, ni des servilités populaires; il fallait glisser sur tout pour ne rien heurter, ne jeter sur les choses qu'un regard superficiel et dédaigneux, de peur d'arriver à l'horreur ou au mépris, et ne prêcher aux hommes que cette sagesse insouciante et facile, cet épicurisme de la raison qui ne donne point de remords à la servitude, point d'ombrage à la tyrannie; qui venge de tout par le léger sourire de l'ironie, amuse l'indifférence, console la faiblesse, excuse la lâcheté, et dont le vice s'accommode comme la vertu. Voilà Horace, l'ami de Brutus; l'ami de Mécène; l'homme qui jette son bouclier à Philippes, et qui chante la fermeté stoïque, le *justum ac tenacem*, entre les délices de Tibur et les complaisances de Rome. Un tel poëte devait plaire à un tel moment; le pouvoir inquiet de l'époque devait voir avec une joie secrète les esprits détournés des pensées fortes, des résolutions graves, se porter sur cette philosophie complaisante et molle qui prend le destin en patience et les hommes en plaisanterie; les tyrans, et les peuples eux-mêmes, aussi affamés d'adulations que les tyrans, ont toujours aimé les poëtes de cette école. Ce n'est pas pour eux que s'ouvrent les cachots de Ferrare, que s'élèvent les échafauds de Roucher et d'André Chénier, que Syracuse a des carrières, et que Florence a des exils. Ils chantent, couronnés de grâces insouciantes, dans les banquets des maîtres du monde ou dans les saturnales populaires; une sympathie secrète les attache à toutes les tyrannies; car ces poëtes amollissent les hommes, pendant que les sophistes les corrompent et que les tyrans les enchaînent.

Telle ne fut point la pensée de M. Daru en nous rendant Horace : Horace était l'ami de son âme; il voulut le rendre l'ami de son siècle, mais il entreprit l'œuvre la plus difficile, je dirais presque l'œuvre la plus impossible de l'esprit humain. On ne traduit personne : l'individualité d'une langue et d'un style est aussi incommunicable que toute autre individualité. La pensée tout au plus se transvase d'une langue à l'autre; mais la forme de la pensée, mais sa couleur, mais son harmonie s'échappent : et qui peut dire ce que la forme est à la pensée, ce que la couleur est à l'image? Mais ce qu'on prétend traduire n'est pas même une pensée, si ce n'est qu'une impression fugitive, un rêve inachevé de l'imagination ou de l'âme du poëte, un son vague et inarticulé de sa lyre, une grâce nue et insaisissable de son esprit, que restera-t-il sous la main du traducteur? quelques mots vides et lourds, pareils à ces monnaies d'un métal terne et pesant, contre lesquelles vous échangez la drachme d'or resplendissante de son empreinte et de son éclat; et d'ailleurs, dans la poésie d'un autre âge, il y a toujours une partie déjà morte, un sens des temps, des mœurs, des lieux, des cultes, des opinions, que nous n'entendons plus, et qui ne peut plus nous toucher! ôtez à une poésie sa date, sa foi, son originalité enfin, qu'en restera-t-il? ce qui reste d'une statue des dieux dont la divinité s'est retirée, un morceau de marbre plus ou moins bien taillé! La révolution que le christianisme a dû produire dans la poésie, cette révolution dont les progrès sont sensibles dans le Dante, dans Milton, dans le Tasse, dans Pétrarque, dans *Athalie*, a été lente à agir sur nous; nos cœurs étaient chrétiens, et nos lèvres étaient païennes; de là froideur et désaccord entre notre poésie et le cœur humain; mais cette révolution se manifeste enfin; elle nous détache d'une muse sans individualité, d'une philosophie sans espérance et sans règle, d'une mythologie sans foi; elle nous demande quelque chose de grave et de mystérieux comme la destinée humaine, d'élevé comme nos espérances, d'infini comme nos désirs, de sévère comme nos devoirs, de profond et de tendre comme nos pensées et nos affections! elle nous demande enfin ce que le père de toute poésie moderne a si bien défini : — *Il parlar che nell' anima si sente!* ce langage qui s'entend, qui se parle, qui retentit dans l'âme humaine, l'écho vivant de nos sentimens les plus intimes! la mélodie de notre pensée!

La chute d'un empire dont M. Daru avait été une des colonnes, tourna ses regards vers les enseignemens de l'histoire! il fut tenté de l'écrire : il choisit Venise; le choix seul était du génie. Venise, avec son berceau caché dans les lagunes de l'Adriatique, avec ses institutions mystérieuses, sa liberté tyrannique, ses conquêtes orientales, son commerce armé, son despotisme électif, ses mœurs corrompues et son régime inquisitorial, ressemble à un de ces monumens gothiques, moitié arabes, moitié chrétiens, qu'elle éleva elle-même, et dont on admire l'étrange et colossale architecture sans pouvoir en assigner l'origine et la fin; c'est l'Alhambra de l'histoire! ou plutôt ce n'est pas une histoire, c'est le roman du moyen âge; c'est un de ces récits fabuleux de l'Orient, où les merveilles s'enchaînent aux merveilles dans la bouche des conteurs arabes, jusqu'à ce que les palais et les temples, les héros et les pompes, tout disparaisse par le même enchantement qui les avait évoqués, et tout s'écroule dans le tombeau silencieux de l'Océan. Ainsi s'est écroulée cette reine de la mer dans ses propres flots! Venise est à elle-même son tombeau! tombeau digne d'elle, et qui raconte à lui seul de puissantes et lamentables destinées! L'étranger va la chercher dans ses ruines, et chaque pas qui retentit sur ses pavés, chaque herbe qui croît entre ses débris, chaque pierre qui tombe de ses palais dans ses canaux à moitié comblés, réveillent en lui, avec une impression de terreur mystérieuse, des images de gloire, de volupté et de néant! M. Daru s'est élevé souvent à la hauteur de ce sujet : son style a quelque chose de la sincérité et de la gravité antiques, de cette solennité des premiers temps, où l'historien exerçait une sorte de sacerdoce des traditions; cette gravité lui sied; ce n'est pas une chose légère et plaisante que cet enseignement du passé pour instruire l'avenir! nous aimons à retrouver dans le ton de l'historien quelque chose d'animé comme les impressions qu'il éveille, de sublime et de triste comme ces destinées des empires qui sortent du néant pour y retomber après un peu de poussière et de bruit!

Après ce monument du moyen âge, M. Daru voulut en élever un à sa patrie; il écrivit l'histoire de Bretagne; mais ici les souvenirs et les couleurs manquaient : il en est des provinces comme des hommes, elles ont leurs destinées indépendantes de leur importance relative; une lagune de l'Adriatique, un rocher de la Méditerranée, une montagne de la Judée ou de l'Attique, éveillent puissamment la sympathie des générations, tandis que d'immenses et populeuses provinces n'ont que leur nom dans la mémoire des siècles ; c'est la physionomie des nations comme celle des individus qui les fait saillir dans la foule, et qui les grave dans nos souvenirs; la gloire, les revers, les orages politiques impriment cette physionomie aux peuples; ce sont les rides des nations; la Bretagne n'en avait pas encore; on regrette que le regard de l'historien n'ait pas plongé plus avant dans les antiquités de la Bretagne; on regrette surtout que sa plume s'arrête à la page la plus historique de son récit; à cette page, qui semble arrachée à l'histoire des temps héroïques, où la foi du chrétien se confondait avec la fidélité du soldat, où des provinces entières se levaient d'elles-mêmes aux seuls noms de Dieu et du roi, et, ne puisant leurs forces que dans leur désespoir, renouvelaient dans un coin de l'Armorique les prodiges de l'antique patriotisme, et montraient à l'Europe vaincue ou muette que rien n'est plus invincible qu'un sentiment généreux dans le cœur de l'homme, qu'il s'appelle dévouement ou liberté; et que si la religion et la royauté ne devaient pas avoir leur Salamine, elles avaient du moins leurs Thermopyles sur la terre des Clisson et des Duguesclin!

Ces grands ouvrages furent entremêlés de compositions moins sévères, de poésies pleines de sens et de grâce, de rapports qui sont restés des ouvrages sur de hautes matières d'administration; on y distingue ces rapports annuels sur les prisons, adressés à l'héritier du trône, qui ne trouve point d'infortunes trop abjectes pour le regard d'un roi, pont de misère si au-dessous de la charité du chrétien, et qui, comme ses aïeux au jour de leur sacre, ose toucher du doigt ces plaies honteuses de l'humanité pour les soulager ou pour les guérir !

Élevé à la pairie, M. Daru parla à la chambre avec cette élévation de talent, cette maturité d'expérience, et cette raideur de conviction, fruit d'une longue et forte éducation politique ; le temps et le bienfait de la restauration lui avaient appris à tempérer les doctrines sévères du pouvoir, d'un esprit de modération et de liberté, dont il n'avait pas reçu les inspirations sous les tentes du conquérant ou sous les faisceaux du dictateur ; il siégeait sur les bancs de l'opposition, mais d'une opposition pleine de droiture et de loyauté : nous ne sommes point ici pour juger des opinions ; les opinions n'ont d'autre juge que la conscience et le temps ! Comme ces cultes divers qui ont leurs autels sous un même temple, nous devons les respecter sans fléchir devant elles, et les comprendre sans les partager ! Personne ne sut mieux que M. Daru distinguer les affections de l'homme privé, des devoirs de l'homme politique. Ses souvenirs furent de la reconnaissance, et jamais de la faction ! Il apprécia l'immense bienfait d'une restauration qui lui coûtait un ami, mais qui régénérait l'Europe ; ce n'est point à nous de réprouver des sentimens dont nous nous glorifierions nous-même envers la famille de nos rois, d'avoir deux poids et deux mesures, et de condamner, dans des hommes comblés de confiance et de grandeur par un autre homme, des sympathies que nous ne pourrions flétrir sans flétrir en même temps ce qu'il y a de plus noble et de plus désintéressé dans le cœur humain : la mémoire du bienfait, la pitié pour la chûte, et l'innocente fidélité des souvenirs !

Telles étaient, messieurs, les destinées de M. Daru, encore pleines de promesses et d'espérances, quand la mort vint clore à jamais cette vie laborieuse, et lui imposer le repos avant la fatigue ! Ainsi nous passons ! ainsi une génération s'effeuille, pour ainsi dire, devant nous, et tombe homme à homme dans l'oubli ou dans l'immortalité ! Encore quelques noms illustres, encore quelques éloges éclatans, et celle dont l'agitation et le bruit ont fatigué le monde et retentiront dans de longs âges, dormira tout entière dans le repos et dans le silence. Quand ce moment est arrivé, quand les passions et les opinions contemporaines sont ensevelies avec la poussière des générations éteintes; quand l'amour et la haine, quand le bienfait et l'injure ne retentissent plus dans les cœurs des hommes nouveaux, alors la postérité se lève et juge : l'heure est venue pour cette grande renommée du dix-huitième siècle, de ce siècle qui, né dans la corruption de la régence, grandissant à l'ombre d'un règne qui se trahissait lui-même, jouant indifféremment avec les armes du sophisme ou de la raison, sapant les fondemens de toutes les institutions avant de les avoir étayées, s'assoupissait dans tous les délires de l'espérance, à la voix de ses poëtes et de ses sages, et se réveillait au bruit de ses institutions croulantes, aux lueurs de ses incendies, aux cris de ses victimes et de ses bourreaux. Son nom, que nous cherchons encore, sera difficile à trouver! De sa naissance à sa fin, il y a de tout en lui, depuis la pitié jusqu'à l'horreur, depuis l'admiration jusqu'au mépris! Mais, quelle que soit l'épithète glorieuse ou vengeresse dont les générations futures le marquent parmi les siècles, nous pouvons le dire ici, sans crainte d'être démentis par l'avenir, ce ne fut point un siècle de pensée, ce fut un siècle d'action! la philosophie moqueuse n'y fit point un de ces pas immenses qui portent l'intelligence humaine sous un nouvel horizon; les arts n'y furent point inspirés, car ils ne regardèrent jamais le ciel, d'où toute inspiration descend; la poésie y négligea sa lyre, pour n'y saisir qu'un froid pinceau; elle étouffa sur ses lèvres le grand nom, le nom de Dieu, qui doit retentir au moins dans l'âme des poëtes, ces instrumens animés du grand concert de la création! La science seule y grandit, parce que la science vit de faits et non d'idées; l'éloquence seule y fut forte, parce que l'éloquence est encore de l'action. La voix de Mirabeau y retentit, mais c'est de la tribune; Mirabeau, un de ces hommes gigantesques qui apparaissent à la chute des empires, et qui, comme Samson, semblent pouvoir à leur gré soutenir seuls les colonnes de l'édifice, ou les entraîner dans leur chute. Mais Mirabeau lui-même n'y serait qu'une renommée vulgaire, s'il n'eût été le premier des orateurs et des tribuns!

Et nous, qui jugeons les autres, bientôt on nous jugera nous-mêmes; bientôt un impartial avenir nous demandera nos titres à cette part de renommée que nous croyons immense, et qu'il connaîtra seul; bientôt il fera le redoutable inventaire de nos opinions, que nous nommons des principes; de nos préventions, que nous appelons de la justice; de notre bruit, que nous prenons pour de la gloire. Et déjà nous nous jugeons nous-mêmes; déjà, invoquant nos préjugés pour arbitres, nos affections pour juges, nous prononçons au gré de nos passions encore brûlantes, l'apothéose ou l'arrêt d'un siècle dont nous n'avons vu que la sanglante aurore; siècle de ténèbres pour les uns, siècle de lumière pour les autres, siècle à controverse pour tous!

Ne partageons, messieurs, ni ce mépris ni cet orgueil! ne croyons point que cette vérité, qui appartient à tous les temps et à tous les hommes, ait attendu notre heure pour se lever sans nuage sur notre berceau! n'oublions point que toute vérité est fille d'une autre, *fille du temps*, comme ont dit les sages, et que la civilisation tout entière est suspendue à cette chaîne de traditions dont la chaîne d'or, qui portait le monde, n'était qu'une éclatante figure; mais aussi ne nous calomnions pas nous-mêmes! le jour de la justice se lèvera assez tôt! assez tôt la postérité dira, en pesant nos mémoires : ils furent (ce que nous sommes en effet) les hommes d'une double époque dans un siècle de transition!

Quant à moi, messieurs, si, atteint quelquefois de ce dégoût de mon temps, maladie éternelle de tout ce qui pense, j'étais tenté d'être injuste envers mon siècle, je jetterais un regard sur les hommes devant qui s'élève aujourd'hui ma voix! je contemplerais, dans cette enceinte même, ici, l'Homère du christianisme, assis non loin de son Platon! là cet orateur philosophe, que la pensée et la parole, que la monarchie et la liberté revendiquent comme leur plus loyal et leur plus profond interprète! Ici, ce généreux citoyen qui le premier osa tenter la colère de la tyrannie, quand tout flattait ou se taisait! Homme digne des temps antiques, si les temps antiques furent ceux de la simplicité, de la vertu, de la candeur, du génie, du dévouement, qui ne se compte pour rien, et de la gloire qui s'ignore elle-même! Sa parole, comme un glaive libérateur, trancha ce nœud de servitude qui enchaînait la France à l'oppression, et retentira longtemps dans notre histoire comme le premier soupir de restauration et de liberté, sorti du cœur d'un homme de bien, son plus digne temple et son plus éloquent organe! Ce Pline français, chez qui le génie n'est que l'œil de la science, et dont la vaste et puissante intelligence semble avoir été créée par la nature pour la surprendre dans ses mystères, comme pour la décrire dans sa majesté! Ce digne chef de notre premier corps politique, dont la sagesse se confondra dans l'avenir avec la sagesse de nos législations qu'il a préparées! Ces maîtres de nos deux scènes, les uns, habiles héritiers de nos chefs-d'œuvre qu'ils perpétuent, les autres, hardis novateurs, cherchant le vrai dans la seule nature et la lumière dans leur seul génie; ces dignes princes de l'Église, qui consacrent les lettres de la sainteté de leur vertu; enfin ce jeune et brillant Quintilien, qui, dans l'ombre de nos écoles, s'est élevé à lui seul une tribune retentissante, et dont l'éloquence, dépassant cette tribune même, s'élève à la hauteur de tous les sujets, à la rivalité de tous les talens! Que si, franchissant les bornes de cette enceinte, mon regard se porte sur la génération qui s'avance, je le dirai, messieurs! je le dirai avec une intime et puissante conviction, dussé-je être accusé d'exagérer l'espérance et de flatter l'avenir, heureux ceux qui viennent après nous! tout annonce pour eux un grand siècle, une des époques caractéristiques de l'humanité. Le fleuve a franchi sa cataracte, le flot s'apaise, le bruit s'éloigne, l'esprit humain coule dans un lit plus large, il coule libre et fort ; il n'a plus à craindre que sa propre fougue, il ne peut être souillé que de son propre limon. Une intention droite l'emporte et le dirige ; une soif immense de perfectionnement, de morale et de vérité le dévore ; un sens nouveau, un sens salutaire ou terrible, lui a été donné pour l'assouvir. Ce sens, qui a été révélé à l'humanité dans sa vieillesse, comme pour la consoler ou la rajeunir, c'est la presse : cette faculté nouvelle, qui s'ignore, s'épouvante encore d'elle-même ; elle jette dans une civilisation toute faite le même désordre qu'un sens de plus jetterait d'abord dans l'organisation humaine ; mais le temps, mais ses propres excès, mais l'épreuve seule infaillible des législations, en régleront l'usage, sans en retrancher les fruits, et quel que soit le doute effrayant dont elle travaille encore les plus fermes intelligences, je ne puis croire que nous devions maudire une puissance de plus accordée à la pensée de l'homme par une Providence plus généreuse et plus prévoyante que nous, étouffer un de ses plus beaux dons, et lui rejeter son bienfait.

Une jeunesse studieuse et pure s'avance avec gravité dans la vie ; les grands spectacles qui ont frappé ses premiers regards l'ont mûrie avant l'âge ; on dirait qu'un siècle la sépare des générations qui la précèdent. Elle sent la dignité de la vocation humaine, vocation relevée et élargie par les institutions où toutes les libertés de l'homme ont leur jeu, où toutes ses forces ont leur emploi, où toutes ses vertus ont leur prix. Les lettres s'imprègnent de cette moralité des mœurs et des lois. La philosophie, rougissant d'avoir brigué la mort et revendiqué le néant, retrouve ses titres dans le spiritualisme, et redevient divine en reconnaissant son Dieu. Le spiritualisme lui-même remonte d'un cours insensible vers la philosophie relevée ; il s'incline devant le dogme, mystérieuse expression de vérités surhumaines, et confesse enfin que, pour être juste comme pour être vraie, la philosophie ne peut point faire abstraction de la plus pure et de la plus large émanation de lumière qui ait été départie à l'homme : le christianisme! L'histoire s'étend et s'éclaire; elle écrit l'homme tout entier, elle voit les idées sous les faits, et suit les progrès du genre humain dans la marche sourde et lente de la pensée, plus que dans ces journées sanglantes qui élèvent ou précipitent la fortune d'un homme sans rien changer au sort de l'humanité. La poésie, dont une sorte de profanation intellectuelle avait fait si longtemps, parmi nous, une habile torture de la langue, un jeu stérile de l'esprit, se souvient de son origine et de sa fin. Elle renaît fille de l'enthousiasme et de l'inspiration, expression idéale et mystérieuse de ce que l'âme a de plus éthéré et de plus inexprimable, sens harmonieux des douleurs ou des voluptés de l'esprit; après avoir enchanté de ses fables la jeunesse du genre humain, elle l'élève sur ses ailes plus fortes, jusqu'à la vérité aussi poétique que ses songes, et cherche des images plus neuves pour lui parler enfin la langue de sa force et de sa virilité. Un souffle religieux travaille la pensée humaine; mais cette religion intime et sincère ne s'appuie que sur la conscience et la foi. Elle ne demande au pouvoir ni des alliances qui l'altèrent, ni des faveurs qui la corrompent; elle ne demande que ce qu'elle accorde elle-même, que ce qui fait son essence et sa gloire : indépendance et conviction. La politique n'est plus cet art honteux de corrompre ou de tromper pour asservir. Le christianisme avait jeté aussi en elle un germe divin de moralité, d'égalité ou de vertu, qu'il a fallu des siècles pour faire éclore. On le voit poindre d'âge en âge, dans les soupirs des peuples et dans les vœux des bons rois, comme une pensée vivace du genre humain, toujours combattue, jamais étouffée; déjà le génie bienfaisant de Fénelon la révèle au pouvoir, comme la sainte loi de la charité politique, comme l'évangile des rois. Elle survit aux rigueurs du despotisme, comme aux saturnales de l'anarchie; elle triomphe des faibles qui la nient, comme des insensés qui la profanent. La morale, la raison et la liberté sortent enfin du vague des théories, essaient des formes, et prennent une vie et un corps dans des institutions où l'ordre et la liberté se garantissent; où la monarchie qui les protége grandit à nos yeux du seul titre que nous revendiquions pour elle, la tutrice des droits et des progrès du genre humain.

Voilà les prémices du siècle qui s'ouvre! S'il n'oublie point les sanglantes leçons du passé; s'il se souvient de l'anarchie et de la servitude, ces deux fléaux vengeurs, qui attendent, pour les punir, les fautes des rois ou les excès des peuples; s'il ne demande point aux institutions humaines plus que l'imperfection de notre nature ne comporte, il remplira sa glorieuse destinée; il répondra à ce sentiment sympathique dont les hommes d'espérance aiment à le saluer dès aujourd'hui. Ce siècle datera de notre double restauration : restauration de la liberté par le trône, et du trône par la liberté. Il portera le nom ou de ce roi législateur qui consacra les progrès du temps dans la Charte, ou de ce roi honnête homme, dont la parole est une charte, et qui maintiendra à sa postérité ce don perpétuel de sa famille. N'oublions pas que notre avenir est lié indissolublement à celui de nos rois; qu'on ne peut séparer l'arbre de sa racine sans dessécher les rameaux, et que la monarchie a tout porté parmi nous, jusqu'aux fruits parfaits de la liberté. L'histoire nous dit que les peuples se personnifient, pour ainsi dire, dans certaines races royales, dans les dynasties qui les représentent; qu'ils déclinent quand ces races déclinent; qu'ils se relèvent quand elles se régénèrent; qu'ils périssent quand elles succombent; et que certaines familles de rois sont comme des dieux domestiques, qu'on ne pouvait enlever du seuil de nos ancêtres sans que le foyer lui-même fût ravagé ou détruit.

Et vous, messieurs, vous ouvrirez successivement vos rangs au talent, au génie, à la vertu, à toutes les prééminences de ces époques; déjà d'illustres et pures renommées vous attendent; vous n'en laisserez aucune sur le seuil!

Sans acception d'écoles ou de partis, vous vous placerez, comme la vérité, au-dessus des systèmes. Tous les systèmes sont faux; le génie seul est vrai, parce que la nature seule est infaillible. Il fait un pas, et l'abîme est franchi! il marche, et le mouvement est prouvé! Vous voudrez que ce corps illustre, comme le prisme dont les nuances diverses forment l'éclatante harmonie, réunisse toutes les célébrités contemporaines, et concentre les rayons de cette immortalité nationale dont vous êtes le foyer et l'emblème! et vous glorifierez ainsi le roi qui vous protége, le grand homme qui vous fonda, la France, qui se reconnaît et qui s'honore en vous.

RÉPONSE

DE

M. LE BARON CUVIER,

DIRECTEUR DE L'ACADÉMIE FRANÇAISE,

AU DISCOURS DE M. DE LAMARTINE

Prononcé dans la séance du 1ᵉʳ avril 1830.

Oui, monsieur, l'Académie Française doit une justice égale aux divers talens. Toute véritable prééminence est un titre à ses suffrages. Aussi, dans tous les temps, s'est-elle fait un honneur d'appeler dans son sein quiconque a su prêter à la raison un langage digne d'elle; quiconque a su émouvoir les hommes aux noms sacrés de la vérité et de la vertu; et si elle a montré quelque préférence, c'est pour les écrivains qui, en respectant la langue et les convenances, ont été assez heureux pour imprimer à leurs ouvrages des formes propres, par leur nouveauté, à saisir plus vivement les esprits. Bossuet, accablant son auditoire de toutes les grandeurs divines; Racine, revêtant des nuances d'un langage céleste ce que le cœur humain peut éprouver de sentimens plus tendres et plus délicats; Montesquieu, éclairant comme de vives étincelles les ressorts les plus cachés de la machine sociale; Buffon, peignant le premier la nature dans sa pompe et sa majesté; tous ces heureux novateurs et bien d'autres encore qui se sont ouvert des routes inconnues avant eux pour arriver à leur gloire, l'Académie s'est empressée de les faire concourir à la sienne; leurs noms fameux feront à jamais l'orgueil de nos annales.

Je dis plus, monsieur, c'est qu'y eût-il la moindre réalité dans ces préventions ou ces passions que la malignité oisive attribue quelquefois si légèrement aux hommes occupés des travaux de l'esprit, un corps placé sous les yeux de la France et de l'Europe serait dans l'heureuse impuissance de se déshonorer en repoussant celui qui se serait fait à juste titre un grand nom. Le sort du génie, même à l'égard de ces distinctions qu'il aurait peut-être le droit de regarder comme frivoles, ne dépend point des petites jalousies de ses rivaux. En vain le pouvoir, comme il est arrivé quelquefois, aurait-il la faiblesse de se faire l'auxiliaire de l'envie, la voix publique finirait par l'emporter. Mais en se pénétrant de ces vérités consolantes dont l'histoire ancienne et nouvelle de l'Académie a offert des preuves si multipliées, il est une autre vérité qu'il ne faut pas perdre de vue, c'est que le génie n'est pas dans la nouveauté seulement, mais dans la nouveauté jointe à la perfection.

Heureux l'écrivain qui peut se prévaloir à la fois d'ouvrages originaux et excellens, et de l'assentiment public! Plus heureux encore celui envers qui un caractère aimable et une vie pleine d'honneur ont rendu toute jalousie et toute prévention impossible.

C'est ainsi que vous nous arrivez, monsieur; pour vous, l'estime et l'amitié ne sont pas moins vives que l'admiration; et telle est la nature de vos écrits, qu'ils devaient nécessairement exciter tous ces sentimens.

Lorsque, dans un de ces instans de tristesse et de découragement qui s'emparent quelquefois des âmes les plus fortes, un promeneur solitaire entend par hasard résonner de loin une voix dont les chants doux et mélodieux expriment des sentimens qui répondent aux siens, il est comme saisi d'une sympathie bienfaisante; il sent vibrer de nouveau ces fibres que l'abattement avait détendues; et si cette voix qui peint ses souffrances, y mêle par degrés de l'espoir et des consolations, la vie renaît en quelque sorte en lui; déjà il s'attache à l'ami inconnu qui la lui rend; déjà il voudrait le serrer dans ses bras, l'entretenir avec effusion de tout ce qu'il lui doit.

Tel a été, monsieur, l'effet que produisirent vos premières Méditations sur un grand nombre de ces êtres sensibles que tourmente l'énigme de ce monde, et qui, dans cette profonde nuit où la Providence a jugé à propos de laisser la raison humaine, sur notre origine, sur notre nature et sur notre destinée, éprouvent sans cesse le besoin d'un guide, mais d'un guide qui les arrache à ce noir labyrinthe du doute, et les transporte vers des régions de lumière et de sécurité.

Les tristes abstractions de la philosophie les laissent froids comme elles; ils ne se rassurent point avec ces esprits légers qui, dans l'impossibilité de résoudre ce terrible problème, cherchent à s'en distraire par l'insouciance et l'oubli; et ce grand poëte de nos jours, à qui vous avez départi avec tant de noblesse ce qui lui est dû d'éloge et de blâme, et qui n'a voulu voir dans notre univers que le temple du dieu du mal, ils repoussent avec effroi en lui l'ange du désespoir.

En vous, monsieur, dès votre apparition, ils ont salué d'un commun accord le chantre de l'espérance.

Aussi énergique que votre émule dans la peinture des maux de la vie, aussi pénétré de la vanité de nos plaisirs, de la rapidité avec laquelle ils s'écoulent, ce rayon consolateur, qui n'a pu luire pour son esprit, a éclairé le vôtre, et votre talent l'a fait briller aux yeux de vos semblables.

L'espérance est votre muse, l'espérance, sœur de l'imagination. Ces deux fées, qui, presque seules ici-bas, nous soutiennent et nous animent, est-il étonnant qu'elles se soient disputé à qui animerait plus vivement pour vous la nature tout entière; que votre génie, inspiré par elles, ait enfanté tant de créations gracieuses, sublimes, ou terribles; également grand, soit qu'au *tombeau des Scipions il pèse la cendre des héros*, soit qu'il entende *résonner ces harpes d'or que Dieu lui-même écoute*, ou qu'il nous montre le malheur *comme un vautour pressant l'univers de sa serre cruelle?* L'image de la volupté elle-même, tout étonnée de se trouver au milieu de tant de grandes images, de tant de sérieuses pensées, n'y perd rien de son charme. Vous seriez presque un séducteur, si la leçon ne venait chaque fois mettre un terme à l'enchantement, d'autant plus sévère qu'elle y fait un plus grand contraste.

En effet, soit que vous fassiez parler la douleur ou le plaisir, c'est toujours pour nous conduire à la sagesse. Toutes ces études que vous faites de vous-même, tous ces divers aspects sous lesquels vous envisagez l'homme et le monde, vous ramènent à la même vérité. Jamais l'emblème du miel placé aux bords du vase ne se réalisa mieux; on vous lit, attiré par l'éclat de la poésie la plus brillante, et l'on se trouve avoir fait un cours d'une profonde philosophie.

Peut-être tous vos lecteurs ne sont-ils pas demeurés convaincus, et sans doute vous ne vous étiez pas flatté de terminer des disputes qui durent depuis que les hommes raisonnent. Ce n'est probablement pas dans la vie présente que nous arriverons à l'évidence sur cette Théodicée qui, au pied des rochers de l'Idumée, divisait, il y a plus de trois mille ans, Job et ses amis, et sur laquelle, de nos jours encore, les Leibnitz, les Clarke et les Newton ne se sont point accordés. Les opinions ont donc pu demeurer diverses sur vos doctrines, mais il n'y en a eu qu'une sur votre talent. Si tous n'ont pas déféré au philosophe (et quel est le philosophe qui aurait joui d'un pareil avantage?), à cette magie puissante qui commande à tous les êtres, qui fait mouvoir les mondes, qui évoque les ombres, les anges et les démons, qui tour à tour, et à votre volonté, nous charme et nous effraie, chacun a reconnu le poëte.

Vous-même, monsieur, êtes-vous entraîné comme vos lecteurs? participez-vous à ces délicieuses émotions que vous savez si bien leur communiquer?

Je vous avoue que je le crois, et c'est dans vos ouvrages mêmes que j'en prends la persuasion. Cette langue à laquelle on nous avait si peu accoutumés, qui exprime si simplement les pensées les plus hautes, sans recherche, sans antithèse; qui coule de source et va toujours au cœur, ne peut appartenir qu'à une âme transportée dans les régions sublimes où elle nous appelle. A la noble pureté de votre style, à l'harmonie enchanteresse et continue de vos vers, on sent que votre esprit a entendu *ces concerts d'un monde idéal* dont vous parlez, et qui font paraître la réalité si petite et si méprisable. Oui, c'est ainsi que les intelligences supérieures doivent s'entretenir des grands mystères.

Voudriez-vous vous y arracher, monsieur? Ce que des éditeurs empressés de satisfaire l'avidité du public nous ont dit sur les lacunes de vos derniers écrits aurait-il quelque fondement, et serait-ce pour des occupations d'un intérêt plus immédiat que vous négligeriez ces nobles productions de votre esprit?

J'espère, pour l'honneur des lettres, qu'il n'en sera rien. Chacun de nous a sans doute à remplir des devoirs respectables envers son prince et son pays; mais ceux à qui le ciel a accordé l'heureux don du génie, le talent de dévoiler la nature, ou celui de parler au cœur, ont des devoirs qui, sans contrarier en rien les premiers, sont, j'ose le dire, d'un ordre tout autrement relevé. C'est à l'humanité entière, c'est aux siècles à venir qu'ils en doivent le compte.

Combien, parmi ces personnages qui passent successivement au pouvoir, n'en est-il pas qui ont vu le bien qu'ils avaient fait ou projeté, dissipé comme un songe devant les projets non moins rapidement évanouis de leurs successeurs! Une vérité, au contraire, une seule vérité découverte, un seul sentiment généreux gravé par l'éloquence dans le cœur des hommes, contribuera, pendant des siècles, et sans que rien puisse l'empêcher, au bien-être de générations innombrables, et portera le nom de son auteur jusqu'à la dernière postérité.

Ainsi pensait votre illustre prédécesseur.

Entré presque à la fois dans les deux carrières qu'il a parcourues si honorablement, il n'a point sacrifié l'une à l'autre, et même c'est par celle des lettres qu'il a commencé sa vie, et qu'il l'a terminée.

Pardonnez-moi, monsieur, si, m'écartant un peu de votre opinion à son sujet, j'ose croire que la variété de ses travaux a tenu plutôt à l'étendue de ses facultés qu'aux circonstances extérieures; qu'il a été lui, plus encore que l'homme de son siècle; et surtout que, pour arriver aux premiers rangs de son état, les bouleversements de la révolution ne lui auraient pas été nécessaires.

Une tête puissante comme la sienne devait se faire jour dans tous les temps. Le monarque qui, dans Colbert, obscur serviteur de l'un de ses ministres, sut démêler le futur restaurateur de la prospérité de la France, n'aurait pas méconnu la vaste capacité de M. Daru, qui avait débuté par des postes plus apparens que Colbert, et il se serait bien gardé de la laisser oisive.

Elle ne pouvait pas échapper davantage à l'homme des temps modernes qui a su le mieux tirer parti des talens. Aussi, dès qu'il l'eut connu, soit qu'il s'agît de pourvoir aux besoins des combattans, ou de recueillir avec ordre les fruits de la victoire, ou de préparer pendant les courts intervalles de paix des victoires nouvelles, M. Daru fut-il toujours employé en chef. Intendant d'armée, commissaire pour l'exécution des traités, administrateur des pays conquis, ministre, partout il déploya la même force de tête et la même vigueur de caractère. Car là, rien ne ressemble à ces fonctions paisibles qui s'exercent à loisir dans l'ombre du cabinet. Après le général, c'est sur l'administrateur de l'armée que pèse la responsabilité la plus grave, la plus instantanée. Ces multitudes d'hommes dévoués, qui ont fait d'avance à leur pays le sacrifice de leur sang et de leur vie, ne lui demandent que leurs besoins physiques, mais ils les demandent impérieusement. Suivre par la pensée leurs masses diverses dans tous ces mouvemens compliqués que leur imprime le génie du chef; calculer à chaque moment leur nombre sur chaque point; distribuer avec précision le matériel dont on dispose; apprécier celui que peut fournir le pays; tenir compte des distances, de l'état des routes, y proportionner ses moyens de transports, pour qu'à jour nommé chaque corps, la plus petite troupe, reçoive exactement ce qui lui est nécessaire; voilà une faible idée des devoirs de l'administrateur militaire. Qu'il se glisse dans ses calculs la moindre erreur, et les plus heureuses combinaisons de la stratégie sont manquées; des foules de braves périssent en pure perte; la patrie même peut devenir victime d'une seule de ses fautes, à ce terrible jeu de la guerre, où le plus petit accident a quelquefois des conséquences si funestes. Mais, avec cette responsabilité presque égale, quelle différence dans les moyens! Le général dispose du ressort tout-puissant de l'honneur, bien sûr, à ce mot, de tout obtenir de soldats français. Trop souvent le chef de l'administration ne peut employer que des spéculateurs sans honte, qui n'ont d'honneur que le gain, dont les profits croissent avec les embarras, et chez qui en faire naître passe pour le plus grand raffinement de l'industrie, non moins à surveiller, non moins menaçans pour le soldat et pour le trésor que toutes les forces de l'ennemi. Et ces difficultés, déjà si grandes dans les temps ordinaires, dans quelle proportion ne s'accrurent-elles pas sur les immenses théâtres où se sont faites les guerres de notre temps, et lorsque, avec une rapidité presque miraculeuse, d'innombrables armées se portaient en quelques semaines au centre du pays ennemi! Quelle continuité d'action! que de nuits passées au travail! que d'inquiétudes et de soucis amers! Incurie des subordonnés, indiscipline des troupes, rapacité des chefs, plaintes des peuples, humeur du maître, il fallait savoir tout endurer, tout sacrifier à un objet unique, au salut de l'armée.

Tel fut toujours M. Daru. Ces deux mots de son chef, que vous avez rapportés, le caractérisent complétement. Rien ne l'ébranlait, ni au physique, ni au moral ; dans les succès comme dans les revers, son corps d'athlète demeurait aussi sain, aussi frais que sa tête ; toujours même précision dans ses ordres, même clarté dans sa gestion, clarté qu'au besoin il savait, avec une sagacité merveilleuse, porter sur la gestion des autres, dissipant dès le premier examen tous les nuages, dévoilant en peu de temps les pratiques que l'on avait espéré couvrir de ténèbres impénétrables. Je n'ai pas besoin de rappeler la preuve éclatante qu'il a eu récemment occasion de donner de ce talent.

Après de longs services dans cette administration, un autre poste lui avait été conféré, poste de confiance et comparativement de repos ; mais au retour de cette invasion de funeste mémoire, entreprise contre son avis, et dans laquelle des fléaux sans nombre justifièrent sa prévoyance, on exigea de lui de reprendre ses anciennes fonctions, et cela, lorsque tout déjà était désespéré ; lorsque déjà le destin avait prononcé son arrêt, et que notre malheureuse armée était irrévocablement condamnée à ce désastre, dont rien n'approche dans l'histoire, depuis les temps de Cambyse, ou depuis ceux d'Attila.

Devancer l'armée le plus souvent à pied, bravant pendant plusieurs jours un froid de vingt-huit degrés, recueillir pour elle le peu que l'ennemi n'a pas enlevé, ou que n'ont pas détruit ces multitudes d'où le malheur a fait disparaître la discipline ; tâcher de remettre un peu d'ordre dans cet immense désordre, voilà tout ce qui lui fut possible. Mais il se remontra dans toute sa force l'année suivante, lorsque la France, qui venait de perdre une armée de trois cent mille hommes, en reproduisit, comme par enchantement, une autre presque aussi forte, sacrifiée en quelques mois au même esprit de vertige qui avait détruit la première.

Eh bien ! cet homme que l'histoire de notre temps présentera sans cesse comme un ressort principal, comme un instrument essentiel de ces expéditions gigantesques et répétées, dont aucune histoire n'offre d'exemple, est le même qui a fait tant de vers agréables, qui a traduit le plus varié, le plus difficile des poëtes, et qui, s'il se proposait en cela un but peut-être impossible à atteindre, en est cependant approché plus qu'aucun de ses devanciers ; c'est le même qui a mis dans un jour tout nouveau l'histoire de ce gouvernement sombre et cruel, auquel les crimes les plus atroces et les vices les plus bas étaient indifférens, pourvu qu'ils l'aidassent à se maintenir, et dont la chute honteuse était presque nécessaire pour justifier la Providence de lui avoir accordé tant de siècles de durée.

Ce même homme encore, dans deux grands corps de l'État, a traité avec étendue et solidité des questions nombreuses et importantes de haute législation.

Ajouterai-je, mais sans doute le public m'excusera, voyant où je parle, qu'également attaché à ses devoirs de tous les degrés, ce même homme, membre de deux grandes académies, s'y est toujours montré des plus laborieux et des plus assidus ; que, les associant dans son attachement, il consacrait à la gloire de l'une le talent qui l'avait fait appeler à l'autre, et qu'il a passé les derniers jours d'une trop courte vie à chanter, avec les merveilles des cieux, la merveille non moins grande du génie de l'homme, qui a été capable de deviner leurs lois? Ce fut encore pour lui une étude toute nouvelle. De traducteur d'Horace, l'historien de Venise, pour célébrer les découvertes immortelles des Copernic, des Keppler, des Newton et des Laplace, se vit obligé de devenir leur élève.

Et que l'on ne croie pas qu'il choisît pour tant de travaux politiques, littéraires ou scientifiques, les intervalles que les affaires de son administration laissaient entièrement libres. Avec M. Daru, tout marchait de front. Il composait au bruit des armes ; quelque excès d'occupation l'empêchait-il de méditer ou d'écrire, il songeait à recueillir des matériaux pour des compositions futures. Son poëme sur les Alpes a été fait pendant cette campagne si agitée, où Masséna repoussa une invasion imminente. C'est au milieu de tout le fracas de la catastrophe de Venise, qu'il conçut le plan de son histoire ; et dans le partage de ses dépouilles, le seul butin qu'il se réserva furent ces documens si importans qui en forment les preuves. Le plan de son histoire de Bretagne avait été conçu dans des momens plus orageux encore, quand la France déchirait ses entrailles. Pour son Horace, il ne le quittait point ; à chaque campement, au moindre bivouac, il trouvait quelques momens à lui consacrer. C'est ainsi que, dans les prisons de la terreur, presque en vue de l'échafaud, il adressait à son geôlier cette épître si plaisante, si digne d'Horace, et d'Horace le stoïcien, car vous avez bien dit, monsieur, qu'il y en a deux, où il lui prouvait que c'était lui, geôlier, qui était prisonnier, tandis que le poëte sous les verrous parcourt libre et gai l'univers.

M. Daru lui-même nous donne le secret de cette activité que rien n'a pu interrompre : il est tout entier dans ces belles paroles d'une de ses premières préfaces : que *dans les circonstances les plus pénibles de la vie, il est un noble emploi du temps, qui rend à l'homme tout ce qui lui appartient de bonheur et de dignité.*

Oui, monsieur, ce noble emploi du temps, le travail de l'esprit est, je ne dis pas, la consolation que la Providence nous accorde dans tous nos malheurs ; car il est des malheurs où nulle consolation n'est possible, et vous nous en offrez un triste exemple ; mais, de tous les adoucissemens qu'elle nous a ménagés, le plus sûr, le plus à la disposition du sage. Que s'il lui est encore accordé d'y joindre l'amitié, quelle contrariété de la vie ne supporterait-il pas avec ces deux soutiens ?

Ce furent l'amitié et l'amour du travail qui réunirent dans l'origine les membres de l'Académie Française, et, depuis sa fondation, notre compagnie a toujours été consacrée à ce double culte. Venez, monsieur, l'y partager avec nous, venez y partager nos vœux pour le bonheur du prince, pour le bonheur de la France, qui en est inséparable. Peut-être trouverez-vous dans nos exercices quelques distractions à vos douleurs; peut-être aussi devez-vous croire moins qu'un autre que votre triomphe soit devenu tout à fait étranger pour celle à qui votre piété filiale aurait été si heureuse d'en faire l'hommage. Si les habitans des demeures célestes prennent quelque part aux événemens de ce monde, c'est sans doute lorsqu'ils voient honorer par les hommes ceux qui ont toujours fait un noble usage des dons du ciel.

DES DESTINÉES
DE LA POÉSIE.

L'homme n'a rien de plus inconnu autour de lui que l'homme même. Les phénomènes de sa pensée, les lois de la civilisation, les phases de ses progrès ou de ses décadences, sont les mystères qu'il a le moins pénétrés. Il connaît mieux la marche des globes célestes qui roulent à des millions de lieues de la portée de ses faibles sens, qu'il ne connaît les routes terrestres par lesquelles la destinée humaine le conduit à son insu ; il sent qu'il gravit vers quelque chose, mais il ne sait où va son esprit, il ne peut dire à quel point précis de son chemin il se trouve. Jeté loin de la vue des rivages sur l'immensité des mers, le pilote peut prendre hauteur et marquer avec le compas la ligne du globe qu'il traverse ou qu'il suit ; l'esprit humain ne le peut pas ; il n'a rien hors de soi-même à quoi il puisse mesurer sa marche, et toutes les fois qu'il dit : Je suis ici, je vais là, j'avance, je recule, je m'arrête, il se trouve qu'il s'est trompé et qu'il a menti à son histoire, histoire qui n'est écrite que bien longtemps après qu'il a passé, qui jalonne ses traces après qu'il les a imprimées sur la terre, mais qui d'avance ne peut lui tracer son chemin. Dieu seul connaît le but et la route, l'homme ne sait rien ; faux prophète, il prophétise à tout hasard, et quand les choses futures éclosent au rebours de ses prévisions, il n'est plus là pour recevoir le démenti de la destinée, il est couché dans sa nuit et dans son silence ; il dort son sommeil, et d'autres générations écrivent sur sa poussière d'autres rêves aussi vains, aussi fugitifs que les siens ! Religion, politique, philosophie, systèmes, l'homme a prononcé sur tout, il s'est trompé sur tout ; il a cru tout définitif, et tout s'est modifié ; tout immortel, et tout a péri ; tout véritable, et tout a menti ! Mais ne parlons que de poésie.

Je me souviens qu'à mon entrée dans le monde il n'y avait qu'une voix sur l'irrémédiable décadence, sur la mort accomplie et déjà froide de cette mystérieuse faculté de l'esprit humain. C'était l'époque de l'empire ; c'était l'heure de l'incarnation de la philosophie matérialiste du dix-huitième siècle dans le gouvernement et dans les mœurs. Tous ces hommes géométriques qui seuls avaient alors la parole et qui nous écrasaient, nous autres jeunes hommes, sous l'insolente tyrannie de leur triomphe, croyaient avoir desséché pour toujours en nous ce qu'ils étaient parvenus en effet à flétrir et à tuer en eux, toute la partie morale, divine, mélodieuse, de la pensée humaine. Rien ne peut peindre, à ceux qui ne l'ont pas subie, l'orgueilleuse stérilité de cette époque. C'était le sourire satanique d'un génie infernal quand il est parvenu à dégrader une génération tout entière, à déraciner tout un enthousiasme national, à tuer une vertu dans le monde ; ces hommes avaient le même sentiment de triomphante impuissance dans le cœur et sur les lèvres, quand ils nous disaient : amour, philosophie, religion, enthousiasme, liberté, poésie ; néant que tout cela ! Calcul et force, chiffre et sabre, tout est là. Nous ne croyons que ce qui se prouve, nous ne sentons que ce qui se touche ; la poésie est morte avec le spiritualisme dont elle était née ; et ils disaient vrai, elle était morte dans leurs âmes, morte dans leurs intelligences, morte en eux et autour d'eux. Par un sûr et prophétique instinct de leur destinée, ils tremblaient qu'elle ne ressuscitât dans le monde avec la liberté ;

Mme DE STAËL.

ils en jetaient au vent les moindres racines à mesure qu'il en germait sous leurs pas, dans leurs écoles, dans leurs lycées, dans leurs gymnases, surtout dans leurs noviciats militaires et polytechniques. Tout était organisé contre cette résurrection du sentiment moral et poétique ; c'était une ligue universelle des études mathématiques contre la pensée et la poésie. Le chiffre seul était permis, honoré, protégé, payé. Comme le chiffre ne raisonne pas, comme c'est un merveilleux instrument passif de tyrannie qui ne demande jamais à quoi on l'emploie, qui n'examine nullement si on le fait servir à l'oppression du genre humain ou à sa délivrance, au meurtre de l'esprit ou à son émancipation, le chef militaire de cette époque ne voulait pas d'autre missionnaire, pas d'autre séide, et ce séide le servait bien. Il n'y avait pas une idée en Europe qui ne fût foulée sous son talon, pas une bouche qui ne fût bâillonnée par sa main de plomb. Depuis ce temps, j'abhorre le chiffre, cette négation de toute pensée, et il m'est resté contre cette puissance des mathématiques exclusive et jalouse le même sentiment, la même horreur qui reste au forçat contre les fers durs et glacés rivés sur ses membres, et dont il croit éprouver encore la froide et meurtrissante impression quand il entend le cliquetis d'une chaîne. Les mathématiques étaient les chaînes de la pensée humaine. Je respire ; elles sont brisées !

Deux grands génies, que la tyrannie surveillait d'un œil inquiet, protestaient seuls contre cet arrêt de mort de l'âme, de l'intelligence et de la poésie, madame de Staël et M. de Chateaubriand. Madame de Staël, génie mâle dans un corps de femme : esprit tourmenté par la surabondance de sa force, remuant, passionné, audacieux, capable de généreuses et soudaines résolutions, ne pouvant respirer dans cette atmosphère de lâcheté et de servitude, demandant de l'espace et de l'air autour d'elle, attirant, comme par un instinct magnétique, tout ce qui sentait fermenter en soi un sentiment de résistance ou d'indignation concentrée ; à elle seule conspiration vivante, aussi capable d'ameuter les hautes intelligences contre cette tyrannie de la médiocrité régnante, que de mettre le poignard dans la main des conjurés, ou de se frapper elle-même pour rendre à son âme la liberté qu'elle aurait voulu rendre au monde! Créature d'élite et d'exception, dont la nature n'a pas donné deux épreuves, réunissant en elle Corinne et Mirabeau! Tribun sublime, au cœur tendre et expansif de la femme, femme adorable et miséricordieuse avec le génie des Gracques et la main du dernier des Catons! Ne pouvant susciter un généreux élan dans sa patrie, dont on la repoussait comme on éloigne l'étincelle d'un édifice de chaume, elle se réfugiait dans la pensée de l'Angleterre et de l'Allemagne, qui seules vivaient alors de vie morale, de poésie et de philosophie, et lançait de là dans le monde ces pages sublimes et palpitantes que le pilon de la police écrasait, que la douane de la pensée déchirait à la frontière, que la tyrannie faisait bafouer par ses grands hommes jurés, mais dont les lambeaux, échappés à leurs mains flétrissantes, venaient nous consoler de notre avilissement intellectuel, et nous apporter à l'oreille et au cœur ce souffle lointain de morale, de poésie, de liberté, que nous ne pouvions respirer sous la coupe pneumatique de l'esclavage et de la médiocrité.

M. de Chateaubriand, génie alors plus mélancolique et plus suave, mémoire harmonieuse et enchantée d'un passé dont nous foulions les cendres et dont nous retrouvions l'âme en lui; imagination homérique, jetée au milieu de nos convulsions sociales, semblable à ces belles colonnes de Palmyre, restées debout et éclatantes, sans brisure et sans tache, sur les tentes noires et déchirées des Arabes, pour faire comprendre, admirer et pleurer le monument qui n'est plus! Homme qui cherchait l'étincelle du feu sacré dans les débris du sanctuaire, dans les ruines, encore fumantes, des temples chrétiens, et qui, séduisant les démolisseurs mêmes par la pitié, et les indifférens par le génie, retrouvait des dogmes dans le cœur, et rendait de la foi à l'imagination! Des mots de liberté et de vertu politique sonnaient moins souvent et moins haut dans ses pages toutes poétiques; ce n'était pas le Dante d'une Florence asservie, c'était le Tasse d'une patrie perdue, d'une famille de rois proscrits, chantant ses amours trompés, ses autels renversés, ses tours démolies, ses dieux et ses rois chassés, les chantant à l'oreille des proscripteurs, sur les bords mêmes des fleuves de la patrie; mais son âme, grande et généreuse, donnait aux chants du poëte quelque chose de l'accent du citoyen. Il remuait toutes les fibres généreuses de la poitrine, il ennoblissait la pensée, il ressuscitait l'âme; c'était assez pour tourmenter le sommeil des geôliers de notre intelligence. Par je ne sais quel instinct de leur nature, ils pressentaient un vengeur dans cet homme qui les charmait malgré eux. Ils savaient que tous les nobles sentimens se touchent et s'engendrent, et que dans des cœurs où vibrent le sentiment religieux et les pensées mâles et indépendantes, leur tyrannie aurait à trouver des juges, et la liberté des complices.

Depuis ces jours, j'ai aimé ces deux génies précurseurs qui m'apparurent, qui me consolèrent à mon entrée dans la vie, Staël et Chateaubriand; ces deux noms remplissent bien du vide, éclairent bien de l'ombre! Ils furent pour nous comme deux protestations vivantes contre l'oppression de l'âme et du cœur, contre le dessèchement et l'avilissement du siècle; ils furent l'aliment de nos toits solitaires, le pain caché de nos âmes refoulées; ils prirent sur nous comme un droit de famille, ils furent de notre sang, nous fûmes du leur, et il est peu d'entre nous qui ne leur doive ce qu'il fut, ce qu'il est ou ce qu'il sera.

En ce temps-là, je vivais seul, le cœur débordant de sentimens comprimés, de poésie trompée, tantôt à Paris, noyé dans cette foule où l'on ne coudoyait que des courtisans ou des soldats, tantôt à Rome, où l'on n'entendait d'autre bruit que celui des pierres qui tombaient une à une dans le désert de ses rues abandonnées; tantôt à Naples, où le ciel tiède, la mer bleue, la terre embaumée m'enivraient sans m'assoupir, et où une voix intérieure me disait toujours qu'il y avait quelque chose de plus vivant, de plus noble, de plus délicieux pour l'âme que cette vie engourdie des sens et que cette voluptueuse mollesse de sa musique et de ses amours. Plus souvent je rentrais à la campagne, pour passer la mélancolique automne dans la maison solitaire de mon père et ma mère, dans la paix, dans le silence, dans la sainteté domestique des douces impressions du foyer; le jour, courant les forêts, le soir, lisant ce que je trouvais sur les vieux rayons de ces bibliothèques de famille.

Job, Homère, Virgile, le Tasse, Milton, Rousseau, et surtout Ossian et *Paul et Virginie;* ces livres amis me parlaient dans la solitude la langue de mon cœur; une langue d'harmonie, d'images et de passion; je vivais tantôt avec l'un, tantôt avec l'autre, ne les changeant que quand je les avais pour ainsi dire épuisés. Tant que je vivrai, je me souviendrai de certaines heures de l'été que je passais couché sur l'herbe dans une clairière des bois, à l'ombre d'un vieux tronc de pommier sauvage, en lisant la *Jérusalem délivrée*, et de tant de soirées d'automne ou d'hiver passées à errer sur les collines, déjà couvertes de brouillards et de givre, avec Ossian ou *Werther* pour compagnon; tantôt soulevé par l'enthousiasme intérieur qui me dévorait, courant sur les bruyères comme porté par un esprit qui empêchait mes pieds de toucher le sol; tantôt assis sur une roche grisâtre, le front dans mes mains, écoutant, avec un sentiment qui n'a pas de nom, le souffle aigu et plaintif des bises d'hiver, ou le roulis des lourds nuages qui se brisaient sur les angles de la montagne; ou la voix aérienne de l'alouette, que le vent emportait toute chantante dans son tourbillon, comme ma pensée, plus forte que moi, emportait mon âme. Ces impressions étaient-elles joie ou tristesse, douleur ou souffrance? Je ne pourrais le dire, elles participaient de tous les sentimens à la fois. C'était de l'amour et de la religion, des pressentimens de la vie future délicieux et tristes comme elle, des extases et des découragemens, des horizons de lumière et des abîmes de ténèbres, de la joie et des larmes, de l'avenir et du désespoir! C'était la nature parlant par ses mille voix au cœur encore vierge de l'homme ; mais enfin c'était de la poésie. Cette poésie, j'essayais quelquefois de l'exprimer dans des vers; mais ces vers, je n'avais personne à qui les faire entendre ; je me les lisais quelques jours à moi-même, je trouvais, avec étonnement, avec douleur, qu'ils ne ressemblaient pas à tous ceux que je lisais dans les recueils ou dans les volumes du jour. Je me disais : On ne voudra pas les lire ; ils paraîtront étranges, bizarres, insensés ; et je les brûlais à peine écrits. J'ai anéanti ainsi des volumes de cette première et vague poésie du cœur, et j'ai bien fait; car, à cette époque, ils seraient éclos dans le ridicule, et morts dans le mépris de tout ce qu'on appelait la littérature. Ce que j'ai écrit depuis ne valait pas mieux, mais le temps avait changé; la poésie était revenue en France avec la liberté, avec la pensée, avec la vie morale que nous rendit la restauration. Il semble que le retour des Bourbons et de la liberté en France donna une inspiration nouvelle, une autre âme à la littérature opprimée ou endormie de ce temps ; et nous vîmes surgir alors une foule de ces noms célèbres dans la poésie ou dans la philosophie qui peuplent encore nos académies, et qui forment le chaînon brillant de la transition des deux époques. Qui m'aurait dit alors que, quinze ans plus tard, la poésie inonderait l'âme de toute la jeunesse française; qu'une foule de talens, d'un ordre divers et nouveau, auraient surgi de cette terre morte et froide; que la presse, multipliée à l'infini, ne suffirait pas à répandre les idées ferventes d'une armée de jeunes écrivains ; que les drames se heurteraient à la porte de tous les théâtres ; que l'âme lyrique et religieuse d'une génération de bardes chrétiens inventerait une nouvelle langue pour révéler des enthousiasmes inconnus ; que la liberté, la foi, la philosophie, la politique, les doctrines les plus antiques comme les plus neuves, lutteraient, à la face du soleil, de génie, de gloire, de talens et d'ardeur, et qu'une vaste et sublime mêlée des intelligences couvrirait la France et le monde du plus beau comme du plus hardi mouvement intellectuel qu'aucun de nos siècles eût encore vu? Qui m'eût dit cela alors, je ne l'aurais pas cru, et cependant cela est. La poésie n'était donc pas morte dans les âmes comme on le disait dans ces années de scepticisme et d'algèbre, et puisqu'elle n'est pas morte à cette époque, elle ne meurt jamais.

Tant que l'homme ne mourra pas lui-même, la plus belle faculté de l'homme peut-elle mourir? Qu'est-ce, en effet, que la poésie? comme tout ce qui est divin en nous, cela ne peut se définir par un mot ni par mille. C'est l'incarnation de ce que l'homme a de plus intime dans le cœur, et de plus divin dans la pensée, dans ce que la nature visible a de plus magnifique dans les images et de plus mélodieux dans les sons! C'est à la fois sentiment et sensation, esprit et matière, et voilà pourquoi c'est la langue complète, la langue par excellence qui saisit l'homme par son humanité tout entière, idée pour l'esprit, sentiment pour l'âme, image pour l'imagination, et musique pour l'oreille! Voilà pourquoi cette langue, quand elle est bien parlée, foudroie l'homme comme la foudre, et l'anéantit de conviction intérieure et d'évidence irréfléchie, ou l'enchante comme un philtre et le berce immobile et charmé, comme un enfant dans son berceau, aux refrains sympathiques de la voix d'une mère! Voilà pourquoi aussi l'homme ne peut ni produire ni supporter beaucoup de poésie; c'est que le saisissant tout entier par l'âme et par les sens, et exaltant à la fois sa double faculté, la pensée par la pensée, les sens par les sensations, elle l'épuise, elle l'accable bientôt, comme toute jouissance trop complète, d'une voluptueuse fatigue, et lui fait rendre en peu de vers, en peu d'instans, tout ce qu'il y a de vie intérieure et de force de sentiment dans sa double organisation. La prose ne s'adresse qu'à l'idée, le vers parle à l'idée et à la sensation tout à la fois. Cette langue, toute mystérieuse, tout instinctive qu'elle soit, ou plutôt par cela même qu'elle est instinctive et mystérieuse, cette langue ne mourra jamais! Elle n'est point, comme on n'a cessé de le dire malgré les démentis successifs de toutes les époques, elle n'est pas seulement la langue de l'enfance des peuples, le balbutiement de l'intelligence humaine ; elle est la langue de tous les âges de l'humanité, naïve et simple au berceau des nations, conteuse et merveilleuse comme la nourrice au chevet de l'enfant, amoureuse et pastorale chez les peuples jeunes et pasteurs, guerrière et épique chez les hordes guerrières et conquérantes ; mystique, lyrique, prophétique ou sentencieuse dans les théocraties de l'Égypte ou de la Judée ; grave, philosophique et corruptrice dans les civilisations avancées de Rome, de Florence ou de Louis XIV ; échevelée et hurlante aux époques de convulsions et de ruines, comme en 93 ; neuve, mélancolique, incertaine, timide et audacieuse tout à la fois, aux jours de renaissance et de reconstruction sociale comme aujourd'hui ! plus tard, à la vieillesse des peuples, triste, sombre, gémissante et découragée comme eux, et respirant à la fois dans ses strophes les pressentimens lugubres, les rêves fantastiques des dernières catastrophes du monde, et les fermes et divines espérances d'une résurrection de l'humanité sous une autre forme : voilà la poésie. C'est l'homme même, c'est l'instinct de toutes ses époques, c'est l'écho intérieur de toutes ses impressions humaines, c'est la voix de l'humanité pensant et sentant, résumée et modulée par certains hommes, plus hommes que le vulgaire, *mens divinior*, et qui plane sur ce bruit tumultueux et confus des générations et dure après elles, et qui rend témoignage à la postérité de leurs gémissemens ou de leurs joies, de leurs faits ou de leurs idées. Cette voix ne s'éteindra jamais dans le monde ; car ce n'est pas l'homme qui l'a inventée. C'est Dieu même qui la lui a donnée, et c'est le premier cri qui est remonté à lui de l'humanité ! Ce sera aussi le dernier cri que le Créateur entendra s'élever de son œuvre, quand il la brisera. Sortie de lui, elle remontera à lui.

Un jour j'avais planté ma tente dans un champ rocailleux, où croissaient quelques troncs d'oliviers noueux et rabougris, sous les murs de Jérusalem, à quelques centaines de pas de la tour de David, un peu au-dessus de la fontaine de Siloé, qui coule encore sur les dalles usées de sa grotte, non loin du tombeau du poëte-roi qui l'a si souvent chantée. Les hautes et noires terrasses qui portaient jadis le temple de Salomon s'élevaient à ma gauche, couronnées par les trois coupoles bleues et par les colonnettes légères et aériennes de la mosquée d'Omar, qui plane aujourd'hui sur les ruines de la maison de Jéhovah; la ville de Jérusalem, que la peste ravageait alors, était tout inondée des rayons d'un soleil éblouissant répercutés sur ses mille dômes, sur ses marbres blancs, sur ses tours de pierre dorée, sur ses murailles polies par les siècles et par les vents salins du lac Asphaltite; aucun bruit ne montait de son enceinte muette et morne comme la couche d'un agonisant; ses larges portes étaient ouvertes, et l'on apercevait de temps en temps le turban blanc et le manteau rouge du soldat arabe, gardien inutile de ces portes abandonnées; rien ne venait, rien ne sortait; le vent du matin soulevait seul la poudre ondoyante des chemins et faisait un moment l'illusion d'une caravane; mais quand la bouffée de vent avait passé, quand elle était venue mourir en sifflant sur les créneaux de la tour des Pisans, ou sur les trois palmiers de la maison de Caïphe, la poussière retombait, le désert apparaissait de nouveau, et le pas d'aucun chameau, d'aucun mulet, ne retentissait sur les pavés de la route. Seulement, de quart d'heure en quart d'heure, les deux battants ferrés de toutes les portes de Jérusalem s'ouvraient, et nous voyions passer les morts que la peste venait d'achever, et que deux esclaves nus portaient sur un brancard aux tombes répandues tout autour de nous. Quelquefois un long cortége de Turcs, d'Arabes, d'Arméniens, de Juifs, accompagnaient le mort et défilaient en chantant entre les troncs d'oliviers, puis rentraient à pas lents et silencieux dans la ville; plus souvent les morts étaient seuls, et quand les deux esclaves avaient creusé de quelques palmes le sable ou la terre de la colline et couché le pestiféré dans son dernier lit, ils s'asseyaient sur le tertre même qu'ils venaient d'élever, se partageaient les vêtemens du mort, et allumant leurs longues pipes, ils fumaient en silence et regardaient la fumée de leurs chibouks monter en légères colonnes bleues et se perdre gracieusement dans l'air limpide, vif et transparent de ces journées d'automne. A mes pieds, la vallée de Josaphat s'étendait comme un vaste sépulcre; le Cédron tari la sillonnait d'une déchirure blanchâtre, toute semée de gros cailloux, et les flancs des deux collines qui la cernent étaient tout blancs de tombes et de turbans sculptés, monument banal des Osmanlis; un peu sur la droite, la colline des Oliviers s'affaissait et laissait, entre les chaînes éparses des cônes volcaniques des montagnes nues de Jéricho et de Saint-Sabba, l'horizon s'étendre et se prolonger comme une avenue lumineuse entre des cimes de cyprès inégaux; le regard s'y jetait de lui-même, attiré par l'éclat azuré et plombé de la mer Morte, qui luisait au pied des degrés de ces montagnes, et derrière, la chaîne bleue des montagnes de l'Arabie Pétrée bornait l'horizon. Mais borner n'est pas le mot, car ces montagnes semblaient transparentes comme le cristal, et l'on voyait ou l'on croyait voir au delà un horizon vague et indéfini s'étendre encore et nager dans les vapeurs ambiantes d'un air teint de pourpre et de céruse.

C'était l'heure de midi, l'heure où le muézin épie le soleil sur la plus haute galerie du minaret, et chante l'heure et la prière à toutes les heures. Voix vivante, animée, qui sait ce qu'elle dit et ce qu'elle chante, bien supérieure, à mon avis, à la voix stupide et sans conscience de la cloche de nos cathédrales. Mes Arabes avaient donné l'orge dans le sac de poil de chèvre à mes chevaux attachés çà et là autour de ma tente; les pieds enchaînés à des anneaux de fer, ces beaux et doux animaux étaient immobiles; leur tête penchée et ombragée par leur longue crinière éparse, leur poil gris luisant et fumant sous les rayons d'un soleil de plomb. Les hommes s'étaient rassemblés à l'ombre du plus large des oliviers; ils avaient étendu sur la terre leur natte de Damas, et ils fumaient en se contant des histoires du désert, ou en chantant des vers d'Antar, Antar, ce type de l'Arabe errant, à la fois pasteur, guerrier et poëte, qui a écrit le désert tout entier dans ses poésies nationales; épique comme Homère, plaintif comme Job, amoureux comme Théocrite, philosophe comme Salomon. Ses vers, qui endorment ou exaltent l'imagination de l'Arabe autant que la fumée du tombach dans le narguilé[1], retentissaient en sons gutturaux dans le groupe animé de mes Saïs, et quand le poëte avait touché plus juste ou plus fort la corde sensible de ces hommes sauvages, mais impressionnables, on entendait un léger murmure de leurs lèvres; ils joignaient leurs mains, les élevaient au-dessus de leurs oreilles, et inclinant la tête, ils s'écriaient tour à tour : *Allah! Allah! Allah!* A quelques pas de moi, une jeune femme turque pleurait son mari sur un de ces petits monumens de pierre blanche dont toutes les collines autour de Jérusalem sont parsemées; elle paraissait à peine avoir dix-huit à vingt ans, et je ne vis jamais une si ravissante image de la douleur. Son profil, que son voile rejeté en arrière me laissait entrevoir, avait la pureté de lignes des plus belles têtes du Parthénon, mais en même temps la mollesse, la suavité et la gracieuse langueur des femmes de l'Asie, beauté bien plus féminine, bien plus amoureuse, bien plus fascinante pour le cœur que la beauté sévère et mâle des statues grecques. Ses cheveux, d'un blond bronzé et doré comme le cuivre des statues antiques, couleurs très estimées dans ce pays du soleil, dont elle est comme un reflet permanent, ses cheveux, détachés de sa tête, tombaient autour d'elle et balayaient littéralement le sol; sa poitrine était entièrement découverte, selon la coutume des femmes de cette partie de l'Arabie, et quand elle se baissait pour embrasser la pierre du turban ou pour coller son oreille à la tombe, ses deux seins nus touchaient la terre et creusaient leur moule dans la poussière, comme ce moule du beau sein d'Atala ensevelie, que le sable du sépulcre dessinait encore, dans l'admirable épopée de M. de

---

[1] Pipe où le tabac passe dans l'eau avant d'arriver à la bouche.

Chateaubriand. Elle avait jonché de toutes sortes de fleurs le tombeau et la terre alentour; un beau tapis de Damas était étendu sous ses genoux; sur le tapis il y avait quelques vases de fleurs et une corbeille pleine de figues et de galettes d'orge, car cette femme devait passer la journée entière à pleurer ainsi. Un trou creusé dans la terre, et qui était censé correspondre à l'oreille du mort, lui servait de porte-voix vers cet autre monde où dormait celui qu'elle venait visiter. Elle se penchait de momens en momens vers cette étroite ouverture; elle y chantait des choses entremêlées de sanglots, elle y collait ensuite l'oreille comme si elle eût entendu la réponse, puis elle se remettait à chanter en pleurant encore! J'essayais de comprendre les paroles qu'elle murmurait ainsi et qui venaient jusqu'à moi; mais mon drogman arabe ne put les saisir ou les rendre! Combien je les regrette! que de secrets de l'amour et de la douleur! que de soupirs animés de toute la vie de deux âmes arrachées l'une à l'autre, ces paroles confuses et noyées de larmes devaient contenir! Oh! si quelque chose pouvait jamais réveiller un mort, c'étaient de pareilles paroles murmurées par une pareille bouche!

À deux pas de cette femme, sous un morceau de toile noire soutenu par deux roseaux fichés en terre pour servir de parasol, ses deux petits enfans jouaient avec trois esclaves noires d'Abyssinie, accroupies, comme leur maîtresse, sur le sable que recouvrait un tapis. Ces trois femmes, toutes les trois jeunes et belles aussi, aux formes sveltes et au profil aquilin des nègres de l'Abyssinie, étaient groupées dans des attitudes diverses, comme trois statues tirées d'un seul bloc. L'une avait un genou en terre et tenait sur l'autre genou un des enfans, qui tendait ses bras du côté où pleurait sa mère; l'autre avait ses deux jambes repliées sous elle et ses deux mains jointes, comme la Madeleine de Canova, sur son tablier de toile bleue; la troisième était debout, un peu penchée sur ses deux compagnes, et, se balançant à droite et à gauche, berçait contre son sein, à peine dessiné, le plus petit des enfans, qu'elle essayait en vain d'endormir. Quand les sanglots de la jeune veuve arrivaient jusqu'aux enfans, ceux-ci se prenaient à pleurer, et les trois esclaves noires, après avoir répondu par un sanglot à celui de leur maîtresse, se mettaient à chanter des airs assoupissans et des paroles enfantines de leur pays, pour apaiser les deux enfans.

C'était un dimanche; à deux cents pas de moi, derrière les murailles épaisses et hautes de Jérusalem, j'entendais sortir par bouffées de la noire coupole du couvent grec les échos éloignés et affaiblis de l'office des vêpres. Les hymnes et les psaumes de David s'élevaient, après trois mille ans, rapportés par des voix étrangères et dans une langue nouvelle, sur ces collines qui les avaient inspirés; et je voyais, sur les terrasses du couvent, quelques figures de vieux moines de Terre-Sainte aller et venir, leur bréviaire à la main, et murmurant ces prières murmurées déjà par tant de siècles dans des langues et dans des rhythmes divers!

Et moi j'étais là aussi, pour chanter toutes ces choses; pour étudier les siècles à leur berceau; pour remonter jusqu'à sa source le cours inconnu d'une civilisation, d'une religion; pour m'inspirer de l'esprit des lieux et du sens caché des histoires et des monumens sur ces bords qui furent le point de départ du monde moderne, et pour nourrir d'une sagesse plus réelle, et d'une philosophie plus vraie, la poésie grave et pensée de l'époque avancée où nous vivons!

Cette scène, jetée par hasard sous mes yeux, et recueillie dans un de mes mille souvenirs de voyages, me présenta les destinées et les phases presque complètes de toute poésie : les trois esclaves noires, berçant les enfans avec les chansons naïves et sans pensée de leur pays, la poésie pastorale et instinctive de l'enfance des nations; la jeune veuve turque, pleurant son mari en chantant ses sanglots à la terre, la poésie élégiaque et passionnée, la poésie du cœur; les soldats et les mukres arabes, récitant des fragmens belliqueux, amoureux et merveilleux d'Antar, la poésie épique et guerrière des peuples nomades ou conquérans; les moines grecs chantant les psaumes sur leurs terrasses solitaires, la poésie sacrée et lyrique des âges d'enthousiasme et de rénovation religieuse ; et moi, méditant sous ma tente, et recueillant des vérités historiques ou des pensées sur toute la terre, la poésie de philosophie et de méditation, fille d'une époque où l'humanité s'étudie et se résume elle-même jusque dans les chants dont elle amuse ses loisirs.

Voilà la poésie tout entière dans le passé ; mais dans l'avenir que sera-t-elle ?

Un autre jour, deux mois plus tard, j'avais traversé les sommets du Sannim, couverts de neiges éternelles, et j'étais redescendu du Liban, couronné de son diadème de cèdres, dans le désert nu et stérile d'Héliopolis. A la fin d'une journée de route pénible et longue, à l'horizon encore éloigné devant nous sur les derniers degrés des montagnes noires de l'Anti-Liban, un groupe immense de ruines jaunes, dorées par le soleil couchant, se détachaient de l'ombre des montagnes et répercutaient les rayons du soir. Nos guides nous les montraient du doigt, et criaient : Balbek ! Balbek ! C'était en effet la merveille du désert, la fabuleuse Balbek, qui sortait tout éclatante de son sépulcre inconnu pour nous raconter des âges dont l'histoire a perdu la mémoire. Nous avancions lentement au pas de nos chevaux fatigués, les yeux attachés sur les murs gigantesques, sur les colonnes éblouissantes et colossales qui semblaient s'étendre, grandir, s'allonger à mesure que nous en approchions ; un profond silence régnait dans toute notre caravane ; chacun aurait craint de perdre une impression de cette scène, en communiquant celle qu'il venait d'avoir ; les Arabes même se taisaient et semblaient recevoir aussi une forte et grave pensée de ce spectacle qui nivelle toutes les pensées. Enfin, nous touchâmes aux premiers blocs de marbre, aux premiers tronçons de colonnes, que les tremblemens de terre ont secoués jusqu'à plus d'un mille des monumens même, comme les feuilles sèches jetées et roulées loin de l'arbre après l'ouragan. Les profondes et larges carrières qui déchirent, comme des gorges de vallées, les flancs noirs de l'Anti-Liban, ouvraient déjà leurs abîmes sous les pas de nos chevaux; ces vastes bassins de pierre, dont les parois gardent encore les traces profondes du ciseau qui les a creusés pour en tirer d'autres collines de pierre, montraient encore quelques blocs gigantesques à demi détachés de leur base, et d'autres entièrement taillés sur leurs quatre faces, et qui semblent n'attendre que les chars ou les bras des générations de géans pour les mouvoir. Un seul de ces *moellons* de Balbek avait soixante-deux pieds de long sur vingt-quatre pieds de largeur, et seize pieds d'épaisseur. Un de nos Arabes, descendant de cheval, se laissa glisser dans la carrière, et grimpant sur cette pierre en s'accrochant aux entaillures du ciseau et aux mousses qui y ont pris racine, il monta sur ce piédestal, et courut çà et là sur cette plate-forme, en poussant des cris sauvages; mais le piédestal écrasait par sa masse l'homme de nos jours; l'homme disparaissait devant son œuvre. Il faudrait la force réunie de soixante mille hommes de notre temps pour soulever seulement cette pierre; et les plates-formes des temples de Balbek en montrent de plus colossales encore, élevées à vingt-cinq ou trente pieds du sol, pour porter des colonnades proportionnées à ces bases!

Nous suivîmes notre route entre le désert à gauche et les ondulations de l'Anti-Liban à droite, en longeant quelques petits champs cultivés par les Arabes pasteurs, et le lit d'un large torrent qui serpente entre les ruines, et aux bords duquel s'élèvent quelques beaux noyers. L'acropolis, ou la colline artificielle qui porte tous les grands monuments d'Héliopolis, nous apparaissait çà et là entre les rameaux et au-dessus de la tête des grands arbres; enfin nous la découvrîmes tout entière, et toute la caravane s'arrêta comme par un instinct électrique. Aucune plume, aucun pinceau ne pourrait décrire l'impression que ce seul regard donne à l'œil et à l'âme; sous nos pas, dans le lit du torrent, au milieu des champs, autour de tous les troncs d'arbres, des blocs immenses de granit rouge ou gris, de porphyre sanguin, de marbre blanc, de pierre jaune aussi éclatante que le marbre de Paros, tronçons de colonnes, chapiteaux ciselés, architraves, volutes, corniches, entablemens, piédestaux, membres épars et qui semblent palpitans, des statues tombées la face contre terre, tout cela confus, groupé en monceaux, disséminé en mille fragmens, et ruisselant de toutes parts comme les laves d'un volcan qui vomirait les débris d'un grand empire ! A peine un sentier pour se glisser à travers ces balayures des arts qui couvrent toute la terre ; et le fer de nos chevaux glissait et se brisait à chaque pas sur l'acanthe polie des corniches, ou sur le sein de neige d'un torse de femme : l'eau seule de la rivière de Balbek se faisant jour parmi ces lits de fragmens, et lavant de son écume murmurante les brisures de ces marbres qui font obstacle à son cours.

Au delà de ces écumes de débris qui forment de véritables dunes de marbre, la colline de Balbek, plate-forme de mille pas de long, de sept cents pieds de large, toute bâtie de main d'homme, en pierres de taille, dont quelques-unes ont cinquante à soixante pieds de longueur sur vingt à vingt-deux d'élévation, mais la plupart de quinze à trente ; cette colline de granit taillé se présentait à nous, par son extrémité orientale, avec ses bases profondes et ses revêtemens incommensurables, où trois morceaux de granit forment cent quatre-vingts pieds de développement, et près de quatre mille pieds de surface, avec les larges embouchures de ses voûtes souterraines, où l'eau de la rivière s'engouffrait en bondissant, où le vent jetait avec l'eau des murmures semblables aux volées lointaines des grandes cloches de nos cathédrales. Sur cette immense plate-forme, l'extrémité des grands temples se montrait à nous, détachée de l'horizon bleu et rosé, en couleur d'or. Quelques-uns de ces monumens déserts semblaient intacts et sortis d'hier des mains de l'ouvrier ; d'autres ne présentaient plus que des restes encore debout, des colonnes isolées, des pans de murailles inclinés, et des frontons démantelés ; l'œil se perdait dans les avenues étincelantes des colonnades de ces divers temples, et l'horizon trop élevé nous empêchait de voir où finissait ce peuple de pierre. Les sept colonnes gigantesques du grand temple, portant encore majestueusement leur riche et colossal entablement, dominaient toute cette scène et se perdaient dans le ciel bleu du désert, comme un autel aérien pour les sacrifices des géans.

Nous ne nous arrêtâmes que quelques minutes pour reconnaître seulement ce que nous venions visiter à travers tant de périls et tant de distances; et, sûrs enfin de posséder pour le lendemain ce spectacle que les rêves même ne pourraient nous rendre, nous nous remîmes en marche. Le jour baissait, il fallait trouver un asile, ou sous la tente, ou sous quelque voûte de ces ruines, pour passer la nuit et nous reposer d'une marche de quatorze heures. Nous laissâmes à gauche la montagne de ruines, et une vaste plage toute blanche de débris, et, traversant quelques champs de gazon brouté par les chèvres et les chameaux, nous nous dirigeâmes vers une fumée qui s'élevait à quelques cents pas de nous d'un groupe de ruines entremêlées de masures arabes. Le sol était inégal et montueux, et retentissait sous les fers de nos chevaux, comme si les souterrains que nous foulions allaient s'entrouvrir sous leurs pas. Nous arrivâmes à la porte d'une cabane basse, et à demi cachée par des pans de marbre dégradés, et dont la porte et les étroites fenêtres, sans vitres et sans volets, étaient construites de débris de marbre et de porphyre, mal collés ensemble avec un peu de ciment. Une petite ogive de pierre s'élevait d'un ou deux pieds au-dessus de la plate-forme, qui servait de toit à cette masure, et une petite cloche, semblable à celle que l'on peint sur la grotte des ermites, y tremblait aux bouffées du vent. C'était le palais épiscopal de l'évêque arabe de Balbek, qui surveille dans ce désert un petit troupeau de douze ou quinze familles chrétiennes de la communion grecque, perdues au milieu de ces déserts et de la tribu féroce des Arabes indépendans des Békàa. Jusque-là nous n'avions vu aucun être vivant que les chacals, qui couraient entre les colonnes du grand temple, et les petites hirondelles au collier de soie rose, qui bordaient, comme un ornement d'architecture orientale, les corniches de la plate-forme. L'évêque, averti par le bruit de notre caravane, arriva bientôt, et, s'inclinant sur sa porte, m'offrit l'hospitalité. C'était un beau vieillard, aux cheveux et à la barbe d'argent, à la physionomie grave et douce, à la parole noble, suave et cadencée, tout à fait semblable à l'idée du prêtre dans le poëme ou dans le roman, et digne en tout de montrer sa figure de paix, de résignation et de charité dans cette scène solennelle de ruines et de méditation. Il nous fit entrer dans une petite cour intérieure, pavée aussi d'éclats de statues, de morceaux de mosaïque et de vases antiques, et, nous livrant sa maison, c'est-à-dire deux petites chambres basses sans meubles et sans portes, il se retira et nous laissa, suivant la coutume orientale, maîtres absolus de sa demeure. Pendant que nos Arabes plantaient en terre, autour de la maison, les chevilles de fer, pour y attacher par des anneaux les jambes de nos chevaux, et que d'autres allumaient un feu dans la cour pour nous préparer le pilau et cuire les galettes d'orge, nous sortîmes pour jeter un second regard sur les monumens qui nous environnaient. Les grands temples étaient devant nous comme des statues sur leur piédestal ; le soleil les frappait d'un dernier rayon, qui se retirait lentement d'une colonne à l'autre, comme les lueurs d'une lampe que le prêtre emporte au fond du sanctuaire ; les mille ombres des portiques, des piliers, des colonnades, des autels, se répandaient mouvantes sous la vaste forêt de pierre, et remplaçaient peu à peu sur l'acropolis les éclatantes lueurs du marbre et du travertin. Plus loin, dans la plaine, c'était un océan de ruines qui ne se perdait qu'à l'horizon ; on eût dit des vagues de pierre, brisées contre un écueil, et couvrant une immense plage de leur blancheur et de leur écume. Rien ne s'élevait au-dessus de cette mer de débris, et la nuit, qui tombait des hauteurs déjà grises d'une chaîne de montagnes, les ensevelissait successivement dans son ombre. Nous restâmes quelques momens assis, silencieux et pensifs, devant ce spectacle sans paroles, et nous rentrâmes à pas lents dans la petite cour de l'évêque, éclairée par le foyer des Arabes.

Assis sur quelques fragmens de corniches et de chapiteaux qui servaient de bancs dans la cour, nous mangeâmes rapidement le sobre repas du voyageur dans le désert, et nous restâmes quelque temps à nous entretenir, avant le sommeil, de ce qui remplissait nos pensées. Le foyer s'éteignait, mais la lune se levait pleine et éclatante dans le ciel limpide, et, passant à travers les crénelures d'un grand mur de pierres blanches et les dentelures d'une fenêtre en arabesques, qui bornaient la cour du côté du désert, elle éclairait l'enceinte d'une clarté qui rejaillissait sur toutes les pierres. Le silence et la rêverie nous gagnèrent; ce que nous pensions à cette heure, à cette place, si loin du monde vivant, dans ce monde mort, en présence de tant de témoins muets d'un passé inconnu, mais qui bouleverse toutes nos petites théories d'histoire et de philosophie de l'humanité; ce qui se remuait dans nos esprits ou dans nos cœurs, de nos systèmes, de nos idées, hélas! et peut-être aussi de nos souvenirs et de nos sentimens individuels, Dieu seul le sait, et nos langues n'essayaient pas de le dire; elles auraient craint de profaner la solennité de cette heure, de cet astre, de ces pensées même; nous nous taisions. Tout à coup, comme une plainte douce et amoureuse, comme un murmure grave et accentué par la passion, sortit des ruines derrière ce grand mur percé d'ogives arabesques, et dont le toit nous avait paru écroulé sur lui-même : ce murmure vague et confus s'enfla, se prolongea, s'éleva plus fort et plus haut, et nous distinguâmes un chant nourri de plusieurs voix en chœur, un chant monotone, mélancolique et tendre, qui montait, qui baissait, qui mourait, qui renaissait alternativement et qui se répondait à lui-même : c'était la prière du soir que l'évêque arabe faisait avec son petit troupeau, dans l'enceinte éboulée de ce qui avait été son église, monceau de ruines entassées récemment par une tribu d'Arabes idolâtres. Rien ne nous avait préparés à cette musique de l'âme, dont chaque note est un sentiment ou un soupir du cœur humain, dans cette solitude, au fond des déserts, sortant ainsi des pierres muettes accumulées par les tremblemens de terre, par les barbares et par le temps. Nous fûmes frappés de saisissement, et nous accompagnâmes des élans de notre pensée, de notre prière et de toute notre poésie intérieure, les accens de cette poésie sainte, jusqu'à ce que les litanies chantées eussent accompli leur refrain monotone, et que le dernier soupir de ces voix pieuses se fût assoupi dans le silence accoutumé de ces vieux débris.

Voilà, nous disions-nous en nous levant, ce que sera sans doute la poésie des derniers âges : soupir et prière sur des tombeaux, aspiration plaintive vers un monde qui ne connaîtra ni mort ni ruines.

Mais j'en vis une bien plus frappante image quelques mois après dans un voyage au Liban; je demande encore la permission de la peindre.

Je redescendais des dernières sommités de ces Alpes; j'étais l'hôte du scheik d'Éden, village arabe maronite, suspendu sous la dent la plus aiguë de ces montagnes, aux limites de la végétation, et qui n'est habitable que l'été. Ce noble et respectable vieillard était venu me chercher avec ses fils et quelques-uns de ses serviteurs, jusqu'aux environs de Tripoli de Syrie, et m'avait reçu dans son château d'Éden avec la dignité, la grâce de cœur et l'élégance de manières que l'on pourrait imaginer dans un des vieux seigneurs de la cour de Louis XIV. Les arbres entiers brûlaient dans le large foyer; les moutons, les chevreaux, les cerfs étaient étalés par piles dans les vastes salles, et les outres séculaires des vins d'or du Liban, apportées de la cave par ses serviteurs, coulaient pour nous et pour notre escorte. Après avoir passé quelques jours à étudier ces belles mœurs homériques, poétiques comme les lieux même où nous les retrouvions, le scheik me donna son fils aîné et un certain nombre de cavaliers arabes pour me conduire aux cèdres de Salomon; arbres fameux qui consacrent encore la plus haute cime du Liban, et que l'on vient vénérer depuis des siècles comme les derniers témoins de la gloire de Salomon. Je ne les décrirai point ici; mais au retour de cette journée mémorable pour un voyageur, nous nous égarâmes dans les sinuosités de rochers et dans les nombreuses et hautes vallées dont ce groupe du Liban est déchiré de toutes parts, et nous nous trouvâmes tout à coup sur le bord à pic d'une immense muraille de rochers de quelques mille pieds de profondeur, qui cernent la Vallée des Saints. Les parois de ce rempart de granit étaient tellement perpendiculaires, que les chevreuils même de la montagne n'auraient pu y trouver un sentier, et que nos Arabes étaient obligés de se coucher le ventre contre la terre et de se pencher sur l'abîme pour découvrir le fond de la vallée. Le soleil baissait, nous avions marché bien des heures, il nous en aurait fallu plusieurs encore pour retrouver notre sentier perdu et regagner Éden ; nous descendîmes de cheval, et nous confiant à un de nos guides, qui connaissait non loin de là un escalier de roc vif, taillé jadis par les moines maronites, habitans immémoriaux de cette vallée, nous suivîmes quelque temps les bords de la corniche, et nous descendîmes enfin par ces marches glissantes, sur une plate-forme détachée du roc et qui dominait tout cet horizon.

La vallée s'abaissait d'abord par des pentes larges et douces du pied des neiges et des cèdres qui formaient une tache noire sur ces neiges ; là elle se déroulait sur des pelouses d'un vert jaune et tendre comme celui des hautes croupes du Jura ou des Alpes, et une multitude de filets d'eau écumante sortis çà et là du pied des neiges fondantes sillonnaient ces pentes gazonnées et venaient se réunir en une seule masse de flots et d'écume au pied du premier gradin de rochers. Là, la vallée s'enfonçait tout à coup à quatre ou cinq cents pieds de profondeur, et le torrent se précipitait avec elle, et s'étendant sur une large surface, tantôt couvrait le rocher comme d'un voile liquide et transparent, tantôt s'en détachait en voûtes élancées, et tombant enfin sur des blocs immenses et aigus de granit arrachés du sommet, s'y brisait en lambeaux flottans et retentissait comme un tonnerre éternel. Le vent de sa chute arrivait jusqu'à nous en emportant comme de légers brouillards la fumée de l'eau à mille couleurs, la promenait çà et là sur toute la vallée, ou la suspendait en rosée aux branches des arbustes et aux aspérités du roc. En se prolongeant vers le nord, la Vallée des Saints se creusait de plus en plus et s'élargissait davantage; puis à environ deux milles du point où nous étions placés, deux montagnes nues et couvertes d'ombres se rapprochaient en s'inclinant l'une vers l'autre, laissant à peine une ouverture de quelques toises entre leurs deux extrémités, où la vallée allait se terminer et se perdre avec ses pelouses, ses vignes hautes, ses peupliers, ses cyprès et son torrent de lait. Au-dessus des deux monticules qui l'étranglaient ainsi, on apercevait à l'horizon comme un lac d'un bleu plus sombre que le ciel; c'était un morceau de la mer de Syrie, encadré par un golfe fantastique d'autres montagnes du Liban. Ce golfe était à vingt lieues de nous, mais la transparence de l'air nous le montrait à nos pieds, et nous distinguions même deux navires à la voile qui, suspendus entre le bleu du ciel et celui de la mer, et diminués par la distance, ressemblaient à deux cygnes planant dans notre horizon. Ce spectacle nous saisit tellement d'abord, que nous n'arrêtâmes nos regards sur aucun détail de la vallée; mais quand le premier éblouissement fut passé et que notre œil put percer à travers la vapeur flottante du soir et des eaux, une scène d'une autre nature se déroula peu à peu devant nous.

A chaque détour du torrent où l'écume laissait un peu de place à la terre, un couvent de moines maronites se dessinait en pierres d'un brun sanguin sur le gris du rocher, et sa fumée s'élevait dans les airs entre des cimes de peupliers et de cyprès. Autour des couvens, de petits champs, conquis sur le roc ou le torrent, semblaient cultivés comme les parterres les plus soignés de nos maisons de campagne, et çà et là on apercevait ces maronites, vêtus de leur capuchon noir, qui rentraient du travail des champs, les uns avec la bêche sur l'épaule, les autres conduisant de petits troupeaux de poulains arabes, quelques-uns tenant le manche de la charrue et piquant leurs bœufs entre les mûriers. Plusieurs de ces demeures de prières et de travail étaient suspendues avec leurs chapelles et leurs ermitages sur les caps avancés des deux immenses chaînes de montagnes; un certain nombre étaient creusées comme des grottes de bêtes fauves dans le rocher même. On n'apercevait que la porte surmontée d'une ogive vide où pendait la cloche, et quelques petites terrasses taillées sous la voûte même du roc où les moines vieux et infirmes venaient respirer l'air et voir un peu de soleil, partout où le pied de l'homme pouvait atteindre. Sur certains rebords des précipices l'œil ne pouvait apercevoir aucun accès; mais, là même, un couvent, une croix, une solitude, un oratoire, un ermitage et quelques figures de solitaires circulant parmi les roches ou les arbustes, travaillant, lisant ou priant. Un de ces couvens était une imprimerie arabe pour l'instruction du peuple maronite, et l'on voyait sur la terrasse une foule de moines allant et venant et étendant sur des claies ou roseaux les feuilles blanches du papier humide. Rien ne peut peindre, si ce n'est le pinceau, la multitude et le pittoresque de ces retraites. Chaque pierre semblait avoir enfanté sa cellule, chaque grotte son ermite; chaque source avait son mouvement et sa vie, chaque arbre son solitaire sous son ombre. Partout où l'œil tombait, il voyait la vallée, la montagne, les précipices s'animer pour ainsi dire sous son regard, et une scène de vie, de prière, de contemplation, se détacher de ses masses éternelles, ou s'y mêler pour les consacrer. Mais bientôt le soleil tomba, les travaux du jour cessèrent, et toutes les figures noires répandues dans la vallée rentrèrent dans les grottes ou dans les monastères. Les cloches sonnèrent de toutes parts l'heure du recueillement et des offices du soir; les unes avec la voix forte et vibrante des grands vents sur la mer, les autres avec les voix légères et argentines des oiseaux dans les champs de blé, celles-ci plaintives et lointaines comme des soupirs dans la nuit et dans le désert; toutes ces cloches se répondaient des deux bords opposés de la vallée, et les mille échos des grottes et des précipices se les renvoyaient en murmures confus et répercutés, mêlés avec le mugissement du torrent, des cèdres, et les mille chutes sonores des sources et des cascades dont les deux flancs des monts sont sillonnés. Puis il se fit un moment de silence, et un nouveau bruit plus doux, plus mélancolique et plus grave remplit la vallée; c'était le chant des psaumes qui s'élevant à la fois de chaque monastère, de chaque église, de chaque oratoire, de chaque cellule des rochers, se mêlait, se confondait en montant jusqu'à nous comme un vaste murmure, et ressemblait à une seule plainte mélodieuse de la vallée tout entière qui venait de prendre une âme et une voix; puis un nuage d'encens monta de chaque toit, sortit de chaque grotte, et parfuma cet air que les anges auraient pu respirer. Nous restâmes muets et enchantés comme ces esprits célestes quand, planant pour la première fois sur le globe qu'ils croyaient désert, ils entendirent monter de ces mêmes bords la première prière des hommes; nous comprîmes ce que c'était que la voix de l'homme pour vivifier la nature la plus morte, et ce que ce serait que la poésie à la fin des temps, quand tous les sentimens du cœur humain, éteints et absorbés dans un seul, la poésie ne serait plus ici-bas qu'une adoration et une hymne!

Mais nous ne sommes pas à ces temps : le monde est jeune, car la pensée mesure encore une distance incommensurable entre l'état actuel de l'humanité et le but qu'elle peut atteindre; la poésie aura d'ici là de nouvelles, de hautes destinées à remplir.

Elle ne sera plus lyrique dans le sens où nous prenons ce mot; elle n'a plus assez de jeunesse, de fraîcheur, de spontanéité d'impression, pour chanter comme au premier réveil de la pensée humaine. Elle ne sera plus épique; l'homme a trop vécu, trop réfléchi pour se laisser amuser, intéresser par les longs récits de l'épopée, et l'expérience a détruit sa foi aux merveilles dont le poëme épique enchantait sa crédulité. Elle ne sera plus dramatique, parce que la scène de la vie réelle a, dans nos temps de liberté et d'action politique, un intérêt plus pressant, plus réel et plus intime que la scène du théâtre; parce que les classes élevées de la société ne vont plus au théâtre pour être émues, mais pour juger; parce que la société est devenue critique de naïve qu'elle était. Il n'y a plus de bonne foi dans ses plaisirs. Le drame va tomber au peuple; il était né du peuple et pour le peuple, il y retourne; il n'y a plus que la classe populaire qui porte son cœur au théâtre. Or le drame populaire, destiné aux classes illettrées, n'aura pas de longtemps une expression assez noble, assez élégante, assez élevée pour attirer la classe lettrée; la classe lettrée abandonnera donc le drame; et quand le drame populaire aura élevé son parterre jusqu'à la hauteur de la langue d'élite, cet auditoire le quittera encore et il lui faudra sans cesse redescendre pour être senti. Des hommes de génie tentent, en ce moment même, de faire violence à cette destinée du drame. Je fais des vœux pour leur triomphe. Et dans tous les cas il restera de glorieux monumens de leur lutte. C'est une question d'aristocratie et de démocratie; le drame est l'image la plus fidèle de la civilisation.

La poésie sera de la raison chantée, voilà sa destinée pour longtemps; elle sera philosophique, religieuse, politique, sociale, comme les époques que le genre humain va traverser; elle sera intime surtout, personnelle, méditative et grave; non plus un jeu de l'esprit, un caprice mélodieux de la pensée légère et superficielle, mais l'écho profond, réel, sincère des plus hautes conceptions de l'intelligence, des plus mystérieuses impressions de l'âme. Ce sera l'homme lui-même et non plus son image, l'homme sincère et tout entier. Les signes avant-coureurs de cette transformation de la poésie sont visibles depuis plus d'un siècle; ils se multiplient de nos jours. La poésie s'est dépouillée de plus en plus de sa forme artificielle, elle n'a presque plus de forme qu'elle-même. A mesure que tout s'est spiritualisé dans le monde, elle aussi se spiritualise. Elle ne veut plus de mannequin, elle n'invente plus de machine ; car la première chose que fait maintenant l'esprit du lecteur, c'est de dépouiller le mannequin, c'est de démonter la machine et de chercher la poésie seule dans l'œuvre poétique, et de chercher aussi l'âme du poëte sous sa poésie. Mais sera-t-elle morte pour être plus vraie, plus sincère, plus réelle qu'elle ne le fut jamais? Non sans doute ; elle aura plus de vie, plus d'intensité, plus d'action qu'elle n'en eut encore ! et j'en appelle à ce siècle naissant qui déborde de tout ce qui est la poésie même, amour, religion, liberté, et je me demande s'il y eut jamais dans les époques littéraires un moment aussi remarquable en talens éclos, et en promesses qui écloront à leur tour? Je le sais mieux que personne, car j'ai été souvent le confident inconnu de ces mille voix mystérieuses qui chantent dans le monde ou dans la solitude, et qui n'ont pas encore d'écho dans leur renommée. Non, il n'y eut jamais autant de poëtes et plus de poésie qu'il y en a en France et en Europe, au moment où j'écris ces lignes, au moment où quelques esprits superficiels ou préoccupés s'écrient que la poésie a accompli ses destinées et prophétisent la décadence de l'humanité. Je ne vois aucun signe de décadence dans l'intelligence de l'espèce humaine, aucun symptôme de lassitude ni de vieillesse, je vois des institutions vieillies qui s'écroulent, mais des générations rajeunies que le souffle de vie tourmente et pousse en tous sens, et qui reconstruiront sur des plans inconnus cette œuvre infinie que Dieu a donné à faire et à refaire sans cesse à l'homme, sa propre destinée. Dans cette œuvre, la poésie a sa place, quoique Platon voulût l'en bannir. C'est elle qui plane sur la société et qui la juge, et qui, montrant à l'homme la vulgarité de son œuvre, l'appelle sans cesse en avant, en lui montrant du doigt des utopies, des républiques imaginaires, des cités de Dieu, et lui souffle au cœur le courage de les atteindre.

A côté de cette destinée philosophique, rationnelle, politique, sociale de la poésie à venir, elle a une destinée nouvelle à accomplir ; elle doit suivre la pente des institutions et de la presse ; elle doit se faire peuple et devenir populaire comme la religion, la raison et la philosophie. La presse commence à pressentir cette œuvre, œuvre immense et puissante qui, en portant sans cesse à tous la pensée de tous, abaissera les montagnes, élèvera les vallées, nivellera les inégalités des intelligences, et ne laissera bientôt plus d'autre puissance sur la terre que celle de la raison universelle qui aura multiplié sa force par la force de tous. Sublime et incalculable association de toutes les pensées, dont les résultats ne peuvent être appréciés que par celui qui a permis à l'homme de la concevoir et de la réaliser! La poésie de nos jours a déjà tenté cette forme, et des talens d'un ordre élevé se sont abaissés pour tendre la main au peuple ; la poésie s'est faite chanson, pour courir sur l'aile du refrain dans les camps ou dans les chaumières ; elle y a porté quelques nobles souvenirs, quelques généreuses inspirations, quelques sentimens de morale sociale ; mais cependant il faut le déplorer, elle n'a guère popularisé que des passions, des haines ou des envies. C'est à populariser des vérités, de l'amour, de la raison, des sentimens exaltés de religion et d'enthousiasme, que ces génies populaires doivent consacrer leur puissance à l'avenir. Cette poésie est à créer ; l'époque la demande, le peuple en a soif, il est plus poëte par l'âme que nous, car il est plus près de la nature ; mais il a besoin d'un interprète entre cette nature et lui ; c'est à nous de lui en servir, et de lui expliquer par ses sentimens rendus dans sa langue, ce que Dieu a mis de bonté, de noblesse, de générosité, de patriotisme et de piété enthousiaste dans son cœur. Toutes les époques primitives de l'humanité ont eu leur poésie ou leur spiritualisme chanté ; la civilisation avancée serait-elle la seule époque qui fît taire cette voix intime et consolante de l'humanité? Non, sans doute, rien ne meurt dans l'ordre éternel des choses, tout se transforme : la poésie est l'ange gardien de l'humanité à tous ses âges.

Il y a un morceau de poésie nationale dans la Calabre,

que j'ai entendu chanter souvent aux femmes d'Amalfi en revenant de la fontaine. Je l'ai traduit autrefois en vers, et ces vers me semblent s'appliquer si bien au sujet que je traite, que je ne puis me refuser à les insérer ici. C'est une femme qui parle :

Quand assise à douze ans à l'angle du verger,
Sous les citrons en fleurs ou les amandiers roses,
Le souffle du printemps sortait de toutes choses,
Et faisait sur mon cou mes boucles voltiger,
Une voix me parlait si douce au fond de l'âme,
Qu'un frisson de plaisir en courait sur ma peau ;
Ce n'était pas le vent, la cloche, le pipeau,
Ce n'était nulle voix d'enfant, d'homme ou de femme ;

C'était vous ! c'était vous, ô mon Ange gardien,
C'était vous dont le cœur déjà parlait au mien !

Quand plus tard mon fiancé venait de me quitter,
Après des soins d'amour au pied du sycomore,
Quand son dernier baiser retentissait encore
Au cœur qui sous sa main venait de palpiter,
La même voix tintait longtemps dans mes oreilles ;
Et sortant de mon cœur m'entretenait tout bas ;
Ce n'était pas sa voix ni le bruit de ses pas,
Ni l'écho des amans qui chantaient sous les treilles ;

C'était vous ! c'était vous, ô mon Ange gardien,
C'était vous dont le cœur parlait encore au mien !

Quand jeune et déjà mère autour de mon foyer
J'assemblais tous les biens que le Ciel nous prodigue,
Qu'à ma porte un figuier laissait tomber sa figue
Aux mains de mes garçons qui le faisaient ployer,
Une voix s'élevait de mon sein tendre et vague ;
Ce n'était pas le chant du coq ou de l'oiseau,
Ni des souffles d'enfans dormant dans leur berceau,
Ni la voix des pêcheurs qui chantaient sur la vague ;

C'était vous ! c'était vous, ô mon Ange gardien,
C'était vous dont le cœur chantait avec le mien !

> Maintenant je suis seule et vieille à cheveux blancs,
> Et le long des buissons abrités de la bise,
> Chauffant ma main ridée au foyer que j'attise,
> Je garde les chevreaux et les petits enfans ;
> Cependant dans mon sein la voix intérieure
> M'entretient, me console et me chante toujours ;
> Ce n'est plus cette voix du matin de mes jours,
> Ni l'amoureuse voix de celui que je pleure ;
>
> Mais c'est vous, oui, c'est vous, ô mon Ange gardien,
> Vous dont le cœur me reste et pleure avec le mien.

Ce que ces femmes de Calabre disaient ainsi de leur ange gardien, l'humanité peut le dire de la poésie. C'est aussi cette voix intérieure qui lui parle à tous les âges, qui aime, chante, prie ou pleure avec elle à toutes les phases de son pèlerinage séculaire ici-bas.

Maintenant, puisque ceci est une préface, il faudrait parler du livre et de moi ; eh bien ! je le ferai avec une sincérité entière. Le livre n'est point un livre, ce sont des feuilles détachées et tombées presque au hasard sur la route inégale de ma vie et recueillies par la bienveillance des âmes tendres, pensives et religieuses. C'est le symbole vague et confus de mes sentimens et de mes idées à mesure que les vicissitudes de l'existence et le spectacle de la nature et de la société les faisaient surgir dans mon cœur ou les jetaient dans ma pensée ; ces sentimens et ces idées ont varié avec ma vie même, tantôt sereines et heureuses comme le matin du cœur, tantôt ardentes et profondes comme les passions de trente ans, tantôt désespérées comme la mort et sceptiques comme le silence du sépulcre, quelquefois rêveuses comme l'espérance, pieuses comme la foi, enflammées comme cet amour divin qui est l'âme cachée de toute la nature. Mais quelle qu'ait été, quelle que puisse être encore la diversité de ces impressions jetées par la nature dans mon âme, et par mon âme dans mes vers, le fond en fut toujours un profond instinct de la Divinité dans toutes choses ; une vive évidence, une intuition plus ou moins éclatante de l'existence et de l'action de Dieu dans la création matérielle et dans l'humanité pensante ; une conviction ferme et inébranlable que Dieu était le dernier mot de tous, et que les philosophies, les religions, les poésies n'étaient que des manifestations plus ou moins complètes de nos rapports avec l'Être infini ; des échelons plus ou moins sublimes pour nous rapprocher successivement de *celui qui est!* Les religions sont la poésie de l'âme.

Ces poésies auxquelles la soif ardente de cette époque a prêté souvent un prix, une saveur qu'elles n'avaient pas en elles-mêmes, sont bien loin de répondre à mes désirs et d'exprimer ce que j'ai senti ; elles sont très-imparfaites, très-négligées, très-incomplètes, et je ne pense pas qu'elles vivent bien longtemps dans la mémoire de ceux dont la poésie est la langue ; je ne me repens cependant pas de les avoir publiées ; elles ont été une note au moins de ce grand et magnifique concert d'intelligence que la terre exhale de siècle en siècle vers son auteur, que le souffle du temps laisse flotter harmonieusement quelques jours sur l'humanité, et qu'il emporte ensuite où vont plus ou moins vite toutes les choses mortelles. Elles auront été le soupir modulé de mon âme en traversant cette vallée d'exil et de larmes, ma prière chantée au grand Être ; et aussi quelquefois l'hymne de mon enthousiasme, de mon amitié ou de mon amour pour ce que j'ai vu, connu, admiré ou aimé de bon et de beau parmi les hommes. Un souvenir à toutes les vies dont j'ai vécu et que j'ai perdues !

La pensée politique et sociale qui travaille le monde intellectuel et qui m'a toujours fortement travaillé moi-même, m'arrache pour deux ou trois ans tout au plus aux pensées poétiques et philosophiques, que j'estime à bien plus haut prix que la politique. La poésie, c'est l'idée ; la politique, c'est le fait ; autant l'idée est au-dessus du fait, autant la poésie est au-dessus de la politique. Mais l'homme ne vit pas seulement d'idéal ; il faut que cet idéal s'incarne et se résume pour lui dans les institutions sociales; il y a des époques où ces institutions, qui représentent la pensée de l'humanité, sont organisées et vivantes; la société alors marche toute seule, et la pensée peut s'en séparer et de son côté vivre seule dans des régions de son choix; il y en a d'autres où les institutions usées par les siècles tombent en ruines de toutes parts et où chacun doit apporter sa pierre et son ciment pour reconstruire un abri à l'humanité. Ma conviction est que nous sommes à une de ces grandes époques de reconstruction, de rénovation sociale; il ne s'agit pas seulement de savoir si le pouvoir passera de telles mains royales dans telles mains populaires; si ce sera la noblesse, le sacerdoce ou la bourgeoisie qui prendront les rênes des gouvernemens nouveaux, si nous nous appellerons empires ou républiques : il s'agit de plus; il s'agit de décider si l'idée de morale, de religion, de charité évangélique sera substituée à l'idée d'égoïsme dans la politique; si Dieu dans son acception la plus pratique descendra enfin dans nos lois; si tous les hommes consentiront à voir enfin dans tous les autres hommes des frères, ou continueront à y voir des ennemis ou des esclaves. L'idée est mûre, les temps sont décisifs; un petit nombre d'intelligences appartenant au hasard à toutes les diverses dénominations d'opinions politiques, portent l'idée féconde dans leurs têtes et dans leurs cœurs; je suis du nombre de ceux qui veulent sans violence, mais avec hardiesse et avec foi, tenter enfin de réaliser cet idéal qui n'a pas en vain travaillé toutes les têtes au-dessus du niveau de l'humanité, depuis la tête incommensurable du Christ jusqu'à celle de Fénelon; les ignorances, les timidités des gouvernemens, nous servent et nous font place; elles dégoûtent successivement dans tous les partis les hommes qui ont de la portée dans le regard et de la générosité dans le cœur : ces hommes désenchantés tour à tour de ces symboles menteurs qui ne les représentent plus, vont se grouper autour de l'idée seule, et la force des hommes viendra à eux s'ils comprennent la force de Dieu et s'ils sont dignes qu'elle repose sur eux par leur désintéressement et par leur foi dans l'avenir. C'est pour apporter une conviction, une parole de plus à ce groupe politique, que je renonce momentanément à la solitude, seul asile qui reste à ma pensée souffrante. Dès qu'il sera formé, dès qu'il aura une place dans la presse et dans les institutions, je rentrerai dans la vie poétique. Un monde de poésie roule dans ma tête, je ne désire rien, je n'attends rien de la vie que des peines et des pertes de plus. Je me coucherais dès aujourd'hui avec plaisir dans le lit de mon sépulcre ; mais j'ai toujours demandé à Dieu de ne pas mourir sans avoir révélé à lui, au monde, à moi-même, une création de cette poésie qui a été ma seconde vie ici-bas ; de laisser après moi un monument quelconque de ma pensée ; ce monument c'est un poëme ; je l'ai construit et brisé cent fois dans ma tête, et les vers que j'ai publiés ne sont que des ébauches mutilées, des fragmens brisés de ce poëme de mon âme. Serai-je plus heureux maintenant que je touche à la maturité de la vie ? Ne laisserai-je ma pensée poétique que par fragmens et par ébauches, ou lui donnerai-je enfin la forme, la masse et la vie dans un tout qui la coordonne et la résume, dans une œuvre qui se tienne debout et qui vive quelques années après moi ? Dieu seul le sait, et qu'il me l'accorde ou non, je ne l'en bénirai pas moins. Lui seul sait à quelle destinée il appelle ses créatures, et pénible ou douce, éclatante ou obscure, cette destinée est toujours parfaite, si elle est acceptée avec résignation et en inclinant la tête !

Maintenant, il ne me reste qu'à remercier toutes les âmes tendres et pieuses de mon temps, tous mes frères en poésie qui ont accueilli avec tant de fraternité et d'indulgence les faibles notes que j'ai chantées jusqu'ici pour eux. Je ne pense pas qu'aucun poëte romain ait reçu plus de marques de sympathies, plus de signes d'intelligence et d'amitié de la jeunesse de son temps que je n'en ai reçu moi-même ; moi, si incomplet, si inégal, si peu digne de ce nom de poëte ; ce sont des espérances et non des réalités que l'on a saluées et caressées en moi. La Providence me force à tromper toutes ces espérances; mais que ceux qui m'ont ainsi encouragé dans toutes les parties de la France et de l'Europe sachent combien mon cœur a été sensible à cette sympathie qui a été ma plus douce récompense, qui a noué entre nous les liens invisibles d'une amitié intellectuelle. Ils m'ont rendu bien au delà de ce que je leur ai donné : je ne sais quel poëte disait, qu'une critique lui faisait cent fois plus de peine que tous les éloges ne pourraient lui faire de plaisir. Je le plains et je ne le comprends pas : quant à moi, je puis sans peine oublier toutes les critiques fondées ou non qui m'ont assailli sur ma route. Et d'abord j'ai la conscience d'en avoir mérité beaucoup; mais fussent-elles toutes injustes et amères, elles auraient été amplement compensées par cette foule innombrable de lettres que j'ai reçues de mes amis inconnus. Une douleur que vos vers ont pu endormir un moment, un enthousiasme que vous avez allumé le premier dans un cœur jeune et pur, une prière confuse de l'âme à laquelle vous avez donné une parole et un accent, un soupir qui a répondu à un de vos soupirs, une larme d'émotion qui est tombée à votre voix de la paupière d'une jeune femme, un nom chéri, symbole de vos affections les plus intimes, et que vous avez consacré dans une langue moins fragile que la langue vulgaire, une mémoire de mère, de femme, d'amie, d'enfant, que vous avez embaumée pour les siècles dans une strophe de sentiment et de poésie ! La moindre de ces choses saintes consolerait de toutes les critiques, et vaut cent fois, pour l'âme du poëte, ce que ses faibles vers lui ont coûté de veilles ou d'amertume.

Paris, 11 février 1834.

LE LAC.

PREMIÈRES
MÉDITATIONS POÉTIQUES.

I.

L'ISOLEMENT.

Souvent sur la montagne, à l'ombre du vieux chêne,
Au coucher du soleil, tristement je m'assieds;
Je promène au hasard mes regards sur la plaine,
Dont le tableau changeant se déroule à mes pieds.

Ici gronde le fleuve aux vagues écumantes;
Il serpente, et s'enfonce en un lointain obscur;
Là, le lac immobile étend ses eaux dormantes
Où l'étoile du soir se lève dans l'azur.

Au sommet de ces monts couronnés de bois sombres,
Le crépuscule encor jette un dernier rayon;
Et le char vaporeux de la reine des ombres
Monte, et blanchit déjà les bords de l'horizon.

Cependant, s'élançant de la flèche gothique,
Un son religieux se répand dans les airs :
Le voyageur s'arrête, et la cloche rustique
Aux derniers bruits du jour mêle de saints concerts.

Mais à ces doux tableaux mon âme indifférente
N'éprouve devant eux ni charme ni transports;
Je contemple la terre ainsi qu'une âme errante :
Le soleil des vivans n'échauffe plus les morts.

De colline en colline en vain portant ma vue,
Du sud à l'aquilon, de l'aurore au couchant,
Je parcours tous les points de l'immense étendue,
Et je dis : Nulle part le bonheur ne m'attend.

Que me font ces vallons, ces palais, ces chaumières,
Vains objets dont pour moi le charme est envolé?
Fleuves, rochers, forêts, solitudes si chères,
Un seul être vous manque, et tout est dépeuplé!

Quand le tour du soleil ou commence ou s'achève,
D'un œil indifférent je le suis dans son cours;
En un ciel sombre ou pur qu'il se couche ou se lève,
Qu'importe le soleil? je n'attends rien des jours.

Quand je pourrais le suivre en sa vaste carrière,
Mes yeux verraient partout le vide et les déserts :
Je ne désire rien de tout ce qu'il éclaire;
Je ne demande rien à l'immense univers.

Mais peut-être au delà des bornes de sa sphère,
Lieux où le vrai soleil éclaire d'autres cieux,
Si je pouvais laisser ma dépouille à la terre,
Ce que j'ai tant rêvé paraîtrait à mes yeux.

Là, je m'enivrerais à la source où j'aspire;
Là, je retrouverais et l'espoir et l'amour,
Et ce bien idéal que toute âme désire,
Et qui n'a pas de nom au terrestre séjour!

Que ne puis-je, porté sur le char de l'Aurore,
Vague objet de mes vœux, m'élancer jusqu'à toi !
Sur la terre d'exil pourquoi resté-je encore ?
Il n'est rien de commun entre la terre et moi.

Quand la feuille des bois tombe dans la prairie,
Le vent du soir s'élève et l'arrache aux vallons ;
Et moi, je suis semblable à la feuille flétrie :
Emportez-moi comme elle, orageux aquilons !

II.

L'HOMME.

A LORD BYRON.

Toi, dont le monde encore ignore le vrai nom,
Esprit mystérieux, mortel, ange ou démon,
Qui que tu sois, Byron, bon ou fatal génie,
J'aime de tes concerts la sauvage harmonie,
Comme j'aime le bruit de la foudre et des vents
Se mêlant dans l'orage à la voix des torrens !
La nuit est ton séjour, l'horreur est ton domaine ;
L'aigle, roi des déserts, dédaigne ainsi la plaine ;
Il ne veut, comme toi, que des rocs escarpés
Que l'hiver a blanchis, que la foudre a frappés ;
Des rivages couverts des débris du naufrage,
Ou des champs tout noircis des restes de carnage :
Et tandis que l'oiseau qui chante ses douleurs
Bâtit au bord des eaux son nid parmi les fleurs,
Lui des sommets d'Athos franchit l'horrible cime,
Suspend aux flancs des monts son aire sur l'abîme,
Et là, seul, entouré de membres palpitans,
De rochers d'un sang noir sans cesse dégouttans,
Trouvant sa volupté dans les cris de sa proie,
Bercé par la tempête, il s'endort dans sa joie.

Et toi, Byron, semblable à ce brigand des airs,
Les cris du désespoir sont tes plus doux concerts.

Le mal est ton spectacle, et l'homme est ta victime.
Ton œil, comme Satan, a mesuré l'abîme,
Et ton âme, y plongeant loin du jour et de Dieu,
A dit à l'espérance un éternel adieu!
Comme lui, maintenant, régnant dans les ténèbres,
Ton génie invincible éclate en chants funèbres;
Il triomphe, et ta voix, sur un mode infernal,
Chante l'hymne de gloire au sombre dieu du mal.
Mais que sert de lutter contre sa destinée?
Que peut contre le sort la raison mutinée?
Elle n'a, comme l'œil, qu'un étroit horizon.
Ne porte pas plus loin tes yeux ni ta raison :
Hors de là tout nous fuit, tout s'éteint, tout s'efface;
Dans ce cercle borné Dieu t'a marqué ta place.
Comment? pourquoi? qui sait? de ses puissantes mains
Il a laissé tomber le monde et les humains,
Comme il a dans nos champs répandu la poussière,
Ou semé dans les airs la nuit et la lumière;
Il le sait, il suffit : l'univers est à lui,
Et nous n'avons à nous que le jour d'aujourd'hui.
Notre crime est d'être homme et de vouloir connaître :
Ignorer et servir, c'est la loi de notre être.
Byron, ce mot est dur : longtemps j'en ai douté;
Mais pourquoi reculer devant la vérité?
Ton titre devant Dieu, c'est d'être son ouvrage,
De sentir, d'adorer ton divin esclavage;
Dans l'ordre universel, faible atome emporté,
D'unir à ses desseins ta libre volonté,
D'avoir été conçu par son intelligence,
De le glorifier par ta seule existence.
Voilà, voilà ton sort. Ah! loin de l'accuser,
Baise plutôt le joug que tu voudrais briser;
Descends du rang des dieux qu'usurpait ton audace;
Tout est bien, tout est bon, tout est grand à sa place;
Aux regards de celui qui fit l'immensité
L'insecte vaut un monde : ils ont autant coûté.

Mais cette loi, dis-tu, révolte ta justice;
Elle n'est à tes yeux qu'un bizarre caprice,
Un piége où la raison trébuche à chaque pas.
Confessons-la, Byron, et ne la jugeons pas.
Comme toi, ma raison en ténèbres abonde.
Et ce n'est pas à moi de t'expliquer le monde.
Que celui qui l'a fait t'explique l'univers :
Plus je sonde l'abîme, hélas! plus je m'y perds.
Ici-bas, la douleur à la douleur s'enchaîne,
Le jour succède au jour, et la peine à la peine.
Borné dans sa nature, infini dans ses vœux,
L'homme est un dieu tombé qui se souvient des cieux :
Soit que, déshérité de son antique gloire,
De ses destins perdus il garde la mémoire,
Soit que de ses désirs l'immense profondeur
Lui présage de loin sa future grandeur.
Imparfait ou déchu, l'homme est le grand mystère.
Dans la prison des sens enchaîné sur la terre,
Esclave, il sent un cœur né pour la liberté;
Malheureux, il aspire à la félicité;
Il veut sonder le monde, et son œil est débile;
Il veut aimer toujours; ce qu'il aime est fragile!
Tout mortel est semblable à l'exilé d'Éden :
Lorsque Dieu l'eut banni du céleste jardin,
Mesurant d'un regard les fatales limites,
Il s'assit en pleurant aux portes interdites.
Il entendit de loin dans le divin séjour
L'harmonieux soupir de l'éternel amour,
Les accens du bonheur, les saints concerts des anges
Qui, dans le sein de Dieu, célébraient ses louanges;
Et, s'arrachant du ciel, dans un pénible effort,
Son œil avec effroi retomba sur son sort.

Malheur à qui du fond de l'exil de la vie
Entendit ces concerts d'un monde qu'il envie!
Du nectar idéal sitôt qu'elle a goûté,

La nature répugne à la réalité ;
Dans le sein du possible en songe elle s'élance ;
Le réel est étroit, le possible est immense ;
L'âme avec ses désirs s'y bâtit un séjour
Où l'on puise à jamais la science et l'amour ;
Où, dans des océans de beauté, de lumière,
L'homme, altéré toujours, toujours se désaltère ;
Et de songes si beaux enivrant son sommeil,
Ne se reconnaît plus au moment du réveil.

Hélas! tel fut ton sort, telle est ma destinée.
J'ai vidé comme toi la coupe empoisonnée ;
Mes yeux, comme les tiens, sans voir se sont ouverts ;
J'ai cherché vainement le mot de l'univers,
J'ai demandé sa cause à toute la nature ;
J'ai demandé sa fin à toute créature ;
Dans l'abîme sans fond mon regard a plongé ;
De l'atome au soleil j'ai tout interrogé ;
J'ai devancé les temps, j'ai remonté les âges :
Tantôt passant les mers pour écouter les sages :
Mais le monde à l'orgueil est un livre fermé !
Tantôt pour deviner le monde inanimé,
Fuyant avec mon âme au sein de la nature,
J'ai cru trouver un sens à cette langue obscure.
J'étudiai la loi par qui roulent les cieux ;
Dans leurs brillans déserts Newton guida mes yeux ;
Des empires détruits je méditai la cendre ;
Dans ses sacrés tombeaux Rome m'a vu descendre ;
Des mânes les plus saints troublant le froid repos,
J'ai pesé dans mes mains la cendre des héros.
J'allais redemander à leur vaine poussière
Cette immortalité que tout mortel espère !
Que dis-je! suspendu sur le lit des mourans,
Mes regards la cherchaient dans des yeux expirans ;
Sur ces sommets noircis par d'éternels nuages ;
Sur ces flots sillonnés par d'éternels orages,

J'appelais, je bravais le choc des élémens.
Semblable à la sibylle en ses emportemens,
J'ai cru que la nature, en ses rares spectacles,
Laissait tomber pour nous quelqu'un de ses oracles;
J'aimais à m'enfoncer dans ces sombres horreurs.
Mais en vain dans son calme, en vain dans ses fureurs,
Cherchant ce grand secret sans pouvoir le surprendre,
J'ai vu partout un Dieu sans jamais le comprendre.
J'ai vu le bien, le mal, sans choix et sans dessein,
Tomber comme au hasard, échappés de son sein;
J'ai vu partout le mal où le mieux pouvait être,
Et je l'ai blasphémé, ne pouvant le connaître;
Et ma voix, se brisant contre ce ciel d'airain,
N'a pas même eu l'honneur d'irriter le destin.
Mais un jour que, plongé dans ma propre infortune,
J'avais lassé le ciel de ma plainte importune,
Une clarté d'en haut dans mon sein descendit,
Me tenta de bénir ce que j'avais maudit;
Et cédant sans combattre au souffle qui m'inspire,
L'hymne de la raison s'élança de ma lyre.

« Gloire à toi, dans les temps et dans l'éternité,
« Éternelle raison, suprême volonté!
« Toi, dont l'immensité reconnaît la présence!
« Toi, dont chaque matin annonce l'existence!
« Ton souffle créateur s'est abaissé sur moi;
« Celui qui n'était pas a paru devant toi!
« J'ai reconnu ta voix avant de me connaître,
« Je me suis élancé jusqu'aux portes de l'être;
« Me voici : le néant te salue en naissant;
« Me voici : mais que suis-je? un atome pensant.
« Qui peut entre nous deux mesurer la distance?
« Moi qui respire en toi ma rapide existence,
« A l'insu de moi-même, à ton gré façonné,
« Que me dois-tu, Seigneur, quand je ne suis pas né?
« Rien avant, rien après : gloire à la fin suprême!

« Qui tira tout de soi se doit tout à soi-même.
« Jouis, grand artisan, de l'œuvre de tes mains :
« Je suis pour accomplir tes ordres souverains ;
« Dispose, ordonne, agis ; dans les temps, dans l'espace,
« Marque-moi pour ta gloire et mon jour et ma place ;
« Mon être, sans se plaindre et sans t'interroger,
« De soi-même, en silence, accourra s'y ranger.
« Comme ces globes d'or qui dans les champs du vide
« Suivent avec amour ton ombre qui les guide,
« Noyé dans la lumière, ou perdu dans la nuit,
« Je marcherai comme eux où ton doigt me conduit ;
« Soit que, choisi par toi pour éclairer les mondes,
« Réfléchissant sur eux les feux dont tu m'inondes,
« Je m'élance entouré d'esclaves radieux,
« Et franchisse d'un pas tout l'abîme des cieux ;
« Soit que, me reléguant loin, bien loin de ta vue,
« Tu ne fasses de moi, créature inconnue,
« Qu'un atome oublié sur les bords du néant,
« Ou qu'un grain de poussière emporté par le vent,
« Glorieux de mon sort, puisqu'il est ton ouvrage,
« J'irai, j'irai partout te rendre un même hommage,
« Et d'un égal amour accomplissant ta loi,
« Jusqu'aux bords du néant murmurer : Gloire à toi !

« Ni si haut, ni si bas ! simple enfant de la terre,
« Mon sort est un problème, et ma fin un mystère ;
« Je ressemble, Seigneur, au globe de la nuit,
« Qui, dans la route obscure où ton doigt le conduit,
« Réfléchit d'un côté les clartés éternelles,
« Et de l'autre est plongé dans les ombres mortelles.
« L'homme est le point fatal où les deux infinis
« Par la toute-puissance ont été réunis.
« A tout autre degré, moins malheureux peut-être,
« J'eusse été... mais je suis ce que je devais être ;
« J'adore sans la voir ta suprême raison :
« Gloire à toi qui m'as fait ! ce que tu fais est bon.

« Cependant, accablé sous le poids de ma chaîne,
« Du néant au tombeau l'adversité m'entraîne ;
« Je marche dans la nuit par un chemin mauvais,
« Ignorant d'où je viens, incertain où je vais,
« Et je rappelle en vain ma jeunesse écoulée,
« Comme l'eau du torrent dans sa source troublée.
« Gloire à toi ! Le malheur en naissant m'a choisi ;
« Comme un jouet vivant ta droite m'a saisi ;
« J'ai mangé dans les pleurs le pain de ma misère,
« Et tu m'as abreuvé des eaux de ta colère.
« Gloire à toi ! j'ai crié, tu n'as pas répondu ;
« J'ai jeté sur la terre un regard confondu.
« J'ai cherché dans le ciel le jour de ta justice ;
« Il s'est levé, Seigneur : et c'est pour mon supplice.
« Gloire à toi ! L'innocence est coupable à tes yeux :
« Un seul être, du moins, me restait sous les cieux ;
« Toi-même de nos jours avais mêlé la trame ;
« Sa vie était ma vie, et son âme mon âme ;
« Comme un fruit encor vert du rameau détaché,
« Je l'ai vu de mon sein avant l'âge arraché !
« Ce coup, que tu voulais me rendre plus terrible,
« La frappa lentement pour m'être plus sensible ;
« Dans ses traits expirans, où je lisais mon sort,
« J'ai vu lutter ensemble et l'amour et la mort ;
« J'ai vu dans ses regards la flamme de la vie,
« Sous la main du trépas par degrés assoupie,
« Se ranimer encore au souffle de l'amour.
« Je disais chaque jour : Soleil ! encore un jour !
« Semblable au criminel qui, plongé dans les ombres,
« Et descendu vivant dans les demeures sombres ;
« Près du dernier flambeau qui doive l'éclairer,
« Se penche sur sa lampe et la voit expirer,
« Je voulais retenir l'âme qui s'évapore ;
« Dans son dernier regard je la cherchais encore !
« Ce soupir, ô mon Dieu ! dans ton sein s'exhala ;
« Hors du monde avec lui mon espoir s'envola !

« Pardonne au désespoir un moment de blasphème,
« J'osai... Je me repens : Gloire au maître suprême!
« Il fait l'eau pour couler, l'aquilon pour courir,
« Les soleils pour brûler, et l'homme pour souffrir!

« Que j'ai bien accompli cette loi de mon être!
« La nature insensible obéit sans connaître;
« Moi seul, te découvrant sous la nécessité,
« J'immole avec amour ma propre volonté;
« Moi seul je t'obéis avec intelligence;
« Moi seul je me complais dans cette obéissance,
« Je jouis de remplir en tout temps, en tout lieu,
« La loi de ma nature et l'ordre de mon Dieu;
« J'adore en mes destins ta sagesse suprême,
« J'aime ta volonté dans mes supplices même;
« Gloire à toi! gloire à toi! Frappe, anéantis-moi!
« Tu n'entendras qu'un cri : Gloire à jamais à toi! »

Ainsi ma voix monta vers la voûte céleste :
Je rendis gloire au ciel, et le ciel fit le reste.
Mais silence, ô ma lyre! et toi, qui dans tes mains
Tiens le cœur palpitant des sensibles humains,
Byron, viens en tirer des torrens d'harmonie :
C'est pour la vérité que Dieu fit le génie.
Jette un cri vers le ciel, ô chantre des enfers;
Le ciel même aux damnés envîra tes concerts.
Peut-être qu'à ta voix, de la vivante flamme
Un rayon descendra dans l'ombre de ton âme.
Peut-être que ton cœur, ému de saints transports,
S'apaisera soi-même à tes propres accords,
Et qu'un éclair d'en haut perçant ta nuit profonde,
Tu verseras sur nous la clarté qui t'inonde.
Ah! si jamais ton luth, amolli par tes pleurs,
Soupirait sous tes doigts l'hymne de tes douleurs,
Ou si, du sein profond des ombres éternelles,
Comme un ange tombé tu secouais tes ailes,

Et prenant vers le jour un lumineux essor,
Parmi les chœurs sacrés tu l'essayais encor;
Jamais, jamais l'écho de la céleste voûte,
Jamais ces harpes d'or que Dieu lui-même écoute,
Jamais des séraphins les chœurs mélodieux
De plus divins accords n'auraient ravi les cieux!
Courage! enfant déchu d'une race divine,
Tu portes sur ton front ta superbe origine!
Tout homme, en te voyant, reconnaît dans tes yeux
Un rayon éclipsé de la splendeur des cieux!
Roi des chants immortels, reconnais-toi toi-même!
Laisse aux fils de la nuit le doute et le blasphème;
Dédaigne un faux encens qu'on t'offre de si bas :
La gloire ne peut être où la vertu n'est pas.
Viens reprendre ton rang dans ta splendeur première,
Parmi ces purs enfans de gloire et de lumière,
Que d'un souffle choisi Dieu voulut animer,
Et qu'il fit pour chanter, pour croire, et pour aimer!

III.

A ELVIRE.

Oui, l'Anio murmure encore
Le doux nom de Cinthie aux rochers de Tibur;
Vaucluse a retenu le nom chéri de Laure;
    Et Ferrare au siècle futur
Murmurera toujours celui d'Éléonore.
Heureuse la beauté que le poëte adore!
    Heureux le nom qu'il a chanté!
    Toi qu'en secret son culte honore,
Tu peux, tu peux mourir : dans la postérité
Il lègue à ce qu'il aime une éternelle vie;
Et l'amante et l'amant sur l'aile du génie
Montent, d'un vol égal, à l'immortalité.
Ah! si mon frêle esquif, battu par la tempête,
Grâce à des vents plus doux, pouvait surgir au port;
Si des soleils plus beaux se levaient sur ma tête;
Si les pleurs d'une amante, attendrissant le sort,
Écartaient de mon front les ombres de la mort!
Peut-être... oui, pardonne, ô maître de la lyre!
Peut-être j'oserais, et que n'ose un amant?
Égaler mon audace à l'amour qui m'inspire,
Et, dans des chants rivaux célébrant mon délire,
De notre amour aussi laisser un monument.
Ainsi le voyageur qui, dans son court passage,
Se repose un moment à l'abri du vallon,
Sur l'arbre hospitalier dont il goûta l'ombrage,
Avant que de partir, aime à graver son nom.

Vois-tu comme tout change ou meurt dans la nature?
La terre perd ses fruits, les forêts leur parure,

Le fleuve perd son onde au vaste sein des mers ;
Par un souffle des vents la prairie est fanée ;
Et le char de l'automne, au penchant de l'année,
Roule, déjà poussé par la main des hivers !
Comme un géant armé d'un glaive inévitable,
Atteignant au hasard tous les êtres divers,
Le Temps avec la Mort, d'un vol infatigable,
Renouvelle en fuyant ce mobile univers !
Dans l'éternel oubli tombe ce qu'il moissonne :
Tel un rapide été voit tomber sa couronne
  Dans la corbeille des glaneurs.
Tel un pampre jauni voit la féconde automne
Livrer ses fruits dorés au char des vendangeurs.
Vous tomberez ainsi, courtes fleurs de la vie !
Jeunesse, amour, plaisir, fugitive beauté ;
Beauté, présent d'un jour que le ciel vous envie,
Ainsi vous tomberez, si la main du génie
  Ne vous rend l'immortalité.
Vois d'un œil de pitié la vulgaire jeunesse,
Brillante de beauté, s'enivrant de plaisir :
Quand elle aura tari sa coupe enchanteresse,
Que restera-t-il d'elle ? à peine un souvenir :
Le tombeau qui l'attend l'engloutit tout entière,
Un silence éternel succède à ses amours ;
Mais les siècles auront passé sur ta poussière,
  Elvire, et tu vivras toujours !

IV.

LE SOIR.

Le soir ramène le silence.
Assis sur ces rochers déserts,
Je suis dans la vague des airs
Le char de la nuit qui s'avance.

Vénus se lève à l'horizon ;
A mes pieds l'étoile amoureuse
De sa lueur mystérieuse
Blanchit les tapis de gazon.

De ce hêtre au feuillage sombre
J'entends frissonner les rameaux :
On dirait autour des tombeaux
Qu'on entend voltiger une ombre.

Tout à coup, détaché des cieux,
Un rayon de l'astre nocturne,
Glissant sur mon front taciturne,
Vient mollement toucher mes yeux.

Doux reflet d'un globe de flamme,
Charmant rayon, que me veux-tu ?
Viens-tu dans mon sein abattu
Porter la lumière à mon âme ?

Descends-tu pour me révéler
Des mondes le divin mystère,
Ces secrets cachés dans la sphère
Où le jour va te rappeler ?

Une secrète intelligence
T'adresse-t-elle aux malheureux?
Viens-tu la nuit briller sur eux
Comme un rayon de l'espérance?

Viens-tu dévoiler l'avenir
Au cœur fatigué qui l'implore?
Rayon divin, es-tu l'aurore
Du jour qui ne doit pas finir?

Mon cœur à ta clarté s'enflamme,
Je sens des transports inconnus,
Je songe à ceux qui ne sont plus :
Douce lumière, es-tu leur âme?

Peut-être ces mânes heureux
Glissent ainsi sur le bocage.
Enveloppé de leur image,
Je crois me sentir plus près d'eux!

Ah! si c'est vous, ombres chéries!
Loin de la foule et loin du bruit,
Revenez ainsi chaque nuit
Vous mêler à mes rêveries.

Ramenez la paix et l'amour
Au sein de mon âme épuisée,
Comme la nocturne rosée
Qui tombe après les feux du jour.

Venez!... Mais des vapeurs funèbres
Montent des bords de l'horizon :
Elles voilent le doux rayon :
Et tout rentre dans les ténèbres.

V.

L'IMMORTALITÉ.

Le soleil de nos jours pâlit dès son aurore,
Sur nos fronts languissans à peine il jette encore
Quelques rayons tremblans qui combattent la nuit ;
L'ombre croît, le jour meurt, tout s'efface et tout fuit.
Qu'un autre à cet aspect frissonne et s'attendrisse,
Qu'il recule en tremblant des bords du précipice,
Qu'il ne puisse de loin entendre sans frémir
Le triste chant des morts tout prêt à retentir,
Les soupirs étouffés d'une amante ou d'un frère,
Suspendus sur les bords de son lit funéraire,
Ou l'airain gémissant, dont les sons éperdus
Annoncent aux mortels qu'un malheureux n'est plus !
Je te salue, ô mort ! Libérateur céleste,
Tu ne m'apparais point sous cet aspect funeste
Que t'a prêté longtemps l'épouvante ou l'erreur ;
Ton bras n'est point armé d'un glaive destructeur,
Ton front n'est point cruel, ton œil n'est point perfide ;
Au secours des douleurs un Dieu clément te guide ;
Tu n'anéantis pas, tu délivres : ta main,
Céleste messager, porte un flambeau divin ;
Quand mon œil fatigué se ferme à la lumière,
Tu viens d'un jour plus pur inonder ma paupière ;
Et l'espoir près de toi, rêvant sur un tombeau,
Appuyé sur la foi, m'ouvre un monde plus beau.
Viens donc, viens détacher mes chaînes corporelles.
Viens, ouvre ma prison ; viens, prête-moi tes ailes.
Que tardes-tu ? Parais ; que je m'élance enfin
Vers cet être inconnu, mon principe et ma fin.
Qui m'en a détaché ? Qui suis-je, et que dois-je être ?

Je meurs, et ne sais pas ce que c'est que de naître.
Toi, qu'en vain j'interroge, esprit, hôte inconnu,
Avant de m'animer, quel ciel habitais-tu?
Quel pouvoir t'a jeté sur ce globe fragile?
Quelle main t'enferma dans ta prison d'argile?
Par quels nœuds étonnans, par quels secrets rapports
Le corps tient-il à toi comme tu tiens au corps?
Quel jour séparera l'âme de la matière?
Pour quel nouveau palais quitteras-tu la terre?
As-tu tout oublié? Par delà le tombeau,
Vas-tu renaître encor dans un oubli nouveau?
Vas-tu recommencer une semblable vie?
Ou dans le sein de Dieu, ta source et ta patrie,
Affranchi pour jamais de tes liens mortels,
Vas-tu jouir enfin de tes droits éternels?
Oui, tel est mon espoir, ô moitié de ma vie!
C'est par lui que déjà mon âme raffermie
A pu voir sans effroi sur tes traits enchanteurs
Se faner du printemps les brillantes couleurs;
C'est par lui que, percé du trait qui me déchire,
Jeune encore, en mourant vous me verrez sourire,
Et que des pleurs de joie, à nos derniers adieux,
A ton dernier regard, brilleront dans mes yeux.
Vain espoir! s'écrira le troupeau d'Épicure,
Et celui dont la main disséquant la nature,
Dans un coin du cerveau nouvellement décrit,
Voit penser la matière et végéter l'esprit.
Insensé! diront-ils, que trop d'orgueil abuse,
Regarde autour de toi : tout commence et tout s'use,
Tout marche vers un terme et tout naît pour mourir :
Dans ces prés jaunissans tu vois la fleur languir;
Tu vois dans ces forêts le cèdre au front superbe
Sous le poids de ses ans tomber, ramper sous l'herbe;
Dans leurs lits desséchés tu vois les mers tarir;
Les cieux même, les cieux commencent à pâlir;
Cet astre dont le temps a caché la naissance,

Le soleil, comme nous, marche à sa décadence,
Et dans les cieux déserts les mortels éperdus
Le chercheront un jour, et ne le verront plus !
Tu vois autour de toi dans la nature entière
Les siècles entasser poussière sur poussière,
Et le temps, d'un seul pas confondant ton orgueil,
De tout ce qu'il produit devenir le cercueil.
Et l'homme, et l'homme seul, ô sublime folie !
Au fond de son tombeau croit retrouver la vie ;
Et dans le tourbillon au néant emporté,
Abattu par le temps, rêve l'éternité !
Qu'un autre vous réponde, ô sages de la terre !
Laissez-moi mon erreur : j'aime, il faut que j'espère ;
Notre faible raison se trouble et se confond.
Oui, la raison se tait ; mais l'instinct vous répond.
Pour moi, quand je verrais dans les célestes plaines
Les astres, s'écartant de leurs routes certaines,
Dans les champs de l'éther l'un par l'autre heurtés,
Parcourir au hasard les cieux épouvantés ;
Quand j'entendrais gémir et se briser la terre ;
Quand je verrais son globe errant et solitaire
Flottant loin des soleils, pleurant l'homme détruit,
Se perdre dans les champs de l'éternelle nuit ;
Et quand, dernier témoin de ces scènes funèbres,
Entouré du chaos, de la mort, des ténèbres,
Seul je serais debout : seul, malgré mon effroi,
Être infaillible et bon, j'espérerais en toi ;
Et, certain du retour de l'éternelle aurore,
Sur les mondes détruits je t'attendrais encore !
Souvent, tu t'en souviens, dans cet heureux séjour
Où naquit d'un regard notre immortel amour,
Tantôt sur les sommets de ces roches antiques,
Tantôt aux bords déserts des lacs mélancoliques,
Sur l'aile du désir, loin du monde emportés,
Je plongeais avec toi dans ces obscurités.
Les ombres, à longs plis descendant des montagnes,

Un moment à nos yeux dérobaient les campagnes ;
Mais bientôt, s'avançant sans éclat et sans bruit,
Le chœur mystérieux des astres de la nuit,
Nous rendant les objets voilés à notre vue,
De ses molles lueurs revêtait l'étendue.
Telle, en nos temples saints par le jour éclairés,
Quand les rayons du soir pâlissent par degrés,
La lampe, répandant sa pieuse lumière,
D'un jour plus recueilli remplit le sanctuaire.

Dans ton ivresse alors tu ramenais mes yeux,
Et des cieux à la terre, et de la terre aux cieux ;
Dieu caché, disais-tu, la nature est ton temple !
L'esprit te voit partout quand notre œil la contemple ;
De tes perfections, qu'il cherche à concevoir,
Ce monde est le reflet, l'image, le miroir ;
Le jour est ton regard, la beauté ton sourire ;
Partout le cœur t'adore et l'âme te respire ;
Éternel, infini, tout-puissant et tout bon,
Ces vastes attributs n'achèvent pas ton nom,
Et l'esprit, accablé sous ta sublime essence,
Célèbre ta grandeur jusque dans son silence.
Et cependant, ô Dieu ! par sa sublime loi,
Cet esprit abattu s'élance encore à toi,
Et sentant que l'amour est la fin de son être,
Impatient d'aimer, brûle de te connaître.

Tu disais ; et nos cœurs unissaient leurs soupirs
Vers cet être inconnu qu'attestaient nos désirs :
A genoux devant lui, l'aimant dans ses ouvrages,
Et l'aurore et le soir lui portaient nos hommages,
Et nos yeux enivrés contemplaient tour à tour
La terre notre exil, et le ciel son séjour.

Ah ! si dans ces instans où l'âme fugitive
S'élance et veut briser le sein qui la captive,

Ce Dieu, du haut du ciel répondant à nos vœux,
D'un trait libérateur nous eût frappés tous deux!
Nos âmes, d'un seul bond remontant vers leur source,
Ensemble auraient franchi les mondes dans leur course;
A travers l'infini, sur l'aile de l'amour,
Elles auraient monté comme un rayon du jour,
Et jusqu'à Dieu lui-même arrivant éperdues,
Se seraient dans son sein pour jamais confondues!
Ces vœux nous trompaient-ils? Au néant destinés,
Est-ce pour le néant que les êtres sont nés?
Partageant le destin du corps qui la recèle,
Dans la nuit du tombeau l'âme s'engloutit-elle?
Tombe-t-elle en poussière? ou, prête à s'envoler,
Comme un son qui n'est plus va-t-elle s'exhaler?
Après un vain soupir, après l'adieu suprême
De tout ce qui t'aimait, n'est-il plus rien qui t'aime?...
Ah! sur ce grand secret n'interroge que toi!
Vois mourir ce qui t'aime, Elvire, et réponds-moi!

VI.

LE VALLON.

Mon cœur, lassé de tout, même de l'espérance,
N'ira plus de ses vœux importuner le sort;
Prêtez-moi seulement, vallons de mon enfance,
Un asile d'un jour pour attendre la mort.

Voici l'étroit sentier de l'obscure vallée :
Du flanc de ces coteaux pendent des bois épais,
Qui, courbant sur mon front leur ombre entremêlée,
Me couvrent tout entier de silence et de paix.

Là, deux ruisseaux cachés sous des ponts de verdure,
Tracent en serpentant les contours du vallon;
Ils mêlent un moment leur onde et leur murmure;
Et non loin de leur source ils se perdent sans nom.

La source de mes jours comme eux s'est écoulée;
Elle a passé sans bruit, sans nom et sans retour :
Mais leur onde est limpide, et mon âme troublée
N'aura pas réfléchi les clartés d'un beau jour.

La fraîcheur de leurs lits, l'ombre qui les couronne,
M'enchaînent tout le jour sur les bords des ruisseaux;
Comme un enfant bercé par un chant monotone,
Mon âme s'assoupit au murmure des eaux.

Ah! c'est là qu'entouré d'un rempart de verdure,
D'un horizon borné qui suffit à mes yeux,
J'aime à fixer mes pas, et seul dans la nature,
A n'entendre que l'onde, à ne voir que les cieux.

J'ai trop vu, trop senti, trop aimé dans ma vie;
Je viens chercher vivant le calme du Léthé :
Beaux lieux, soyez pour moi ces bords où l'on oublie :
L'oubli seul désormais est ma félicité.

Mon cœur est en repos, mon âme est en silence;
Le bruit lointain du monde expire en arrivant,
Comme un son éloigné qu'affaiblit la distance,
A l'oreille incertaine apporté par le vent.

D'ici je vois la vie, à travers un nuage,
S'évanouir pour moi dans l'ombre du passé;
L'amour seul est resté : comme une grande image
Survit seule au réveil dans un songe effacé.

Repose-toi, mon âme, en ce dernier asile,
Ainsi qu'un voyageur qui, le cœur plein d'espoir,
S'assied, avant d'entrer, aux portes de la ville,
Et respire un moment l'air embaumé du soir.

Comme lui, de nos pieds secouons la poussière;
L'homme par ce chemin ne repasse jamais;
Comme lui, respirons au bout de la carrière
Ce calme avant-coureur de l'éternelle paix.

Tes jours, sombres et courts comme les jours d'automne,
Déclinent comme l'ombre au penchant des coteaux;
L'amitié te trahit, la pitié t'abandonne,
Et, seule, tu descends le sentier des tombeaux.

Mais la nature est là qui t'invite et qui t'aime;
Plonge-toi dans son sein qu'elle t'ouvre toujours :
Quand tout change pour toi, la nature est la même,
Et le même soleil se lève sur tes jours.

De lumière et d'ombrage elle t'entoure encore :
Détache ton amour des faux biens que tu perds ;
Adore ici l'écho qu'adorait Pythagore,
Prête avec lui l'oreille aux célestes concerts.

Suis le jour dans le ciel, suis l'ombre sur la terre ;
Dans les plaines de l'air vole avec l'aquilon ;
Avec le doux rayon de l'astre du mystère
Glisse à travers les bois dans l'ombre du vallon.

Dieu, pour le concevoir, a fait l'intelligence :
Sous la nature enfin découvre son auteur !
Une voix à l'esprit parle dans son silence :
Qui n'a pas entendu cette voix dans son cœur ?

VII.

LE DÉSESPOIR.

Lorsque du Créateur la parole féconde
Dans une heure fatale eut enfanté le monde
    Des germes du chaos,
De son œuvre imparfaite il détourna sa face,
Et d'un pied dédaigneux le lançant dans l'espace,
    Rentra dans son repos.

Va, dit-il, je te livre à ta propre misère;
Trop indigne à mes yeux d'amour ou de colère,
    Tu n'es rien devant moi:
Roule au gré du hasard dans les déserts du vide;
Qu'à jamais loin de moi le destin soit ton guide,
    Et le malheur ton roi.

Il dit : comme un vautour qui plonge sur sa proie,
Le malheur, à ces mots, pousse, en signe de joie,
    Un long gémissement;
Et, pressant l'univers dans sa serre cruelle,
Embrasse pour jamais de sa rage éternelle
    L'éternel aliment.

Le mal dès lors régna dans son immense empire;
Dès lors tout ce qui pense et tout ce qui respire
    Commença de souffrir;
Et la terre, et le ciel, et l'âme, et la matière,
Tout gémit; et la voix de la nature entière
    Ne fut qu'un long soupir.

Levez donc vos regards vers les célestes plaines,
Cherchez Dieu dans son œuvre, invoquez dans vos peines

Ce grand consolateur :
Malheureux ! sa bonté de son œuvre est absente ;
Vous cherchez votre appui ? l'univers vous présente
　　Votre persécuteur.

De quel nom te nommer, ô fatale puissance ?
Qu'on t'appelle destin, nature, providence,
　　Inconcevable loi ;
Qu'on tremble sous ta main, ou bien qu'on la blasphème,
Soumis ou révolté, qu'on te craigne ou qu'on t'aime ;
　　Toujours, c'est toujours toi !

Hélas ! ainsi que vous j'invoquai l'espérance ;
Mon esprit abusé but avec complaisance
　　Son philtre empoisonneur :
C'est elle qui, poussant nos pas dans les abîmes,
De festons et de fleurs couronne les victimes
　　Qu'elle livre au malheur.

Si du moins au hasard il décimait les hommes,
Ou si sa main tombait sur tous tant que nous sommes,
　　Avec d'égales lois !
Mais les siècles ont vu les âmes magnanimes,
La beauté, le génie, ou les vertus sublimes,
　　Victimes de son choix.

Tel, quand des dieux de sang voulaient en sacrifices
Des troupeaux innocens les sanglantes prémices
　　Dans leurs temples cruels,
De cent taureaux choisis on formait l'hécatombe,
Et l'agneau sans souillure, ou la blanche colombe
　　Engraissait leurs autels.

Créateur tout-puissant, principe de tout être !
Toi pour qui le possible existe avant de naître !
　　Roi de l'immensité,

Tu pouvais cependant, au gré de ton envie,
Puiser pour tes enfans le bonheur et la vie
    Dans ton éternité !

Sans t'épuiser jamais, sur toute la nature
Tu pouvais à longs flots répandre sans mesure
    Un bonheur absolu.
L'espace, le pouvoir, le temps, rien ne te coûte :
Ah ! ma raison frémit ; tu le pouvais sans doute,
    Tu ne l'as pas voulu.

Quel crime avons-nous fait pour mériter de naître ?
L'insensible néant t'a-t-il demandé l'être,
    Ou l'a-t-il accepté ?
Sommes-nous, ô hasard ! l'œuvre de tes caprices ?
Ou plutôt, Dieu cruel, fallait-il nos supplices
    Pour ta félicité ?

Montez donc vers le ciel, montez, encens qu'il aime.
Soupirs, gémissemens, larmes, sanglots, blasphème,
    Plaisirs, concerts divins !
Cris du sang, voix des morts, plaintes inextinguibles,
Montez, allez frapper les voûtes insensibles
    Du palais des destins.

Terre, élève ta voix ; cieux, répondez ; abîmes,
Noir séjour où la mort entasse ses victimes,
    Ne formez qu'un soupir !
Qu'une plainte éternelle accuse la nature,
Et que la douleur donne à toute créature
    Une voix pour gémir !

Du jour où la nature, au néant arrachée,
S'échappa de tes mains comme une œuvre ébauchée,
    Qu'as-tu vu cependant ?
Aux désordres du mal la matière asservie,

Toute chair gémissant, hélas! et toute vie
   Jalouse du néant!

Des élémens rivaux les luttes intestines,
Le temps, qui flétrit tout, assis sur les ruines
   Qu'entassèrent ses mains,
Attendant sur le seuil tes œuvres éphémères,
Et la mort étouffant, dès le sein de leurs mères,
   Les germes des humains!

La vertu succombant sous l'audace impunie,
L'imposture en honneur, la vérité bannie;
   L'errante liberté
Aux dieux vivans du monde offerte en sacrifice;
Et la force partout fondant de l'injustice
   Le règne illimité!

La valeur sans les dieux décidant les batailles!
Un Caton libre encor déchirant ses entrailles
   Sur la foi de Platon!
Un Brutus qui, mourant pour la vertu qu'il aime,
Doute, au dernier moment, de cette vertu même,
   Et dit... Tu n'es qu'un nom!

La fortune toujours du parti des grands crimes!
Les forfaits couronnés devenus légitimes!
   La gloire au prix du sang!
Les enfans héritant l'iniquité des pères!
Et le siècle qui meurt racontant ses misères
   Au siècle renaissant.

Hé quoi! tant de tourmens, de forfaits, de supplices,
N'ont-ils pas fait fumer d'assez de sacrifices
   Tes lugubres autels!
Ce soleil, vieux témoin des malheurs de la terre,

Ne fera-t-il pas naître un seul jour qui n'éclaire
        L'angoisse des mortels?

Héritiers des douleurs, victimes de la vie,
Non, non, n'espérez pas que sa rage assouvie
        Endorme le malheur;
Jusqu'à ce que la mort, ouvrant son aile immense,
Engloutisse à jamais dans l'éternel silence
        L'éternelle douleur!

VIII.

LA PROVIDENCE A L'HOMME.

Quoi! le fils du néant a maudit l'existence!
Quoi! tu peux m'accuser de mes propres bienfaits!
Tu peux fermer tes yeux à la magnificence
    Des dons que je t'ai faits!

Tu n'étais pas encor, créature insensée,
Déjà de ton bonheur j'enfantais le dessein;
Déjà, comme son fruit, l'éternelle pensée
    Te portait dans son sein.

Oui, ton être futur vivait dans ma mémoire;
Je préparais les temps selon ma volonté.
Enfin ce jour parut; je dis : Nais pour ma gloire
    Et ta félicité!

Tu naquis : ma tendresse, invisible et présente,
Ne livra pas mon œuvre aux chances du hasard;
J'échauffai de tes sens la séve languissante
    Des feux de mon regard.

D'un lait mystérieux je remplis la mamelle;
Tu t'enivras sans peine à ces sources d'amour.
J'affermis les ressorts, j'arrondis la prunelle
    Où se peignit le jour.

Ton âme, quelque temps par les sens éclipsée,
Comme tes yeux au jour, s'ouvrit à la raison :

Tu pensas; la parole acheva ta pensée,
  Et j'y gravai mon nom.

En quel éclatant caractère
Ce grand nom s'offrit à tes yeux !
Tu vis ma bonté sur la terre,
Tu lus ma grandeur dans les cieux !
L'ordre était mon intelligence ;
La nature, ma providence;
L'espace mon immensité !
Et de mon être, ombre altérée,
Le temps te peignit ma durée,
Et le destin, ma volonté !

Tu m'adoras dans ma puissance,
Tu me bénis dans ton bonheur,
Et tu marchas en ma présence
Dans la simplicité du cœur;
Mais aujourd'hui que l'infortune
A couvert d'une ombre importune
Ces vives clartés du réveil,
Ta voix m'interroge et me blâme,
Le nuage couvre ton âme,
Et tu ne crois plus au soleil.

« Non, tu n'es plus qu'un grand problème
« Que le sort offre à la raison;
« Si ce monde était ton emblème,
« Ce monde serait juste et bon. »
Arrête, orgueilleuse pensée !
A la loi que je t'ai tracée
Tu prétends comparer ma loi?
Connais leur différence auguste :
Tu n'as qu'un jour pour être juste;
J'ai l'éternité devant moi !

Quand les voiles de ma sagesse
A tes yeux seront abattus,
Ces maux dont gémit ta faiblesse
Seront transformés en vertus.
De ces obscurités cessantes
Tu verras sortir triomphantes
Ma justice et ta liberté;
C'est la flamme qui purifie
Le creuset divin où la vie
Se change en immortalité !

Mais ton cœur endurci doute et murmure encore :
Ce jour ne suffit pas à tes yeux révoltés,
Et dans la nuit des sens tu voudrais voir éclore
   De l'éternelle aurore
   Les célestes clartés !

Attends ; ce demi-jour, mêlé d'une ombre obscure,
Suffit pour te guider en ce terrestre lieu :
Regarde qui je suis, et marche sans murmure,
   Comme fait la nature
   Sur la foi de son Dieu.

La terre ne sait pas la loi qui la féconde ;
L'Océan, refoulé sous mon bras tout-puissant,
Sait-il comment, au gré du nocturne croissant,
   De sa prison profonde
   La mer vomit son onde,
   Et des bords qu'elle inonde
   Recule en mugissant ?

Ce soleil éclatant, ombre de la lumière,
Sait-il où le conduit le signe de ma main ?
S'est-il tracé lui-même un glorieux chemin ?
   Au bout de sa carrière,
   Quand j'éteins sa lumière,

> Promet-il à la terre
> Le soleil de demain?

Cependant tout subsiste et marche en assurance.
Ma voix chaque matin réveille l'univers!
J'appelle le soleil du fond de ses déserts :
> Franchissant la distance,
> Il monte en ma présence,
> Me répond, et s'élance
> Sur le trône des airs!

> Et toi, dont mon souffle est la vie,
> Toi, sur qui mes yeux sont ouverts,
> Peux-tu craindre que je t'oublie,
> Homme, roi de cet univers?
> Crois-tu que ma vertu sommeille?
> Non, mon regard immense veille
> Sur tous les mondes à la fois!
> La mer qui fuit à ma parole,
> Ou la poussière qui s'envole,
> Suivent et comprennent mes lois.

> Marche au flambeau de l'espérance
> Jusque dans l'ombre du trépas,
> Assuré que ma providence
> Ne tend point de piége à tes pas.
> Chaque aurore la justifie,
> L'univers entier s'y confie,
> Et l'homme seul en a douté!
> Mais ma vengeance paternelle
> Confondra ce doute infidèle
> Dans l'abîme de ma bonté.

IX.

SOUVENIR.

En vain le jour succède au jour,
Ils glissent sans laisser de trace ;
Dans mon âme rien ne t'efface,
O dernier songe de l'amour !

Je vois mes rapides années
S'accumuler derrière moi,
Comme le chêne autour de soi
Voit tomber ses feuilles fanées.

Mon front est blanchi par le temps ;
Mon sang refroidi coule à peine,
Semblable à cette onde qu'enchaîne
Le souffle glacé des autans.

Mais la jeune et brillante image,
Que le regret vient embellir,
Dans mon sein ne saurait vieillir :
Comme l'âme, elle n'a point d'âge.

Non, tu n'as pas quitté mes yeux ;
Et quand mon regard solitaire
Cessa de te voir sur la terre,
Soudain je te vis dans les cieux.

Là, tu m'apparais telle encore
Que tu fus à ce dernier jour,
Quand vers ton céleste séjour
Tu t'envolas avec l'aurore.

Ta pure et touchante beauté
Dans les cieux même t'a suivie ;
Tes yeux, où s'éteignait la vie,
Rayonnent d'immortalité !

Du zéphyr l'amoureuse haleine
Soulève encor tes longs cheveux ;
Sur ton sein leurs flots onduleux
Retombent en tresses d'ébène.

L'ombre de ce voile incertain
Adoucit encor ton image,
Comme l'aube qui se dégage
Des derniers voiles du matin.

Du soleil la céleste flamme
Avec les jours revient et fuit ;
Mais mon amour n'a pas de nuit,
Et tu luis toujours sur mon âme.

C'est toi que j'entends, que je vois :
Dans le désert, dans le nuage,
L'onde réfléchit ton image :
Le zéphyr m'apporte ta voix.

Tandis que la terre sommeille,
Si j'entends le vent soupirer,
Je crois t'entendre murmurer
Des mots sacrés à mon oreille.

Si j'admire ces feux épars
Qui des nuits parsèment le voile,
Je crois te voir dans chaque étoile
Qui plaît le plus à mes regards.

Et si le souffle du zéphyre
M'enivre du parfum des fleurs,
Dans ses plus suaves odeurs
C'est ton souffle que je respire.

C'est ta main qui sèche mes pleurs,
Quand je vais, triste et solitaire,
Répandre en secret ma prière
Près des autels consolateurs.

Quand je dors, tu veilles dans l'ombre;
Tes ailes reposent sur moi;
Tous mes songes viennent de toi,
Doux comme le regard d'une ombre.

Pendant mon sommeil, si ta main
De mes jours déliait la trame,
Céleste moitié de mon âme,
J'irais m'éveiller dans ton sein!

Comme deux rayons de l'aurore,
Comme deux soupirs confondus,
Nos deux âmes ne forment plus
Qu'une âme, et je soupire encore!

X.

ODE.

Delicta majorum immeritus lues.
HORAT., od. VI, lib. III.

Peuple! des crimes de tes pères
Le ciel, punissant tes enfans,
De châtimens héréditaires
Accablera leurs descendans!
Jusqu'à ce qu'une main propice
Relève l'auguste édifice
Par qui la terre touche aux cieux;
Et que le zèle et la prière
Dissipent l'indigne poussière
Qui couvre l'image des dieux!

Sortez de vos débris antiques,
Temples que pleurait Israël;
Relevez-vous, sacrés portiques,
Lévites, montez à l'autel!
Aux sons des harpes de Solyme,
Que la renaissante victime
S'immole sous vos chastes mains,
Et qu'avec les pleurs de la terre
Son sang éteigne le tonnerre
Qui gronde encor sur les humains!

Plein d'une superbe folie,
Ce peuple au front audacieux
S'est dit un jour : « Dieu m'humilie;
Soyons à nous-mêmes nos dieux.

Notre intelligence sublime
A sondé le ciel et l'abîme
Pour y chercher ce grand esprit ;
Mais, ni dans les flancs de la terre,
Mais, ni dans les feux de la sphère,
Son nom pour nous ne fut écrit.

« Déjà nous enseignons au monde
A briser le sceptre des rois ;
Déjà notre audace profonde
Se rit du joug usé des lois.
Secouez, malheureux esclaves,
Secouez d'indignes entraves,
Rentrez dans votre liberté !
Mortel ! du jour où tu respires,
Ta loi, c'est ce que tu désires ;
Ton devoir, c'est la volupté !

« Ta pensée a franchi l'espace,
Tes calculs précèdent les temps,
La foudre cède à ton audace,
Les cieux roulent tes chars flottans ;
Comme un feu que tout alimente,
Ta raison, sans cesse croissante,
S'étendra sur l'immensité !
Et ta puissance, qu'elle assure,
N'aura de terme et de mesure
Que l'espace et l'éternité.

« Heureux nos fils ! heureux cet âge
Qui, fécondé par nos leçons,
Viendra recueillir l'héritage
Des dogmes que nous lui laissons !
Pourquoi les jalouses années
Bornent-elles nos destinées
A de si rapides instans ?

O loi trop injuste et trop dure !
Pour triompher de la nature
Que nous a-t-il manqué ? le temps. »

Hé bien ! le temps sur vos poussières
A peine encore a fait un pas !
Sortez, ô mânes de nos pères,
Sortez de la nuit du trépas !
Venez contempler votre ouvrage !
Venez partager de cet âge
La gloire et la félicité !
O race en promesses féconde,
Paraissez ! bienfaiteurs du monde,
Voilà votre postérité !

Que vois-je ? ils détournent la vue,
Et, se cachant sous leurs lambeaux,
Leur foule, de honte éperdue,
Fuit et rentre dans les tombeaux.
Non, non ; restez, ombres coupables,
Auteurs de nos jours déplorables,
Restez ! ce supplice est trop doux !
Le ciel, trop lent à vous poursuivre,
Devait vous condamner à vivre
Dans le siècle enfanté par vous !

Où sont-ils ces jours où la France,
A la tête des nations,
Se levait comme un astre immense
Inondant tout de ses rayons ?
Parmi nos siècles, siècle unique,
De quel cortége magnifique
La gloire composait ta cour !
Semblable au dieu qui nous éclaire,
Ta grandeur étonnait la terre,
Dont tes clartés étaient l'amour !

Toujours les siècles du génie
Sont donc les siècles des vertus!
Toujours les dieux de l'harmonie
Pour les héros sont descendus !
Près du trône qui les inspire
Voyez-les déposer la lyre
Dans de pures et chastes mains;
Et les Racine et les Turenne
Enchaîner les grâces d'Athène
Au char triomphant des Romains!

Mais, ô déclin! quel souffle avide
De notre âge a séché les fleurs?
Eh quoi! le lourd compas d'Euclide
Étouffe nos arts enchanteurs!
Élans de l'âme et du génie,
Des calculs la froide manie
Chez nos pères vous remplaça :
Ils posèrent sur la nature
Le doigt glacé qui la mesure,
Et la nature se glaça!

Et toi, prêtresse de la terre,
Vierge du Pinde ou de Sion!
Tu fuis ce globe de matière,
Privé de ton dernier rayon!
Ton souffle divin se retire
De ces cœurs flétris que la lyre
N'émeut plus de ses sons touchans;
Et pour son Dieu qui le contemple,
Sans toi l'univers est un temple
Qui n'a plus ni parfums ni chants!

Pleurons donc, enfans de nos pères!
Pleurons! de deuil couvrons nos fronts!
Lavons dans nos larmes amères

Tant d'irréparables affronts!
Comme les fils d'Héliodore,
Rassemblons du soir à l'aurore
Les débris du temple abattu;
Et sous ces cendres criminelles
Cherchons encor les étincelles
Du génie et de la vertu!

XI.

L'ENTHOUSIASME.

Ainsi, quand l'aigle du tonnerre
Enlevait Ganymède aux cieux,
L'enfant, s'attachant à la terre,
Luttait contre l'oiseau des dieux;
Mais entre ses serres rapides
L'aigle, pressant ses flancs timides,
L'arrachait aux champs paternels,
Et, sourd à la voix qui l'implore,
Il le jetait, tremblant encore,
Jusques aux pieds des immortels.

Ainsi, quand tu fonds sur mon âme,
Enthousiasme, aigle vainqueur,
Au bruit de tes ailes de flamme
Je frémis d'une sainte horreur;
Je me débats sous ta puissance,
Je fuis, je crains que ta présence
N'anéantisse un cœur mortel,
Comme un feu que la foudre allume,
Qui ne s'éteint plus, et consume
Le bûcher, le temple et l'autel.

Mais à l'essor de la pensée
L'instinct des sens s'oppose en vain :
Sous le dieu mon âme oppressée
Bondit, s'élance, et bat mon sein.
La foudre en mes veines circule :

Étonné du feu qui me brûle,
Je l'irrite en le combattant,
Et la lave de mon génie
Déborde en torrens d'harmonie,
Et me consume en s'échappant.

Muse, contemple ta victime !
Ce n'est plus ce front inspiré,
Ce n'est plus ce regard sublime
Qui lançait un rayon sacré :
Sous ta dévorante influence,
A peine un reste d'existence
A ma jeunesse est échappé.
Mon front, que la pâleur efface,
Ne conserve plus que la trace
De la foudre qui m'a frappé.

Heureux le poëte insensible !
Son luth n'est point baigné de pleurs ;
Son enthousiasme paisible
N'a point ces tragiques fureurs.
De sa veine féconde et pure
Coulent avec nombre et mesure
Des ruisseaux de lait et de miel ;
Et ce pusillanime Icare,
Trahi par l'aile de Pindare,
Ne retombe jamais du ciel.

Mais nous, pour embraser les âmes,
Il faut brûler, il faut ravir
Au ciel jaloux ses triples flammes.
Pour tout peindre, il faut tout sentir.
Foyers brûlans de la lumière,
Nos cœurs de la nature entière
Doivent concentrer les rayons ;
Et l'on accuse notre vie !

Mais ce flambeau qu'on nous envie
S'allume au feu des passions.

Non, jamais un sein pacifique
N'enfanta ces divins élans,
Ni ce désordre sympathique
Qui soumet le monde à nos chants.
Non, non, quand l'Apollon d'Homère,
Pour lancer ses traits sur la terre,
Descendait des sommets d'Éryx,
Volant aux rives infernales,
Il trempait ses armes fatales
Dans les eaux bouillantes du Styx.

Descendez de l'auguste cime
Qu'indignent de lâches transports !
Ce n'est que d'un luth magnanime
Que partent les divins accords.
Le cœur des enfans de la lyre
Ressemble au marbre qui soupire
Sur le sépulcre de Memnon :
Pour lui donner la voix et l'âme,
Il faut que de sa chaste flamme
L'œil du jour lui lance un rayon.

Et tu veux qu'éveillant encore
Des feux sous la cendre couverts,
Mon reste d'âme s'évapore
En accens perdus dans les airs !
La gloire est le rêve d'une ombre ;
Elle a trop retranché le nombre
Des jours qu'elle devait charmer.
Tu veux que je lui sacrifie
Ce dernier souffle de ma vie !
Je veux le garder pour aimer.

XII.

LA RETRAITE.

A M. DE C***.

Aux bords de ton lac enchanté,
Loin des sots préjugés que l'erreur déifie,
Couvert du bouclier de ta philosophie,
Le temps n'emporte rien de ta félicité;
Ton matin fut brillant; et ma jeunesse envie
L'azur calme et serein du beau soir de ta vie.

Ce qu'on appelle nos beaux jours
N'est qu'un éclair brillant dans une nuit d'orage :
Et rien, excepté nos amours,
N'y mérite un regret du sage.
Mais, que dis-je? on aime à tout âge :
Ce feu durable et doux, dans l'âme renfermé,
Donne plus de chaleur en jetant moins de flamme;
C'est le souffle divin dont tout homme est formé,
Il ne s'éteint qu'avec son âme.

Étendre son esprit, resserrer ses désirs,
C'est là ce grand secret ignoré du vulgaire :
Tu le connais, ami, cet heureux coin de terre
Renferme tes amours, tes goûts et tes plaisirs;
Tes vœux ne passent point ton champêtre domaine,
Mais ton esprit plus vaste étend son horizon;
Et du monde embrassant la scène,
Le flambeau de l'étude éclaire ta raison.

Tu vois qu'aux bords du Tibre, et du Nil et du Gange,
En tous lieux, en tous temps, sous des masques divers,
L'homme partout est l'homme, et qu'en cet univers
Dans un ordre éternel tout passe, et rien ne change ;
Tu vois les nations s'éclipser tour à tour
      Comme les astres dans l'espace;
      De mains en mains le sceptre passe;
Chaque peuple a son siècle, et chaque homme a son jour.

    Sujets à cette loi suprême,
    Empire, gloire, liberté,
    Tout est par le temps emporté :
    Le temps emporta les dieux même
    De la crédule antiquité,
Et ce que les mortels, dans leur orgueil extrême,
    Osaient nommer la vérité !

    Au milieu de ce grand nuage,
    Réponds-moi : que fera le sage
Toujours entre le doute et l'erreur combattu ?
Content du peu de jours qu'il saisit au passage,
    Il se hâte d'en faire usage
    Pour le bonheur et la vertu.

J'ai vu ce sage heureux; dans ses belles demeures
    J'ai goûté l'hospitalité :
A l'ombre du jardin que ses mains ont planté,
Aux doux sons de sa lyre il endormait les heures
    En chantant sa félicité.

Soyez touché, grand Dieu, de sa reconnaissance.
Il ne vous lasse point d'un inutile vœu ;
Gardez-lui seulement sa rustique opulence;
Donnez tout à celui qui vous demande peu.

Des doux objets de sa tendresse
Qu'à son riant foyer toujours environné,
Sa femme et ses enfans couronnent sa vieillesse,
Comme de ses fruits mûrs un arbre est couronné ;
Que sous l'or des épis ses collines jaunissent ;
Qu'au pied de son rocher son lac soit toujours pur ;
Que de ses beaux jasmins les ombres épaississent ;
Que son soleil soit doux, que son ciel soit d'azur,
Et que pour l'étranger toujours ses vins mûrissent.

Pour moi, loin de ce port de la félicité,
Hélas ! par la jeunesse et l'espoir emporté,
Je vais tenter encore et les flots et l'orage ;
Mais, ballotté par l'onde et fatigué du vent,
  Au pied de ton rocher sauvage,
  Ami, je reviendrai souvent
Rattacher, vers le soir, ma barque à ton rivage.

XIII.

LE LAC.

Ainsi, toujours poussés vers de nouveaux rivages,
Dans la nuit éternelle emportés sans retour,
Ne pourrons-nous jamais sur l'océan des âges
    Jeter l'ancre un seul jour ?

O lac! l'année à peine a fini sa carrière,
Et près des flots chéris qu'elle devait revoir,
Regarde! je viens seul m'asseoir sur cette pierre
    Où tu la vis s'asseoir!

Tu mugissais ainsi sous ces roches profondes,
Ainsi tu te brisais sur leurs flancs déchirés;
Ainsi le vent jetait l'écume de tes ondes
    Sur ses pieds adorés.

Un soir, t'en souvient-il? nous voguions en silence;
On n'entendait au loin, sur l'onde et sous les cieux,
Que le bruit des rameurs qui frappaient en cadence
    Tes flots harmonieux.

Tout à coup des accens inconnus à la terre
Du rivage charmé frappèrent les échos:
Le flot fut attentif, et la voix qui m'est chère
    Laissa tomber ces mots :

« O temps! suspends ton vol; et vous, heures propices!
    « Suspendez votre cours;

Tony Johannot pinxit. Blanchard sculpsit.

MÉDITATIONS.

Tout-à-coup des accens inconnus à la terre
Du rivage charmé frappèrent les échos

(Le Lac)

« Laissez-nous savourer les rapides délices
  « Des plus beaux de nos jours!

« Assez de malheureux ici-bas vous implorent,
  « Coulez, coulez pour eux;
« Prenez avec leurs jours les soins qui les dévorent;
  « Oubliez les heureux.

« Mais je demande en vain quelques momens encore;
  « Le temps m'échappe et fuit;
« Je dis à cette nuit : Sois plus lente; et l'aurore
  « Va dissiper la nuit.

« Aimons donc, aimons donc! de l'heure fugitive,
  « Hâtons-nous, jouissons!
« L'homme n'a point de port, le temps n'a point de rive;
  « Il coule, et nous passons! »

Temps jaloux, se peut-il que ces momens d'ivresse
Où l'amour à longs flots nous verse le bonheur
S'envolent loin de nous de la même vitesse
  Que les jours de malheur?

Eh quoi! n'en pourrons-nous fixer au moins la trace?
Quoi! passés pour jamais! quoi! tout entiers perdus!
Ce temps qui les donna, ce temps qui les efface,
  Ne nous les rendra plus!

Éternité, néant, passé, sombres abîmes,
Que faites-vous des jours que vous engloutissez?
Parlez : nous rendrez-vous ces extases sublimes
  Que vous nous ravissez?

O lac! rochers muets! grottes! forêt obscure!
Vous que le temps épargne ou qu'il peut rajeunir,

Gardez de cette nuit, gardez, belle nature,
    Au moins le souvenir!

Qu'il soit dans ton repos, qu'il soit dans tes orages,
Beau lac, et dans l'aspect de tes rians coteaux,
Et dans ces noirs sapins, et dans ces rocs sauvages
    Qui pendent sur tes eaux!

Qu'il soit dans le zéphyr qui frémit et qui passe,
Dans les bruits de tes bords par tes bords répétés,
Dans l'astre au front d'argent qui blanchit ta surface
    De ses molles clartés!

Que le vent qui gémit, le roseau qui soupire,
Que les parfums légers de ton air embaumé,
Que tout ce qu'on entend, l'on voit ou l'on respire,
    Tout dise : Ils ont aimé!

XIV.

LA GLOIRE.

A UN POËTE EXILÉ.

Généreux favoris des filles de Mémoire,
Deux sentiers différens devant vous vont s'ouvrir :
L'un conduit au bonheur, l'autre mène à la gloire;
    Mortels, il faut choisir.

Ton sort, ô Manoël! suivit la loi commune;
La muse t'enivra de précoces faveurs;
Tes jours furent tissus de gloire et d'infortune,
    Et tu verses des pleurs!

Rougis plutôt, rougis d'envier au vulgaire
Le stérile repos dont son cœur est jaloux :
Les dieux ont fait pour lui tous les biens de la terre;
    Mais la lyre est à nous.

Les siècles sont à toi, le monde est ta patrie.
Quand nous ne sommes plus, notre ombre a des autels
Où le juste avenir prépare à ton génie
    Des honneurs immortels.

Ainsi l'aigle superbe au séjour du tonnerre
S'élance, et, soutenant son vol audacieux,
Semble dire aux mortels : Je suis né sur la terre,
    Mais je vis dans les cieux.

Oui, la gloire t'attend; mais, arrête, et contemple
A quel prix on pénètre en ces parvis sacrés;
Vois : l'infortune, assise à la porte du temple,
    En garde les degrés.

Ici c'est un vieillard que l'ingrate Ionie
A vu de mers en mers promener ses malheurs :
Aveugle, il mendiait au prix de son génie
    Un pain mouillé de pleurs.

Là, le Tasse, brûlé d'une flamme fatale,
Expiant dans les fers sa gloire et son amour,
Quand il va recueillir la palme triomphale,
    Descend au noir séjour.

Partout des malheureux, des proscrits, des victimes,
Luttant contre le sort ou contre les bourreaux;
On dirait que le ciel aux cœurs plus magnanimes
    Mesure plus de maux.

Impose donc silence aux plaintes de ta lyre :
Des cœurs nés sans vertu l'infortune est l'écueil;
Mais toi, roi détrôné, que ton malheur t'inspire
    Un généreux orgueil!

Que t'importe, après tout, que cet ordre barbare
T'enchaîne loin des bords qui furent ton berceau?
Que t'importe en quels lieux le destin te prépare
    Un glorieux tombeau?

Ni l'exil, ni les fers de ces tyrans du Tage
N'enchaîneront ta gloire aux bords où tu mourras :
Lisbonne la réclame, et voilà l'héritage
    Que tu lui laisseras!

Ceux qui l'ont méconnu pleureront le grand homme ;
Athène à des proscrits ouvre son Panthéon ;
Coriolan expire, et les enfans de Rome
   Revendiquent son nom.

Aux rivages des morts avant que de descendre,
Ovide lève au ciel ses suppliantes mains :
Aux Sarmates grossiers il a légué sa cendre,
   Et sa gloire aux Romains.

XV.

LA NAISSANCE DU DUC DE BORDEAUX.

ODE.

Versez du sang; frappez encore!
Plus vous retranchez ses rameaux,
Plus le tronc sacré voit éclore
Ses rejetons toujours nouveaux!
Est-ce un dieu qui trompe le crime?
Toujours d'une auguste victime
Le sang est fertile en vengeur!
Toujours, échappé d'Athalie,
Quelque enfant que le fer oublie
Grandit à l'ombre du Seigneur!

Il est né l'enfant du miracle!
Héritier du sang d'un martyr,
Il est né d'un tardif oracle,
Il est né d'un dernier soupir!
Aux accens du bronze qui tonne
La France s'éveille et s'étonne
Du fruit que la mort a porté!
Jeux du sort! merveilles divines!
Ainsi fleurit sur des ruines
Un lis que l'orage a planté.

Il vient, quand les peuples victimes
Du sommeil de leurs conducteurs

Errent aux penchans des abîmes
Comme des troupeaux sans pasteurs!
Entre un passé qui s'évapore,
Vers un avenir qu'il ignore,
L'homme nage dans un chaos!
Le doute égare sa boussole,
Le monde attend une parole,
La terre a besoin d'un héros!

Courage! c'est ainsi qu'ils naissent!
C'est ainsi que dans sa bonté
Un dieu les sème! Ils apparaissent
Sur des jours de stérilité!
Ainsi, dans une sainte attente,
Quand des pasteurs la troupe errante
Parlait d'un Moïse nouveau,
De la nuit déchirant le voile,
Une mystérieuse étoile
Les conduisit vers un berceau!

Sacré berceau! frêle espérance
Qu'une mère tient dans ses bras!
Déjà tu rassures la France;
Les miracles ne trompent pas!
Confiante dans son délire,
A ce berceau déjà ma lyre
Ouvre un avenir triomphant,
Et comme ces rois de l'Aurore,
Un instinct que mon âme ignore
Me fait adorer un enfant!

Comme l'orphelin de Pergame,
Il verra près de son berceau
Un roi, des princes, une femme,
Pleurer aussi sur un tombeau!
Bercé sur le sein de sa mère,

S'il vient à demander son père,
Il verra se baisser les yeux !
Et cette veuve inconsolée,
En lui cachant le mausolée,
Du doigt lui montrera les cieux !

Jeté sur le déclin des âges,
Il verra l'empire sans fin,
Sorti de glorieux orages,
Frémir encor de son déclin.
Mais son glaive aux champs de victoire
Nous rappellera la mémoire
Des destins promis à Clovis,
Tant que le tronçon d'une épée,
D'un rayon de gloire frappée,
Brillerait aux mains de ses fils !

Sourd aux leçons efféminées
Dont le siècle aime à les nourrir,
Il saura que les destinées
Font roi pour régner ou mourir ;
Que des vieux héros de sa race
Le premier titre fut l'audace,
Et le premier trône un pavois ;
Et qu'en vain l'humanité crie :
Le sang versé pour la patrie
Est toujours la pourpre des rois !

Tremblant à la voix de l'histoire,
Ce juge vivant des humains,
Français, il saura que la gloire
Tient deux flambeaux entre ses mains.
L'un d'une sanglante lumière
Sillonne l'horrible carrière
Des peuples par le crime heureux ;
Semblable aux torches des Furies

Que jadis les fameux impies
Sur leurs pas traînaient après eux!

L'autre du sombre oubli des âges,
Tombeau des peuples et des rois,
Ne sauve que les siècles sages
Et les légitimes exploits :
Ses clartés immenses et pures,
Traversant les races futures,
Vont s'unir au jour éternel :
Pareil à ces feux pacifiques,
O Vesta! que des mains pudiques
Entretenaient sur ton autel.

Il saura qu'aux jours où nous sommes,
Pour vieillir au trône des rois,
Il faut montrer aux yeux des hommes
Ses vertus auprès de ses droits;
Qu'assis à ce degré suprême,
Il faut s'y défendre soi-même,
Comme les dieux sur leurs autels;
Rappeler en tout leur image,
Et faire adorer le nuage
Qui les sépare des mortels!

Au pied du trône séculaire
Où s'assied un autre Nestor,
De la tempête populaire
Le flot calmé murmure encor!
Ce juste, que le ciel contemple,
Lui montrera par son exemple
Comment, sur les écueils jeté,
On élève sur le rivage,
Avec les débris du naufrage,
Un temple à l'immortalité!

Ainsi s'expliquaient sur ma lyre
Les destins présens à mes yeux;
Et tout secondait mon délire,
Et sur la terre, et dans les cieux !
Le doux regard de l'Espérance
Éclairait le deuil de la France :
Comme après une longue nuit,
Sortant d'un berceau de ténèbres,
L'aube efface les pas funèbres
De l'ombre obscure qui s'enfuit.

XVI.

LA PRIÈRE.

Le roi brillant du jour, se couchant dans sa gloire,
Descend avec lenteur de son char de victoire.
Le nuage éclatant qui le cache à nos yeux
Conserve en sillons d'or sa trace dans les cieux,
Et d'un reflet de pourpre inonde l'étendue.
Comme une lampe d'or dans l'azur suspendue,
La lune se balance aux bords de l'horizon :
Ses rayons affaiblis dorment sur le gazon,
Et le voile des nuits sur les monts se déplie :
C'est l'heure où la nature, un moment recueillie,
Entre la nuit qui tombe et le jour qui s'enfuit,
S'élève au créateur du jour et de la nuit,
Et semble offrir à Dieu, dans son brillant langage,
De la création le magnifique hommage.

Voilà le sacrifice immense, universel !
L'univers est le temple, et la terre est l'autel ;
Les cieux en sont le dôme, et ses astres sans nombre,
Ces feux demi-voilés, pâle ornement de l'ombre,
Dans la voûte d'azur avec ordre semés,
Sont les sacrés flambeaux pour ce temple allumés.
Et ces nuages purs qu'un jour mourant colore,
Et qu'un souffle léger, du couchant à l'aurore,
Dans les plaines de l'air repliant mollement,
Roule en flocons de pourpre aux bords du firmament,
Sont les flots de l'encens qui monte et s'évapore
Jusqu'au trône du Dieu que la nature adore.

Mais ce temple est sans voix. Où sont les saints concerts?
D'où s'élèvera l'hymne au roi de l'univers?
Tout se tait : mon cœur seul parle dans ce silence.
La voix de l'univers, c'est mon intelligence.
Sur les rayons du soir, sur les ailes du vent,
Elle s'élève à Dieu comme un parfum vivant;
Et, donnant un langage à toute créature,
Prête, pour l'adorer, mon âme à la nature.
Seul, invoquant ici son regard paternel,
Je remplis le désert du nom de l'Éternel;
Et celui qui, du sein de sa gloire infinie,
Des sphères qu'il ordonne écoute l'harmonie,
Écoute aussi la voix de mon humble raison,
Qui contemple sa gloire et murmure son nom.

Salut, principe et fin de toi-même et du monde,
Toi qui rends d'un regard l'immensité féconde.
Ame de l'univers, Dieu, père, créateur,
Sous tous ces noms divers je crois en toi, Seigneur;
Et sans avoir besoin d'entendre ta parole,
Je lis au front des cieux mon glorieux symbole.
L'étendue à mes yeux révèle ta grandeur;
La terre, ta bonté; les astres, ta splendeur.
Tu t'es produit toi-même en ton brillant ouvrage!
L'univers tout entier réfléchit ton image,
Et mon âme à son tour réfléchit l'univers.
Ma pensée, embrassant tes attributs divers,
Partout autour de toi te découvre et t'adore,
Se contemple soi-même, et t'y découvre encore :
Ainsi l'astre du jour éclate dans les cieux,
Se réfléchit dans l'onde, et se peint à mes yeux.

C'est peu de croire en toi, bonté, beauté suprême;
Je te cherche partout, j'aspire à toi, je t'aime!
Mon âme est un rayon de lumière et d'amour,
Qui, du foyer divin détaché pour un jour,

De désirs dévorans loin de toi consommée,
Brûle de remonter à sa source enflammée.
Je respire, je sens, je pense, j'aime en toi!
Ce monde qui te cache est transparent pour moi;
C'est toi que je découvre au fond de la nature,
C'est toi que je bénis dans toute créature.
Pour m'approcher de toi, j'ai fui dans ces déserts;
Là, quand l'aube, agitant son voile dans les airs,
Entr'ouvre l'horizon qu'un jour naissant colore,
Et sème sur les monts les perles de l'aurore,
Pour moi c'est ton regard qui, du divin séjour,
S'entr'ouvre sur le monde et lui répand le jour;
Quand l'astre à son midi, suspendant sa carrière,
M'inonde de chaleur, de vie et de lumière,
Dans ses puissans rayons, qui raniment mes sens,
Seigneur, c'est ta vertu, ton souffle que je sens;
Et quand la nuit, guidant son cortége d'étoiles,
Sur le monde endormi jette ses sombres voiles,
Seul, au sein du désert et de l'obscurité,
Méditant de la nuit la douce majesté,
Enveloppé de calme, et d'ombre, et de silence,
Mon âme de plus près adore ta présence;
D'un jour intérieur je me sens éclairer,
Et j'entends une voix qui me dit d'espérer.

Oui, j'espère, Seigneur, en ta magnificence :
Partout à pleines mains prodiguant l'existence,
Tu n'auras pas borné le nombre de mes jours
A ces jours d'ici-bas, si troublés et si courts.
Je te vois en tous lieux conserver et produire;
Celui qui peut créer dédaigne de détruire.
Témoin de ta puissance, et sûr de ta bonté,
J'attends le jour sans fin de l'immortalité.
La mort m'entoure en vain de ses ombres funèbres;
Ma raison voit le jour à travers ses ténèbres :
C'est le dernier degré qui m'approche de toi,

C'est le voile qui tombe entre ta face et moi.
Hâte pour moi, Seigneur, ce moment que j'implore,
Ou, si dans tes secrets tu le retiens encore,
Entends du haut du ciel le cri de mes besoins;
L'atome et l'univers sont l'objet de tes soins;
Des dons de ta bonté soutiens mon indigence,
Nourris mon corps de pain, mon âme d'espérance;
Réchauffe d'un regard de tes yeux tout-puissans
Mon esprit éclipsé par l'ombre de mes sens;
Et, comme le soleil aspire la rosée,
Dans ton sein à jamais absorbe ma pensée.

XVII.

INVOCATION.

O toi qui m'apparus dans ce désert du monde!
Habitante du ciel, passagère en ces lieux,
O toi qui fis briller dans cette nuit profonde
      Un rayon d'amour à mes yeux;
A mes yeux étonnés montre-toi tout entière,
Dis-moi quel est ton nom, ton pays, ton destin,
      Ton berceau fut-il sur la terre?
      Ou n'es-tu qu'un souffle divin?

Vas-tu revoir demain l'éternelle lumière?
Ou dans ce lieu d'exil, de deuil et de misère,
Dois-tu poursuivre encor ton pénible chemin?
Ah! quel que soit ton nom, ton destin, ta patrie,
O fille de la terre, ou du divin séjour,
      Ah! laisse-moi toute ma vie
      T'offrir mon culte ou mon amour.

Si tu dois comme nous achever ta carrière,
Sois mon appui, mon guide, et souffre qu'en tous lieux
De tes pas adorés je baise la poussière.
Mais si tu prends ton vol, et si, loin de nos yeux,
Sœur des anges, bientôt tu remontes près d'eux,
Après m'avoir aimé quelques jours sur la terre,
      Souviens-toi de moi dans les cieux.

XVIII.

LA FOI.

O néant! ô seul dieu que je puisse comprendre!
Silencieux abîme où je vais redescendre,
Pourquoi laissas-tu l'homme échapper de ta main?
De quel sommeil profond je dormais dans ton sein!
Dans l'éternel oubli j'y dormirais encore;
Mes yeux n'auraient pas vu ce faux jour que j'abhorre,
Et dans ta longue nuit mon paisible sommeil
N'aurait jamais connu ni songes ni réveil.

—Mais puisque je naquis, sans doute il fallait naître.
Si l'on m'eût consulté, j'aurais refusé l'être.
Vains regrets! le destin me condamnait au jour,
Et je viens, ô soleil! te maudire à mon tour.

—Cependant, il est vrai, cette première aurore,
Ce réveil incertain d'un être qui s'ignore,
Cet espace infini s'ouvrant devant ses yeux,
Ce long regard de l'homme interrogeant les cieux,
Ce vague enchantement, ces torrens d'espérance,
Éblouissent les yeux au seuil de l'existence.
Salut, nouveau séjour où le temps m'a jeté!
Globe, témoin futur de ma félicité!
Salut! sacré flambeau qui nourris la nature!
Soleil, premier amour de toute créature!
Vastes cieux, qui cachez le Dieu qui vous a faits!
Terre, berceau de l'homme, admirable palais!
Homme, semblable à moi, mon compagnon, mon frère!
Toi plus belle à mes yeux, à mon âme plus chère!

Salut, objets, témoins, instrumens de bonheur!
Remplissez vos destins, je vous apporte un cœur.....

— Que ce rêve est brillant, mais hélas! c'est un rêve.
Il commençait alors; maintenant il s'achève.
La douleur lentement m'entr'ouvre le tombeau :
Salut, mon dernier jour! sois mon jour le plus beau!

J'ai vécu; j'ai passé ce désert de la vie
Où toujours sous mes pas chaque fleur s'est flétrie :
Où toujours l'Espérance, abusant ma raison,
Me montrait le bonheur dans un vague horizon,
Où du vent de la mort les brûlantes haleines
Sous mes lèvres toujours tarissaient les fontaines.
Qu'un autre, s'exhalant en regrets superflus,
Redemande au passé ses jours qui ne sont plus,
Pleure de son printemps l'aurore évanouie,
Et consente à revivre une seconde vie;
Pour moi quand le destin m'offrirait, à mon choix,
Le sceptre du génie ou le trône des rois,
La gloire, la beauté, les trésors, la sagesse,
Et joindrait à ses dons l'éternelle jeunesse,
J'en jure par la mort, dans un monde pareil,
Non, je ne voudrais pas rajeunir d'un soleil.
Je ne veux pas d'un monde où tout change, où tout passe;
Où, jusqu'au souvenir, tout s'use et tout s'efface;
Où tout est fugitif, périssable, incertain;
Où le jour du bonheur n'a pas de lendemain.

— Combien de fois ainsi, trompé par l'existence,
De mon sein pour jamais j'ai banni l'espérance!
Combien de fois ainsi mon esprit abattu
A cru s'envelopper d'une froide vertu,
Et, rêvant de Zénon la trompeuse sagesse,
Sous un manteau stoïque a caché sa faiblesse!
Dans son indifférence un jour enseveli,

Pour trouver le repos il invoquait l'oubli.
Vain repos! faux sommeil! — Tel qu'au pied des collines
Où Rome sort du sein de ses propres ruines,
L'œil voit dans ce chaos, confusément épars,
D'antiques monumens, de modernes remparts,
Des théâtres croulans, dont les frontons superbes
Dorment dans la poussière ou rampent sous les herbes,
Les palais des héros par les ronces couverts,
Des dieux couchés au seuil de leurs temples déserts,
L'obélisque éternel ombrageant la chaumière,
La colonne portant une image étrangère,
L'herbe dans les forum, les fleurs dans les tombeaux,
Et ces vieux panthéons peuplés de dieux nouveaux;
Tandis que s'élevant de distance en distance,
Un faible bruit de vie interrompt ce silence...
Telle est notre âme après ces longs ébranlemens;
Secouant la raison jusqu'en ses fondemens,
Le malheur n'en fait plus qu'une immense ruine,
Où comme un grand débris le désespoir domine!
De sentimens éteints silencieux chaos,
Élémens opposés, sans vie et sans repos,
Restes des passions par le temps effacées,
Combat désordonné de vœux et de pensées,
Souvenirs expirans, regrets, dégoûts, remord.
Si du moins ces débris nous attestaient sa mort!
Mais sous ce vaste deuil l'âme encore est vivante;
Ce feu sans aliment soi-même s'alimente;
Il renaît de sa cendre, et ce fatal flambeau
Craint de brûler encore au delà du tombeau.

Ame! qui donc es-tu? flamme qui me dévore,
Dois-tu vivre après moi, dois-tu souffrir encore?
Hôte mystérieux, que vas-tu devenir?
Au grand flambeau du jour vas-tu te réunir?
Peut-être de ce feu tu n'es qu'une étincelle,
Qu'un rayon égaré, que cet astre rappelle.

Peut-être que, mourant lorsque l'homme est détruit,
Tu n'es qu'un suc plus pur que la terre a produit,
Une fange animée, une argile pensante...
Mais que vois-je? à ce mot tu frémis d'épouvante :
Redoutant le néant, et lasse de souffrir,
Hélas! tu crains de vivre, et trembles de mourir.

—Qui te révélera, redoutable mystère?
J'écoute en vain la voix des sages de la terre :
Le doute égare aussi ces sublimes esprits,
Et de la même argile ils ont été pétris.
Rassemblant les rayons de l'antique sagesse,
Socrate te cherchait aux beaux jours de la Grèce ;
Platon à Sunium te cherchait après lui ;
Deux mille ans sont passés, je te cherche aujourd'hui ;
Deux mille ans passeront, et les enfans des hommes
S'agiteront encor dans la nuit où nous sommes.
La vérité rebelle échappe à nos regards,
Et Dieu seul réunit tous ses rayons épars.

—Ainsi, prêt à fermer mes yeux à la lumière,
Nul espoir ne viendra consoler ma paupière :
Mon âme aura passé, sans guide et sans flambeau,
De la nuit d'ici-bas dans la nuit du tombeau ;
Et j'emporte au hasard, au monde où je m'élance,
Ma vertu sans espoir, mes maux sans récompense.
Réponds-moi, Dieu cruel! s'il est vrai que tu sois,
J'ai donc le droit fatal de maudire tes lois!
Après le poids du jour, du moins le mercenaire
Le soir s'assied à l'ombre, et reçoit son salaire ;
Et moi, quand je fléchis sous le fardeau du sort,
Quand mon jour est fini, mon salaire est la mort!
. . . .
. . . .

—Mais tandis qu'exhalant le doute et le blasphème,

Les yeux sur mon tombeau, je pleure sur moi-même,
La foi, se réveillant comme un doux souvenir,
Jette un rayon d'espoir sur mon pâle avenir,
Sous l'ombre de la mort me ranime et m'enflamme,
Et rend à mes vieux jours la jeunesse de l'âme.
Je remonte, aux lueurs de ce flambeau divin,
Du couchant de ma vie à son riant matin ;
J'embrasse d'un regard la destinée humaine ;
A mes yeux satisfaits tout s'ordonne et s'enchaîne ;
Je lis dans l'avenir la raison du présent ;
L'espoir ferme après moi les portes du néant,
Et, rouvrant l'horizon à mon âme ravie,
M'explique par la mort l'énigme de la vie.

Cette foi, qui m'attend aux bords de mon tombeau,
Hélas! il m'en souvient, plana sur mon berceau.
De la terre promise immortel héritage,
Les pères à leurs fils l'ont transmis d'âge en âge.
Notre esprit la reçoit à son premier réveil,
Comme les dons d'en-haut, la vie et le soleil ;
Comme le lait de l'âme, en ouvrant la paupière,
Elle a coulé pour nous des lèvres d'une mère ;
Elle a pénétré l'homme en sa tendre saison ;
Son flambeau dans les cœurs précéda la raison.
L'enfant, en essayant sa première parole,
Balbutie au berceau son sublime symbole ;
Et, sous l'œil maternel germant à son insu,
Il la sent dans son cœur croître avec la vertu.

Ah! si la vérité fut faite pour la terre,
Sans doute elle a reçu ce simple caractère ;
Sans doute, dès l'enfance offerte à nos regards,
Dans l'esprit par les sens entrant de toutes parts,
Comme les purs rayons de la céleste flamme,
Elle a dû dès l'aurore environner notre âme,
De l'esprit par l'amour descendre dans les cœurs,

S'unir au souvenir, se fondre dans les mœurs ;
Ainsi qu'un grain fécond que l'hiver couvre encore,
Dans notre sein longtemps germer avant d'éclore ;
Et, quand l'homme a passé son orageux été,
Donner son fruit divin pour l'immortalité.

Soleil mystérieux ! flambeau d'une autre sphère,
Prête à mes yeux mourans ta mystique lumière !
Pars du sein du Très-Haut, rayon consolateur !
Astre vivifiant, lève-toi dans mon cœur !
Hélas ! je n'ai que toi : dans mes heures funèbres,
Ma raison qui pâlit m'abandonne aux ténèbres ;
Cette raison superbe, insuffisant flambeau,
S'éteint comme la vie aux portes du tombeau.
Viens donc la remplacer, ô céleste lumière !
Viens d'un jour sans nuage inonder ma paupière ;
Tiens-moi lieu du soleil que je ne dois plus voir,
Et brille à l'horizon comme l'astre du soir.

XIX.

LE GÉNIE.

A M. DE BONALD.

> Impavidum ferient ruinæ.
> HORAT., od. 3, liv. III.

Ainsi, quand parmi les tempêtes,
Au sommet brûlant du Sina,
Jadis le plus grand des prophètes
Gravait les tables de Juda;
Pendant cet entretien sublime,
Un nuage couvrait la cime
Du mont inaccessible aux yeux,
Et, tremblant aux coups du tonnerre,
Juda, couché dans la poussière,
Vit ses lois descendre des cieux.

Ainsi, des sophistes célèbres
Dissipant les fausses clartés,
Tu tires du sein des ténèbres
D'éblouissantes vérités.
Ce voile qui des lois premières
Couvrait les augustes mystères
Se déchire et tombe à ta voix;
Et tu suis ta route assurée
Jusqu'à cette source sacrée
Où le monde a puisé ses lois.

Assis sur la base immuable
De l'éternelle vérité,

Tu vois d'un œil inaltérable
Les phases de l'humanité.
Secoués de leurs gonds antiques,
Les empires, les républiques
S'écroulent en débris épars;
Tu ris des terreurs où nous sommes :
Partout où nous voyons les hommes,
Un Dieu se montre à tes regards!

En vain par quelque faux système
Un système faux est détruit;
Par le désordre à l'ordre même
L'univers moral est conduit.
Et comme autour d'un astre unique,
La terre, dans sa route oblique,
Décrit sa route dans les airs,
Ainsi, par une loi plus belle,
Ainsi la justice éternelle
Est le pivot de l'univers.

Mais quoi! tandis que le génie
Te ravit si loin de nos yeux,
Les lâches clameurs de l'envie
Te suivent jusque dans les cieux!
Crois-moi, dédaigne d'en descendre,
Ne t'abaisse pas pour entendre
Ces bourdonnemens détracteurs.
Poursuis ta sublime carrière,
Poursuis : le mépris du vulgaire
Est l'apanage des grands cœurs.

Objet de ses amours frivoles,
Ne l'as-tu pas vu tour à tour
Se forger de frêles idoles
Qu'il adore et brise en un jour?
N'as-tu pas vu son inconstance

De l'héréditaire croyance
Éteindre les sacrés flambeaux?
Brûler ce qu'adoraient ses pères,
Et donner le nom de lumières
A l'épaisse nuit des tombeaux?

Secouant ses antiques rênes,
Mais par d'autres tyrans flatté,
Tout meurtri du poids de ses chaînes,
L'entends-tu crier : *Liberté!*
Dans ses sacriléges caprices,
Le vois-tu, donnant à ses vices
Les noms de toutes les vertus,
Traîner Socrate aux gémonies,
Pour faire en des temples impies
L'apothéose d'Anitus?

Si, pour caresser sa faiblesse,
Sous tes pinceaux adulateurs,
Tu parais du nom de sagesse
Les leçons de ses corrupteurs,
Tu verrais ses mains avilies
Arrachant des palmes flétries
De quelque front déshonoré,
Les répandre sur ton passage,
Et, changeant la gloire en outrage,
T'offrir un triomphe abhorré!

Mais, loin d'abandonner la lice
Où ta jeunesse a combattu,
Tu sais que l'estime du vice
Est un outrage à la vertu.
Tu t'honores de tant de haine;
Tu plains ces faibles cœurs qu'entraîne
Le cours de leur siècle égaré;
Et, seul contre le flot rapide,

Tu marches d'un pas intrépide
Au but que la gloire a montré !

Tel un torrent, fils de l'orage,
En roulant du sommet des monts,
S'il rencontre sur son passage
Un chêne, l'orgueil des vallons,
Il s'irrite, il écume, il gronde,
Il presse des plis de son onde
L'arbre vainement menacé :
Mais, debout parmi les ruines,
Le chêne aux profondes racines
Demeure ; et le fleuve a passé.

Toi donc, des mépris de ton âge
Sans être jamais rebuté,
Retrempe ton mâle courage
Dans les flots de l'adversité !
Pour cette lutte qui s'achève
Que la vérité soit ton glaive,
La justice ton bouclier.
Va, dédaigne d'autres armures ;
Et si tu reçois des blessures,
Nous les couvrirons de laurier !

Vois-tu dans la carrière antique,
Autour des coursiers et des chars,
Jaillir la poussière olympique
Qui les dérobe à nos regards ?
Dans sa course ainsi le génie
Par les nuages de l'envie
Marche longtemps environné ;
Mais au terme de la carrière,
Des flots de l'indigne poussière
Il sort vainqueur et couronné.

XX.

PHILOSOPHIE.

AU MARQUIS DE LA MAISONFORT.

Oh! qui m'emportera vers les tièdes rivages
Où l'Arno, couronné de ses pâles ombrages,
Aux murs de Médicis en sa course arrêté,
Réfléchit le palais par un sage habité,
Et semble, au bruit flatteur de son onde plus lente,
Murmurer les grands noms de Pétrarque et du Dante?
Ou plutôt, que ne puis-je, au doux tomber du jour,
Quand, le front soulagé du fardeau de la cour,
Tu vas sous tes bosquets chercher ton Égérie,
Suivre, en rêvant, tes pas de prairie en prairie,
Jusqu'au modeste toit par tes mains embelli,
Où tu cours adorer le silence et l'oubli!
J'adore aussi ces dieux : depuis que la sagesse
Aux rayons du malheur a mûri ma jeunesse,
Pour nourrir ma raison des seuls fruits immortels,
J'y cherche en soupirant l'ombre de leurs autels;
Et, s'il est au sommet de la verte colline,
S'il est sur le penchant du coteau qui s'incline,
S'il est aux bords déserts du torrent ignoré
Quelque rustique abri, de verdure entouré,
Dont le pampre arrondi sur le seuil domestique
Dessine en serpentant le flexible portique.
Semblable à la colombe errante sur les eaux,
Qui des cèdres d'Aral découvrant les rameaux,

Vola sur leur sommet poser ses pieds de rose,
Soudain mon âme errante y vole et s'y repose.
Aussi, pendant qu'admis dans les conseils des rois,
Représentant d'un maître honoré par son choix,
Tu tiens un des grands fils de la trame du monde,
Moi, parmi les pasteurs, assis aux bords de l'onde,
Je suis d'un œil rêveur les barques sur les eaux,
J'écoute les soupirs du vent dans les roseaux,
Nonchalamment couché près du lit des fontaines :
Je suis l'ombre qui tourne autour du tronc des chênes,
Ou je grave un vain nom sur l'écorce des bois,
Ou je parle à l'écho qui répond à ma voix;
Ou, dans le vague azur contemplant les nuages,
Je laisse errer, comme eux, mes flottantes images;
La nuit tombe, et le Temps, de son doigt redouté,
Me marque un jour de plus, que je n'ai pas compté.

Quelquefois seulement, quand mon âme oppressée
Sent en rhythmes nombreux déborder ma pensée,
Au souffle inspirateur du soir, dans les déserts
Ma lyre abandonnée exhale encor des vers!
J'aime à sentir ces fruits d'une séve plus mûre
Tomber, sans qu'on les cueille, au gré de la nature;
Comme le sauvageon secoué par les vents,
Sur les gazons flétris, de ses rameaux mouvans
Laisse tomber ses fruits que la branche abandonne,
Et qui meurent au pied de l'arbre qui les donne.
Il fut un temps peut-être où mes jours mieux remplis,
Par la gloire éclairés, par l'amour embellis,
Et fuyant loin de moi sur des ailes rapides,
Dans la nuit du passé ne tombaient pas si vides.
Aux douteuses clartés de l'humaine raison,
Égaré dans les cieux sur les pas de Platon,
Par ma propre vertu je cherchais à connaître
Si l'âme est en effet un souffle du grand Être;
Si ce rayon divin, dans l'argile enfermé,

Doit être par la mort éteint ou rallumé ;
S'il doit après mille ans revivre sur la terre ;
Ou si, changeant sept fois de destins et de sphère,
Et montant d'astre en astre à son centre divin,
D'un but qui fuit toujours il s'approche sans fin ;
Si dans ces changemens nos souvenirs survivent ;
Si nos soins, nos amours, si nos vertus nous suivent ;
S'il est un juge assis aux portes des enfers,
Qui sépare à jamais les justes des pervers ;
S'il est de saintes lois qui, du ciel émanées,
Des empires mortels prolongent les années,
Jettent un frein au peuple indocile à leur voix,
Et placent l'équité sous la garde des rois ;
Ou si d'un dieu qui dort l'aveugle nonchalance
Laisse au gré du destin trébucher sa balance,
Et livre, en détournant ses yeux indifférens,
La nature au hasard, et la terre aux tyrans.
Mais, ainsi que des cieux, où son vol se déploie,
L'aigle souvent trompé redescend sans sa proie,
Dans ces vastes hauteurs où mon œil s'est porté
Je n'ai rien découvert que doute et vanité ;
Et, las d'errer sans fin dans des champs sans limite,
Au seul jour où je vis, au seul bord que j'habite
J'ai borné désormais ma pensée et mes soins :
Pourvu qu'un dieu caché fournisse à mes besoins ;
Pourvu que, dans les bras d'une épouse chérie,
Je goûte obscurément les doux fruits de ma vie ;
Que le rustique enclos, par mes pères planté,
Me donne un toit l'hiver, et de l'ombre l'été ;
Et que d'heureux enfans ma table couronnée
D'un convive de plus se peuple chaque année,
Ami, je n'irai plus ravir si loin de moi,
Dans les secrets de Dieu, ces comment, ces pourquoi,
Ni du risible effort de mon faible génie
Aider péniblement la Sagesse infinie.
Vivre est assez pour nous ; un plus sage l'a dit :

Le soin de chaque jour à chaque jour suffit.
Humble, et du Saint des Saints respectant les mystères,
J'héritai l'innocence et le Dieu de mes pères;
En inclinant mon front j'élève à lui mes bras;
Car la terre l'adore et ne le comprend pas :
Semblable à l'alcyon, que la mer dorme ou gronde,
Qui dans son nid flottant s'endort en paix sur l'onde,
Me reposant sur Dieu du soin de me guider
A ce port invisible où tout doit aborder,
Je laisse mon esprit, libre d'inquiétude,
D'un facile bonheur faisant sa seule étude,
Et, prêtant sans orgueil la voile à tous les vents,
Les yeux tournés vers lui, suivre le cours du temps.
Toi qui, longtemps battu des vents et de l'orage,
Jouissant aujourd'hui de ce ciel sans nuage,
Du sein de ton repos contemples du même œil
Nos revers sans dédain, nos erreurs sans orgueil ;
Dont la raison facile, et chaste sans rudesse,
Des sages de son temps n'a pris que la sagesse,
Et qui reçus d'en-haut ce don mystérieux
De parler aux mortels dans la langue des dieux ;
De ces bords enchanteurs où ta voix me convie,
Où s'écoule à flots purs l'automne de ta vie,
Où les eaux et les fleurs, et l'ombre et l'amitié,
De tes jours nonchalans usurpent la moitié,
Dans ces vers inégaux que ta muse entrelace,
Dis-nous, comme autrefois nous l'aurait dit Horace,
Si l'homme doit combattre ou suivre son destin ;
Si je me suis trompé de but ou de chemin ;
S'il est vers la sagesse une autre route à suivre,
Et si l'art d'être heureux n'est pas tout l'art de vivre ?

XXI.

LE GOLFE DE BAÏA.

Vois-tu comme le flot paisible
Sur le rivage vient mourir ?
Vois-tu le volage zéphyr
Rider d'une haleine insensible
L'onde qu'il aime à parcourir ?
Montons sur ma barque légère
Que ma main guide sans efforts,
Et de ce golfe solitaire
Rasons timidement les bords.

Loin de nous déjà fuit la rive :
Tandis que d'une main craintive
Tu tiens le docile aviron,
Courbé sur la rame bruyante,
Au sein de l'onde frémissante
Je trace un rapide sillon.

Dieu ! quelle fraîcheur on respire !
Plongé dans le sein de Thétis,
Le soleil a cédé l'empire
A la pâle reine des nuits ;
Le sein des fleurs demi-fermées
S'ouvre, et de vapeurs embaumées
En ce moment remplit les airs ;
Et du soir la brise légère
Des plus doux parfums de la terre
A son tour embaume les mers.

Quels chants sur ces flots retentissent?
Quels chants éclatent sur ces bords?
De ces deux concerts qui s'unissent
L'écho prolonge les accords.
N'osant se fier aux étoiles,
Le pêcheur, repliant ses voiles,
Salue, en chantant, son séjour;
Tandis qu'une folle jeunesse
Pousse au ciel des cris d'allégresse,
Et fête son heureux retour.

Mais déjà l'ombre plus épaisse
Tombe, et brunit les vastes mers;
Le bord s'efface, le bruit cesse,
Le silence occupe les airs.
C'est l'heure où la mélancolie
S'assied pensive et recueillie
Aux bords silencieux des mers;
Et, méditant sur les ruines,
Contemple au penchant des collines
Ce palais, ces temples déserts.

O de la liberté vieille et sainte patrie!
Terre, autrefois féconde en sublimes vertus,
Sous d'indignes Césars [1] maintenant asservie,
Ton empire est tombé; tes héros ne sont plus!
Mais dans ton sein l'âme agrandie
Croit sur leurs monumens respirer leur génie,
Comme on respire encor dans un temple aboli
La majesté du dieu dont il était rempli.
Mais n'interrogeons pas vos cendres généreuses,
Vieux Romains! fiers Catons! mânes des deux Brutus!
Allons redemander à ces murs abattus
Des souvenirs plus doux, des ombres plus heureuses.

[1] Ceci était écrit en 1813.

Horace, dans ce frais séjour,
Dans une retraite embellie
Par le plaisir et le génie,
Fuyait les pompes de la cour;
Properce y visitait Cynthie,
Et sous les regards de Délie
Tibulle y modulait les soupirs de l'amour.
Plus loin, voici l'asile où vint chanter le Tasse,
Quand, victime à la fois du génie et du sort,
Errant dans l'univers, sans refuge et sans port,
La pitié recueillit son illustre disgrâce.
Non loin des mêmes bords, plus tard il vint mourir :
La gloire l'appelait, il arrive, il succombe :
La palme qui l'attend devant lui semble fuir,
Et son laurier tardif n'ombrage que sa tombe.
Colline de Baïa! poétique séjour!
Voluptueux vallon qu'habita tour à tour
Tout ce qui fut grand dans le monde,
Tu ne retentis plus de gloire ni d'amour.
Pas une voix qui me réponde,
Que le bruit plaintif de cette onde,
Ou l'écho réveillé des débris d'alentour!

Ainsi tout change, ainsi tout passe;
Ainsi nous-mêmes nous passons,
Hélas! sans laisser plus de trace
Que cette barque où nous glissons
Sur cette mer où tout s'efface.

XXII.

LE TEMPLE.

Qu'il est doux, quand du soir l'étoile solitaire,
Précédant de la nuit le char silencieux,
S'élève lentement dans la voûte des cieux,
Et que l'ombre et le jour se disputent la terre ;
Qu'il est doux de porter ses pas religieux
Dans le fond du vallon, vers ce temple rustique
Dont la mousse a couvert le modeste portique,
Mais où le ciel encor parle à des cœurs pieux !
Salut, bois consacré ! Salut, champ funéraire,
Des tombeaux du village humble dépositaire ;
Je bénis en passant tes simples monumens.
Malheur à qui des morts profane la poussière !
J'ai fléchi le genou devant leur humble pierre,
Et la nef a reçu mes pas retentissans.
Quelle nuit ! quel silence ! au fond du sanctuaire
A peine on aperçoit la tremblante lumière
De la lampe qui brûle auprès des saints autels.
Seule elle luit encor quand l'univers sommeille,
Emblème consolant de la bonté qui veille
Pour recueillir ici les soupirs des mortels.

Avançons. Aucun bruit n'a frappé mon oreille ;
Le parvis frémit seul sous mes pas mesurés,
Du sanctuaire enfin j'ai franchi les degrés.
Murs sacrés ! saints autels ! je suis seul, et mon âme
Peut verser devant vous ses douleurs et sa flamme,
Et confier au ciel des accens ignorés,
Que lui seul connaîtra, que vous seul entendrez.

Mais quoi! de ces autels j'ose approcher sans crainte!
J'ose apporter, grand Dieu! dans cette auguste enceinte
Un cœur encor brûlant de douleur et d'amour!
Et je ne tremble pas que ta majesté sainte
Ne venge le respect qu'on doit à son séjour!
Non : je ne rougis plus du feu qui me consume ;
L'amour est innocent quand la vertu l'allume.
Aussi pur que l'objet à qui je l'ai juré,
Le mien brûle mon cœur, mais c'est d'un feu sacré ;
La constance l'honore et le malheur l'épure.
Je l'ai dit à la terre, à toute la nature ;
Devant tes saints autels je l'ai dit sans effroi :
J'oserais, Dieu puissant, la nommer devant toi.
Oui, malgré la terreur que ton temple m'inspire,
Ma bouche a murmuré tout bas le nom d'Elvire ;
Et ce nom répété de tombeaux en tombeaux,
Comme l'accent plaintif d'une ombre qui soupire,
De l'enceinte funèbre a troublé le repos.

Adieu, froids monumens! adieu, saintes demeures!
Deux fois l'écho nocturne a répété les heures
Depuis que devant vous mes larmes ont coulé :
Le ciel a vu ces pleurs, et je sors consolé.
Peut-être au même instant, sur un autre rivage,
Elvire veille aussi, seule avec mon image,
Et dans un temple obscur, les yeux baignés de pleurs,
Vient aux autels déserts confier ses douleurs.

XXIII.

CHANTS LYRIQUES DE SAÜL.

IMITATION DES PSAUMES DE DAVID.

Je répandrai mon âme au seuil du sanctuaire,
Seigneur, dans ton nom seul je mettrai mon espoir;
Mes cris t'éveilleront, et mon humble prière
S'élèvera vers toi comme l'encens du soir!

Dans quel abaissement ma gloire s'est perdue!
J'erre sur la montagne ainsi qu'un passereau,
Et par tant de rigueurs mon âme confondue,
Mon âme est devant toi comme un désert sans eau.

Pour mes fiers ennemis ce deuil est une fête.
Ils se montrent, Seigneur, ton Christ humilié.
Le voilà, disent-ils; ses dieux l'ont oublié;
Et Moloch en passant a secoué la tête
   Et souri de pitié.

. . . .
. . . .
. . . .
. . . .

Seigneur, tendez votre arc; levez-vous, jugez-moi!
Remplissez mon carquois de vos flèches brûlantes.
Que des hauteurs du ciel vos foudres dévorantes
Portent sur eux la mort qu'ils appelaient sur moi!

Dieu se lève, il s'élance, il abaisse la voûte
De ces cieux éternels ébranlés sous ses pas ;
Le soleil et la foudre ont éclairé sa route ;
Ses anges devant lui font voler le trépas.

Le feu de son courroux fait monter la fumée,
Son éclat a fendu les nuages des cieux ;
    La terre est consumée
    D'un regard de ses yeux.

    Il parle ; sa voix foudroyante
    A fait chanceler d'épouvante
Les cèdres du Liban, les rochers des déserts ;
Le Jourdain montre à nu sa source reculée ;
    De la terre ébranlée
    Les os sont découverts.

Le Seigneur m'a livré la race criminelle
    Des superbes enfans d'Ammon.
Levez-vous, ô Saül ? et que l'ombre éternelle
    Engloutisse jusqu'à leur nom !

. . . .
. . . .
. . . .
. . . .

Que vois-je ? vous tremblez, orgueilleux oppresseurs !
    Le héros prend sa lance,
    Il l'agite, il s'élance ;
    A sa seule présence,
La terreur de ses yeux a passé dans vos cœurs.

Fuyez !... Il est trop tard ! sa redoutable épée
Décrit autour de vous un cercle menaçant,
En tout lieu vous poursuit, en tout lieu vous attend ;

Et déjà mille fois dans votre sang trempée,
S'enivre encor de votre sang.

   Son coursier superbe
   Foule comme l'herbe
   Les corps des mourans ;
   Le héros l'excite
   Et le précipite
   A travers les rangs ;
   Les feux l'environnent :
   Les casques résonnent
   Sous ses pieds sanglans ;
   Devant sa carrière
   Cette foule altière
   Tombe tout entière
   Sous ses traits brûlans,
   Comme la poussière
   Qu'emportent les vents.

  Où sont ces fiers Ismaélites,
Ces enfans de Moab, cette race d'Édom ?
  Iduméens, guerriers d'Ammon,
Et vous, superbes fils de Tyr et de Sidon,
  Et vous, cruels Amalécites ?

Les voilà devant moi comme un fleuve tari,
Et leur mémoire même avec eux a péri !

. . . .
. . . .
. . . .
. . . .

  Que de biens le Seigneur m'apprête !
Qu'il couronne d'honneurs la vieillesse du roi !

Éphraïm, Manassé, Galaad, sont à moi;
Jacob, mon bouclier, est l'appui de ma tête.
Que de biens le Seigneur m'apprête!
Qu'il couronne d'honneurs la vieillesse du roi!

Des bords où l'aurore se lève
Aux bords où le soleil achève
Son cours tracé par l'Éternel,
L'opulente Saba, la fertile Éthiopie,
La riche mer de Tyr, les déserts d'Arabie,
Adorent le roi d'Israël.

Peuples, frappez des mains; le Roi des rois s'avance!
Il monte, il s'est assis sur son trône éclatant;
Il pose de Sion l'éternel fondement;
La montagne frémit de joie et d'espérance.
Peuples, frappez des mains; le Roi des rois s'avance;
Il pose de Sion l'éternel fondement.

De sa main pleine de justice
Il verse aux nations l'abondance et la paix.
Réjouis-toi, Sion, sous ton ombre propice,
Ainsi que le palmier qui parfume Cadès,
La paix et l'équité fleurissent à jamais.
De sa main pleine de justice
Il verse aux nations l'abondance et la paix.

Dieu chérit de Sion les sacrés tabernacles
Plus que les tentes d'Israël;
Il y fait sa demeure, il y rend ses oracles :
Il y fait éclater sa gloire et ses miracles :
Sion, ainsi que lui, ton nom est immortel.
Dieu chérit de Sion les sacrés tabernacles
Plus que les tentes d'Israël.

C'est là qu'un jour vaut mieux que mille,

C'est là qu'environné de la troupe docile
De ses nombreux enfans, sa gloire et son appui,
Le roi vieillit, semblable à l'olivier fertile
Qui voit ses rejetons fleurir autour de lui.

XXIV.

HYMNE AU SOLEIL.

Vous avez pris pitié de sa longue douleur,
Vous me rendez le jour, Dieu que l'amour implore !
Déjà mon front, couvert d'une molle pâleur,
Des teintes de la vie à ses yeux se colore ;
Déjà dans tout mon être une douce chaleur
Circule avec mon sang, remonte dans mon cœur :
    Je renais pour aimer encore !

Mais la nature aussi se réveille en ce jour :
Au doux soleil de mai nous la voyons renaître :
Les oiseaux de Vénus, autour de ma fenêtre,
Du plus chéri des mois proclament le retour !
Guidez mes premiers pas dans nos vertes campagnes !
Conduis-moi, chère Elvire, et soutiens ton amant :
Je veux voir le soleil s'élever lentement,
Précipiter son char du haut de nos montagnes,
Jusqu'à l'heure où dans l'onde il ira s'engloutir,
Et cédera les airs au nocturne zéphyr.
Viens ! Que crains-tu pour moi ? le ciel est sans nuage :
Le plus beau de nos jours passera sans orage ;
Et c'est l'heure où déjà, sur les gazons en fleurs,
Dorment, près des troupeaux, les paisibles pasteurs.

Dieu ! que les airs sont doux ! que la lumière est pure !
Tu règnes en vainqueur sur toute la nature,
O Soleil ! et des cieux, où ton char est porté,
Tu lui verses la vie et la fécondité.
Le jour où, séparant la nuit de la lumière,

L'Éternel te lança dans ta vaste carrière,
L'univers tout entier te reconnut pour roi;
Et l'homme, en t'adorant, s'inclina devant toi.
De ce jour poursuivant ta carrière enflammée,
Tu décris sans repos ta route accoutumée;
L'éclat de tes rayons ne s'est point affaibli,
Et sous la main des temps ton front n'a point pâli!

Quand la voix du matin vient réveiller l'aurore,
L'Indien prosterné te bénit et t'adore;
Et moi, quand le midi de ses feux bienfaisans
Ranime par degrés mes membres languissans,
Il me semble qu'un Dieu, dans tes rayons de flamme,
En échauffant mon sein pénètre dans mon âme!
Et je sens de ses fers mon esprit détaché,
Comme si du Très-Haut le bras m'avait touché.
Mais ton sublime auteur défend-il de le croire?
N'es-tu point, ô Soleil! un rayon de sa gloire?
Quand tu vas mesurant l'immensité des cieux,
O Soleil! n'es-tu point un regard de ses yeux?

Ah! si j'ai quelquefois, aux jours de l'infortune,
Blasphémé du soleil la lumière importune,
Si j'ai maudit les dons que j'ai reçus de toi,
Dieu, qui lis dans nos cœurs, ô Dieu! pardonne-moi.
Je n'avais pas goûté la volupté suprême
De revoir la nature auprès de ce que j'aime,
De sentir dans mon cœur, aux rayons d'un beau jour,
Redescendre à la fois et la vie et l'amour.
Insensé! j'ignorais tout le prix de la vie;
Mais ce jour me l'apprend, et je te glorifie!

XXV.

ADIEU.

Oui, j'ai quitté ce port tranquille,
Ce port si longtemps appelé,
Où, loin des ennuis de la ville,
Dans un loisir doux et facile,
Sans bruit mes jours auraient coulé.
J'ai quitté l'obscure vallée,
Le toit champêtre d'un ami ;
Loin des bocages de Bissy,
Ma muse, à regret exilée,
S'éloigne triste et désolée,
Du séjour qu'elle avait choisi.
Nous n'irons plus dans les prairies,
Au premier rayon du matin,
Égarer, d'un pas incertain,
Nos poétiques rêveries.
Nous ne verrons plus le soleil
Du haut des cimes d'Italie
Précipitant son char vermeil,
Semblable au père de la vie,
Rendre à la nature assoupie
Le premier éclat du réveil.
Nous ne goûterons plus votre ombre,
Vieux pins, l'honneur de ces forêts,
Vous n'entendrez plus nos secrets ;
Sous cette grotte humide et sombre
Nous ne chercherons plus le frais,
Et, le soir, au temple rustique,

Quand la cloche mélancolique
Appellera tout le hameau,
Nous n'irons plus à la prière,
Nous courber sur la simple pierre
Qui couvre un rustique tombeau.
Adieu, vallons! adieu, bocages!
Lac azuré, roches sauvages,
Bois touffus, tranquille séjour,
Séjour des heureux et des sages,
Je vous ai quittés sans retour !
Déjà ma barque fugitive,
Au souffle des zéphyrs trompeurs,
S'éloigne à regret de la rive
Que m'offraient les dieux protecteurs.
J'affronte de nouveaux orages;
Sans doute à de nouveaux naufrages
Mon frêle esquif est dévoué;
Et pourtant, à la fleur de l'âge,
Sur quels écueils, sur quel rivage,
Déjà n'ai-je pas échoué?
Mais d'une plainte téméraire
Pourquoi fatiguer le destin?
A peine au milieu du chemin,
Faut-il regarder en arrière?
Mes lèvres à peine ont goûté
Le calice amer de la vie,
Loin de moi je l'ai rejeté;
Mais l'arrêt cruel est porté :
Il faut boire jusqu'à la lie !
Lorsque mes pas auront franchi
Les deux tiers de notre carrière,
Sous le poids d'une vie entière
Quand mes cheveux auront blanchi,
Je reviendrai du vieux Bissy
Visiter le toit solitaire,
Où le ciel me garde un ami.

Dans quelque retraite profonde,
Sous les arbres par lui plantés,
Nous verrons couler comme l'onde
La fin de nos jours agités.
Là, sans crainte et sans espérance,
Sur notre orageuse existence
Ramenés par le souvenir,
Jetant nos regards en arrière,
Nous mesurerons la carrière
Qu'il aura fallu parcourir.

Tel un pilote octogénaire,
Du haut d'un rocher solitaire,
Le soir, tranquillement assis,
Laisse au loin égarer sa vue,
Et contemple encor l'étendue
Des mers qu'il sillonna jadis.

XXVI.

LA SEMAINE SAINTE

A LA ROCHE-GUYON.

Ici viennent mourir les derniers bruits du monde ;
Nautoniers sans étoile, abordez ! c'est le port :
Ici l'âme se plonge en une paix profonde,
    Et cette paix n'est pas la mort.

Ici jamais le ciel n'est orageux ni sombre ;
Un jour égal et pur y repose les yeux :
C'est ce vivant soleil dont le soleil est l'ombre,
    Qui le répand du haut des cieux.

Comme un homme éveillé longtemps avant l'aurore,
Jeunes, nous avons fui dans cet heureux séjour ;
Notre rêve est fini, le vôtre dure encore :
    Éveillez-vous ! voilà le jour.

Cœurs tendres, approchez ! ici l'on aime encore ;
Mais l'amour, épuré, s'allume sur l'autel :
Tout ce qu'il a d'humain à ce feu s'évapore ;
    Tout ce qui reste est immortel !

La prière, qui veille en ces saintes demeures,
De l'astre matinal nous annonce le cours ;
Et, conduisant pour nous le char pieux des heures,
    Remplit et mesure nos jours.

L'airain religieux s'éveille avec l'aurore ;
Il mêle notre hommage à la voix des zéphyrs ;

Et les airs, ébranlés sous le marteau sonore,
Prennent l'accent de nos soupirs.

Dans le creux du rocher, sous une voûte obscure,
S'élève un simple autel : Roi du ciel, est-ce toi?
Oui, contraint par l'amour, le Dieu de la nature
Y descend, visible à la foi.

Que ma raison se taise, et que mon cœur adore!
La croix à mes regards révèle un nouveau jour;
Aux pieds d'un Dieu mourant puis-je douter encore?
Non : l'amour m'explique l'amour.

Tous ces fronts prosternés, ce feu qui les embrase,
Ces parfums, ces soupirs s'exhalant du saint lieu,
Ces élans enflammés, ces larmes de l'extase,
Tout me répond que c'est un Dieu.

Favoris du Seigneur, souffrez qu'à votre exemple,
Ainsi qu'un mendiant aux portes du palais,
J'adore aussi de loin, sur le seuil de son temple,
Le Dieu qui vous donne la paix.

Ah! laissez-moi mêler mon hymne à vos louanges!
Que mon encens souillé monte avec votre encens.
Jadis les fils de l'homme aux saints concerts des anges
Ne mêlaient-ils pas leurs accens?

Du nombre des vivans chaque aurore m'efface;
Je suis rempli de jours, de douleurs, de remords.
Sous le portique obscur venez marquer ma place,
Ici, près du séjour des morts!

Souffrez qu'un étranger veille auprès de leur cendre.
Brûlant sur un cercueil comme ces saints flambeaux,

La mort m'a tout ravi, la mort doit tout me rendre;
J'attends le réveil des tombeaux!

Ah! puissé-je près d'eux, au gré de mon envie,
A l'ombre de l'autel, et non loin de ce port,
Seul, achever ainsi les restes de ma vie
Entre l'espérance et la mort!

XXVII.

LE CHRÉTIEN MOURANT.

Qu'entends-je? autour de moi l'airain sacré résonne!
Quelle foule pieuse en pleurant m'environne?
Pour qui ce chant funèbre et ce pâle flambeau?
O mort! est-ce ta voix qui frappe mon oreille
Pour la dernière fois? Eh quoi! je me réveille
     Sur le bord du tombeau!

O toi! d'un feu divin précieuse étincelle,
De ce corps périssable habitante immortelle,
Dissipe ces terreurs : la mort vient t'affranchir!
Prends ton vol, ô mon âme! et dépouille tes chaînes.
Déposer le fardeau des misères humaines,
     Est-ce donc là mourir?

Oui, le temps a cessé de mesurer mes heures.
Messagers rayonnans des célestes demeures,
Dans quels palais nouveaux allez-vous me ravir?
Déjà, déjà je nage en des flots de lumière;
L'espace devant moi s'agrandit, et la terre
     Sous mes pieds semble fuir!

Mais qu'entends-je? Au moment où mon âme s'éveille,
Des soupirs, des sanglots ont frappé mon oreille!
Compagnons de l'exil, quoi! vous pleurez ma mort!
Vous pleurez! et déjà dans la coupe sacrée
J'ai bu l'oubli des maux, et mon âme enivrée
     Entre au céleste port.

XXVIII.

DIEU.

A M. L'ABBÉ F. DE LAMENNAIS.

Oui, mon âme se plaît à secouer ses chaînes :
Déposant le fardeau des misères humaines,
Laissant errer mes sens dans ce monde des corps,
Au monde des esprits je monte sans efforts.
Là, foulant à mes pieds cet univers visible,
Je plane en liberté dans les champs du possible.
Mon âme est à l'étroit dans sa vaste prison :
Il me faut un séjour qui n'ait pas d'horizon.

Comme une goutte d'eau dans l'Océan versée,
L'infini dans son sein absorbe ma pensée ;
Là, reine de l'espace et de l'éternité,
Elle ose mesurer le temps, l'immensité,
Aborder le néant, parcourir l'existence,
Et concevoir de Dieu l'inconcevable essence.
Mais sitôt que je veux peindre ce que je sens,
Toute parole expire en efforts impuissans :
Mon âme croit parler ; ma langue embarrassée
Frappe l'air de vains sons, ombre de ma pensée.

Dieu fit pour les esprits deux langages divers :
En sons articulés l'un vole dans les airs ;
Ce langage borné s'apprend parmi les hommes ;
Il suffit aux besoins de l'exil où nous sommes,

Et, suivant des mortels les destins inconstans,
Change avec les climats ou passe avec les temps.
L'autre, éternel, sublime, universel, immense,
Est le langage inné de toute intelligence :
Ce n'est point un son mort dans les airs répandu ;
C'est un verbe vivant dans le cœur entendu :
On l'entend, on l'explique, on le parle avec l'âme ;
Ce langage senti, touche, illumine, enflamme :
De ce que l'âme éprouve interprètes brûlans
Il n'a que des soupirs, des ardeurs, des élans ;
C'est la langue du ciel que parle la prière,
Et que le tendre amour comprend seul sur la terre.

Aux pures régions où j'aime à m'envoler,
L'enthousiasme aussi vient me la révéler ;
Lui seul est mon flambeau dans cette nuit profonde,
Et mieux que la raison il m'explique le monde.
Viens donc ; il est mon guide, et je veux t'en servir.
A ses ailes de feu, viens, laisse-toi ravir.
Déjà l'ombre du monde à nos regards s'efface :
Nous échappons au temps, nous franchissons l'espace,
Et dans l'ordre éternel de la réalité,
Nous voilà face à face avec la vérité !

Cet astre universel, sans déclin, sans aurore,
C'est Dieu, c'est ce grand tout, qui soi-même s'adore !
Il est ; tout est en lui : l'immensité, les temps,
De son être infini sont les purs élémens ;
L'espace est son séjour, l'éternité son âge ;
Le jour est son regard, le monde est son image :
Tout l'univers subsiste à l'ombre de sa main ;
L'être à flots éternels découlant de son sein,
Comme un fleuve nourri par cette source immense,
S'en échappe et revient finir où tout commence.

Sans bornes, comme lui, ses ouvrages parfaits

Bénissent en naissant la main qui les a faits!
Il peuple l'infini chaque fois qu'il respire;
Pour lui, vouloir c'est faire, exister c'est produire!
Tirant tout de soi seul, rapportant tout à soi,
Sa volonté suprême est sa suprême loi!
Mais cette volonté sans ombre et sans faiblesse,
Est à la fois puissance, ordre, équité, sagesse.
Sur tout ce qui peut être il l'exerce à son gré;
Le néant jusqu'à lui s'élève par degré :
Intelligence, amour, force, beauté, jeunesse,
Sans épuiser jamais, il peut donner sans cesse;
Et, comblant le néant de ses dons précieux,
Des derniers rangs de l'être il peut tirer des dieux!
Mais ces dieux de sa main, ces fils de sa puissance,
Mesurent d'eux à lui l'éternelle distance,
Tendant par la nature à l'être qui les fit;
Il est leur fin à tous, et lui seul se suffit!
Voilà, voilà le Dieu que tout esprit adore,
Qu'Abraham a servi, que rêvait Pythagore,
Que Socrate annonçait, qu'entrevoyait Platon;
Ce Dieu que l'univers révèle à la raison,
Que la justice attend, que l'infortune espère,
Et que le Christ enfin vint montrer à la terre!
Ce n'est plus là ce Dieu par l'homme fabriqué,
Ce Dieu par l'imposture à l'erreur expliqué,
Ce Dieu défiguré par la main des faux prêtres,
Qu'adoraient en tremblant nos crédules ancêtres.
Il est seul, il est un, il est juste, il est bon;
La terre voit son œuvre, et le ciel sait son nom!

Heureux qui le connaît! plus heureux qui l'adore!
Qui, tandis que le monde ou l'outrage ou l'ignore,
Seul, aux rayons pieux des lampes de la nuit,
S'élève au sanctuaire où la foi l'introduit,
Et, consumé d'amour et de reconnaissance,
Brûle, comme l'encens, son âme en sa présence!

Mais, pour monter à lui, notre esprit abattu
Doit emprunter d'en-haut sa force et sa vertu.
Il faut voler au ciel sur des ailes de flamme :
Le désir et l'amour sont les ailes de l'âme.
Ah! que ne suis-je né dans l'âge où les humains,
Jeunes, à peine encore échappés de ses mains,
Près de Dieu par le temps, plus près par l'innocence,
Conversaient avec lui, marchaient en sa présence!
Que n'ai-je vu le monde à son premier soleil!
Que n'ai-je entendu l'homme à son premier réveil!
Tout lui parlait de toi, tu lui parlais toi-même;
L'univers respirait ta majesté suprême;
La nature sortant des mains du Créateur,
Étalait en tous sens le nom de son auteur :
Ce nom, caché depuis sous la rouille des âges,
En traits plus éclatans brillait sur tes ouvrages;
L'homme dans le passé ne remontait qu'à toi;
Il invoquait son père, et tu disais : C'est moi.

Longtemps comme un enfant ta voix daigna l'instruire,
Et par la main longtemps tu voulus le conduire.
Que de fois dans ta gloire à lui tu t'es montré,
Aux vallons de Sennar, aux chênes de Membré,
Dans le buisson d'Oreb, ou sur l'auguste cime
Où Moïse aux Hébreux dictait sa loi sublime!
Ces enfans de Jacob, premiers-nés des humains,
Reçurent quarante ans la manne de tes mains :
Tu frappais leur esprit par tes vivans oracles;
Tu parlais à leurs yeux par la voix des miracles;
Et lorsqu'ils t'oubliaient, tes anges descendus
Rappelaient ta mémoire à leurs cœurs éperdus.
Mais enfin comme un fleuve éloigné de sa source,
Ce souvenir si pur s'altéra dans sa course,
De cet astre vieilli la sombre nuit des temps
Éclipsa par degrés les rayons éclatans.
Tu cessas de parler : l'oubli, la main des âges,

Usèrent ce grand nom empreint dans tes ouvrages ;
Les siècles en passant firent pâlir la foi ;
L'homme plaça le doute entre le monde et toi.

Oui, ce monde, Seigneur, est vieilli pour ta gloire ;
Il a perdu ton nom, ta race et ta mémoire,
Et pour les retrouver il nous faut, dans son cours,
Remonter flots à flots le long fleuve des jours !
Nature ! firmament ! l'œil en vain vous contemple :
Hélas ! sans voir le Dieu, l'homme admire le temple ;
Il voit, il suit en vain, dans les déserts des cieux,
De leurs mille soleils le cours mystérieux ;
Il ne reconnaît plus la main qui les dirige ;
Un prodige éternel cesse d'être un prodige !
Comme ils brillaient hier ils brilleront demain !
Qui sait où commença leur glorieux chemin ?
Qui sait si ce flambeau, qui luit et qui féconde,
Une première fois s'est levé sur le monde ?
Nos pères n'ont point vu briller son premier tour,
Et les jours éternels n'ont point de premier jour.
Sur le monde moral en vain ta providence
Dans ces grands changemens révèle ta présence.
C'est en vain qu'en tes jeux l'empire des humains
Passe d'un sceptre à l'autre, errant de mains en mains ;
Nos yeux, accoutumés à sa vicissitude,
Se sont fait de la gloire une froide habitude :
Les siècles ont tant vu de ces grands coups du sort !
Le spectacle est usé ; l'homme engourdi s'endort.

Réveille-nous, grand Dieu ! parle, et change le monde ;
Fais entendre au néant ta parole féconde :
Il est temps ! lève-toi ! sors de ce long repos ;
Tire un autre univers de cet autre chaos.
A nos yeux assoupis il faut d'autres spectacles !
A nos esprits flottans il faut d'autres miracles !
Change l'ordre des cieux qui ne nous parle plus !

Lance un nouveau soleil à nos yeux éperdus;
Détruis ce vieux palais, indigne de ta gloire;
Viens! montre-toi toi-même, et force-nous de croire!
Mais peut-être, avant l'heure où dans les cieux déserts
Le soleil cessera d'éclairer l'univers,
De ce soleil moral la lumière éclipsée
Cessera par degrés d'éclairer la pensée,
Et le jour qui verra ce grand flambeau détruit
Plongera l'univers dans l'éternelle nuit.
Alors tu briseras ton inutile ouvrage.
Ses débris foudroyés rediront d'âge en âge :
Seul je suis! hors de moi rien ne peut subsister!
L'homme cessa de croire, il cessa d'exister!

XXIX.

L'AUTOMNE.

Salut! bois couronnés d'un reste de verdure!
Feuillages jaunissans sur les gazons épars!
Salut! derniers beaux jours; le deuil de la nature
Convient à la douleur, et plaît à mes regards.

Je suis d'un pas rêveur le sentier solitaire ;
J'aime à revoir encor, pour la dernière fois,
Ce soleil pâlissant, dont la faible lumière
Perce à peine à mes pieds l'obscurité des bois.

Oui, dans ces jours d'automne où la nature expire,
A ses regards voilés je trouve plus d'attraits;
C'est l'adieu d'un ami, c'est le dernier sourire
Des lèvres que la mort va fermer pour jamais.

Ainsi, prêt à quitter l'horizon de la vie,
Pleurant de mes longs jours l'espoir évanoui,
Je me retourne encore, et d'un regard d'envie
Je contemple ses biens dont je n'ai pas joui.

Terre, soleil, vallons, belle et douce nature,
Je vous dois une larme aux bords de mon tombeau!
L'air est si parfumé! la lumière est si pure!
Aux regards d'un mourant le soleil est si beau!

Je voudrais maintenant vider jusqu'à la lie
Ce calice mêlé de nectar et de fiel :
Au fond de cette coupe où je buvais la vie,
Peut-être restait-il une goutte de miel.

Peut-être l'avenir me gardait-il encore
Un retour de bonheur dont l'espoir est perdu?
Peut-être dans la foule une âme que j'ignore
Aurait compris mon âme, et m'aurait répondu!...

La fleur tombe en livrant ses parfums au zéphyre;
A la vie, au soleil, ce sont là ses adieux;
Moi, je meurs; et mon âme, au moment qu'elle expire,
S'exhale comme un son triste et mélodieux.

XXX.

LA POÉSIE SACRÉE.

DITHYRAMBE.

A M. EUGÈNE DE GENOUDE [1].

Son front est couronné de palmes et d'étoiles ;
Son regard immortel, que rien ne peut ternir,
Traversant tous les temps, soulevant tous les voiles,
Réveille le passé, plonge dans l'avenir !
Du monde sous ses yeux les fastes se déroulent,
Les siècles à ses pieds comme un torrent s'écoulent ;
A son gré descendant ou remontant leur cours,
Elle sonne aux tombeaux l'heure, l'heure fatale,
   Ou sur sa lyre virginale
Chante au monde vieilli ce jour, père des jours.

   Écoutez ! — Jéhova s'élance
   Du sein de son éternité.
Le chaos endormi s'éveille en sa présence,
Sa vertu le féconde, et sa toute-puissance
   Repose sur l'immensité.

[1] M. de Genoude, à qui ce dithyrambe est adressé, est le premier qui ait fait passer dans la langue française la sublime poésie des Hébreux. Jusqu'à présent nous ne connaissions que le sens des livres de Job, d'Isaïe, de David ; grâce à lui, l'expression, la couleur, le mouvement, l'énergie, vivent aujourd'hui dans notre langue. Ce dithyrambe est un témoignage de la reconnaissance de l'auteur pour la manière nouvelle dont M. de Genoude lui a fait envisager la poésie sacrée.

Dieu dit, et le jour fut; Dieu dit, et les étoiles
De la nuit éternelle éclaircirent les voiles;
  Tous les élémens divers
  A sa voix se séparèrent;
  Les eaux soudain s'écoulèrent
  Dans le lit creusé des mers;
  Les montagnes s'élevèrent,
  Et les aquilons volèrent
  Dans les libres champs des airs.

Sept fois de Jéhova la parole féconde
  Se fit entendre au monde,
Et sept fois le néant à sa voix répondit;
Et Dieu dit : Faisons l'homme à ma vivante image.
Il dit, l'homme naquit: à ce dernier ouvrage
Le Verbe créateur s'arrête et s'applaudit.

Mais ce n'est plus un Dieu;—c'est l'homme qui soupire :
Éden a fui... voilà le travail et la mort.
  Dans les larmes sa voix expire;
La corde du bonheur se brise sur sa lyre,
Et Job en tire un son triste comme le sort.
Ah! périsse à jamais le jour qui m'a vu naître!
Ah! périsse à jamais la nuit qui m'a conçu,
  Et le sein qui m'a donné l'être,
  Et les genoux qui m'ont reçu!
Que du nombre des jours Dieu pour jamais l'efface!
Que, toujours obscurci des ombres du trépas,
Ce jour parmi les jours ne trouve plus sa place!
  Qu'il soit comme s'il n'était pas!

Maintenant dans l'oubli je dormirais encore,
  Et j'achèverais mon sommeil
Dans cette longue nuit qui n'aura point d'aurore,

Avec ces conquérans que la terre dévore,
Avec le fruit conçu qui meurt avant d'éclore,
    Et qui n'a pas vu le soleil.

    Mes jours déclinent comme l'ombre ;
    Je voudrais les précipiter.
    O mon Dieu ! retranchez le nombre
    Des soleils que je dois compter.
    L'aspect de ma longue infortune
    Éloigne, repousse, importune
    Mes frères lassés de mes maux ;
    En vain je m'adresse à leur foule,
    Leur pitié m'échappe, et s'écoule
    Comme l'onde au flanc des coteaux.

    Ainsi qu'un nuage qui passe,
    Mon printemps s'est évanoui ;
    Mes yeux ne verront plus la trace
    De tous ces biens dont j'ai joui.
    Par le souffle de la colère
    Hélas ! arraché de la terre,
    Je vais d'où l'on ne revient pas :
    Mes vallons, ma propre demeure,
    Et cet œil même qui me pleure,
    Ne reverront jamais mes pas !

    L'homme vit un jour sur la terre
    Entre la mort et la douleur ;
    Rassasié de sa misère,
    Il tombe enfin comme la fleur.
    Il tombe ! Au moins par la rosée
    Des fleurs la racine arrosée
    Peut-elle un moment refleurir ;
    Mais l'homme, hélas ! après la vie,
    C'est un lac dont l'eau s'est enfuie :
    On le cherche, il vient de tarir.

Mes jours fondent comme la neige
Au souffle du courroux divin ;
Mon espérance, qu'il abrège,
S'enfuit comme l'eau de ma main ;
Ouvrez-moi mon dernier asile ;
Là, j'ai dans l'ombre un lit tranquille,
Lit préparé pour mes douleurs.
O tombeau! vous êtes mon père ;
Et je dis aux vers de la terre :
Vous êtes ma mère et mes sœurs!

Mais les jours heureux de l'impie
Ne s'éclipsent pas au matin ;
Tranquille, il prolonge sa vie
Avec le sang de l'orphelin.
Il étend au loin ses racines ;
Comme un troupeau sur les collines,
Sa famille couvre Ségor ;
Puis dans un riche mausolée
Il est couché dans la vallée,
Et l'on dirait qu'il vit encor.

C'est le secret de Dieu ; je me tais et j'adore.
C'est sa main qui traça les sentiers de l'aurore,
Qui pesa l'Océan, qui suspendit les cieux.
Pour lui, l'abîme est nu, l'enfer même est sans voiles.
Il a fondé la terre et semé les étoiles ;
    Et qui suis-je à ses yeux?

Mais la harpe a frémi sous les doigts d'Isaïe ;
De son sein bouillonnant la menace à longs flots
S'échappe ; un Dieu l'appelle, il s'élance, il s'écrie :
Cieux et terre, écoutez! silence au fils d'Amos!
Osias n'était plus : Dieu m'apparut : je vis

Adonaï vêtu de gloire et d'épouvante :
Les bords éblouissans de sa robe flottante
   Remplissaient le sacré parvis.

Des séraphins, debout sur des marches d'ivoire,
Se voilaient devant lui de six ailes de feux ;
Volant de l'un à l'autre, ils se disaient entre eux :
Saint, saint, saint, le Seigneur, le Dieu, le roi des dieux !
   Toute la terre est pleine de sa gloire !

Du temple à ces accens la voûte s'ébranla ;
Adonaï s'enfuit sous la nue enflammée ;
Le saint lieu fut rempli de torrens de fumée ;
   La terre sous mes pieds trembla.

Et moi, je resterais dans un lâche silence !
Moi qui t'ai vu, Seigneur, je n'oserais parler !
   A ce peuple impur qui t'offense
   Je craindrais de te révéler !

Qui marchera pour nous? dit le dieu des armées.
Qui parlera pour moi? dit Dieu. Qui? moi, Seigneur.
   Touche mes lèvres enflammées :
   Me voilà ! je suis prêt !... Malheur !

  Malheur à vous qui dès l'aurore
  Respirez les parfums du vin,
  Et que le soir retrouve encore
  Chancelans aux bords du festin !
  Malheur à vous qui par l'usure
  Étendez sans fin ni mesure
  La borne immense de vos champs !
  Voulez-vous donc, mortels avides,
  Habiter dans vos champs arides
  Seuls sur la terre des vivans ?

  Malheur à vous, race insensée !

MÉDITATIONS

Enfans d'un siècle audacieux,
Qui dites dans votre pensée :
Nous sommes sages à nos yeux :
Vous changez la nuit en lumière,
Et le jour en ombre grossière
Où se cachent vos voluptés !
Mais, comme un taureau dans la plaine,
Vous traînez après vous la chaîne
De vos longues iniquités !

Malheur à vous, filles de l'onde !
Iles de Sidon et de Tyr !
Tyrans, qui trafiquez du monde
Avec la pourpre et l'or d'Ophir !
Malheur à vous ! votre heure sonne ;
En vain l'Océan vous couronne !
Malheur à toi, reine des eaux,
A toi qui, sur des mers nouvelles,
Fais retentir comme des ailes
Les voiles de mille vaisseaux !

Ils sont enfin venus les jours de ma justice ;
Ma colère, dit Dieu, se dérobe sur vous !
  Plus d'encens, plus de sacrifice
   Qui puisse éteindre mon courroux !
Je livrerai ce peuple à la mort, au carnage :
Le fer moissonnera comme l'herbe sauvage
   Ses bataillons entiers !
—Seigneur, épargnez-nous ! Seigneur !—Non, point de trêve ;
Et je ferai sur lui ruisseler de mon glaive
   Le sang de ses guerriers !
Ses torrens sécheront sous ma brûlante haleine ;
Ma main nivellera, comme une vaste plaine,
   Ses murs et ses palais ;
Le feu les brûlera comme il brûle le chaume.
Là, plus de nation, de ville, de royaume ;

Le silence à jamais !
Ses murs se couvriront de ronces et d'épines ;
L'hyène et le serpent peupleront ses ruines ;
    Les hiboux, les vautours,
L'un l'autre s'appelant durant la nuit obscure,
Viendront à leurs petits porter la nourriture
    Au sommet de ses tours !

———

Mais Dieu ferme à ces mots les lèvres d'Isaïe.
    Le sombre Ézéchiel
Sur le tronc desséché de l'ingrat Israël
Fait descendre à son tour la parole de vie !

———

L'Éternel emporta mon esprit au désert :
D'ossemens desséchés le sol était couvert ;
J'approche en frissonnant ; mais Jéhova me crie :
Si je parle à ces os, reprendront-ils la vie ?
—Éternel, tu le sais. — Eh bien ! dit le Seigneur,
Écoute mes accens ; retiens-les, et dis-leur :
Ossemens desséchés, insensible poussière,
Levez-vous ! recevez l'esprit et la lumière !
Que vos membres épars s'assemblent à ma voix !
Que l'esprit vous anime une seconde fois !
Qu'entre vos os flétris vos muscles se replacent !
Que votre sang circule et vos nerfs s'entrelacent !
Levez-vous et vivez, et voyez qui je suis !
J'écoutai le Seigneur, j'obéis, et je dis :
Esprit, soufflez sur eux, du couchant, de l'aurore ;
Soufflez de l'aquilon, soufflez !... Pressés d'éclore,
Ces restes du tombeau, réveillés par mes cris,
Entrechoquent soudain leurs ossemens flétris ;
Aux clartés du soleil leur paupière se rouvre,
Leurs os sont rassemblés et la chair les recouvre !

Et ce champ de la mort tout entier se leva,
Redevint un grand peuple, et connut Jéhova!

Mais Dieu de ses enfans a perdu la mémoire;
La fille de Sion, méditant ses malheurs,
S'assied en soupirant, et, veuve de sa gloire,
Écoute Jérémie, et retrouve des pleurs.

Le Seigneur, m'accablant du poids de sa colère,
Retire tour à tour et ramène sa main;
  Vous qui passez par le chemin,
Est-il une misère égale à ma misère?

En vain ma voix s'élève, il n'entend plus ma voix.
Il m'a choisi pour but de ses flèches de flamme,
  Et tout le jour contre mon âme
Sa fureur a lancé les fils de son carquois.

Sur mes os consumés ma peau s'est desséchée;
Les enfans m'ont chanté dans leurs dérisions;
  Seul, au milieu des nations,
Le Seigneur m'a jeté comme une herbe arrachée.

Il s'est enveloppé de son divin courroux;
Il a fermé ma route, il a troublé ma voie :
  Mon sein n'a plus connu la joie,
Et j'ai dit au Seigneur : Seigneur, souvenez-vous,

Souvenez-vous, Seigneur, de ces jours de colère;
Souvenez-vous du fiel dont vous m'avez nourri;
  Non, votre amour n'est point tari :
Vous me frappez, Seigneur, et c'est pourquoi j'espère.

Je repasse en pleurant ces misérables jours ;
J'ai connu le Seigneur dès ma plus tendre aurore :
  Quand il punit, il aime encore ;
Il ne s'est pas, mon âme, éloigné pour toujours.

Heureux qui le connaît! heureux qui, dès l'enfance,
Porta le joug d'un Dieu clément dans sa rigueur!
  Il croit au salut du Seigneur,
S'assied au bord du fleuve, et l'attend en silence!

Il sent peser sur vous ce joug de votre amour ;
Il répand dans la nuit ses pleurs et sa prière,
  Et, la bouche dans la poussière,
Il invoque, il espère, il attend votre jour.

———

  Silence, ô lyre! et vous, silence,
  Prophètes, voix de l'avenir!
  Tout l'univers se tait d'avance
  Devant celui qui doit venir.
  Fermez-vous, lèvres inspirées ;
  Reposez-vous, harpes sacrées,
  Jusqu'au jour où, sur les hauts lieux,
  Une voix au monde inconnue
  Fera retentir dans la nue :
  Paix à la terre et gloire aux cieux!

NOUVELLES
MÉDITATIONS POÉTIQUES.

I.

LE PASSÉ.

A M. A. DE V***.

Arrêtons-nous sur la colline
A l'heure où, partageant les jours,
L'astre du matin qui décline
Semble précipiter son cours.
En avançant dans sa carrière,
Plus faible il rejette en arrière
L'ombre terrestre qui le suit ;
Et de l'horizon qu'il colore
Une moitié le voit encore,
L'autre se plonge dans la nuit.

C'est l'heure où, sous l'ombre inclinée,
Le laboureur, dans le vallon,
Suspend un moment sa journée,
Et s'assied au bord du sillon :
C'est l'heure où, près de la fontaine,
Le voyageur reprend haleine

Après sa course du matin ;
Et c'est l'heure où l'âme qui pense
Se retourne et voit l'espérance
Qui l'abandonne en son chemin.

Ainsi notre étoile pâlie,
Jetant de mourantes lueurs
Sur le midi de notre vie,
Brille à peine à travers nos pleurs.
De notre rapide existence
L'ombre de la mort qui s'avance
Obscurcit déjà la moitié :
Et près de ce terme funeste,
Comme à l'aurore il ne nous reste
Que l'espérance et l'amitié.

Ami, qu'un même jour vit naître,
Compagnon depuis le berceau,
Et qu'un même jour doit peut-être
Endormir au même tombeau ;
Voici la borne qui partage
Ce douloureux pèlerinage
Qu'un même sort nous a tracé :
De ce sommet qui nous rassemble,
Viens, jetons un regard ensemble,
Sur l'avenir et le passé.

Repassons nos jours, si tu l'oses ;
Jamais l'espoir des matelots
Couronna-t-il d'autant de roses
Le navire qu'on lance aux flots ?
Jamais d'une teinte plus belle
L'aube en riant colora-t-elle
Le front rayonnant du matin ?
Jamais d'un œil perçant d'audace

L'aigle embrassa-t-il plus d'espace
Que nous en ouvrait le destin ?

En vain, sur la route fatale,
Dont les cyprès tracent le bord,
Quelques tombeaux par intervalle
Nous avertissaient de la mort.
Ces monumens mélancoliques
Nous semblaient, comme aux jours antiques,
Un vain ornement du chemin.
Nous nous asseyions sous leur ombre,
Et nous rêvions des jours sans nombre,
Hélas! entre hier et demain!

Combien de fois, près du rivage
Où Nisida dort sur les mers,
La beauté crédule ou volage
Accourut à nos doux concerts!
Combien de fois la barque errante
Berça sur l'onde transparente
Deux couples par l'amour conduits;
Tandis qu'une déesse amie
Jetait sur la vague endormie
Le voile parfumé des nuits!

Combien de fois, dans le délire
Qui succédait à nos festins,
Aux sons antiques de la lyre,
J'évoquai des songes divins ;
Aux parfums des roses mourantes,
Aux vapeurs des coupes fumantes,
Ils volaient à nous tour à tour!
Et sur leurs ailes nuancées
Égaraient nos molles pensées
Dans les dédales de l'Amour !

Mais dans leur insensible pente,
Les jours qui succédaient aux jours
Entraînaient comme une eau courante
Et nos songes et nos amours.
Pareil à la fleur fugitive
Qui du front joyeux d'un convive
Tombe avant l'heure du festin,
Ce bonheur que l'ivresse cueille,
De nos fronts tombant feuille à feuille,
Jonchait le lugubre chemin.

Et maintenant, sur cet espace
Que nos pas ont déjà quitté,
Retourne-toi ; cherchons la trace
De l'amour, de la volupté.
En foulant leurs rives fanées,
Remontons le cours des années,
Tandis qu'un souvenir glacé,
Comme l'astre adouci des ombres,
Éclaire encor de teintes sombres
La scène vide du passé.

Ici, sur la scène du monde
Se leva ton premier soleil.
Regarde : quelle nuit profonde
A remplacé ce jour vermeil !
Tout sous les cieux semblait sourire :
La feuille, l'onde, le zéphyre,
Murmuraient des accords charmans.
Écoute : la feuille est flétrie ;
Et les vents sur l'onde tarie
Rendent de sourds gémissemens.

Reconnais-tu ce beau rivage,
Cette mer aux flots argentés,
Qui ne fait que bercer l'image

Des bords dans son sein répétés?
Un nom chéri vole sur l'onde!...
Mais pas une voix qui réponde,
Que le flot grondant sur l'écueil.
Malheureux! quel nom tu prononces!
Ne vois-tu pas parmi ces ronces
Ce nom gravé sur un cercueil?...

Plus loin, sur la rive où s'épanche
Un fleuve épris de ces coteaux,
Vois-tu ce palais qui se penche
Et jette une ombre au sein des eaux?
Là, sous une forme étrangère,
Un ange exilé de sa sphère
D'un céleste amour t'enflamma.
Pourquoi trembler? quel bruit t'étonne?
Ce n'est qu'une ombre qui frissonne
Aux pas du mortel qu'elle aima.

Hélas! partout où tu repasses,
C'est le deuil, le vide ou la mort;
Et rien n'a germé sur nos traces
Que la douleur ou le remord.
Voilà ce cœur où ta tendresse
Sema des fruits que ta vieillesse,
Hélas! ne recueillera pas :
Là l'oubli perdit ta mémoire;
Là l'envie étouffa ta gloire;
Là ta vertu fit des ingrats.

Là l'illusion éclipsée
S'enfuit sur un nuage obscur;
Ici l'espérance lassée
Replia ses ailes d'azur.
Là, sous la douleur qui le glace,
Ton sourire perdit sa grâce,

Ta voix oublia ses concerts;
Tes sens épuisés se plaignirent,
Et tes blonds cheveux se teignirent
Au souffle argenté des hivers.

Ainsi des rives étrangères
Quand l'homme, à l'insu des tyrans,
Vers la demeure de ses pères
Porte en secret ses pas errans,
L'ivraie a couvert ses collines,
Son toit sacré pend en ruines,
Dans ses jardins l'onde a tari;
Et sur le seuil qui fut sa joie,
Dans l'ombre un chien féroce aboie
Contre les mains qui l'ont nourri.

Mais ces sens qui s'appesantissent
Et du temps subissent la loi,
Ces yeux, ce cœur qui se ternissent,
Cette ombre enfin, ce n'est pas toi.
Sans regret, au flot des années
Livre ces dépouilles fanées
Qu'enlève le souffle des jours,
Comme on jette au courant de l'onde
La feuille aride et vagabonde
Que l'onde entraîne dans son cours!

Ce n'est plus le temps de sourire
A ces roses de peu de jours,
De mêler aux sons de la lyre
Les tendres soupirs des Amours;
De semer sur des fonds stériles
Ces vœux, ces projets inutiles,
Par les vents du ciel emportés,
A qui le temps qui nous dévore

Ne donne pas l'heure d'éclore
Pendant nos rapides étés.

Levons les yeux vers la colline
Où luit l'étoile du matin,
Saluons la splendeur divine
Qui se lève dans le lointain.
Cette clarté pure et féconde
Aux yeux de l'âme éclaire un monde
Où la foi monte sans effort.
D'un saint espoir ton cœur palpite;
Ami, pour y voler plus vite,
Prenons les ailes de la mort.

En vain, dans ce désert aride,
Sous nos pas tout s'est effacé.
Viens : où l'éternité réside,
On retrouve jusqu'au passé.
Là sont nos rêves pleins de charmes,
Et nos adieux trempés de larmes,
Nos vœux et nos soupirs perdus.
Là refleuriront nos jeunesses ;
Et les objets de nos tristesses
A nos regrets seront rendus.

Ainsi, quand les vents de l'automne
Ont dissipé l'ombre des bois,
L'hirondelle agile abandonne
Le faîte du palais des rois :
Suivant le soleil dans sa course,
Elle remonte vers la source
D'où l'astre nous répand les jours;
Et sur ses pas retrouve encore
Un autre ciel, une autre aurore,
Un autre nid pour ses amours.

Ce roi, dont la sainte tristesse
Immortalisa les douleurs
Vit ainsi sa verte jeunesse
Se renouveler sous les pleurs.
Sa harpe, à l'ombre de la tombe,
Soupirait comme la colombe
Sous les verts cyprès du Carmel;
Et son cœur, qu'une lampe éclaire,
Résonnait comme un sanctuaire
Où retentit l'hymne éternel.

II.

ISCHIA[1].

Le soleil va porter le jour à d'autres mondes ;
Dans l'horizon désert Phœbé monte sans bruit,
Et jette, en pénétrant les ténèbres profondes,
Un voile transparent sur le front de la nuit.

Voyez du haut des monts ses clartés ondoyantes
Comme un fleuve de flamme inonder les coteaux,
Dormir dans les vallons, ou glisser sur les pentes,
Ou rejaillir au loin du sein brillant des eaux.

La douteuse lueur, dans l'ombre répandue,
Teint du jour azuré la pâle obscurité,
Et fait nager au loin dans la vague étendue
Les horizons baignés par sa molle clarté.

L'Océan amoureux de ces rives tranquilles
Calme, en voyant leurs pieds, ses orageux transports,
Et, pressant dans ses bras ces golfes et ces îles,
De son humide haleine en rafraîchit les bords.

Du flot qui tour à tour s'avance et se retire
L'œil aime à suivre au loin le flexible contour :
On dirait un amant qui presse en son délire
La vierge qui résiste et cède tour à tour.

Doux comme le soupir de l'enfant qui sommeille,
Un son vague et plaintif se répand dans les airs :

[1] Ile de la Méditerranée, dans le golfe de Naples.

Est-ce un écho du ciel qui charme notre oreille?
Est-ce un soupir d'amour de la terre et des mers?

Il s'élève, il retombe, il renaît, il expire,
Comme un cœur oppressé d'un poids de volupté;
Il semble qu'en ces nuits la nature respire,
Et se plaint comme nous de sa félicité.

Mortel, ouvre ton âme à ces torrens de vie;
Reçois par tous les sens les charmes de la nuit :
A t'enivrer d'amour son ombre te convie ;
Son astre dans le ciel se lève et te conduit.

Vois-tu ce feu lointain trembler sur la colline ?
Par la main de l'Amour c'est un phare allumé;
Là, comme un lis penché l'amante qui s'incline,
Prête une oreille avide aux pas du bien-aimé.

La beauté, dans le songe où son âme s'égare,
Soulève un œil d'azur qui réfléchit les cieux,
Et ses doigts au hasard errant sur sa guitare
Jettent aux vents du soir des sons mystérieux.

« Viens : l'amoureux silence occupe au loin l'espace ;
« Viens du soir près de moi respirer la fraîcheur :
« C'est l'heure; à peine au loin la voile qui s'efface
« Blanchit, en ramenant le paisible pêcheur.

« Depuis l'heure où ta barque a fui loin de la rive,
« J'ai suivi tout le jour ta voile sur les mers,
« Ainsi que de son lit la colombe craintive
« Suit l'aile du ramier qui blanchit dans les airs.

« Tandis qu'elle glissait sous l'ombre du rivage,
« J'ai reconnu ta voix dans la voix des échos;

« Et la brise du soir, en mourant sur la plage,
« Me rapportait tes chants prolongés sur les flots.

« Quand la vague a grondé sur la côte écumante,
« A l'étoile des mers j'ai murmuré ton nom,
« J'ai rallumé sa lampe, et de ta seule amante
« L'amoureuse prière a fait fuir l'aquilon.

« Maintenant sous le ciel tout repose, ou tout aime :
« La vague en ondulant vient dormir sur le bord :
« La fleur dort sur sa tige, et la nature même
« Sous le dais de la nuit se recueille et s'endort.

« Vois : la mousse a pour nous tapissé la vallée ;
« Le pampre s'y recourbe en replis tortueux,
« Et l'haleine de l'onde à l'oranger mêlée,
« De ses fleurs qu'elle effeuille embaume mes cheveux.

« A la molle clarté de la voûte sereine
« Nous chanterons ensemble assis sous le jasmin,
« Jusqu'à l'heure où la lune, en glissant vers Misène,
« Se perd en pâlissant dans les feux du matin. »

Elle chante ; et sa voix par intervalle expire,
Et, des accords du luth plus faiblement frappés,
Les échos assoupis ne livrent au zéphyre
Que des soupirs mourans, de silences coupés.

Celui qui, le cœur plein de délire et de flamme,
A cette heure d'amour, sous cet astre enchanté,
Sentirait tout à coup le rêve de son âme
S'animer sous les traits d'une chaste beauté ;

Celui qui sur la mousse, au pied du sycomore,
Au murmure des eaux, sous un dais de saphirs,

Assis à ses genoux, de l'une à l'autre aurore,
N'aurait pour lui parler que l'accent des soupirs;

Celui qui, respirant son haleine adorée,
Sentirait ses cheveux, soulevés par les vents,
Caresser en passant sa paupière effleurée,
Ou rouler sur son front leurs anneaux ondoyans;

Celui qui, suspendant les heures fugitives,
Fixant avec l'amour son âme en ce beau lieu,
Oublîrait que le temps coule encor sur ces rives,
Serait-il un mortel, ou serait-il un dieu?

Et nous, aux doux penchans de ces verts Élysées,
Sur ces bords où l'Amour eût caché son Éden,
Au murmure plaintif des vagues apaisées,
Aux rayons endormis de l'astre élyséen;

Sous ce ciel où la vie, où le bonheur abonde,
Sur ces rives que l'œil se plaît à parcourir,
Nous avons respiré cet air d'un autre monde,
Élise!... et cependant on dit qu'il faut mourir!

III.

SAPHO.

ÉLÉGIE ANTIQUE.

L'aurore se levait, la mer battait la plage;
Ainsi parla Sapho debout sur le rivage;
Et près d'elle, à genoux, les filles de Lesbos
Se penchaient sur l'abîme et contemplaient les flots.

    Fatal rocher, profond abîme,
    Je vous aborde sans effroi!
Vous allez à Vénus dérober sa victime :
J'ai méconnu l'Amour, l'Amour punit mon crime.
O Neptune! tes flots seront plus doux pour moi!
Vois-tu de quelles fleurs j'ai couronné ma tête?
Vois : ce front si longtemps chargé de mon ennui,
Orné pour mon trépas comme pour une fête,
Du bandeau solennel étincelle aujourd'hui.
On dit que dans ton sein... mais je ne puis le croire,
On échappe au courroux de l'implacable Amour;
On dit que par tes soins si l'on renaît au jour,
D'une flamme insensée on y perd la mémoire.
Mais de l'abîme, ô dieu! quel que soit le secours,
Garde-toi, garde-toi de préserver mes jours!
Je ne viens pas chercher dans tes ondes propices
Un oubli passager, vain remède à mes maux!
J'y viens, j'y viens trouver le calme des tombeaux.
Reçois, ô roi des mers, mes joyeux sacrifices!
Et vous, pourquoi ces pleurs? pourquoi ces vains sanglots?
Chantez, chantez un hymne, ô vierges de Lesbos!

Importuns souvenirs, me suivrez-vous sans cesse?
C'était sous les bosquets du temple de Vénus;
Moi-même, de Vénus insensible prêtresse,
Je chantais sur la lyre un hymne à la déesse :
Au pied de ses autels soudain je t'aperçus.
Dieux! quels transports nouveaux! ô dieux! comment décrire
Tous les feux dont mon sein se remplit à la fois!
Ma langue se glaça, je demeurai sans voix,
Et ma tremblante main laissa tomber ma lyre.
Non, jamais aux regards de l'ingrate Daphné
Tu ne parus plus beau, divin fils de Latone,
Jamais, le thyrse en main, de pampre couronné,
Le jeune dieu de l'Inde, en triomphe traîné,
N'apparut plus brillant aux regards d'Érigone.
Tout sortit... de lui seul je me souvins, hélas!
Sans rougir de ma flamme, en tout temps, à tout heure,
J'errais seule et pensive autour de sa demeure :
Un pouvoir plus qu'humain m'enchaînait sur ses pas.
Que j'aimais à le voir de la foule enivrée,
Au gymnase, au théâtre, attirer tous les yeux,
Lancer le disque au loin d'une main assurée,
Et sur tous ses rivaux l'emporter dans nos jeux!
Que j'aimais à le voir, penché sur la crinière
D'un coursier de l'Élide aussi prompt que les vents,
S'élancer le premier au bout de la carrière,
Et, le front couronné, revenir à pas lents!
Ah! de tous ses succès que mon âme était fière!
Et si de ce beau front de sueur humecté
J'avais pu seulement essuyer la poussière!
O dieux! j'aurais donné tout, jusqu'à ma beauté,
Pour être un seul instant ou sa sœur ou sa mère!
Vous qui n'avez jamais rien pu pour mon bonheur,
Vaines divinités des rives du Permesse,
Moi-même dans vos arts j'instruisis sa jeunesse;
Je composai pour lui ces chants pleins de douceur,
Ces chants qui m'ont valu les transports de la Grèce.

Ces chants qui des Enfers fléchiraient la rigueur,
Malheureuse Sapho, n'ont pu fléchir son cœur,
Et son ingratitude a payé ta tendresse.

Redoublez vos soupirs, redoublez vos sanglots !
Pleurez, pleurez ma honte, ô filles de Lesbos !

Si mes soins, si mes chants, si mes trop faibles charmes
A son indifférence avaient pu l'arracher ;
Si l'ingrat cependant s'était laissé toucher ;
S'il eût été du moins attendri par mes larmes ;
Jamais pour un mortel, jamais la main des dieux
N'aurait filé des jours plus doux, plus glorieux.
Que d'éclat cet amour eût jeté sur sa vie !
Ses jours à ces dieux même auraient pu faire envie ;
Et l'amant de Sapho, fameux dans l'univers,
Aurait été, comme eux, immortel dans mes vers.
C'est pour lui que j'aurais, sur tes autels propices
Fait fumer en tout temps l'encens des sacrifices ;
O Vénus, c'est pour lui que j'aurais nuit et jour
Suspendu quelque offrande aux autels de l'Amour.
C'est pour lui que j'aurais, durant des nuits entières,
Aux trois fatales sœurs adressé mes prières ;
Ou bien que, reprenant mon luth mélodieux,
J'aurais redit les airs qui lui plaisaient le mieux.
Pour lui j'aurais voulu, dans les jeux d'Ionie,
Disputer aux vainqueurs les palmes du génie.
Que ces lauriers brillans, à mon orgueil offerts,
En les cueillant pour lui m'auraient été plus chers !
J'aurais mis à ses pieds le prix de ma victoire,
Et couronné son front des rayons de ma gloire.

Souvent, à la prière abaissant mon orgueil,
De ta porte, ô Phaon ! j'allais baiser le seuil.
Au moins, disais-je, au moins, si ta rigueur jalouse
Me refuse à jamais ce doux titre d'épouse,

Souffre, ô trop cher Phaon, que Sapho, près de toi,
Esclave si tu veux, vive au moins sous ta loi.
Que m'importe ce nom et cette ignominie,
Pourvu qu'à tes côtés je consume ma vie;
Pourvu que je te voie, et qu'à mon dernier jour
D'un regard de pitié tu plaignes tant d'amour!
Ne crains pas mes périls, ne crains pas ma faiblesse;
Vénus égalera ma force à ma tendresse.
Sur les flots, sur la terre, attachée à tes pas,
Tu me verras te suivre au milieu des combats;
Tu me verras, de Mars affrontant la furie,
Détourner tous les traits qui menacent ta vie,
Entre la mort et toi toujours prompte à courir...
Trop heureuse, pour lui si j'avais pu mourir!
Lorsqu'enfin, fatigué des travaux de Bellone,
Sous la tente, au sommeil ton âme s'abandonne,
Ce sommeil, ô Phaon! qui n'est plus fait pour moi,
Seule me laissera veillant autour de toi;
Et si quelque souci vient rouvrir ta paupière,
Assise à tes côtés durant la nuit entière,
Mon luth sur mes genoux soupirant mon amour,
Je charmerai ta peine, en attendant le jour.
Je disais, et les vents emportaient ma prière,
L'écho répétait seul ma plainte solitaire;
Et l'écho seul encor répond à mes sanglots!
Pleurez! pleurez ma honte, ô filles de Lesbos!

Toi qui fus une fois mon bonheur et ma gloire,
O lyre! que ma main fit résonner pour lui,
Ton aspect que j'aimais m'importune aujourd'hui,
Et chacun de tes airs rappelle à ma mémoire
Et mes feux, et ma honte, et l'ingrat qui m'a fui.
Brise-toi dans mes mains, lyre à jamais funeste!
Aux autels de Vénus, dans ses sacrés parvis,
Je ne te suspends pas : que le courroux céleste
Sur ces flots orageux disperse tes débris,

Et que de mes tourmens nul vestige ne reste!
Que ne puis-je de même engloutir dans ces mers
Et ma fatale gloire, et mes chants, et mes vers!
Que ne puis-je effacer mes traces sur la terre!
Que ne puis-je aux Enfers descendre tout entière!
Et, brûlant ces écrits où doit vivre Phaon,
Emporter avec moi l'opprobre de mon nom!

Cependant si les dieux que sa rigueur outrage
Poussaient en cet instant ses pas vers le rivage;
Si de ce lieu suprême il pouvait s'approcher;
S'il venait contempler sur le fatal rocher
Sapho, les yeux en pleurs, errante, échevelée,
Frappant de vains sanglots la rive désolée,
Brûlant encor pour lui, lui pardonnant son sort,
Et dressant lentement les apprêts de sa mort,
Sans doute, à cet aspect, touché de mon supplice,
Il se repentirait de sa longue injustice;
Sans doute, par mes pleurs se laissant désarmer,
Il dirait à Sapho : Vis encor pour aimer!
Qu'ai-je dit? Loin de moi, quelque remords, peut-être,
A défaut de l'amour dans son cœur a pu naître;
Peut-être dans sa fuite, averti par les dieux,
Il frissonne, il s'arrête, il revient vers ces lieux :
Il revient m'arrêter sur les bords de l'abîme,
Il revient!.. il m'appelle... il sauve sa victime!...
Oh! qu'entends-je?... Écoutez... du côté de Lesbos
Une clameur lointaine a frappé les échos!
J'ai reconnu l'accent de cette voix si chère,
J'ai vu sur le chemin s'élever la poussière!
O vierges! regardez; ne le voyez-vous pas
Descendre la colline et me tendre les bras?
Mais non! tout est muet dans la nature entière,
Un silence de mort règne au loin sur la terre;
Le chemin est désert!... Je n'entends que les flots!
Pleurez! pleurez ma honte, ô filles de Lesbos!

Mais déjà, s'élançant vers les cieux qu'il colore,
Le soleil de son char précipite le cours.
Toi qui viens commencer le dernier de mes jours,
Adieu, dernier soleil! adieu, suprême aurore!
Demain du sein des flots vous jaillirez encore;
Et moi, je meurs! et moi, je m'éteins pour toujours!
Adieu, champs paternels! adieu, douce contrée!
Adieu, chère Lesbos à Vénus consacrée!
Rivage où j'ai reçu la lumière des cieux;
Temple auguste où ma mère, aux jours de ma naissance,
D'une tremblante main me consacrant aux dieux,
Au culte de Vénus dévoua mon enfance;
Et toi, forêt sacrée, où les filles du ciel,
Entourant mon berceau, m'ont nourri de leur miel,
Adieu! leurs vains présens que le vulgaire envie,
Ni les traits de l'Amour, ni les coups du destin,
Misérable Sapho! n'ont pu sauver ta vie!
Tu vécus dans les pleurs, et tu meurs au matin!
Ainsi tombe une fleur avant le temps fanée;
Ainsi, cruel Amour, sous le couteau mortel,
Une jeune victime à ton temple amenée,
Qu'à ton culte en naissant le pâtre a destinée,
Vient tomber avant l'âge au pied de ton autel.

Et vous qui reverrez le cruel que j'adore,
Quand l'ombre du trépas aura couvert mes yeux,
Compagnes de Sapho, portez-lui ces adieux;
Dites-lui... qu'en mourant je le nommais encore!...

Elle dit. Et le soir, quittant le bord des flots,
Vous revîntes sans elle, ô vierges de Lesbos!

IV.

LA SAGESSE.

O vous qui passez comme l'ombre
Par ce triste vallon de pleurs,
Passagers sur ce globe sombre,
Hommes! mes frères en douleurs,
Écoutez : voici vers Solime
Un son de la harpe sublime
Qui charmait l'écho du Thabor :
Sion en frémit sous sa cendre,
Et le vieux palmier croit entendre
La voix du vieillard de Ségor.

Insensé le mortel qui pense;
Toute pensée est une erreur.
Vivez et mourez en silence;
Car la parole est au Seigneur.
Il sait pourquoi flottent les mondes;
Il sait pourquoi coulent les ondes,
Pourquoi les cieux pendent sur nous,
Pourquoi le jour brille et s'efface,
Pourquoi l'homme soupire et passe :
Et vous, mortels, que savez-vous?

Asseyez-vous près des fontaines
Tandis qu'agitant les rameaux,
Du midi les tièdes haleines
Font flotter l'ombre sur les eaux :
Au doux murmure de leurs ondes
Exprimez vos grappes fécondes

Où rougit l'heureuse liqueur ;
Et de main en main sous vos treilles
Passez-vous ces coupes vermeilles
Pleines de l'ivresse du cœur.

Ainsi qu'on choisit une rose
Dans les guirlandes de Sârons,
Choisissez une vierge éclose
Parmi les lis de vos vallons ;
Enivrez-vous de son haleine,
Écartez ses tresses d'ébène,
Goûtez les fruits de sa beauté,
Vivez, aimez, c'est la sagesse :
Hors le plaisir et la tendresse
Tout est mensonge et vanité.

Comme un lis penché par la pluie
Courbe ses rameaux éplorés,
Si la main du Seigneur vous plie,
Baissez votre tête, et pleurez.
Une larme à ses pieds versée
Luit plus que la perle enchâssée
Dans son tabernacle immortel ;
Et le cœur blessé qui soupire
Rend un son plus doux que la lyre
Sous les colonnes de l'autel.

Les astres roulent en silence
Sans savoir les routes des cieux ;
Le Jourdain vers l'abîme immense
Poursuit son cours mystérieux ;
L'aquilon, d'une aile rapide,
Sans savoir où l'instinct le guide,
S'élance et court sur vos sillons ;
Les feuilles que l'hiver entasse,

Sans savoir où le vent les chasse,
Volent en pâles tourbillons.

Et vous, pourquoi d'un soin stérile
Empoisonner vos jours bornés?
Le jour présent vaut mieux que mille
Des siècles qui ne sont pas nés.
Passez, passez, ombres légères,
Allez, où sont allés vos pères,
Dormir auprès de vos aïeux.
De ce lit où la mort sommeille
On dit qu'un jour elle s'éveille
Comme l'aurore dans les cieux.

V.

LE POËTE MOURANT.

La coupe de mes jours s'est brisée encor pleine ;
Ma vie en longs soupirs s'enfuit à chaque haleine ;
Ni larmes ni regrets ne peuvent l'arrêter :
Et l'aile de la mort, sur l'airain qui me pleure,
En sons entrecoupés frappe ma dernière heure :
    Faut-il gémir? faut-il chanter?...

Chantons, puisque mes doigts sont encor sur la lyre;
Chantons, puisque la mort, comme au cygne, m'inspire
Au bord d'un autre monde un cri mélodieux.
C'est un présage heureux donné par mon génie :
Si notre âme n'est rien qu'amour et qu'harmonie,
    Qu'un chant divin soit ses adieux!

La lyre en se brisant jette un son plus sublime;
La lampe qui s'éteint tout à coup se ranime,
Et d'un éclat plus pur brille avant d'expirer;
Le cygne voit le ciel à son heure dernière :
L'homme seul, reportant ses regards en arrière,
    Compte ses jours pour les pleurer.

Qu'est-ce donc que des jours pour valoir qu'on les pleure?
Un soleil, un soleil, une heure, et puis une heure ;
Celle qui vient ressemble à celle qui s'enfuit ;
Ce qu'une nous apporte, une autre nous l'enlève :
Travail, repos, douleur, et quelquefois un rêve,
    Voilà le jour, puis vient la nuit.

Ah ! qu'il pleure, celui dont les mains acharnées
S'attachant comme un lierre aux débris des années,
Voit avec l'avenir s'écouler son espoir !
Pour moi, qui n'ai point pris racine sur la terre,
Je m'en vais sans efforts comme l'herbe légère
    Qu'enlève le souffle du soir.

Le poëte est semblable aux oiseaux de passage
Qui ne bâtissent point leurs nids sur le rivage,
Qui ne se posent point sur les rameaux des bois ;
Nonchalamment bercés sur le courant de l'onde,
Ils passent en chantant loin des bords, et le monde
    Ne connaît rien d'eux que leur voix.

Jamais aucune main sur la corde sonore
Ne guida dans ses jeux ma main novice encore ;
L'homme n'enseigne pas ce qu'inspire le ciel :
Le ruisseau n'apprend pas à couler dans sa pente,
L'aigle à fendre les airs d'une aile indépendante,
    L'abeille à composer son miel.

L'airain retentissant dans sa haute demeure,
Sous le marteau sacré tour à tour chante et pleure
Pour célébrer l'hymen, la naissance ou la mort ;
J'étais comme ce bronze épuré par la flamme,
Et chaque passion, en frappant sur mon âme,
    En tirait un sublime accord.

Telle durant la nuit la harpe éolienne,
Mêlant au bruit des eaux sa plainte aérienne,
Résonne d'elle-même au souffle des zéphyrs.
Le voyageur s'arrête étonné de l'entendre,
Il écoute, il admire, et ne saurait comprendre
    D'où partent ces divins soupirs.

Ma harpe fut souvent de larmes arrosée ;

Mais les pleurs sont pour nous la céleste rosée;
Sous un ciel toujours pur le cœur ne mûrit pas:
Dans la coupe écrasé le jus du pampre coule,
Et le baume flétri sous le pied qui le foule
      Répand ses parfums sur vos pas.

Dieu d'un souffle brûlant avait formé mon âme;
Tout ce qu'elle approchait s'embrasait de sa flamme.
Don fatal! et je meurs pour avoir trop aimé!
Tout ce que j'ai touché s'est réduit en poussière :
Ainsi le feu du ciel tombé sur la bruyère
      S'éteint quand tout est consumé.

Mais le temps?—Il n'est plus.—Mais la gloire?—Eh! qu'importe
Cet écho d'un vain son qu'un siècle à l'autre apporte;
Ce nom, brillant jouet de la postérité?
Vous qui de l'avenir lui promettez l'empire,
Écoutez cet accord que va rendre ma lyre...
      Les vents déjà l'ont emporté!

Ah! donnez à la mort un espoir moins frivole.
Eh quoi! le souvenir de ce son qui s'envole
Autour d'un vain tombeau retentirait toujours?
Ce souffle d'un mourant, quoi! c'est là de la gloire!
Mais vous qui promettez les temps à sa mémoire,
      Mortels, possédez-vous deux jours?

J'en atteste les dieux! Depuis que je respire
Mes lèvres n'ont jamais prononcé sans sourire
Ce grand nom inventé par le délire humain;
Plus j'ai pressé ce mot, plus je l'ai trouvé vide,
Et je l'ai rejeté, comme une écorce aride
      Que nos lèvres pressent en vain.

Dans le stérile espoir d'une gloire incertaine,
L'homme livre, en passant, au courant qui l'entraîne

Un nom de jour en jour dans sa course affaibli ;
De ce brillant débris le flot du temps se joue :
De siècle en siècle il flotte, il avance, il échoue
      Dans les abîmes de l'oubli.

Je jette un nom de plus à ces flots sans rivage ;
Au gré des vents, du ciel, qu'il s'abîme ou surnage,
En serai-je plus grand? Pourquoi? ce n'est qu'un nom.
Le cygne qui s'envole aux voûtes éternelles,
Amis, s'informe-t-il si l'ombre de ses ailes
      Flotte encor sur un vil gazon?

Mais pourquoi chantais-tu? — Demande à Philomèle
Pourquoi, durant les nuits, sa douce voix se mêle
Au doux bruit des ruisseaux sous l'ombrage roulant :
Je chantais, mes amis, comme l'homme respire,
Comme l'oiseau gémit, comme le vent soupire,
      Comme l'eau murmure en coulant.

Aimer, prier, chanter, voilà toute ma vie.
Mortel, de tous ces biens qu'ici-bas l'homme envie,
A l'heure des adieux je ne regrette rien ;
Rien que l'ardent soupir qui vers le ciel s'élance,
L'extase de la lyre, ou l'amoureux silence
      D'un cœur pressé contre le mien.

Aux pieds de la beauté sentir frémir sa lyre,
Voir d'accord en accord l'harmonieux délire
Couler avec le son et passer dans son sein,
Faire pleuvoir les pleurs de ces yeux qu'on adore,
Comme au souffle des vents les larmes de l'aurore
      Pleuvent d'un calice trop plein ;

Voir le regard plaintif de la vierge modeste
Se tourner tristement vers la voûte céleste,
Comme pour s'envoler avec le son qui fuit,

Puis retombant sur vous plein d'une chaste flamme
Sous ses cils abaissés laisser briller son âme,
  Comme un feu tremblant dans la nuit ;

Voir passer sur son front l'ombre de sa pensée,
La parole manquer à sa bouche oppressée,
Et de ce long silence entendre enfin sortir
Ce mot qui retentit jusque dans le ciel même,
Ce mot, le mot des dieux et des hommes... je t'aime !
  Voilà ce qui vaut un soupir.

Un soupir ! un regret ! inutile parole !
Sur l'aile de la mort mon âme au ciel s'envole,
Je vais où leur instinct emporte nos désirs ;
Je vais où le regard voit briller l'espérance ;
Je vais où va le son qui de mon luth s'élance ;
  Où sont allés tous mes soupirs !

Comme l'oiseau qui voit dans les ombres funèbres,
La foi, cet œil de l'âme, a percé mes ténèbres,
Son prophétique instinct m'a révélé mon sort.
Aux champs de l'avenir combien de fois mon âme,
S'élançant jusqu'au ciel sur des ailes de flamme,
  A-t-elle devancé la mort !

N'inscrivez point de nom sur ma demeure sombre ;
Du poids d'un monument ne chargez pas mon ombre :
D'un peu de sable, hélas ! je ne suis point jaloux.
Laissez-moi seulement à peine assez d'espace
Pour que le malheureux qui sur ma tombe passe
  Puisse y poser ses deux genoux.

Souvent, dans le secret de l'ombre et du silence,
Du gazon d'un cercueil la prière s'élance
Et trouve l'espérance à côté de la mort.
Le pied sur une tombe on tient moins à la terre ;

L'horizon est plus vaste; et l'âme, plus légère,
    Monte au ciel avec moins d'effort.

Brisez, livrez aux vents, aux ondes, à la flamme,
Ce luth qui n'a qu'un son pour répondre à mon âme :
Celui des séraphins va frémir sous mes doigts.
Bientôt, vivant comme eux d'un immortel délire,
Je vais guider, peut-être, aux accords de ma lyre,
    Des cieux suspendus à ma voix.

Bientôt... Mais de la mort la main lourde et muette
Vient de toucher la corde, elle se brise et jette
Un son plaintif et sourd dans le vague des airs.
Mon luth glacé se tait... Amis, prenez le vôtre;
Et que mon âme encor passe d'un monde à l'autre
    Au bruit de vos sacrés concerts.

VI.

L'ESPRIT DE DIEU.

A L. DE V...

Le feu divin qui nous consume
Ressemble à ces feux indiscrets
Qu'un pasteur imprudent allume
Aux bords des profondes forêts :
Tant qu'aucun souffle ne l'éveille,
L'humble foyer couve et sommeille ;
Mais s'il respire l'aquilon,
Tout à coup la flamme engourdie
S'enfle, déborde ; et l'incendie
Embrase un immense horizon !

O mon âme ! de quels rivages
Viendra ce souffle inattendu ?
Sera-ce un enfant des orages,
Un soupir à peine entendu ?
Viendra-t-il, comme un doux zéphyre,
Mollement caresser ma lyre,
Ainsi qu'il caresse une fleur ?
Ou sous ses ailes frémissantes
Briser ces cordes gémissantes
Du cri perçant de la douleur ?

Viens du couchant ou de l'aurore,
Doux ou terrible au gré du sort :

Le sein généreux qui t'implore
Brave la souffrance ou la mort!
Aux cœurs altérés d'harmonie
Qu'importe le prix du génie?
Si c'est la mort, il faut mourir!...
On dit que la bouche d'Orphée,
Par les flots de l'Èbre étouffée,
Rendit un immortel soupir.

Mais soit qu'un mortel vive ou meure,
Toujours rebelle à nos souhaits,
L'Esprit ne souffle qu'à son heure,
Et ne se repose jamais...
Préparons-lui des lèvres pures,
Un œil chaste, un front sans souillures,
Comme, aux approches du saint lieu,
Des enfans, des vierges voilées,
Jonchent de roses effeuillées
La route où va passer un Dieu!

Fuyant des bords qui l'ont vu naître,
De Laban l'antique berger
Un jour devant lui vit paraître
Un mystérieux étranger:
Dans l'ombre ses larges prunelles
Lançaient de pâles étincelles;
Ses pas ébranlaient le vallon;
Le courroux gonflait sa poitrine,
Et le souffle de sa narine
Résonnait comme l'aquilon.

Dans un formidable silence
Ils se mesurent un moment;
Soudain l'un sur l'autre s'élance,
Saisi d'un même emportement;

Leurs bras menaçans se replient ;
Leurs fronts luttent, leurs membres crient,
Leurs flancs pressent leurs flancs pressés ;
Comme un chêne qu'on déracine,
Leur tronc se balance et s'incline
Sur leurs genoux entrelacés.

Tous deux ils glissent dans la lutte,
Et Jacob enfin terrassé,
Chancelle, tombe, et dans sa chute
Entraîne l'ange renversé :
Palpitant de crainte et de rage,
Soudain le pasteur se dégage
Des bras du combattant des cieux,
L'abat, le presse, le surmonte,
Et sur son sein gonflé de honte
Pose un genou victorieux !

Mais sur le lutteur qu'il domine,
Jacob, encor mal affermi,
Sent à son tour sur sa poitrine
Le poids du céleste ennemi :
Enfin, depuis les heures sombres
Où le soir lutte avec les ombres,
Tantôt vaincu, tantôt vainqueur,
Contre ce rival qu'il ignore
Il combattit jusqu'à l'aurore...
Et c'était l'Esprit du Seigneur !

Attendons le souffle suprême
Dans un repos silencieux ;
Nous ne sommes rien de nous-même
Qu'un instrument mélodieux.
Quand le doigt d'en-haut se retire,
Restons muets comme la lyre

Qui recueille ses saints transports ;
Jusqu'à ce que la main puissante
Touche la corde frémissante
Où dorment les divins accords.

VII.

BONAPARTE.

Sur un écueil battu par la vague plaintive,
Le nautonier de loin voit blanchir sur la rive
Un tombeau près du bord par les flots déposé ;
Le temps n'a pas encor bruni l'étroite pierre,
Et sous le vert tissu de la ronce et du lierre
    On distingue... un sceptre brisé !

Ici gît... point de nom !... demandez à la terre !
Ce nom ? il est inscrit en sanglant caractère
Des bords du Tanaïs au sommet du Cédar,
Sur le bronze et le marbre, et sur le sein des braves,
Et jusque dans le cœur de ces troupeaux d'esclaves
    Qu'il foulait tremblans sous son char.

Depuis les deux grands noms qu'un siècle au siècle annonce,
Jamais nom qu'ici-bas toute langue prononce
Sur l'aile de la foudre aussi loin ne vola.
Jamais d'aucun mortel le pied qu'un souffle efface
N'imprima sur la terre une plus forte trace ;
    Et ce pied s'est arrêté là...

Il est là !... sous trois pas un enfant le mesure !
Son ombre ne rend pas même un léger murmure.
Le pied d'un ennemi foule en paix son cercueil,
Sur ce front foudroyant le moucheron bourdonne,
Et son ombre n'entend que le bruit monotone
    D'une vague contre un écueil.

Ne crains pas cependant, ombre encore inquiète !
Que je vienne outrager ta majesté muette.
Non. La lyre aux tombeaux n'a jamais insulté.
La mort de tout temps fut l'asile de la gloire.
Rien ne doit jusqu'ici poursuivre une mémoire ;
      Rien... excepté la vérité !

Ta tombe et ton berceau sont couverts d'un nuage,
Mais pareil à l'éclair tu sortis d'un orage ;
Tu foudroyas le monde avant d'avoir un nom :
Tel ce Nil dont Memphis boit les vagues fécondes
Avant d'être nommé fait bouillonner ses ondes
      Aux solitudes de Memnon.

Les dieux étaient tombés, les trônes étaient vides,
La victoire te prit sur ses ailes rapides.
D'un peuple de Brutus la gloire te fit roi.
Ce siècle dont l'écume entraînait dans sa course
Les mœurs, les rois, les dieux... refoulé vers sa source,
      Recula d'un pas devant toi.

Tu combattis l'erreur sans regarder le nombre,
Pareil au fier Jacob tu luttas contre une ombre ;
Le fantôme croula sous le poids d'un mortel ;
Et de tous ces grands noms profanateur sublime,
Tu jouas avec eux, comme la main du crime
      Avec les vases de l'autel.

Ainsi, dans les accès d'un impuissant délire,
Quand un siècle vieilli de ses mains se déchire
En jetant dans ses fers un cri de liberté,
Un héros tout à coup de la poudre s'élève,
Le frappe avec son sceptre... Il s'éveille, et le rêve
      Tombe devant la vérité.

Ah ! si, rendant ce sceptre à ses mains légitimes,

Plaçant sur ton pavois de royales victimes,
Tes mains des saints bandeaux avaient lavé l'affront !
Soldat vengeur des rois, plus grand que ces rois même,
De quel divin parfum, de quel pur diadème,
    La gloire aurait sacré ton front !

Gloire, honneur, liberté, ces mots que l'homme adore
Retentissaient pour toi comme l'airain sonore
Dont un stupide écho répète au loin le son :
De cette langue en vain ton oreille frappée
Ne comprit ici-bas que le cri de l'épée,
    Et le mâle accord du clairon.

Superbe, et dédaignant ce que la terre admire,
Tu ne demandais rien au monde, que l'empire.
Tu marchais... tout obstacle était ton ennemi.
Ta volonté volait comme ce trait rapide
Qui va frapper le but où le regard le guide,
    Même à travers un cœur ami.

Jamais pour éclaircir ta royale tristesse,
La coupe des festins ne te versa l'ivresse ;
Tes yeux d'une autre pourpre aimaient à s'enivrer.
Comme un soldat debout qui veille sous ses armes,
Tu vis de la beauté le sourire ou les larmes,
    Sans sourire et sans soupirer.

Tu n'aimais que le bruit du fer, le cri d'alarmes,
L'éclat resplendissant de l'aube sur les armes ;
Et ta main ne flattait que ton léger coursier,
Quand les flots ondoyans de sa pâle crinière
Sillonnaient, comme un vent, la sanglante poussière,
    Et que ses pieds brisaient l'acier.

Tu grandis sans plaisir, tu tombas sans murmure.
Rien d'humain ne battait sous ton épaisse armure :

Sans haine et sans amour, tu vivais pour penser.
Comme l'aigle régnant dans un ciel solitaire,
Tu n'avais qu'un regard pour mesurer la terre,
  Et des serres pour l'embrasser.

S'élancer d'un seul bond au char de la victoire,
Foudroyer l'univers des splendeurs de sa gloire,
Fouler d'un même pied des tribuns et des rois;
Forger un joug trempé dans l'amour et la haine;
Et faire frissonner sous le frein qui l'enchaîne
  Un peuple échappé de ses lois;

Être d'un siècle entier la pensée et la vie,
Émousser le poignard, décourager l'envie,
Ébranler, raffermir l'univers incertain;
Aux sinistres clartés de ta foudre qui gronde
Vingt fois contre les dieux jouer le sort du monde,
  Quel rêve!!! et ce fut ton destin!...

Tu tombas cependant de ce sublime faîte;
Sur ce rocher désert jeté par la tempête,
Tu vis tes ennemis déchirer ton manteau;
Et le sort, ce seul dieu qu'adora ton audace,
Pour dernière faveur t'accorda cet espace
  Entre le trône et le tombeau.

Oh! qui m'aurait donné d'y sonder ta pensée,
Lorsque le souvenir de ta grandeur passée
Venait, comme un remords, t'assaillir loin du bruit;
Et que, les bras croisés sur ta large poitrine,
Sur ton front chauve et nu, que la pensée incline,
  L'horreur passait comme la nuit!

Tel qu'un pasteur debout sur la rive profonde
Voit son ombre de loin se prolonger sur l'onde,

Et du fleuve orageux suivre en flottant le cours :
Tel du sommet désert de ta grandeur suprême,
Dans l'ombre du passé te recherchant toi-même,
    Tu rappelais tes anciens jours.

Ils passaient devant toi comme des flots sublimes
Dont l'œil voit sur les mers étinceler les cimes :
Ton oreille écoutait leur bruit harmonieux ;
Et, d'un reflet de gloire éclairant ton visage,
Chaque flot t'apportait une brillante image
    Que tu suivais longtemps des yeux.

Là, sur un pont tremblant tu défiais la foudre,
Là, du désert sacré tu réveillais la poudre,
Ton coursier frissonnait dans les flots du Jourdain.
Là, tes pas abaissaient une cime escarpée :
Là, tu changeais en sceptre une invincible épée.
    Ici... Mais quel effroi soudain !

Pourquoi détournes-tu ta paupière éperdue ?
D'où vient cette pâleur sur ton front répandue ?
Qu'as-tu vu tout à coup dans l'horreur du passé ?
Est-ce de vingt cités la ruine fumante ;
Ou du sang des humains quelque plaine écumante ?
    Mais la gloire a tout effacé.

La gloire efface tout... tout, excepté le crime.
Mais son doigt me montrait le corps d'une victime,
Un jeune homme, un héros d'un sang pur inondé.
Le flot qui l'apportait, passait, passait sans cesse ;
Et toujours en passant la vague vengeresse
    Lui jetait le nom de Condé...

Comme pour effacer une tache livide,
On voyait sur son front passer sa main rapide ;

Mais la trace du sang sous son doigt renaissait :
Et, comme un sceau frappé par une main suprême,
La goutte ineffaçable, ainsi qu'un diadème,
   Le couronnait de son forfait.

C'est pour cela, tyran, que ta gloire ternie
Fera par ton forfait douter de ton génie ;
Qu'une trace de sang suivra partout ton char :
Et que ton nom, jouet d'un éternel orage,
Sera par l'avenir ballotté d'âge en âge,
   Entre Marius et César.

Tu mourus cependant de la mort du vulgaire,
Ainsi qu'un moissonneur va chercher son salaire,
Et dort sur sa faucille avant d'être payé ;
Tu ceignis en mourant ton glaive sur ta cuisse,
Et tu fus demander récompense ou justice
   Au Dieu qui t'avait envoyé.

On dit qu'aux derniers jours de sa longue agonie,
Devant l'éternité seul avec son génie,
Son regard vers le ciel parut se soulever :
Le signe rédempteur toucha son front farouche...
Et même on entendit commencer sur sa bouche
   Un nom... qu'il n'osait achever.

Achève... c'est le Dieu qui règne et qui couronne ;
C'est le Dieu qui punit ; c'est le Dieu qui pardonne :
Pour les héros et nous il a des poids divers.
Parle-lui sans effroi : lui seul peut te comprendre.
L'esclave et le tyran ont tous un compte à rendre ;
   L'un du sceptre, l'autre des fers.

Son cercueil est fermé : Dieu l'a jugé. Silence !
Son crime et ses exploits pèsent dans la balance :

Que des faibles mortels la main n'y touche plus !
Qui peut sonder, Seigneur, ta clémence infinie ?
Et vous, fléaux de Dieu, qui sait si le génie
　　N'est pas une de vos vertus !...

VIII.

LES ÉTOILES.

A MADAME DE P...

Il est pour la pensée une heure... une heure sainte,
Alors que, s'enfuyant de la céleste enceinte,
De l'absence du jour pour consoler les cieux
Le crépuscule aux monts prolonge ses adieux,
On voit à l'horizon sa lueur incertaine,
Comme les bords flottans d'une robe qui traîne,
Balayer lentement le firmament obscur
Où les astres ternis revivent dans l'azur.
Alors ces globes d'or, ces îles de lumière,
Que cherche par instinct la rêveuse paupière,
Jaillissent par milliers de l'ombre qui s'enfuit,
Comme une poudre d'or sur les pas de la nuit;
Et le souffle du soir qui vole sur sa trace,
Les sème en tourbillons dans le brillant espace.
L'œil ébloui les cherche et les perd à la fois;
Les uns semblent planer sur les cimes des bois,
Tel qu'un céleste oiseau dont les rapides ailes
Font jaillir en s'ouvrant des gerbes d'étincelles.
D'autres en flots brillans s'étendent dans les airs,
Comme un rocher blanchi de l'écume des mers;
Ceux-là, comme un coursier volant dans la carrière,
Déroulent à longs plis leur flottante crinière;
Ceux-ci, sur l'horizon se penchant à demi,
Semblent des yeux ouverts sur le monde endormi;

Tandis qu'aux bords du ciel de légères étoiles
Voguent dans cet azur comme de blanches voiles
Qui, revenant au port d'un rivage lointain,
Brillent sur l'Océan aux rayons du matin.

De ces astres brillans, son plus sublime ouvrage,
Dieu seul connaît le nombre, et la distance, et l'âge :
Les uns, déjà vieillis, pâlissent à nos yeux ;
D'autres se sont perdus dans les routes des cieux ;
D'autres comme des fleurs que son souffle caresse,
Lèvent un front riant de grâce et de jeunesse,
Et, charmant l'orient de leurs fraîches clartés,
Étonnent tout à coup l'œil qui les a comptés.
Dans l'espace aussitôt ils s'élancent... et l'homme,
Ainsi qu'un nouveau-né, les salue et les nomme.
Quel mortel enivré de leur chaste regard,
Laissant ses yeux flottans les fixer au hasard,
Et cherchant le plus pur parmi ce chœur suprême,
Ne l'a pas consacré du nom de ce qu'il aime ?
Moi-même... il en est un, solitaire isolé,
Qui dans mes longues nuits m'a souvent consolé,
Et dont l'éclat, voilé des ombres du mystère,
Me rappelle un regard qui brillait sur la terre.
Peut-être... ah ! puisse-t-il au céleste séjour
Porter au moins ce nom que lui donna l'amour !

Cependant la nuit marche, et sur l'abîme immense
Tous ces mondes flottans gravitent en silence,
Et nous-même avec eux emportés dans leur cours,
Vers un port inconnu nous avançons toujours.
Souvent, pendant la nuit, au souffle du zéphyre,
On sent la terre aussi flotter comme un navire ;
D'une écume brillante on voit les monts couverts
Fendre d'un cours égal le flot grondant des airs ;
Sur ces vagues d'azur où le globe se joue,
On entend l'aquilon se briser sous la proue,

Et du vent dans les mâts les tristes sifflemens,
Et de ses flancs battus les sourds gémissemens ;
Et l'homme sur l'abîme où sa demeure flotte
Vogue avec volupté sur la foi du pilote !
Soleil ! mondes errans qui voguez avec nous,
Dites, s'il vous l'a dit, où donc allons-nous tous?
Quel est le port céleste où son souffle nous guide?
Quel terme assigna-t-il à notre vol rapide?
Allons-nous sur des bords de silence et de deuil,
Échouant dans la nuit sur quelque vaste écueil,
Semer l'immensité des débris du naufrage,
Où, conduits par sa main sur un brillant rivage,
Et sur l'ancre éternelle à jamais affermis,
Dans un golfe du ciel aborder endormis?

Vous qui nagez plus près de la céleste voûte,
Mondes étincelans, vous le savez sans doute !
Cet océan plus pur, ce ciel où vous flottez,
Laisse arriver à vous de plus vives clartés ;
Plus brillantes que nous, vous savez davantage ;
Car de la vérité la lumière est l'image.
Oui ; si j'en crois l'éclat dont vos orbes errans
Argentent des forêts les dômes transparens,
Ou qui, glissant soudain sur des mers irritées,
Calme en les éclairant les vagues agitées ;
Si j'en crois ces rayons qui, plus doux que le jour,
Inspirent la vertu, la prière, l'amour,
Et quand l'œil attendri s'entr'ouvre à leur lumière,
Attirent une larme aux bords de la paupière ;
Si j'en crois ces instincts, ces doux pressentimens
Qui dirigent vers vous les soupirs des amans,
Les yeux de la beauté, les rêves qu'on regrette,
Et le vol enflammé de l'aigle et du poëte,
Tentes du ciel, Édens ! temples ! brillans palais !
Vous êtes un séjour d'innocence et de paix :
Dans le calme des nuits, à travers la distance,

Vous en versez sur nous la lointaine influence.
Tout ce que nous cherchons, l'amour, la vérité,
Ces fruits tombés du ciel, dont la terre a goûté,
Dans vos brillans climats que le regard envie
Nourrissent à jamais les enfans de la vie;
Et l'homme, un jour peut-être à ses destins rendu,
Retrouvera chez vous tout ce qu'il a perdu.
Hélas! combien de fois seul, veillant sur ces cimes
Où notre âme plus libre a des vœux plus sublimes,
Beaux astres, fleurs du ciel dont le lis est jaloux,
J'ai murmuré tout bas : Que ne suis-je un de vous?
Que ne puis-je, échappant à ce globe de boue,
Dans la sphère éclatante où mon regard se joue,
Jonchant d'un feu de plus le parvis du saint lieu,
Éclore tout à coup sous les pas de mon Dieu,
Ou briller sur le front de la beauté suprême,
Comme un pâle fleuron de son saint diadème!

Dans le limpide azur de ces flots de cristal,
Me souvenant encor de mon globe natal,
Je viendrais chaque nuit, tardif et solitaire,
Sur les monts que j'aimais briller près de la terre,
J'aimerais à glisser sous la nuit des rameaux,
A dormir sur les prés, à flotter sur les eaux,
A percer doucement le voile d'un nuage,
Comme un regard d'amour que la pudeur ombrage :
Je visiterais l'homme; et s'il est ici-bas
Un front pensif, des yeux qui ne se ferment pas,
Une âme en deuil, un cœur qu'un poids sublime oppresse,
Répandant devant Dieu sa pieuse tristesse,
Un malheureux au jour dérobant ses douleurs,
Et dans le sein des nuits laissant couler ses pleurs,
Un génie inquiet, une active pensée
Par un instinct trop fort dans l'infini lancée;
Mon rayon pénétré d'une sainte amitié,
Pour des maux trop connus prodiguant sa pitié,

Comme un secret d'amour versé dans un cœur tendre
Sur ces fronts inclinés se plairait à descendre.
Ma lueur fraternelle en découlant sur eux
Dormirait sur leur sein, sourirait à leurs yeux :
Je leur révélerais dans la langue divine
Un mot du grand secret que le malheur devine;
Je sécherais leurs pleurs; et quand l'œil du matin
Ferait pâlir mon disque à l'horizon lointain,
Mon rayon, en quittant leur paupière attendrie,
Leur laisserait encor la vague rêverie,
Et la paix et l'espoir; et, lassés de gémir,
Au moins avant l'aurore ils pourraient s'endormir.

Et vous, brillantes sœurs, étoiles, mes compagnes,
Qui du bleu firmament émaillez les campagnes,
Et, cadençant vos pas à la lyre des cieux,
Nouez et dénouez vos chœurs harmonieux;
Introduit sur vos pas dans la céleste chaîne,
Je suivrais dans l'azur l'instinct qui vous entraîne,
Vous guideriez mon œil dans ce brillant désert,
Labyrinthe de feux où le regard se perd :
Vos rayons m'apprendraient à louer, à connaître
Celui que nous cherchons, que vous voyez peut-être;
Et noyant dans mon sein ses tremblantes clartés,
Je sentirais en lui... tout ce que vous sentez.

IX.

LE PAPILLON.

Naître avec le printemps, mourir avec les roses,
Sur l'aile du zéphyr nager dans un ciel pur ;
Balancé sur le sein des fleurs à peine écloses,
S'enivrer de parfums, de lumière et d'azur ;
Secouant, jeune encor, la poudre de ses ailes,
S'envoler comme un souffle aux voûtes éternelles,
Voilà du papillon le destin enchanté :
Il ressemble au désir, qui jamais ne se pose,
Et sans se satisfaire, effleurant toute chose,
Retourne enfin au ciel chercher la volupté.

x.

A EL....

Lorsque seul avec toi, pensive et recueillie,
Tes deux mains dans la mienne, assis à tes côtés,
J'abandonne mon âme aux molles voluptés
Et je laisse couler les heures que j'oublie,
Lorsqu'au fond des forêts je t'entraîne avec moi,
Lorsque tes doux soupirs charment seuls mon oreille,
Ou que, te répétant les sermens de la veille,
Je te jure à mon tour de n'adorer que toi;
Lorsqu'enfin, plus heureux, ton front charmant repose
Sur mon genou tremblant qui lui sert de soutien,
Et que mes doux regards sont suspendus au tien
Comme l'abeille avide aux feuilles de la rose;
Souvent alors, souvent, dans le fond de mon cœur,
Pénètre comme un trait une vague terreur;
Tu me vois tressaillir; je pâlis, je frissonne,
Et troublé tout à coup dans le sein du bonheur,
Je sens couler des pleurs dont mon âme s'étonne.
Tu me presses soudain dans tes bras caressans,
   Tu m'interroges, tu t'alarmes,
Et je vois de tes yeux s'échapper quelques larmes
Qui viennent se mêler aux pleurs que je répands.
« De quel ennui secret ton âme est-elle atteinte?
« Me dis-tu; cher amour, épanche ta douleur;
« J'adoucirai ta peine en écoutant ta plainte,
« Et mon cœur versera le baume dans ton cœur. »

Ne m'interroge plus, ô moitié de moi-même!
Enlacé dans tes bras, quand tu me dis : Je t'aime,

Quand mes yeux enivrés se soulèvent vers toi,
Nul mortel sous les cieux n'est plus heureux que moi!
Mais jusque dans le sein des heures fortunées
Je ne sais quelle voix que j'entends retentir
  Me poursuit, et vient m'avertir
Que le bonheur s'enfuit sur l'aile des années,
Et que de nos amours le flambeau doit mourir.
D'un vol épouvanté, dans le sombre avenir
  Mon âme avec effroi se plonge;
  Et je me dis : Ce n'est qu'un songe
  Que le bonheur qui doit finir.

XI.

ELÉGIE.

Cueillons, cueillons la rose au matin de la vie;
Des rapides printemps respire au moins les fleurs;
Aux chastes voluptés abandonnons nos cœurs;
Aimons-nous sans mesure, ô mon unique amie!
Quand le nocher battu par les flots irrités
Voit son fragile esquif menacé du naufrage,
Il tourne ses regards aux bords qu'il a quittés,
Et regrette trop tard les loisirs du rivage.
Ah! qu'il voudrait alors, au toit de ses aïeux,
Près des objets chéris présens à sa mémoire,
Coulant des jours obscurs, sans périls et sans gloire,
N'avoir jamais laissé son pays ni ses dieux!

Ainsi l'homme, courbé sous le poids des années,
Pleure son doux printemps, qui ne peut revenir.
Ah! rendez-moi, dit-il, ces heures profanées;
O dieux! dans leur saison j'oubliai d'en jouir.
Il dit : la mort répond; et ces dieux qu'il implore,
Le poussant au tombeau sans se laisser fléchir,
Ne lui permettent pas de se baisser encore
Pour ramasser ces fleurs qu'il n'a pas su cueillir.

  Aimons-nous, ô ma bien-aimée!
Et rions des soucis qui bercent les mortels;
Pour le frivole appât d'une vaine fumée,
La moitié de leurs jours, hélas! est consumée
  Dans l'abandon des biens réels.

A leur stérile orgueil ne portons point envie;
Laissons le long espoir aux maîtres des humains!
  Pour nous, de notre heure incertains,
Hâtons-nous d'épuiser la coupe de la vie,
  Pendant qu'elle est entre nos mains.

  Soit que le laurier nous couronne,
Et qu'aux fastes sanglans de l'altière Bellone
Sur le marbre ou l'airain on inscrive nos noms;
Soit que des simples fleurs que la beauté moissonne
  L'amour pare nos humbles fronts;
Nous allons échouer, tous, au même rivage :
  Qu'importe, au moment du naufrage,
Sur un vaisseau fameux d'avoir fendu les airs,
  Ou sur une barque légère
  D'avoir, passager solitaire,
Rasé timidement le rivage des mers?

XII.

TRISTESSE.

Ramenez-moi, disais-je, au fortuné rivage
Où Naples réfléchit dans une mer d'azur
Ses palais, ses coteaux, ses astres sans nuage;
Où l'oranger fleurit sous un ciel toujours pur.
Que tardez-vous ? Partons, je veux revoir encore
Le Vésuve enflammé sortant du sein des eaux ;
Je veux de ses hauteurs voir se lever l'aurore ;
Je veux, guidant les pas de celle que j'adore,
Redescendre en rêvant de ces rians coteaux.

Suis-moi dans les détours de ce golfe tranquille ;
Retournons sur ces bords à nos pas si connus,
Aux jardins de Cynthie, au tombeau de Virgile,
Près des débris épars du temple de Vénus :
Là, sous les orangers, sous la vigne fleurie
Dont le pampre flexible au myrte se marie,
Et tresse sur ta tête une voûte de fleurs,
Au doux bruit de la vague ou du vent qui murmure,
Seuls avec notre amour, seuls avec la nature,
La vie et la lumière auront plus de douceurs.

De mes jours pâlissans le flambeau se consume,
Il s'éteint par degrés au souffle du malheur,
Ou, s'il jette parfois une faible lueur,
C'est quand ton souvenir dans mon sein le rallume.
Je ne sais si les dieux me permettront enfin
D'achever ici-bas ma pénible journée :
Mon horizon se borne, et mon œil incertain

Ose l'étendre à peine au delà d'une année.
  Mais s'il faut périr au matin,
S'il faut, sur une terre au bonheur destinée,
  Laisser échapper de ma main
  Cette coupe que le destin
Semblait avoir pour moi de roses couronnée,
Je ne demande aux dieux que de guider mes pas
Jusqu'aux bords qu'embellit ta mémoire chérie,
De saluer de loin ces fortunés climats,
Et de mourir aux lieux où j'ai goûté la vie.

XIII.

LA SOLITUDE.

Heureux qui, s'écartant des sentiers d'ici-bas,
A l'ombre du désert allant cacher ses pas,
D'un monde dédaigné secouant la poussière,
Efface, encor vivant, ses traces sur la terre,
Et dans la solitude enfin enseveli,
Se nourrit d'espérance et s'abreuve d'oubli !
Tel que ces esprits purs qui planent dans l'espace,
Tranquille spectateur de cette ombre qui passe,
Des caprices du sort à jamais défendu,
Il suit de l'œil ce char dont il est descendu !...
Il voit les passions, sur une onde incertaine,
De leur souffle orageux enfler la voile humaine.
Mais ces vents inconstans ne troublent plus sa paix ;
Il se repose en Dieu, qui ne change jamais ;
Il aime à contempler ses plus hardis ouvrages,
Ces monts, vainqueurs des vents, de la foudre et des âges,
Où dans leur masse auguste et leur solidité
Ce Dieu grava sa force et son éternité.
A cette heure, où, frappé d'un rayon de l'aurore,
Leur sommet enflammé que l'orient colore,
Comme un phare céleste allumé dans la nuit,
Jaillit étincelant de l'ombre qui s'enfuit,
Il s'élance, il franchit ces riantes collines
Que le mont jette au loin sur ses larges racines,
Et, porté par degrés jusqu'à ses sombres flancs,
Sous ses pins immortels il s'enfonce à pas lents :
Là des torrens séchés le lit seul est la route,
Tantôt les rocs minés sur lui pendent en voûte,

Et tantôt sur leurs bords tout à coup suspendu,
Il recule étonné; son regard éperdu
Jouit avec horreur de cet effroi sublime,
Et sous ses pieds longtemps voit tournoyer l'abîme.
Il monte, et l'horizon grandit à chaque instant;
Il monte, et devant lui l'immensité s'étend
Comme sous le regard d'une nouvelle aurore;
Un monde à chaque pas pour ses yeux semble éclore;
Jusqu'au sommet suprême où son œil enchanté
S'empare de l'espace, et plane en liberté.
Ainsi lorsque notre âme, à sa source envolée,
Quitte enfin pour toujours la terrestre vallée,
Chaque coup de son aile, en l'élevant aux cieux,
Élargit l'horizon qui s'étend sous ses yeux;
Des mondes sous son vol le mystère s'abaisse,
En découvrant toujours elle monte sans cesse
Jusqu'aux saintes hauteurs d'où l'œil du séraphin
Sur l'espace infini plonge un regard sans fin.

Salut, brillans sommets, champs de neige et de glace :
Vous qui d'aucun mortel n'avez gardé la trace;
Vous que le regard même aborde avec effroi,
Et qui n'avez souffert que les aigles et moi!
OEuvres du premier jour, augustes pyramides,
Que Dieu même affermit sur vos bases solides!
Confins de l'univers, qui, depuis ce grand jour,
N'avez jamais changé de forme et de contour!
Le nuage en grondant parcourt en vain vos cimes,
Le fleuve en vain grossi sillonne vos abîmes.
La foudre frappe en vain votre front endurci;
Votre front solennel, un moment obscurci,
Sur nous, comme la nuit versant son ombre obscure,
Et laissant pendre au loin sa noire chevelure,
Semble, toujours vainqueur du choc qui l'ébranla,
Au Dieu qui l'a fondé dire encor : Me voilà.
Et moi, me voici seul sur ces confins du monde!

Loin d'ici, sous mes pieds la foudre vole et gronde;
Les nuages battus par les ailes des vents
Entrechoquant comme eux leurs tourbillons mouvans,
Tels qu'un autre Océan soulevé par l'orage,
Se déroulent sans fin dans des lits sans rivage,
Et devant ces sommets abaissant leur orgueil,
Brisent incessamment sur cet immense écueil.
Mais tandis qu'à ses pieds ce noir chaos bouillonne,
D'éternelles splendeurs le soleil le couronne :
Depuis l'heure où son char s'élance dans les airs,
Jusqu'à l'heure où son disque incline vers les mers,
Cet astre, en décrivant son oblique carrière,
D'aucune ombre jamais n'y souille sa lumière;
Et déjà la nuit sombre a descendu des cieux,
Qu'à ces sommets encore il dit de longs adieux.

Là, tandis que je nage en des torrens de joie,
Ainsi que mon regard, mon âme se déploie,
Et croit, en respirant cet air de liberté,
Recouvrer sa splendeur et sa sérénité.
Oui, dans cet air du ciel, les soins lourds de la vie,
Le mépris des mortels, leur haine ou leur envie,
N'accompagnent plus l'homme, et ne surnagent pas :
Comme un vil plomb, d'eux-même ils retombent en bas.
Ainsi plus l'onde est pure, et moins l'homme y surnage;
A peine de ce monde il emporte une image;
Mais ton image, ô Dieu! dans ces grands traits épars,
En s'élevant vers toi grandit à nos regards.
Comme au prêtre habitant l'ombre du sanctuaire,
Chaque pas te révèle à l'âme solitaire :
Le silence et la nuit, et l'ombre des forêts,
Lui murmurent tout bas de sublimes secrets;
Et l'esprit, abîmé dans ces rares spectacles,
Par la voix des déserts écoute tes oracles.
J'ai vu de l'Océan les flots épouvantés,
Pareils aux fiers coursiers dans la plaine emportés,

Déroulant à ta voix leur humide crinière,
Franchir en bondissant leur bruyante carrière ;
Puis soudain refoulés sous ton frein tout-puissant,
Dans l'abîme étonné rentrer en mugissant.
J'ai vu le fleuve, épris des gazons du rivage,
Se glisser flots à flots, de bocage en bocage,
Et dans son lit voilé d'ombrage et de fraîcheur,
Bercer en murmurant la barque du pêcheur.
J'ai vu le trait brisé de la foudre qui gronde,
Comme un serpent de feu, se dérouler sur l'onde ;
Le zéphyr embaumé des doux parfums du miel,
Balayer doucement l'azur voilé du ciel ;
La colombe, essuyant son aile encore humide,
Sur les bords de son nid poser un pied timide,
Puis, d'un vol cadencé, fendant le flot des airs,
S'abattre en soupirant sur la rive des mers.
J'ai vu ces monts voisins des cieux où tu reposes,
Cette neige où l'aurore aime à semer ses roses,
Ces trésors des hivers, d'où par mille détours,
Dans nos champs desséchés multipliant leurs cours,
Cent rochers de cristal, que tu fonds à mesure,
Viennent désaltérer la mourante verdure :
Et ces ruisseaux pleuvant de ces rocs suspendus,
Et ces torrens grondant dans les granits fendus,
Et ces pics où le temps a perdu sa victoire...
Et toute la nature est un hymne à ta gloire.

XIV.

CONSOLATION.

Quand le Dieu qui me frappe, attendri par mes larmes,
De mon cœur oppressé soulève un peu sa main,
Et, donnant quelque trêve à mes longues alarmes,
Laisse tarir mes yeux et respirer mon sein ;

Soudain, comme le flot refoulé du rivage
Aux bords qui l'ont brisé revient en gémissant,
Ou comme le roseau, vain jouet de l'orage,
Qui plie et rebondit sous la main du passant,

Mon cœur revient à Dieu, plus docile et plus tendre,
Et de ses châtimens perdant le souvenir,
Comme un enfant soumis n'ose lui faire entendre
Qu'un murmure amoureux pour se plaindre et bénir.

Que le deuil de mon âme était lugubre et sombre !
Que de nuits sans pavots, que de jours sans soleil !
Que de fois j'ai compté les pas du temps dans l'ombre,
Quand les heures passaient sans mener le sommeil !

Mais loin de moi ces temps ! que l'oubli les dévore !
Ce qui n'est plus pour l'homme a-t-il jamais été ?
Quelques jours sont perdus ; mais le bonheur encore
Peut fleurir sous mes yeux comme une fleur d'été !

Tous les jours sont à toi : que t'importe leur nombre ?
Tu dis : le temps se hâte, ou revient sur ses pas :

Eh! n'es-tu pas CELUI qui fit reculer l'ombre
Sur le cadran rempli d'un roi que tu sauvas!

Si tu voulais, ainsi le torrent de ma vie,
A sa source aujourd'hui remontant sans efforts,
Nourrirait de nouveau ma jeunesse tarie,
Et de ses flots vermeils féconderait ses bords;

Ces cheveux dont la neige, hélas! argente à peine
Un front où la douleur a gravé le passé,
L'ombrageraient encor de leur touffe d'ébène,
Aussi pur que la vague où le cygne a passé;

L'amour ranimerait l'éclat de ces prunelles,
Et ce foyer du cœur, dans les yeux répété,
Lancerait de nouveau ces chastes étincelles
Qui d'un désir craintif font rougir la beauté.

Dieu! laissez-moi cueillir cette palme féconde!
Et dans mon sein ravi l'emporter pour toujours,
Ainsi que le torrent emporte dans son onde
Les roses de Sârons qui parfument son cours.

Quand pourrai-je la voir sur l'enfant qui repose
S'incliner doucement dans le calme des nuits!
Quand verrai-je ses fils de leurs lèvres de rose
Se suspendre à son sein comme l'abeille aux lis!

A l'ombre du figuier, près du courant de l'onde,
Loin de l'œil de l'envie et des pas du pervers,
Je bâtirai pour eux un nid parmi le monde,
Comme sur un écueil l'hirondelle des mers.

Là, sans les abreuver à ces sources amères
Où l'humaine sagesse a mêlé son poison,

De ma bouche fidèle aux leçons de mes pères,
Pour unique sagesse ils apprendront ton nom.

Là, je leur laisserai le modeste héritage
Qu'aux petits des oiseaux Dieu donne à leur réveil,
L'eau pure du torrent, un nid sous le feuillage,
Les fruits tombés de l'arbre, et ma place au soleil.

Alors, le front chargé de guirlandes fanées,
Tel qu'un vieil olivier parmi ses rejetons,
Je verrai de mes fils les brillantes années
Cacher mon tronc flétri sous leurs jeunes festons.

Alors j'entonnerai l'hymne de ma vieillesse,
Et, convive enivré des vins de ta bonté,
Je passerai la coupe aux mains de la jeunesse,
Et je m'endormirai dans ma félicité.

XV.

LES PRÉLUDES.

A M. VICTOR HUGO.

La nuit, pour rafraîchir la nature embrasée,
De ses cheveux d'ébène exprimant la rosée,
Pose au sommet des monts ses pieds silencieux,
Et l'ombre et le sommeil descendent sur mes yeux :
C'était l'heure où jadis... mais aujourd'hui mon âme,
Comme un feu dont le vent n'excite plus la flamme,
Fait pour se ranimer un inutile effort,
Retombe sur soi-même, et languit et s'endort.
Que ce calme lui pèse! O lyre! ô mon génie!
Musique intérieure, ineffable harmonie,
Harpe, que j'entendais résonner dans les airs
Comme un écho lointain des célestes concerts,
Pendant qu'il en est temps, pendant qu'il vibre encore,
Venez, venez bercer ce cœur qui vous implore.
Et toi, qui donnes l'âme à mon luth inspiré,
Esprit capricieux, viens, prélude à ton gré.
Il descend! il descend! la harpe obéissante
A frémi mollement sous son vol cadencé,
   Et de la corde frémissante
Le souffle harmonieux dans mon âme a passé.

   L'onde qui baise ce rivage,
  De quoi se plaint-elle à ses bords?

Pourquoi le roseau sur la plage,
Pourquoi le ruisseau sous l'ombrage,
Rendent-ils de tristes accords?

De quoi gémit la tourterelle
Quand, dans le silence des bois,
Seule auprès du ramier fidèle,
L'amour fait palpiter son aile,
Les baisers étouffent sa voix?

Et toi, qui mollement te livre
Au doux sourire du bonheur
Et du regard dont tu m'enivre,
Me fais mourir, me fais revivre;
De quoi te plains-tu sur mon cœur?

Plus jeune que la jeune aurore,
Plus limpide que ce flot pur,
Ton âme au bonheur vient d'éclore,
Et jamais aucun souffle encore
N'en a terni le vague azur.

Cependant si ton cœur soupire
De quelque poids mystérieux,
Sur tes traits si la joie expire,
Et si tout près de ton sourire
Brille une larme dans tes yeux,

Hélas! c'est que notre faiblesse,
Pliant sous sa félicité
Comme un roseau qu'un souffle abaisse,
Donne l'accent de la tristesse
Même au chant de la volupté.

Ou bien peut-être qu'avertie
De la fuite de nos plaisirs,

L'âme en extase anéantie
Se réveille, et sent que la vie
Fuit dans chacun de nos soupirs.

Ah! laisse le zéphyr avide
A leur source arrêter tes pleurs ;
Jouissons de l'heure rapide :
Le temps fuit, mais son flot limpide
Du ciel réfléchit les couleurs.

Tout naît, tout passe, tout arrive
Au terme ignoré de son sort :
A l'Océan l'onde plaintive,
Aux vents la feuille fugitive,
L'aurore au soir, l'homme à la mort.

Mais qu'importe, ô ma bien-aimée!
Le terme incertain de nos jours?
Pourvu que sur l'onde calmée,
Par une pente parfumée,
Le temps nous entraîne en son cours ;

Pourvu que, durant le passage,
Couché dans tes bras à demi,
Les yeux tournés vers ton image,
Sans le voir, j'aborde au rivage
Comme un voyageur endormi.

Le flot murmurant se retire
Du rivage qu'il a baisé,
La voix de la colombe expire,
Et le voluptueux zéphyre
Dort sur le calice épuisé.

Embrassons-nous, mon bien suprême,
Et sans rien reprocher aux dieux,

Un jour de la terre où l'on aime
Évanouissons-nous de même
En un soupir mélodieux.

Non, non, brise à jamais cette corde amollie !
Mon cœur ne répond plus à ta voix affaiblie.
L'amour n'a pas de sons qui puissent l'exprimer :
Pour révéler sa langue, il faut, il faut aimer.
Un seul soupir du cœur que le cœur nous renvoie,
Un œil demi-voilé par des larmes de joie,
Un regard, un silence, un accent de sa voix,
Un mot toujours le même et répété cent fois,
O lyre ! en disent plus que ta vaine harmonie :
L'amour est à l'amour, le reste est au génie.
Si tu veux que mon cœur résonne sous ta main,
Tire un plus mâle accord de tes fibres d'airain.

———

J'entends, j'entends de loin comme une voix qui gronde ;
Un souffle impétueux fait frissonner les airs,
    Comme l'on voit frissonner l'onde,
Quand l'aigle, au vol pesant, rase le sein des murs.

———

Eh ! qui m'emportera sur des flots sans rivages?
Quand pourrai-je la nuit, aux clartés des orages,
Sur un vaisseau sans mâts, au gré des aquilons,
Fendre de l'Océan les liquides vallons ;
M'engloutir dans leur sein, m'élancer sur leurs cimes,
Rouler avec la vague au sein des noirs abîmes,
Et, revomi cent fois par les gouffres amers,
Flotter comme l'écume au vaste sein des mers !
D'effroi, de volupté, tour à tour éperdue,
Cent fois entre la vie et la mort suspendue,
Peut-être que mon âme, au sein de ces horreurs,

Pourrait jouir au moins de ses propres terreurs,
Et, prête à s'abîmer dans la nuit qu'elle ignore,
A la vie un moment se reprendrait encore,
Comme un homme roulant des sommets d'un rocher
De ses bras tout sanglans cherche à s'y rattacher.
Mais toujours repasser par une même route,
Voir ses jours épuisés s'écouler goutte à goutte;
Mais suivre pas à pas dans l'immense troupeau
Ces générations, inutile fardeau,
Qui meurent pour mourir, qui vécurent pour vivre,
Et dont chaque printemps la terre se délivre,
Comme dans nos forêts le chêne avec mépris
Livre aux vents des hivers ses feuillages flétris;
Sans regrets, sans espoir, avancer dans la vie
Comme un vaisseau qui dort sur une onde assoupie;
Sentir son âme usée en impuissant effort
Se ronger lentement sous la rouille du sort;
Penser sans découvrir, aspirer sans atteindre,
Briller sans éclairer, et pâlir sans s'éteindre :
Hélas! tel est mon sort et celui des humains.
Nos pères ont passé par les mêmes chemins.
Chargés du même sort, nos fils prendront nos places.
Ceux qui ne sont pas nés y trouveront leurs traces.
Tout s'use, tout périt, tout passe : mais hélas!
Excepté les mortels, rien ne change ici-bas.

Toi qui rendais la force à mon âme affligée,
Esprit consolateur, que ta voix est changée!
On dirait qu'on entend, au séjour des douleurs,
Rouler, à flots plaintifs, le sourd torrent des pleurs.
Pourquoi gémir ainsi, comme un souffle d'orage,
A travers les rameaux qui pleurent leur feuillage?
Pourquoi ce vain retour vers la félicité ?
Quoi donc! ce qui n'est plus a-t-il jamais été?

Faut-il que le regret, comme une ombre ennemie,
Vienne s'asseoir sans cesse au festin de la vie,
Et, d'un regard funèbre effrayant les humains,
Fasse tomber toujours les coupes de leurs mains!
Non : de ce triste aspect que ta voix me délivre!
Oublions, oublions : c'est le secret de vivre.
Viens, chante, et, du passé détournant mes regards,
Précipite mon âme au milieu des hasards!

De quels sons belliqueux mon oreille est frappée!
C'est le cri du clairon, c'est la voix du coursier;
  La corde de sang trempée
  Retentit comme l'épée
  Sur l'orbe du bouclier.

La trompette a jeté le signal des alarmes :
Aux armes! et l'écho répète au loin : Aux armes!
Dans la plaine soudain les escadrons épars,
Plus prompts que l'aquilon fondent de toutes parts,
Et sur les flancs épais des légions mortelles
S'étendent tout à coup comme deux sombres ailes.
Le coursier, retenu par un frein impuissant,
Sur ses jarrets pliés s'arrête en frémissant.
La foudre dort encore, et sur la foule immense
Plane, avec la terreur, un lugubre silence :
On n'entend que le bruit de cent mille soldats,
Marchant comme un seul homme au devant du trépas,
Les roulemens des chars, les coursiers qui hennissent,
Les ordres répétés qui dans l'air retentissent,
Ou le bruit des drapeaux soulevés par les vents,
Qui, dans les camps rivaux flottant à plis mouvans,
Tantôt semblent, enflés d'un souffle de victoire,
Vouloir voler d'eux-même au-devant de la gloire,

Et tantôt retombant le long des pavillons,
De leurs funèbres plis couvrir leurs bataillons.

Mais sur le front des camps déjà les bronzes grondent,
Ces tonnerres lointains se croisent, se répondent;
Des tubes enflammés la foudre avec effort
Sort, et frappe en sifflant comme un souffle de mort;
Le boulet dans les rangs laisse une large trace,
Ainsi qu'un laboureur qui passe et qui repasse,
Et, sans se reposer déchirant le vallon,
A côté du sillon creuse un autre sillon :
Ainsi le trait fatal dans les rangs se promène,
Et comme des épis les couche dans la plaine.
Ici tombe un héros moissonné dans sa fleur,
Superbe et l'œil brillant d'orgueil et de valeur.
Sur son casque ondulant, d'où jaillit la lumière,
Flotte d'un noir coursier l'ondoyante crinière :
Ce casque éblouissant sert de but au trépas;
Par la foudre frappé d'un coup qu'il ne sent pas,
Comme un faisceau d'acier il tombe sur l'arène;
Son coursier bondissant, qui sent flotter la rêne,
Lance un regard oblique à son maître expirant,
Revient, penche sa tête et le flaire en pleurant.
Là tombe un vieux guerrier qui, né dans les alarmes,
Eut les camps pour patrie, et pour amours ses armes.
Il ne regrette rien que ses chers étendards,
Et les suit en mourant de ses derniers regards...
La mort vole au hasard dans l'horrible carrière :
L'un périt tout entier; l'autre, sur la poussière,
Comme un tronc dont la hache a coupé les rameaux,
De ses membres épars voit voler les lambeaux,
Et se traînant encor sur la terre humectée,
Marque en ruisseaux de sang sa trace ensanglantée.
Le blessé que la mort n'a frappé qu'à demi
Fuit en vain, emporté dans les bras d'un ami :
Sur le sein l'un de l'autre ils sont frappés ensemble,

Et bénissent du moins le coup qui les rassemble.
Mais de la foudre en vain les livides éclats
Pleuvent sur les deux camps; d'intrépides soldats,
Comme la mer qu'entr'ouvre une proue écumante
Se referme soudain sur sa trace fumante,
Sur les rangs écrasés formant de nouveaux rangs,
Viennent braver la mort sur les corps des mourans!...

Cependant, las d'attendre un trépas sans vengeance,
Les deux camps, animés d'une même vaillance,
Se heurtent, et du choc ouvrant leurs bataillons,
Mêlent en tournoyant leurs sanglans tourbillons.
Sous le poids des coursiers les escadrons s'entr'ouvrent,
D'une voûte d'airain les rangs pressés se couvrent;
Les feux croisent les feux, le fer frappe le fer,
Les rangs entrechoqués lancent un seul éclair :
Le salpêtre, au milieu des torrens de fumée,
Brille et court en grondant sur la ligne enflammée,
Et, d'un nuage épais enveloppant leur sort,
Cache encore à nos yeux la victoire ou la mort.
Ainsi quand deux torrens dans deux gorges profondes
De deux monts opposés précipitant leurs ondes,
Dans le lit trop étroit qu'ils vont se disputer
Viennent au même instant tomber et se heurter,
Le flot choque le flot, les vagues courroucées,
Rejaillissant au loin par les vagues poussées,
D'une poussière humide obscurcissent les airs,
Du fracas de leur chute ébranlent les déserts,
Et portant leur fureur au lit qui les rassemble,
Tout en s'y combattant leurs flots roulent ensemble.
Mais la foudre se tait. Écoutez... Des concerts
De cette plaine en deuil s'élèvent dans les airs :
La harpe, le clairon, la joyeuse cymbale,
Mêlant leurs voix d'airain, montent par intervalle,
S'éloignent par degrés, et sur l'aile des vents
Nous jettent leurs accords, et les cris des mourans!...

De leurs brillans éclats les coteaux retentissent ;
Le cœur glacé s'arrête, et tous les sens frémissent ;
Et dans les airs pesans que le son vient froisser
On dirait qu'on entend l'âme des morts passer !
Tout à coup le soleil dissipant le nuage,
Éclaire avec horreur la scène du carnage ;
Et son pâle rayon, sur la terre glissant,
Découvre à nos regards de longs ruisseaux de sang,
Des coursiers et des chars brisés dans la carrière,
Des membres mutilés épars sur la poussière,
Les débris confondus des armes et des corps,
Et les drapeaux jetés sur des monceaux de morts.

Accourez maintenant, amis, épouses, mères !
Venez compter vos fils, vos amans et vos frères ;
Venez sur ces débris disputer aux vautours
L'espoir de vos vieux ans, le fruit de vos amours...
Que de larmes sans fin sur eux vont se répandre !
Dans vos cités en deuil, que de cris vont s'entendre,
Avant qu'avec douleur la terre ait reproduit,
Misérables mortels ! ce qu'un jour a détruit !
Mais au sort des humains la nature insensible
Sur leurs débris épars suivra son cours paisible :
Demain, la douce aurore, en se levant sur eux,
Dans leur acier sanglant réfléchira ses feux ;
Le fleuve lavera sa rive ensanglantée,
Les vents balayeront leur poussière infectée,
Et le sol, engraissé de leurs restes fumans,
Cachera sous des fleurs leurs pâles ossemens !

Silence, Esprit de feu, mon âme épouvantée
Suit le frémissement de ta corde irritée,
Et court en frissonnant sur tes pas belliqueux,
Comme un char emporté par des coursiers fougueux ;

Mais mon œil attristé de ces sombres images
Se détourne en pleurant vers de plus doux rivages ;
N'as-tu point sur ta lyre un chant consolateur ?
N'as-tu pas entendu la flûte du pasteur,
Quand seul, assis en paix sous le pampre qui plie,
Il charme par ses airs les heures qu'il oublie,
Et que l'écho des bois, ou le fleuve en coulant,
Porte de saule en saule un son plaintif et lent ?
Souvent, pour l'écouter, le soir, sur la colline,
Du côté de ses chants mon oreille s'incline,
Mon cœur, par un soupir soulagé de son poids,
Dans un monde étranger se perd avec la voix ;
Et je sens par momens, sur mon âme calmée,
Passer avec le son une brise embaumée,
Plus douce qu'à mes sens l'ombre des arbrisseaux
Ou que l'air rafraîchi qui sort du lit des eaux.

———

Un vent caresse ma lyre :
Est-ce l'aile d'un oiseau ?
Sa voix dans le cœur expire,
Et l'humble corde soupire
Comme un flexible roseau.

———

O vallons paternels! doux champs, humble chaumière,
Au bord penchant des bois suspendue aux coteaux,
Dont l'humble toit, caché sous des touffes de lierre,
    Ressemble au nid sous les rameaux ;

Gazons entrecoupés de ruisseaux et d'ombrages,
Seuil antique où mon père, adoré comme un roi,
Comptait ses gras troupeaux rentrant des pâturages,
    Ouvrez-vous! ouvrez-vous! c'est moi.

Voilà du dieu des champs la rustique demeure.
J'entends l'airain frémir au sommet de ses tours ;
Il semble que dans l'air une voix qui me pleure
  Me rappelle à mes premiers jours.

Oui, je reviens à toi, berceau de mon enfance,
Embrasser pour jamais tes foyers protecteurs ;
Loin de moi les cités et leur vaine opulence,
  Je suis né parmi les pasteurs !

Enfant, j'aimais, comme eux, à suivre dans la plaine
Les agneaux pas à pas, égarés jusqu'au soir ;
A revenir, comme eux, baigner leur blanche laine
  Dans l'eau courante du lavoir.

J'aimais à me suspendre aux lianes légères,
A gravir dans les airs de rameaux en rameaux,
Pour ravir, le premier, sous l'aile de leurs mères,
  Les tendres œufs des tourtereaux.

J'aimais les voix du soir dans les airs répandues,
Le bruit lointain des chars gémissant sous leur poids ;
Et le sourd tintement des cloches suspendues
  Au cou des chevreaux, dans les bois.

Et depuis, exilé de ces douces retraites,
Comme un vase imprégné d'une première odeur,
Toujours, loin des cités, des voluptés secrètes
  Entraînaient mes yeux et mon cœur.

Beaux lieux, recevez-moi sous vos sacrés ombrages ;
Vous qui couvrez le seuil de rameaux éplorés,
Saules contemporains, courbez vos longs feuillages
  Sur le frère que vous pleurez.

Reconnaissez mes pas, doux gazons que je foule,
Arbres que dans mes jeux j'insultais autrefois ;

Et toi qui, loin de moi, te cachais à la foule,
    Triste écho, réponds à ma voix.

Je ne viens pas traîner, dans vos rians asiles,
Les regrets du passé, les songes du futur :
J'y viens vivre, et, couché sous vos berceaux fertiles,
    Abriter mon repos obscur.

S'éveiller le cœur pur, au réveil de l'aurore,
Pour bénir, au matin, le Dieu qui fait les jours ;
Voir les fleurs du vallon sous la rosée éclore
    Comme pour fêter son retour ;

Respirer les parfums que la colline exhale,
Ou l'humide fraîcheur qui tombe des forêts ;
Voir onduler de loin l'haleine matinale
    Sur le sein flottant des guérets ;

Conduire la génisse à la source qu'elle aime,
Ou suspendre la chèvre au cytise embaumé ;
Ou voir ses blancs taureaux venir tendre d'eux-même
    Leur front au joug accoutumé ;

Guider un soc tremblant dans le sillon qui crie,
Du pampre domestique émonder les berceaux,
Ou creuser mollement, au sein de la prairie,
    Les lits murmurans des ruisseaux ;

Le soir, assis en paix au seuil de la chaumière,
Tendre au pauvre qui passe un morceau de son pain ;
Et, fatigué du jour, y fermer sa paupière
    Loin des soucis du lendemain ;

Sentir, sans les compter, dans leur ordre paisible,
Les jours suivre les jours, sans faire plus de bruit
Que ce sable léger dont la fuite insensible
    Nous marque l'heure qui s'enfuit ;

Voir, de vos doux vergers, sur vos fronts les fruits pendre,
Les fruits d'un chaste amour dans vos bras accourir,
Et, sur eux appuyé, doucement redescendre :
  C'est assez pour qui doit mourir.

Le chant meurt, la voix tombe : adieu, divin Génie.
Remonte au vrai séjour de la pure harmonie :
Tes chants ont arrêté les larmes de mes yeux.
Je lui parlais encore... Il était dans les cieux.

XVI.

LA BRANCHE D'AMANDIER.

De l'amandier tige fleurie,
Symbole, hélas! de la beauté,
Comme toi, la fleur de la vie
Fleurit et tombe avant l'été.

Qu'on la néglige ou qu'on la cueille,
De nos fronts, des mains de l'Amour,
Elle s'échappe feuille à feuille,
Comme nos plaisirs jour à jour.

Savourons ses courtes délices;
Disputons-les même au zéphyr :
Épuisons les rians calices
De ces parfums qui vont mourir.

Souvent la beauté fugitive
Ressemble à la fleur du matin
Qui, du front glacé du convive,
Tombe avant l'heure du festin.

Un jour tombe, un autre se lève;
Le printemps va s'évanouir;
Chaque fleur que le vent enlève
Nous dit : Hâtez-vous d'en jouir.

Et puisqu'il faut qu'elles périssent,
Qu'elles périssent sans retour;
Que les roses ne se flétrissent
Que sous les lèvres de l'Amour.

XVII.

L'ANGE.

FRAGMENT ÉPIQUE.

Dieu se lève; et soudain sa voix terrible appelle
De ses ordres secrets un ministre fidèle,
Un de ces esprits purs qui sont chargés par lui
De servir aux humains de conseil et d'appui,
De lui porter leurs vœux sur leurs ailes de flamme,
De veiller sur leur vie, et de garder leur âme :
Tout mortel a le sien : cet ange protecteur,
Cet invisible ami veille autour de son cœur,
L'inspire, le conduit, le relève s'il tombe,
Le reçoit au berceau, l'accompagne à la tombe,
Et, portant dans les cieux son âme entre ses mains,
La présente en tremblant au juge des humains :
C'est ainsi qu'entre l'homme et Jéhova lui-même,
Entre le pur néant et la grandeur suprême,
D'êtres inaperçus une chaîne sans fin
Réunit l'homme à l'ange et l'ange au séraphin;
C'est ainsi que, peuplant l'étendue infinie,
Dieu répandit partout l'esprit, l'âme et la vie.

Au son de cette voix qui fait trembler le ciel,
S'élance devant Dieu l'archange Ithuriel :
C'est lui qui du héros est le céleste guide,
Et qui pendant sa vie à ses destins préside :
Sur les marches du trône où de la Trinité
Brille au plus haut des cieux la triple majesté,
L'Esprit, épouvanté de la splendeur divine,

Dans un saint tremblement soudain monte et s'incline,
Et du voile éclatant de ses deux ailes d'or
Du céleste regard s'ombrage et tremble encor.
Mais Dieu, voilant pour lui sa clarté dévorante,
Modère les accents de sa voix éclatante,
Se penche sur son trône et lui parle : soudain
Tout le ciel, attentif au Verbe souverain,
Suspend les chants sacrés, et la cour immortelle
S'apprête à recueillir la parole éternelle.
Pour la première fois, sous la voûte des cieux,
Cessa des chérubins le chœur harmonieux :
On n'entendit alors, dans les saintes demeures,
Que le bruit cadencé du char léger des heures,
Qui, des jours éternels mesurant l'heureux cours,
Dans un cercle sans fin, fuit et revient toujours ;
On n'entendit alors que la sourde harmonie
Des sphères poursuivant leur course indéfinie,
Et des astres pieux le murmure d'amour
Qui vient mourir au seuil du céleste séjour.

Mais en vain dans le ciel les chœurs sacrés se turent ;
Autour du trône en vain tous les saints accoururent :
L'archange entendit seul les ordres du Très-Haut :
Il s'incline, il adore, il s'élance aussitôt.
Telle qu'au sein des nuits une étoile tombante,
Se détachant soudain de la voûte éclatante,
Glisse, et d'un trait de feu fendant l'obscurité,
Vient aux bords des marais éteindre sa clarté :
Tel, d'un vol lumineux et d'une aile assurée,
L'ardent Ithuriel fend la plaine azurée.
A peine il a franchi ces déserts enflammés
Que la main du Très-Haut de soleils a semés,
Il ralentit son vol, et, comme un aigle immense,
Sur son aile immobile un instant se balance :
Il craint que la clarté des célestes rayons
Ne trahisse son vol aux yeux des nations ;

Et, secouant trois fois ses ailes immortelles,
Trois fois en fait jaillir des gerbes d'étincelles.
Le nocturne pasteur, qui compte dans les cieux
Les astres tant de fois nommés par ses aïeux,
Se trouble, et croit que Dieu de nouvelles étoiles
A de l'antique nuit semé les sombres voiles.

Mais pour tromper les yeux, l'archange essaie en vain
De dépouiller l'éclat de ce reflet divin ;
L'immortelle clarté dont son aile est empreinte
L'accompagne au delà de la céleste enceinte ;
Et ces rayons du ciel dont il est pénétré,
Se détachant de lui, pâlissent par degré.
Ainsi le globe ardent que l'ange des batailles
Inventa pour briser les tours et les murailles,
Sur ses ailes de feu projeté dans les airs,
Trace au sein de la nuit de sinistres éclairs :
Immobile un moment au haut de sa carrière,
Il pâlit, il retombe en perdant sa lumière :
Tous les yeux avec lui dans les airs suspendus
Le cherchent dans l'espace, et ne le trouvent plus.

. . . .

C'était l'heure où la nuit de ses paisibles mains
Répand le doux sommeil, ce nectar des humains.
Le fleuve, déroulant ses vagues fugitives,
Réfléchissait les feux allumés sur ses rives,
Ces feux abandonnés, dont les débris mouvans
Pâlissaient, renaissaient, mouraient au gré des vents ;
D'une antique forêt le ténébreux ombrage
Couvrait au loin la plaine et bordait le rivage :
Là, sous l'abri sacré du chêne aimé des Francs,
Clovis avait planté ses pavillons errans.
Les vents par intervalle agitant les armures,
En tiraient dans la nuit de belliqueux murmures ;
L'astre aux rayons d'argent, se levant dans les cieux,

Répandait sur le camp son jour mystérieux,
Et, se réfléchissant sur l'acier des trophées,
Jetait dans la forêt des lueurs étouffées :
Tels brillent dans la nuit, à travers les rameaux,
Les feux tremblans du ciel réfléchis dans les eaux.
Le messager divin s'avance vers la tente
Où Clovis, qu'entourait sa garde vigilante,
Commençait à goûter les nocturnes pavots :
Clodomir et Lisois, compagnons du héros,
Debout devant la tente, appuyés sur leur lance,
Gardaient l'auguste seuil, et veillaient en silence.
Mais de la palme d'or qui brille dans sa main
L'ange, en touchant leurs yeux, les assoupit soudain :
Ils tombent ; de leur main la lance échappe et roule,
Et sous son pied divin l'ange en passant les foule.

Du pavillon royal il franchit les degrés.
Sur la peau d'un lion, dont les ongles dorés
Retombaient aux deux bords de sa couche d'ivoire,
Clovis dormait, bercé par des songes de gloire.
L'ange, de sa beauté, de sa grâce étonné,
Contemple avec amour ce front prédestiné.
Il s'approche, il retient son haleine divine,
Et sur le lit du prince en souriant s'incline.
Telle une jeune mère, au milieu de la nuit,
De son lit nuptial sortant au moindre bruit,
Une lampe à la main, sur un pied suspendue,
Vole à son premier-né, tremblant d'être entendue,
Et, pour calmer l'effroi qui la faisait frémir,
En silence longtemps le regarde dormir :
Tel des ordres d'en-haut l'exécuteur fidèle,
Se penchant sur Clovis, l'ombrageait de son aile.
Sur le front du héros il impose ses mains :
Soudain, par un pouvoir ignoré des humains,
Dénouant sans efforts les liens de la vie,
Des entraves des sens son âme se délie :

L'ange qui la reçoit dirige son essor,
Et le corps du héros paraît dormir encor.

Dans l'astre au front changeant, dont la forme inégale
Grandissant, décroissant, mourant par intervalle,
Prête ou retire aux nuits ses limpides rayons,
L'Éternel étendit d'immenses régions,
Où, des êtres réels images symboliques,
Les songes ont bâti leurs palais fantastiques.
Sortis demi-formés des mains du Tout-Puissant,
Ils tiennent à la fois de l'être et du néant :
Un souffle aérien est toute leur essence;
Et leur vie est à peine une ombre d'existence :
Aucune forme fixe, aucun contour précis,
N'indiquèrent jamais ces êtres indécis;
Mais ils sont, aux regards du Dieu qui les fit naître,
L'image du possible, et les ombres de l'être.
La matière et le temps sont soumis à leurs lois.
Revêtus tour à tour de formes de leur choix,
Tantôt de ce qui fut ils rendent les images;
Et tantôt, s'élançant dans le lointain des âges,
Tous les êtres futurs, au néant arrachés,
Apparaissent d'avance en leurs jeux ébauchés.

Quand la nuit des mortels a fermé la paupière,
Sur les pâles rayons de l'astre du mystère
Ils glissent en silence, et leurs nombreux essaims
Ravissent au sommeil les âmes des humains;
Et les portant d'un trait à leurs palais magiques,
Font éclore à leurs yeux des mondes fantastiques.
De leur globe natal les divers élémens,
Subissant à leur voix d'éternels changemens,
Ne sont jamais fixés dans des formes prescrites,
Ne connaissent ni lois, ni repos, ni limites;
Mais sans cesse en travail, l'un par l'autre pressés,
Séparés, confondus, attirés, repoussés,

Comme des flots mouvans d'une mer en furie
Leur forme insaisissable à chaque instant varie :
Où des fleuves coulaient, où mugissaient des mers,
Des sommets escarpés s'élancent dans les airs ;
Soudain dans les vallons les montagnes descendent,
Sur leurs flancs décharnés des champs féconds s'étendent,
Qui, changés aussitôt en immenses déserts,
S'abîment à grand bruit dans des gouffres ouverts.
Des cités, des palais et des temples superbes
S'élèvent, et soudain sont cachés sous les herbes ;
Tout change, et les cités, et les monts, et les eaux,
S'y déroulent sans terme en horizons nouveaux :
Tel roulait le chaos dans les déserts du vide,
Lorsque Dieu, séparant la terre du fluide,
De la confusion des élémens divers
Son regard créateur vit sortir l'univers.

C'est là qu'Ithuriel, sur son aile brillante,
Du héros endormi portait l'âme tremblante.
A peine il a touché ces bords mystérieux,
L'ombre de l'avenir éclôt devant ses yeux :
L'ange l'y précipite ; et son âme étonnée
Parcourt en un clin d'œil l'immense destinée.

XVIII.

L'APPARITION DE L'OMBRE DE SAMUEL A SAÜL.

FRAGMENT DRAMATIQUE.

SAÜL, LA PYTHONISSE D'ENDOR.

SAUL, seul.

Peut-être... puisqu'enfin je puis le consulter,
Le ciel peut-être est las de me persécuter !
A mes yeux dessillés la vérité va luire.
Mais au livre du sort, ô Dieu ! que vont-ils lire ?
De ce livre fatal, qui s'explique trop tôt,
Chaque jour, chaque instant, hélas ! révèle un mot.
Pourquoi donc devancer le temps qui nous l'apporte ?
Pourquoi, dans cet abîme, avant l'heure ?... N'importe !
C'est trop, c'est trop longtemps attendre dans la nuit
Les invisibles coups du bras qui me poursuit ;
J'aime mieux, déroulant la trame infortunée,
Y lire, d'un seul trait, toute ma destinée.

La Pythonisse d'Endor entre sur la scène.

Est-ce toi qui, portant l'avenir dans ton sein,
Viens au roi d'Israël annoncer son destin ?

LA PYTHONISSE.

C'est moi.

SAUL.

Qui donc es-tu ?

LA PYTHONISSE.

La voix du Dieu suprême.

SAUL.

Tremble de me tromper!

LA PYTHONISSE.

Saül, tremble toi-même!

SAUL.

Eh bien! qu'apportes-tu?

LA PYTHONISSE.

Ton arrêt.

SAUL.

Parle.

LA PYTHONISSE.

O ciel!
Pourquoi m'as-tu choisie entre tout Israël?
Mon cœur est faible, ô ciel! et mon sexe est timide.
Choisis pour ton organe un sein plus intrépide;
Pour annoncer au roi tes divines fureurs,
Qui suis-je?

SAUL, étonné.

Ta main tremble! et tu verses des pleurs!
Quoi! ministre du ciel, tu n'es plus qu'une femme!

LA PYTHONISSE.

Détruis donc, ô mon Dieu, la pitié dans mon âme!

SAUL.

Par tes feintes terreurs penses-tu m'ébranler?

LA PYTHONISSE.

Mais ma bouche, ô mon roi, se refuse à parler.

SAUL, avec colère.

Tes lenteurs, à la fin, lassent ma patience :
Parle, si tu le peux, ou sors de ma présence!

LA PYTHONISSE.

Que ne puis-je sortir, emportant avec moi
Tout ce qu'ici je viens prophétiser sur toi!
Mais un Dieu me retient, me pousse, me ramène;
Je ne puis résister à son bras qui m'entraîne.
Oui, je sens ta présence, ô Dieu persécuteur!

Et ta fureur divine a passé dans mon cœur.
<small>Avec plus d'horreur.</small>
Mais quel rayon sanglant vient frapper ma paupière !
Mon œil épouvanté cherche et fuit la lumière !
Silence !... l'avenir ouvre ses noirs secrets !
Quel chaos de malheurs, de vertus, de forfaits !
Dans la confusion je les vois tous ensemble !
Comment, comment saisir le fil qui les rassemble ?
Saül... Michol... David... Malheureux Jonathas !
Arrête ! arrête, ô roi ! ne m'interroge pas.
<small>SAUL, tremblant.</small>
Que dis-tu de David, de Jonathas ? achève !
<small>LA PYTHONISSE, montrant une ombre du doigt.</small>
Oui, l'ombre se dissipe et le voile se lève ;
C'est lui !
<small>SAUL.</small>
Qui donc ?
<small>LA PYTHONISSE.</small>
David !...
<small>SAUL.</small>
Eh bien ?
<small>LA PYTHONISSE.</small>
Il est vainqueur !
Quel triomphe ! ô David ! que d'éclat t'environne !
Que vois-je sur ton front ?
<small>SAUL.</small>
Achève !
<small>LA PYTHONISSE.</small>
Une couronne !...
<small>SAUL.</small>
Perfide ! qu'as-tu dit ? lui, David, couronné ?
<small>LA PYTHONISSE, avec tristesse.</small>
Hélas ! et tu péris, jeune homme infortuné !
Et pour pleurer ton sort, belle et tendre victime,
Les palmiers de Cadès ont incliné leur cime !...
Grâce ! grâce, ô mon Dieu ! détourne tes fureurs !

Saül a bien assez de ses propres malheurs!...
Mais la mort l'a frappé, sans pitié pour ses charmes,
Hélas! et David même en a versé des larmes!...

SAUL.

Silence! c'est assez : j'en ai trop écouté.

LA PYTHONISSE.

Saül, pour tes forfaits ton fils est rejeté.
D'un prince condamné Dieu détourne sa face,
D'un souffle de sa bouche il dissipe sa race :
Le sceptre est arraché!...

SAUL, l'interrompant avec violence.

Tais-toi, dis-je, tais-toi!

LA PYTHONISSE.

Saül, Saül, écoute un Dieu plus fort que moi!
Le sceptre est arraché de tes mains sans défense;
Le sceptre dans Juda passe avec ta puissance,
Et ces biens par Dieu même à ta race promis,
Transportés à David, passent tous à ses fils.
Que David est brillant! que son triomphe est juste!
Qu'il sort de rejetons de cette tige auguste!
Que vois-je? un Dieu lui-même!... O vierges du saint lieu,
Chantez, chantez David! David enfante un Dieu!...

SAUL.

Ton audace à la fin a comblé la mesure :
Va, tout respire en toi la fourbe et l'imposture.
Dieu m'a promis le trône, et Dieu ne trompe pas.

LA PYTHONISSE.

Dieu promet ses fureurs à des princes ingrats.

SAUL.

Crois-tu qu'impunément ta bouche ici m'outrage?

LA PYTHONISSE.

Crois-tu faire d'un Dieu varier le langage?

SAUL.

Sais-tu quel sort t'attend? sais-tu...

LA PYTHONISSE.

Ce que je sais,

C'est que ton propre bras va punir tes forfaits ;
Et qu'avant que des cieux le flambeau se retire,
Un Dieu justifiera tout ce qu'un Dieu m'inspire.
Adieu, malheureux père! adieu, malheureux roi!

<small>Elle se retire, Saul la retient par force.</small>

SAUL.

Non, non, perfide, arrête; écoute et réponds-moi.
C'est souffrir trop longtemps l'insolence et l'injure :
Je veux convaincre ici ta bouche d'imposture.
Si le ciel à tes yeux a su les révéler,
Quels sont donc ces forfaits dont tu m'oses parler?

LA PYTHONISSE.

L'ombre les a couverts, l'ombre les couvre encore,
Saül; mais le ciel voit ce que la terre ignore.
Ne tente pas le ciel.

SAUL.

    Non : parle si tu sais.

LA PYTHONISSE.

L'ombre de Samuel te dira ces forfaits...

SAUL.

Samuel! Samuel! Eh quoi! que veux-tu dire?

LA PYTHONISSE.

Toi-même, en traits de sang, ne peux-tu pas le lire?

SAUL.

Eh bien! qu'a de commun ce Samuel et moi?

LA PYTHONISSE.

Qui plongea dans son sein ce fer sanglant?

SAUL.

          Qui?

LA PYTHONISSE.

            Toi!

<small>SAUL, furieux, se précipitant sur elle avec sa lance.</small>

Monstre, qu'a trop longtemps épargné ma clémence,
Ton audace, à la fin, appelle ma vengeance!

<small>Prêt à la frapper.</small>

Tiens, va dire à ton Dieu, va dire à Samuel,

Comment Saül punit ton imposture...
<small>Au moment où il va frapper, il voit l'ombre de Samuel ; il laisse tomber la lance ; il recule.</small>

       O ciel !
Ciel ! que vois-je ? C'est toi ! c'est ton ombre sanglante !
Quel regard !... Son aspect m'a glacé d'épouvante.
Pardonne, ombre fatale ! oh ! pardonne ! Oui, c'est moi,
C'est moi qui t'ai porté tous ces coups que je voi !
Quoi ! depuis si longtemps ! quoi ! ton sang coule encore !
Viens-tu pour le venger ?... Tiens...
<small>Il découvre sa poitrine et tombe à genoux.</small>

       Mais il s'évapore !...
<small>La Pythonisse disparaît pendant ces derniers mots.</small>

XIX.

STANCES.

Et j'ai dit dans mon cœur : Que faire de la vie ?
Irai-je encor, suivant ceux qui m'ont devancé,
Comme l'agneau qui passe où sa mère a passé,
Imiter des mortels l'immortelle folie ?

L'un cherche sur les mers les trésors de Memnon,
Et la vague engloutit ses vœux et son navire ;
Dans le sein de la gloire où son génie aspire,
L'autre meurt enivré par l'écho d'un vain nom.

Avec nos passions formant sa vaste trame,
Celui-là fonde un trône, et monte pour tomber ;
Dans des piéges plus doux aimant à succomber,
Celui-ci lit son sort dans les yeux d'une femme.

Le paresseux s'endort dans les bras de la faim ;
Le laboureur conduit sa fertile charrue ;
Le savant pense et lit ; le guerrier frappe et tue ;
Le mendiant s'assied sur le bord du chemin.

Où vont-ils cependant ? Ils vont où va la feuille
Que chasse devant lui le souffle des hivers.
Ainsi vont se flétrir dans leurs travaux divers
Ces générations que le temps sème et cueille.

Ils luttaient contre lui, mais le temps a vaincu :
Comme un fleuve engloutit le sable de ses rives,
Je l'ai vu dévorer leurs ombres fugitives.
Ils sont nés, ils sont morts : Seigneur, ont-ils vécu ?

Pour moi, je chanterai le maître que j'adore,
Dans le bruit des cités, dans la paix des déserts,
Couché sur le rivage, ou flottant sur les mers,
Au déclin du soleil, au réveil de l'aurore.

La terre m'a crié : Qui donc est le Seigneur?
— Celui dont l'âme immense est partout répandue,
Celui dont un seul pas mesure l'étendue,
Celui dont le soleil emprunte sa splendeur;

Celui qui du néant a tiré la matière,
Celui qui sur le vide a fondé l'univers,
Celui qui sans rivage a renfermé les mers,
Celui qui d'un regard a lancé la lumière;

Celui qui ne connaît ni jour, ni lendemain,
Celui qui de tout temps de soi-même s'enfante,
Qui vit dans l'avenir comme à l'heure présente,
Et rappelle les temps échappés de sa main :

C'est lui, c'est le Seigneur! Que ma langue redise
Les cent noms de sa gloire aux enfans des mortels :
Comme la lampe d'or pendue à ses autels,
Je chanterai pour lui jusqu'à ce qu'il me brise!...

XX.

LA LIBERTÉ,

OU UNE NUIT A ROME.

A ÉLI. DUCH. DE DEV.

Comme l'astre adouci de l'antique Élysée,
Sur les murs dentelés du sacré Colisée,
L'astre des nuits, perçant des nuages épars,
Laisse dormir en paix ses longs et doux regards;
Le rayon qui blanchit ses vastes flancs de pierre,
En glissant à travers les pans flottans du lierre,
Dessine dans l'enceinte un lumineux sentier;
On dirait le tombeau d'un peuple tout entier,
Où la mémoire, errant après des jours sans nombre,
Dans la nuit du passé viendrait chercher une ombre.

Ici, de voûte en voûte élevé dans les cieux,
Le monument debout défie encor les yeux;
Le regard égaré dans ce dédale oblique,
De degrés en degrés, de portique en portique,
Parcourt en serpentant ce lugubre désert,
Fuit, monte, redescend, se retrouve et se perd.
Là, comme un front penché sous le poids des années,
La ruine, abaissant ces voûtes inclinées,
Tout à coup se déchire en immenses lambeaux,
Pend comme un noir rocher sur l'abîme des eaux;
Ou des vastes hauteurs de son faîte superbe

Descendant par degrés jusqu'au niveau de l'herbe,
Comme un coteau qui meurt sous les fleurs d'un vallon,
Vient mourir à nos pieds sur des lits de gazon.
Sur les flancs décharnés de ces sombres collines,
Des forêts dans les airs ont jeté leurs racines :
Là, le lierre jaloux de l'immortalité,
Triomphe en possédant ce que l'homme a quitté ;
Et pareil à l'oubli, sur ces murs qu'il enlace,
Monte de siècle en siècle au sommet qu'il efface.
Le buis, l'if immobile, et l'arbre des tombeaux,
Dressent en frissonnant leurs funèbres rameaux,
Et l'humble giroflée, aux lambris suspendue,
Attachant ses pieds d'or dans la pierre fendue,
Et balançant dans l'air ses longs rameaux flétris,
Comme un doux souvenir fleurit sur des débris.
Aux sommets escarpés du fronton solitaire,
L'aigle à la frise étroite a suspendu son aire :
Au bruit sourd de mes pas, qui troublent son repos,
Il jette un cri d'effroi, grossi par mille échos,
S'élance dans le ciel, en redescend, s'arrête,
Et d'un vol menaçant plane autour de ma tête.
Du creux des monumens, de l'ombre des arceaux,
Sortent en gémissant de sinistres oiseaux :
Ouvrant en vain dans l'ombre une ardente prunelle,
L'aveugle amant des nuits bat les murs de son aile ;
La colombe, inquiète à mes pas indiscrets,
Descend, vole et s'abat de cyprès en cyprès,
Et sur les bords brisés de quelque urne isolée,
Se pose en soupirant comme une âme exilée.

Les vents, en s'engouffrant sous ces vastes débris,
En tirent des soupirs, des hurlemens, des cris ;
On dirait qu'on entend le torrent des années
Rouler sous ces arceaux ses vagues déchaînées,
Renversant, emportant, minant de jours en jours
Tout ce que les mortels ont bâti sur son cours.

Les nuages flottant dans un ciel clair et sombre,
En passant sur l'enceinte y font courir leur ombre,
Et tantôt, nous cachant le rayon qui nous luit,
Couvrent le monument d'une profonde nuit ;
Tantôt, se déchirant sous un souffle rapide,
Laissent sur le gazon tomber un jour livide,
Qui, semblable à l'éclair, montre à l'œil ébloui
Ce fantôme debout du siècle évanoui ;
Dessine en serpentant ses formes mutilées,
Les cintres verdoyans des arches écroulées,
Ses larges fondemens sous nos pas entr'ouverts,
Ses frontons menaçans suspendus dans les airs,
Et l'éternelle croix qui, surmontant le faîte,
Incline comme un mât battu par la tempête.

Rome, te voilà donc! O mère des Césars!
J'aime à fouler aux pieds tes monumens épars ;
J'aime à sentir le temps, plus fort que ta mémoire,
Effacer pas à pas les traces de ta gloire.
L'homme serait-il donc de ses œuvres jaloux?
Nos monumens sont-ils plus immortels que nous?
Égaux devant le temps, non, ta ruine immense
Nous console du moins de notre décadence.
J'aime, j'aime à venir rêver sur ce tombeau,
A l'heure où de la nuit le lugubre flambeau
Comme l'œil du passé, flottant sur des ruines,
D'un pâle demi-deuil revêt tes sept collines,
Et d'un ciel toujours jeune éclaircissant l'azur,
Fait briller les torrens sur les flancs de Tibur.
Ma harpe, qu'en passant l'oiseau des nuits effleure,
Sur tes propres débris te rappelle et te pleure,
Et jette aux flots du Tibre un cri de liberté,
Hélas! par l'écho même à peine répété.

« Liberté! nom sacré, profané par cet âge,
« J'ai toujours dans mon cœur adoré ton image,

« Telle qu'aux jours d'Émile et de Léonidas
« T'adorèrent jadis le Tibre et l'Eurotas;
« Quand, tes fils se levant contre la tyrannie,
« Tu teignais leurs drapeaux du sang de Virginie,
« Ou qu'à tes saintes lois glorieux d'obéir,
« Tes trois cents immortels s'embrassaient pour mourir;
« Telle enfin que d'Uri prenant ton vol sublime,
« Comme un rapide éclair qui court de cime en cime,
« Des rives du Léman aux rochers d'Appenzell,
« Volant avec la mort sur la flèche de Tell,
« Tu rassembles tes fils errans sur les montagnes,
« Et, semblable au torrent qui fond sur leurs campagnes,
« Tu purges à jamais d'un peuple d'oppresseurs
« Ces champs où tu fondas ton règne sur les mœurs!

« Alors... Mais aujourd'hui pardonne à mon silence!
« Quand ton nom, profané par l'infâme licence,
« Du Tage à l'Éridan épouvantant les rois,
« Fait crouler dans le sang les trônes et les lois;
« Détournant leurs regards de ce culte adultère,
« Tes purs adorateurs, étrangers sur la terre,
« Voyant dans ces excès ton saint nom s'abolir,
« Ne le prononcent plus... de peur de l'avilir.
« Il fallait t'invoquer, quand un tyran superbe
« Sous ses pieds teints de sang nous foulait comme l'herbe,
« En pressant sur son cœur le poignard de Caton.
« Alors il était beau de confesser ton nom :
« La palme des martyrs couronnait tes victimes,
« Et jusqu'à leurs soupirs tout leur était des crimes.
« L'univers cependant, prosterné devant lui,
« Adorait ou tremblait!... L'univers aujourd'hui
« Au bruit des fers brisés en sursaut se réveille.
« Mais, qu'entends-je, et quels cris ont frappé mon oreille?
« Esclaves et tyrans, opprimés, oppresseurs,
« Quand tes droits ont vaincu, s'offrent pour tes vengeurs;
« Insultant sans péril la tyrannie absente,

« Ils poursuivent partout son ombre renaissante ;
« Et, de la vérité couvrant la faible voix,
« Quand le peuple est tyran, ils insultent aux rois.

« Tu règnes cependant sur un siècle qui t'aime,
« Liberté ! tu n'as rien à craindre que toi-même.
« Sur la pente rapide où roule en paix ton char,
« Je vois mille Brutus... mais où donc est César ? »

XXI.

ADIEUX A LA MER.

Naples, 1822.

Murmure autour de ma nacelle,
Douce mer dont les flots chéris,
Ainsi qu'une amante fidèle,
Jettent une plainte éternelle
Sur ces poétiques débris.

Que j'aime à flotter sur ton onde,
A l'heure où du haut du rocher
L'oranger, la vigne féconde,
Versent sur ta vague profonde
Une ombre propice au nocher !

Souvent, dans ma barque sans rame,
Me confiant à ton amour,
Comme pour assoupir mon âme,
Je ferme au branle de ta lame
Mes regards fatigués du jour.

Comme un coursier souple et docile,
Dont on laisse flotter le mors,
Toujours, vers quelque frais asile,
Tu pousses ma barque fragile
Avec l'écume de tes bords.

Ah ! berce, berce, berce encore,
Berce pour la dernière fois,

Berce cet enfant qui t'adore,
Et qui depuis sa tendre aurore
N'a rêvé que l'onde et les bois !

Le Dieu qui décora le monde
De ton élément gracieux,
Afin qu'ici tout se réponde,
Fit les cieux pour briller sur l'onde,
L'onde pour réfléchir les cieux.

Aussi pur que dans ma paupière,
Le jour pénètre ton flot pur,
Et dans ta brillante carrière
Tu sembles rouler la lumière
Avec tes flots d'or et d'azur.

Aussi libre que la pensée,
Tu brises le vaisseau des rois,
Et dans ta colère insensée,
Fidèle au Dieu qui t'a lancée,
Tu ne t'arrêtes qu'à sa voix.

De l'infini sublime image,
De flots en flots l'œil emporté
Te suit en vain de plage en plage,
L'esprit cherche en vain ton rivage,
Comme ceux de l'éternité.

Ta voix majestueuse et douce
Fait trembler l'écho de tes bords,
Ou sur l'herbe qui te repousse,
Comme le zéphyr dans la mousse,
Murmure de mourans accords.

Que je t'aime, ô vague assouplie,
Quand, sous mon timide vaisseau,

Comme un géant qui s'humilie,
Sous ce vain poids l'onde qui plie
Me creuse un liquide berceau !

Que je t'aime quand, le zéphyre
Endormi dans tes antres frais,
Ton rivage semble sourire
De voir dans ton sein qu'il admire
Flotter l'ombre de ses forêts !

Que je t'aime quand sur ma poupe
Des festons de mille couleurs,
Pendant au vent qui les découpe,
Te couronnent comme une coupe
Dont les bords sont voilés de fleurs !

Qu'il est doux, quand le vent caresse
Ton sein mollement agité,
De voir, sous ma main qui la presse,
Ta vague qui s'enfle et s'abaisse
Comme le sein de la beauté !

Viens à ma barque fugitive,
Viens donner le baiser d'adieux ;
Roule autour une voix plaintive,
Et de l'écume de ta rive
Mouille encor mon front et mes yeux.

Laisse sur ta plaine mobile
Flotter ma nacelle à son gré,
Et sous l'antre de la Sibylle,
Ou sur le tombeau de Virgile :
Chacun de tes flots m'est sacré.

Partout sur ta rive chérie,
Où l'amour éveilla mon cœur,

Mon âme, à sa vue attendrie,
Trouve un asile, une patrie,
Et des débris de son bonheur.

Flotte au hasard : sur quelque plage
Que tu me fasses dériver,
Chaque flot m'apporte une image;
Chaque rocher de ton rivage
Me fait souvenir ou rêver!

LE CRUCIFIX.

XXII.

LE CRUCIFIX.

Toi que j'ai recueilli sur sa bouche expirante
Avec son dernier souffle et son dernier adieu,
Symbole deux fois saint, don d'une main mourante,
    Image de mon Dieu!

Que de pleurs ont coulé sur tes pieds que j'adore,
Depuis l'heure sacrée où, du sein d'un martyr,
Dans mes tremblantes mains tu passas, tiède encore
    De son dernier soupir!

Les saints flambeaux jetaient une dernière flamme;
Le prêtre murmurait ces doux chants de la mort,
Pareils aux chants plaintifs que murmure une femme
    A l'enfant qui s'endort.

De son pieux espoir son front gardait la trace,
Et sur ses traits frappés d'une auguste beauté
La douleur fugitive avait empreint sa grâce,
    La mort sa majesté.

Le vent qui caressait sa tête échevelée
Me montrait tour à tour ou me voilait ses traits,
Comme l'on voit flotter sur un blanc mausolée
    L'ombre des noirs cyprès.

Un de ses bras pendait de la funèbre couche;
L'autre languissamment replié sur son cœur,
Semblait chercher encore et presser sur sa bouche
    L'image du Sauveur.

Ses lèvres s'entr'ouvraient pour l'embrasser encore ;
Mais son âme avait fui dans ce divin baiser,
Comme un léger parfum que la flamme dévore
    Avant de l'embraser.

Maintenant tout dormait sur sa bouche glacée,
Le souffle se taisait dans son sein endormi,
Et sur l'œil sans regard la paupière affaissée
    Retombait à demi.

Et moi, debout, saisi d'une terreur secrète,
Je n'osais m'approcher de ce reste adoré,
Comme si du trépas la majesté muette
    L'eût déjà consacré.

Je n'osais !... mais le prêtre entendit mon silence,
Et de ses doigts glacés prenant le crucifix :
« Voilà le souvenir et voilà l'espérance :
    « Emportez-les, mon fils. »

Oui, tu me resteras, ô funèbre héritage !
Sept fois, depuis ce jour, l'arbre que j'ai planté
Sur sa tombe sans nom a changé de feuillage :
    Tu ne m'as pas quitté.

Placé près de ce cœur, hélas ! où tout s'efface,
Tu l'as contre le temps défendu de l'oubli,
Et mes yeux goutte à goutte ont imprimé leur trace
    Sur l'ivoire amolli.

O dernier confident de l'âme qui s'envole,
Viens, reste sur mon cœur ! parle encore, et dis-moi
Ce qu'elle te disait quand sa faible parole
    N'arrivait plus qu'à toi ;

A cette heure douteuse, où l'âme recueillie,
Se cachant sous le voile épaissi sur nos yeux,

Hors de nos sens glacés pas à pas se replie,
    Sourde aux derniers adieux;

Alors qu'entre la vie et la mort incertaine,
Comme un fruit par son poids détaché du rameau,
Notre âme est suspendue, et tremble à chaque haleine
    Sur la nuit du tombeau;

Quand des chants, des sanglots la confuse harmonie,
N'éveille déjà plus notre esprit endormi,
Aux lèvres du mourant collé dans l'agonie,
    Comme un dernier ami :

Pour éclaircir l'horreur de cet étroit passage,
Pour relever vers Dieu son regard abattu,
Divin consolateur, dont nous baisons l'image,
    Réponds! que lui dis-tu?

Tu sais, tu sais mourir! et tes larmes divines,
Dans cette nuit terrible où tu prias en vain,
De l'olivier sacré baignèrent les racines
    Du soir jusqu'au matin.

De la croix, où ton œil sonda ce grand mystère,
Tu vis ta mère en pleurs et la nature en deuil;
Tu laissas comme nous tes amis sur la terre,
    Et ton corps au cercueil!

Au nom de cette mort, que ma faiblesse obtienne
De rendre sur ton sein ce douloureux soupir :
Quand mon heure viendra, souviens-toi de la tienne,
    O toi qui sais mourir!

Je chercherai la place où sa bouche expirante
Exhala sur tes pieds l'irrévocable adieu,
Et son âme viendra guider mon âme errante
    Au sein du même Dieu.

Ah! puisse, puisse alors sur ma funèbre couche,
Triste et calme à la fois, comme un ange éploré,
Une figure en deuil recueillir sur ma bouche
    L'héritage sacré!

Soutiens ses derniers pas, charme sa dernière heure,
Et, gage consacré d'espérance et d'amour,
De celui qui s'éloigne à celui qui demeure
    Passe ainsi tour à tour!

Jusqu'au jour où, des morts perçant la voûte sombre,
Une voix dans le ciel les appelant sept fois,
Ensemble éveillera ceux qui dorment à l'ombre
    De l'éternelle croix!

XXIII.

APPARITION.

Toi qui du jour mourant consoles la nature,
Parais, flambeau des nuits, lève-toi dans les cieux ;
Étends autour de moi, sur la pâle verdure,
Les douteuses clartés d'un jour mystérieux !
Tous les infortunés chérissent ta lumière ;
L'éclat brillant du jour repousse leurs douleurs :
Aux regards du soleil ils ferment leur paupière,
Et rouvrent devant toi leurs yeux noyés de pleurs.

    Viens guider mes pas vers la tombe
    Où ton rayon s'est abaissé,
    Où chaque soir mon genou tombe
    Sur un saint nom presque effacé.
    Mais quoi ! la pierre le repousse !...
    J'entends !... oui, des pas sur la mousse !
    Un léger souffle a murmuré ;
    Mon œil se trouble, je chancelle ;
    Non, non, ce n'est plus toi, c'est elle
    Dont le regard m'a pénétré.

    Est-ce bien toi, toi qui t'inclines
    Sur celui qui fut ton amant ?
    Parle ; que tes lèvres divines
    Prononcent un mot seulement ;
    Ce mot que murmurait ta bouche
    Quand, planant sur ta sombre couche,
    La mort interrompit ta voix.

Sa bouche commence... Ah! j'achève :
Oui, c'est toi ; ce n'est point un rêve :
Anges du ciel, je la revois!...

Ainsi donc l'ardente prière
Perce le ciel et les enfers.
Ton âme a franchi la barrière
Qui sépare deux univers.
Béni soit le Dieu qui l'envoie!
Sa grâce a permis que je voie
Ce que mes yeux cherchaient toujours.
Que veux-tu? faut-il que je meure?
Tiens, je te donne pour cette heure
Toutes les heures de mes jours.

Mais quoi! sur ce rayon déjà l'ombre s'envole :
Pour un siècle de pleurs une seule parole!
Est-ce tout?... c'est assez!... Astre que j'ai chanté,
J'en bénirai toujours ta pieuse clarté,
Soit que dans nos climats, empire des orages,
Comme un vaisseau voguant sur la mer des nuages,
Tu perces rarement la triste obscurité :
Soit que sous ce beau ciel, propice à ta lumière,
Dans un limpide azur poursuivant ta carrière,
Des couleurs du matin tu dores les coteaux :
Ou que, te balançant sur une mer tranquille,
Et teignant de tes feux sa surface immobile,
Tes rayons argentés se brisent dans les eaux!

XXIV.

CHANT D'AMOUR.

Naples, 1822.

Si tu pouvais jamais égaler, ô ma lyre !
Le doux frémissement des ailes du zéphyre
      A travers les rameaux,
Ou l'onde qui murmure en caressant ces rives,
Ou le roucoulement des colombes plaintives
      Jouant aux bords des eaux ;

Si, comme ce roseau qu'un souffle heureux anime,
Tes cordes exhalaient ce langage sublime,
      Divin secret des cieux,
Que, dans le pur séjour où l'esprit seul s'envole,
Les anges amoureux se parlent sans parole,
      Comme les yeux aux yeux ;

Si de ta douce voix la flexible harmonie,
Caressant doucement une âme épanouie
      Au souffle de l'amour,
La berçait mollement sur de vagues images,
Comme le vent du ciel qui berce les nuages
      Dans la pourpre du jour :

Tandis que sur les fleurs mon amante sommeille,
Ma voix murmurerait tout bas à son oreille
      Des soupirs, des accords
Aussi purs que l'extase où son regard me plonge,

Aussi doux que le son que nous apporte un songe
Des ineffables bords.

Ouvre les yeux, dirais-je, ô ma seule lumière!
Laisse-moi, laisse-moi lire dans ta paupière
Ma vie et ton amour :
Ton regard languissant est plus cher à mon âme
Que le premier rayon de la céleste flamme
Aux yeux privés du jour.

———

Un de ses bras fléchit sous son cou qui le presse,
L'autre sur son beau front retombe avec mollesse
Et le couvre à demi :
Telle, pour sommeiller, la blanche tourterelle
Courbe son cou d'albâtre et ramène son aile
Sur son œil endormi.

Le doux gémissement de son sein qui respire
Se mêle au bruit plaintif de l'onde qui soupire
A flots harmonieux;
Et l'ombre de ses cils, que le zéphyr soulève,
Flotte légèrement comme l'ombre d'un rêve
Qui passe sur ses yeux.

———

Que ton sommeil est doux, ô vierge, ô ma colombe!
Comme d'un cours égal ton sein monte et retombe
Avec un long soupir!
Deux vagues que blanchit le rayon de la lune,
D'un mouvement moins doux viennent l'une après l'une
Murmurer ou mourir!

———

Laisse-moi respirer sur ces lèvres vermeilles
Ce souffle parfumé... Qu'ai-je fait? tu t'éveilles.
   L'azur voilé des cieux
Vient chercher doucement ta timide paupière;
Mai toi... ton doux regard, en voyant la lumière,
   N'a cherché que mes yeux.

———

Ah! que nos longs regards se suivent, se prolongent,
Comme deux purs rayons l'un dans l'autre se plongent,
   Et portent tour à tour
Dans le cœur l'un de l'autre une tremblante flamme,
Ce jour intérieur que donne seul à l'âme
   Le regard de l'amour!

Jusqu'à ce qu'une larme aux bords de ta paupière,
De son nuage errant te cachant la lumière,
   Vienne baigner tes yeux,
Comme on voit au réveil d'une charmante aurore
Les larmes du matin qu'elle attire et colore,
   L'ombrager dans les cieux.

———

  Parle-moi, que ta voix me touche!
  Chaque parole sur ta bouche
  Est un écho mélodieux.
  Quand ta voix meurt dans mon oreille,
  Mon âme résonne et s'éveille,
  Comme un temple à la voix des dieux.

  Un souffle, un mot, puis un silence,
  C'est assez : mon âme devance
  Le sens interrompu des mots,

Et comprend ta voix fugitive;
Comme le gazon de la rive
Comprend le murmure des flots.

Un son qui sur ta bouche expire,
Une plainte, un demi-sourire,
Mon cœur entend tout sans effort :
Tel, en passant par une lyre,
Le souffle même du zéphyre
Devient un ravissant accord!

Pourquoi sous tes cheveux me cacher ton visage?
Laisse mes doigts jaloux écarter ce nuage :
Rougis-tu d'être belle, ô charme de mes yeux?
L'aurore, ainsi que toi, de ses roses s'ombrage.
Pudeur, honte céleste, instinct mystérieux,
Ce qui brille le plus se voile davantage;
Comme si la beauté, cette divine image,
    N'était faite que pour les cieux!

Tes yeux sont deux sources vives
Où vient se peindre un ciel pur,
Quand les rameaux de leurs rives
Leur découvrent son azur.
Dans ce miroir retracées,
Chacune de tes pensées
Jette en passant son éclair;
Comme on voit sur l'eau limpide
Flotter l'image rapide
Des cygnes qui fendent l'air.

Ton front, que ton voile ombrage
Et découvre tour à tour,
Est une nuit sans nuage

Prête à recevoir le jour;
Ta bouche, qui va sourire,
Est l'onde qui se retire
Au souffle errant du zéphyr,
Et sur ces bords qu'elle quitte
Laisse au regard qu'elle invite,
Compter les perles d'Ophir.

Tes deux mains sont deux corbeilles
Qui laissent passer le jour;
Tes doigts de roses vermeilles
En couronnent le contour.
Sur le gazon qui l'embrasse
Ton pied se pose, et la grâce,
Comme un divin instrument,
Aux sons égaux d'une lyre
Semble accorder et conduire
Ton plus léger mouvement.

Pourquoi de tes regards percer ainsi mon âme?
Baisse, oh! baisse tes yeux pleins d'une chaste flamme :
　　Baisse-les, ou je meurs.
Viens plutôt, lève-toi! Mets ta main dans la mienne;
Que mon bras arrondi t'entoure et te soutienne
　　Sur ces tapis de fleurs.

Aux bords d'un lac d'azur il est une colline
Dont le front verdoyant légèrement s'incline
　　Pour contempler les eaux;
Le regard du soleil tout le jour la caresse,
Et l'haleine de l'onde y fait flotter sans cesse
　　Les ombres des rameaux.

Entourant de ses plis deux chênes qu'elle embrasse,
Une vigne sauvage à leurs rameaux s'enlace,
  Et, couronnant leurs fronts,
De sa pâle verdure éclaircit leur feuillage,
Puis sur des champs coupés de lumière et d'ombrage
  Court en rians festons.

Là, dans les flancs creusés d'un rocher qui surplombe,
S'ouvre une grotte obscure, un nid où la colombe
  Aime à gémir d'amour ;
La vigne, le figuier, la voilent, la tapissent ;
Et les rayons du ciel, qui lentement s'y glissent,
  Y mesurent le jour.

La nuit et la fraîcheur de ces ombres discrètes
Conservent plus longtemps aux pâles violettes
  Leurs timides couleurs ;
Une source plaintive en habite la voûte,
Et semble sur vos fronts distiller goutte à goutte
  Des accords et des pleurs.

Le regard, à travers ce rideau de verdure,
Ne voit rien que le ciel et l'onde qu'il azure ;
  Et sur le sein des eaux
Les voiles du pêcheur, qui, couvrant sa nacelle,
Fendent ce ciel limpide, et battent comme l'aile
  Des rapides oiseaux.

L'oreille n'entend rien qu'une vague plaintive
Qui, comme un long baiser, murmure sur sa rive,
  Ou la voix des zéphyrs,
Ou les sons cadencés que gémit Philomèle,
Ou l'écho du rocher dont un soupir se mêle
  À nos propres soupirs.

Viens, cherchons cette ombre propice
Jusqu'à l'heure où de ce séjour
Les fleurs fermeront leur calice
Aux regards languissans du jour.
Voilà ton ciel, ô mon étoile !
Soulève, oh ! soulève ce voile,
Éclaire la nuit de ces lieux ;
Parle, chante, rêve, soupire,
Pourvu que mon regard attire
Un regard errant de tes yeux.

Laisse-moi parsemer de roses
La tendre mousse où tu t'assieds,
Et près du lit où tu reposes
Laisse-moi m'asseoir à tes pieds.
Heureux le gazon que tu foules,
Et le bouton dont tu déroules
Sous tes doigts les fraîches couleurs !
Heureuses ces coupes vermeilles
Que pressent tes lèvres, pareilles
A l'abeille, amante des fleurs !

Si l'onde des lis qu'elle cueille
Roule les calices flétris,
Des tiges que sa bouche effeuille
Si le vent m'apporte un débris ;
Si la boucle qui se dénoue
Vient, en ondulant sur ma joue,
De ma lèvre effleurer le bord ;
Si son souffle léger résonne,
Je sens sur mon front qui frissonne
Passer les ailes de la mort.

Souviens-toi de l'heure bénie
Où les dieux d'une tendre main,
Te répandirent sur ma vie

Comme l'ombre sur le chemin.
Depuis cette heure fortunée,
Ma vie à ta vie enchaînée,
Qui s'écoule comme un seul jour,
Est une coupe toujours pleine,
Où mes lèvres à longue haleine
Puisent l'innocence et l'amour.

———

Un jour le temps jaloux, d'une haleine glacée,
Fanera tes couleurs comme une fleur passée
    Sur ces lits de gazon ;
Et sa main flétrira sur tes charmantes lèvres
Ces rapides baisers, hélas ! dont tu me sèvres
    Dans leur fraîche saison.

Mais quand tes yeux, voilés d'un nuage de larmes,
De ces jours écoulés qui t'ont ravi tes charmes
    Pleureront la rigueur ;
Quand, dans ton souvenir, dans l'onde du rivage,
Tu chercheras en vain ta ravissante image,
    Regarde dans mon cœur.

Là ta beauté fleurit pour des siècles sans nombre,
Là ton doux souvenir veille à jamais à l'ombre
    De ma fidélité,
Comme une lampe d'or dont une vierge sainte
Protége avec la main, en traversant l'enceinte,
    La tremblante clarté.

Et quand la mort viendra, d'un autre amour suivie,
Éteindre en souriant de notre double vie
    L'un et l'autre flambeau,
Qu'elle étende ma couche à côté de la tienne,

Et que ta main fidèle embrasse encor la mienne
        Dans le lit du tombeau.

Ou plutôt puissions-nous passer sur cette terre,
Comme on voit en automne un couple solitaire
        De cygnes amoureux
Partir, en s'embrassant, du nid qui les rassemble,
Et vers les doux climats qu'ils vont chercher ensemble
        S'envoler deux à deux!

XXV.

IMPROVISÉE A LA GRANDE CHARTREUSE.

Jéhova de la terre a consacré les cimes ;
Elles sont de ses pas le divin marchepied ;
C'est là qu'environné de ses foudres sublimes
    Il vole, il descend, il s'assied.

Sina, l'Olympe même, en conservent la trace ;
L'Oreb, en tressaillant, s'inclina sous ses pas ;
Thor entendit sa voix, Gelboé vit sa face ;
    Golgotha pleura son trépas.

Dieu que l'Hébron connaît, Dieu que Cédar adore !
Ta gloire à ces rochers jadis se dévoila ;
Sur le sommet des monts nous te cherchons encore ;
    Seigneur, réponds-nous ; es-tu là ?

Paisibles habitans de ces saintes retraites,
Comme au pied de ces monts où priait Israël,
Dans le calme des nuits, des hauteurs où vous êtes
    N'entendez-vous donc rien du ciel ?

Ne voyez-vous jamais les divines phalanges
Sur vos dômes sacrés descendre et se pencher ?
N'entendez-vous jamais des doux concerts des anges
    Retentir l'écho du rocher ?

Quoi ! l'âme en vain regarde, aspire, implore, écoute ;
Entre le ciel et nous est-il un mur d'airain ?
Vos yeux toujours levés vers la céleste voûte,
    Vos yeux sont-ils levés en vain ?

Pour s'élancer, Seigneur, où ta voix les appelle,
Les astres de la nuit ont des chars de saphirs;
Pour s'élever à toi, l'aigle au moins a son aile;
  Nous n'avons rien que nos soupirs.

Que la voix de tes saints s'élève et te désarme;
La prière du juste est l'encens des mortels;
Et nous, pécheurs, passons : nous n'avons qu'une larme
  A répandre sur tes autels.

XXVI.

ADIEUX A LA POÉSIE.

Il est une heure de silence
Où la solitude est sans voix,
Où tout dort, même l'espérance;
Où nul zéphyr ne se balance
Sous l'ombre immobile des bois.

Il est un âge où de la lyre
L'âme aussi semble s'endormir,
Où du poétique délire
Le souffle harmonieux expire
Dans le sein qu'il faisait frémir.

L'oiseau qui charme le bocage,
Hélas! ne chante pas toujours:
A midi, caché sous l'ombrage,
Il n'enchante de son ramage
Que l'aube et le déclin des jours.

Adieu donc, adieu, voici l'heure,
Lyre aux soupirs mélodieux!
En vain à la main qui t'effleure
Ta fibre encor répond et pleure :
Voici l'heure de nos adieux.

Reçois cette larme rebelle
Que mes yeux ne peuvent cacher.

Combien sur ta corde fidèle,
Mon âme, hélas! en versa-t-elle
Que tes soupirs n'ont pu sécher!

Sur cette terre infortunée,
Où tous les yeux versent des pleurs,
Toujours de cyprès couronnée,
La lyre ne nous fut donnée
Que pour endormir nos douleurs.

Tout ce qui chante ne répète
Que des regrets ou des désirs;
Du bonheur la corde est muette;
De Philomèle et du poëte
Les plus doux chants sont des soupirs.

Dans l'ombre auprès d'un mausolée,
O lyre, tu suivis mes pas;
Et des doux festins exilée
Jamais ta voix ne s'est mêlée
Aux chants des heureux d'ici-bas.

Pendue aux saules de la rive,
Libre comme l'oiseau des bois,
On n'a point vu ma main craintive
T'attacher comme une captive
Aux portes des palais des rois.

Des partis l'haleine glacée
Ne t'inspira pas tour à tour;
Aussi chaste que la pensée,
Nul souffle ne t'a caressée,
Hormis le souffle de l'Amour.

En quelque lieu qu'un sort sévère
Fît plier mon front sous ses lois,

Grâce à toi, mon âme étrangère
A trouvé partout sur la terre
Un céleste écho de sa voix.

Aux monts d'où le jour semble éclore,
Quand je t'emportais avec moi
Pour louer celui que j'adore,
Le premier rayon de l'aurore
Ne se réveillait qu'après toi.

Au bruit des flots et des cordages,
Aux feux livides des éclairs,
Tu jetais des accords sauvages,
Et comme l'oiseau des orages
Tu rasais l'écume des mers.

Celle dont le regard m'enchaîne
A tes soupirs mêlait sa voix,
Et souvent ses tresses d'ébène
Frissonnaient sous ma molle haleine,
Comme tes cordes sous mes doigts.

Peut-être à moi, lyre chérie,
Tu reviendras dans l'avenir,
Quand, de songes divins suivie,
La mort approche, et que la vie
S'éloigne comme un souvenir.

Dans cette seconde jeunesse
Qu'un doux oubli rend aux humains,
Souvent l'homme, dans sa tristesse,
Sur toi se penche et te caresse,
Et tu résonnes sous mes mains.

Ce vent qui sur nos âmes passe,
Souffle à l'aurore ou souffle tard;

Il aime à jouer avec grâce
Dans les cheveux qu'un myrte enlace,
Ou dans la barbe du vieillard.

En vain une neige glacée
D'Homère ombrageait le menton :
Et le rayon de la pensée
Rendait la lumière éclipsée
Aux yeux aveugles de Milton.

Autour d'eux voltigeaient encore
L'amour, l'illusion, l'espoir,
Comme l'insecte amant de Flore,
Dont les ailes semblent éclore
Aux tardives lueurs du soir.

Peut-être ainsi !... mais avant l'âge
Où tu reviens nous visiter,
Flottant de rivage en rivage,
J'aurai péri dans un naufrage,
Loin des cieux que je vais quitter.

Depuis longtemps ma voix plaintive
Sera couverte par les flots,
Et, comme l'algue fugitive,
Sur quelque sable de la rive
La vague aura roulé mes os.

Mais toi, lyre mélodieuse,
Surnageant sur les flots amers,
Des cygnes la troupe envieuse
Suivra ta trace harmonieuse
Sur l'abîme roulant des mers.

LA CHUTE DU RHIN A LAUFFEN.

PAYSAGE.

C'était aux premiers feux de la naissante aurore,
Le jour dans les vallons ne plongeait pas encore,
Mais, planant dans les airs sur ses pâles rayons,
Ne touchait que le ciel et les crêtes des monts.
Sur les obscurs sentiers de la forêt profonde,
Au roulement lointain d'un tonnerre qui gronde,
J'avançais ; de l'orage imitant le fracas,
Le tonnerre des eaux redouble à chaque pas :
Déjà, comme battus par les coups d'un orage,
Les arbres ébranlés secouaient leur feuillage,
Et les rochers, minés sur leurs vieux fondemens,
Épouvantaient mes yeux de leurs longs tremblemens.
Enfin mon pied crispé touche au bord de l'abîme ;
Le voile humide, épars sur cette horreur sublime,
Tombe ; je jette un cri de surprise et d'effroi :
Le fleuve tout entier s'écroule devant moi !

Ah ! regarde, ô mon âme ! et demeure en silence !
Nature, ah ! qui pourrait parler en ta présence,
Quand sous ces traits divins, que ton Dieu t'a donnés,
Tu te montres sans voile à nos yeux étonnés ?
Le poids de ta grandeur accable la pensée ;
Le cœur fuit, l'œil se trouble, et la bouche oppressée,
Cherchant en vain le mot impossible à trouver,
O Dieu ! jette ton nom, et ne peut l'achever.

De rochers en rochers et d'abîme en abîme
Il tombe, il rebondit, il retombe, il s'abîme;
Les débris mugissans roulent de toutes parts;
Le Rhin sur tous ses bords sème ses flots épars;
De leur choc redoublé le roc gémit et fume;
Le flot pulvérisé roule en flocons d'écume,
Remonte, court, serpente; aux noirs flancs du rocher
Semble avec ses cent bras chercher à s'accrocher,
Sur les bords de l'abîme accourt, hésite encore;
Puis dans le gouffre ouvert, qui hurle et le dévore,
Réunissant enfin tous ses flots à la fois,
D'un bond majestueux tombe de tout son poids :
L'abîme en retentit, l'air siffle, le sol gronde;
Le gouffre en bouillonnant s'enfle et revomit l'onde,
Le fleuve, épouvanté dans ses fougueux transports,
Retombe sur lui-même et déchire ses bords,
Et semble, en prolongeant un lugubre murmure,
De ses flots mutilés étaler la tonture,
Et, d'un cours insensé s'enfuyant au hasard,
En cent torrens brisés roule de toute part.
Tel un temple superbe, inondé par la foule,
Sur ses vieux fondemens tout à coup s'il s'écroule,
Un seul cri jusqu'au ciel s'élance; tout s'enfuit;
Le sol tremblant répond à cet horrible bruit;
Les piliers ébranlés chancellent sur leur base;
La voûte éclate et tombe; et les murs qu'elle écrase
Roulant sur les parvis en immenses lambeaux,
De leurs débris fumans enfoncent les tombeaux;
Sous un nuage épais de cendre et de poussière
L'astre du jour répand sa sinistre lumière;
Et sur les champs voisins les décombres jetés
Laissent errer au loin les yeux épouvantés!

Tombe avec cette chute et rejaillis comme elle,
O ma pauvre pensée, et plonges-y ton aile,
Comme l'oiseau du ciel, qui vient en tournoyant

Enivrer son regard sur ce gouffre aboyant;
Puis confonds dans l'horreur d'une extase muette
Ta faible voix au bruit que chaque flot lui jette,
Et que Dieu, qui là-haut écoute dans sa paix
L'écho majestueux des hymnes qu'il s'est faits,
Distingue avec bonté ton sourd et doux murmure
D'avec les millè voix de sa forte nature,
Entre ces éclats d'onde et ces orgues des bois
A son accent pieux reconnaisse ta voix,
Et dise, en écoutant cette lutte touchante :
Le fleuve me célèbre, et l'insecte me chante!

UNE JEUNE FILLE.

Elle était dans cet âge où, prête à se flétrir,
Cette fleur de beauté, qu'un printemps fait mûrir,
Semble inviter l'amour à cueillir ses délices
Avant qu'un jour de plus effeuille ses calices ;
Age heureux de la grâce et de la volupté,
Qui confond en un jour le printemps et l'été.
La jeunesse mêlait sur ses lèvres écloses
Une tendre pâleur à l'éclat de ses roses.
Ses traits formés dont l'ombre arrêtait les contours ;
Ses yeux bleus où, perçant et voilé tour à tour,
L'astre, dont le foyer est le cœur d'une femme,
Laissait en longs éclairs jaillir toute sa flamme ;
D'un sein plus arrondi les globes achevés
D'un souffle égal et pur, abaissés, élevés ;
Et ses cheveux flottans dont les tresses moins blondes
Jusque sur le gazon glissaient en larges ondes,
Mais dont l'or brunissant de plus de feu frappé
Ressemblait à l'épi que la faux a coupé :
Tout en elle annonçait ces saisons de tempête,
Ce solstice éclatant où la beauté s'arrête.
Un voile blanc, tissu du poil de ses brebis,
Pressait ses chastes flancs, et, glissant à longs plis,
Dessinait les contours de sa taille superbe,
Et venait sous ses pieds se confondre avec l'herbe.
Aucun vain ornement, aucun luxe emprunté
N'altéraient la candeur de sa pure beauté ;
Dédaignant d'un faux art les trompeuses merveilles,
L'opale ou le corail n'ornaient pas ses oreilles,

Le rubis sur son front ne dardait pas ses feux,
L'or autour de son cou n'enlaçait point ses nœuds,
Et ces lourds bracelets, qu'un vain luxe idolâtre,
De ses bras arrondis ne foulaient point l'albâtre ;
Mais sur sa blanche épaule un ramier favori
Était venu chercher un amoureux abri,
Il ventilait son cou d'un frémissement d'aile ;
Et, broutant le gazon qui croissait autour d'elle,
Deux agneaux, par sa voix sous ses yeux retenus,
Folâtraient sur sa trace, et léchaient ses pieds nus :
Tels les plus doux objets qu'anima la nature
Suivaient Ève en Éden, et formaient sa parure.

RÉFLEXION.

Oui, parmi ces mortels dont les races pressées,
Par la race nouvelle aussitôt remplacées,
Traversent tour à tour ce séjour des vivans,
Comme ces tourbillons balayés par les vents;
Toujours, partout, depuis la naissance des hommes
Jusqu'à l'épaisse nuit de l'époque où nous sommes,
Sur tous les horizons de ce vaste univers,
Mes yeux ont vu régner deux sentimens divers.
Les uns en avançant dans cette obscure voûte
Que le destin muet étend devant leur route,
Promenant autour d'eux un sinistre regard,
Ont dit : Qui sommes-nous?... les enfans du hasard,
Des fruits nés d'un printemps et tombant à l'automne,
Que prodigue la vie et que la mort moissonne;
Qui prenons pour l'esprit un instinct passager,
Un accord de nos sens qu'un choc peut déranger,
Et qui, pour s'élever à cet honneur suprême,
Emprunte tout du corps, tout, jusqu'à son nom même !
De nos propres désirs nous n'avons pas le choix,
Nos sens font nos besoins, nos besoins font nos lois;
Et, poussés par ces lois où leur force nous guide,
Le crime et la vertu ne sont rien qu'un mot vide,
Par l'espoir ou la peur une fois inventé,
Et que l'écho des temps d'âge en âge a porté;
Sur son Dieu l'homme en vain interroge le monde,
A sa voix suppliante il n'est rien qui réponde :
Prières sans vertu, vain soupir, vain effort!
Et qu'importe s'il est? Ne vois-tu pas qu'il dort,

RÉFLEXION.

Et que trop loin de toi pour qu'il puisse t'entendre,
Il n'est pas pour celui qui ne peut le comprendre?
Son être à nos regards ne s'est point révélé;
En vain des bruits lointains disent qu'il a parlé,
Que du sommet des cieux ce roi de la nature,
D'un insecte rampant revêtant la figure,
Est descendu vers nous pour nous guider à lui :
S'il apparut jamais, pourquoi pas aujourd'hui?
Sur ce globe lointain s'il eût daigné descendre,
Par la voix du tonnerre il se fût fait entendre;
L'évidence eût frappé le doute confondu;
Si Dieu nous eût parlé, tout homme eût entendu.
Sous son doute écrasé l'esprit humain retombe;
Sur notre sort futur interrogeons la tombe,
Un silence éternel nous répond : Ces débris,
Ce corps rongé de vers, ces ossemens flétris,
Ces élémens épars d'une vile matière
Que le temps décompose et réduit en poussière,
Proclament-ils la vie et l'immortalité?
Tout me dit que la terre un moment m'a prêté
De ce feu qui l'anime une faible étincelle,
Que ma tombe lui rend ce que j'empruntai d'elle;
Que ce souffle de vie, exhalé sans retour,
Dans des êtres sans fin circule tour à tour;
Que, sans pouvoir jamais se joindre et se connaître,
De ce MOI qui n'est plus d'autres MOI vont renaître,
Qui, subissant ainsi l'unique loi du sort,
Passeront à jamais du néant à la mort.
Profitons donc du jour; vivons donc si c'est vivre,
Sans nous inquiéter de la nuit qui va suivre.
La nature à nos yeux voilant la vérité,
Dans nos sentiers du moins plaça la volupté;
Sous mille aspects divers sa main nous la présente.
Cueillons-la : tout notre être est dans l'heure présente.
Rien n'est mal, rien n'est bien; tout est peine ou plaisir,
Et la seule sagesse est de savoir choisir;

Sans remords, sans terreurs, buvons jusqu'à la lie
Ce nectar mélangé que nous verse la vie,
Et le soir, dans les bras de la sœur du sommeil,
Endormons-nous enfin sans songe et sans réveil!

Les autres, empruntant l'aile de l'espérance,
D'un monde harmonieux contemplant l'ordonnance,
Ces astres suspendus dans le vide des airs,
Croisant, sans se heurter, leurs orbites divers,
Et, comme aux sons marqués d'une sainte harmonie,
Dans tous leurs mouvemens révélant leur génie;
Ces élémens, rivaux dans leur contraire essor,
Enfantant par leur lutte un merveilleux accord;
Les jours et les saisons revenant à leur heure
Éclairer, féconder notre errante demeure,
Ordre, beauté, puissance, en tout temps, en tout lieu,
Ont dit : Voici la voix qui nous révèle un Dieu;
Son nom, partout écrit pour le regard des sages,
En vivant caractère éclate en ses ouvrages;
Avec les yeux du corps on le lit dans les cieux,
Avec les yeux de l'âme on le voit encor mieux;
Ses divins attributs, réfléchis dans notre âme,
Sont un sublime instinct dont l'écho le proclame.
C'est lui qui dans nos cœurs parle et dicte ses lois;
La juste conscience est sa seconde voix,
Et le remords rongeur, dont l'offense est vengée,
Est le cri qui trahit sa justice outragée;
Il parla dans Éden au père des mortels;
Chaque siècle en passant lui dressa des autels,
Où l'homme, le cherchant sous des formes sans nombre,
Dans sa pieuse erreur l'adora dans son ombre.
La sagesse en son nom dicta ses saintes lois,
Le prophète entendit et répéta sa voix,
Le passé fut partout sillonné de miracles,
L'avenir tout entier peuplé de ses oracles;
Un vague et noble instinct en tout lieu l'attendit.

Que dis-je! Au temps marqué son Verbe descendit,
Et de l'orgueil humain confondant l'espérance,
Vivant dans le travail, mourant dans la souffrance,
A l'univers déçu par son humilité
Enseigna la vertu plus que la vérité;
Sa loi brille toujours sur l'océan des âges.
Cependant ce fanal entouré de nuages,
Ou d'un jour mêlé d'ombre éclairant l'horizon,
N'empêcha pas l'erreur d'obscurcir la raison.
Il est vrai : mais si Dieu de torrens de lumière
Eût de sa créature ébloui la paupière,
A ses yeux sans bandeau s'il s'était révélé,
Avec l'accent d'un Dieu s'il nous avait parlé,
Détruisant de nos cœurs l'admirable équilibre,
L'homme cessant d'être homme eût cessé d'être libre,
Notre âme avec nos sens n'aurait pas combattu;
Et sans la liberté que serait la vertu?
Exilés d'un moment sur la terre étrangère,
Pour combattre et mourir nous passons sur la terre.
Passons donc; vivons donc comme ne vivant pas;
Dans la fange du jour n'enfonçons point nos pas;
Que nos biens passagers, que nos courtes délices,
Au Dieu qui nous les fit rendus en sacrifices,
D'un parfum de vertus embaument son autel.
Homme, le temps n'est rien pour un être immortel!
Malheur à qui l'épargne, insensé qui le pleure;
Le temps est ton navire et non pas ta demeure.
Vers le terme sans fin hâtons-nous de courir,
Foulons au pied ce monde, et vivons pour mourir;
La science, l'amour, la volupté, la vie,
Ces ombres des vrais biens que ton cœur sacrifie,
Comme un germe divin derrière toi jeté,
Refleuriront plus beaux, mais dans l'éternité!

Ainsi de siècle en siècle; ainsi parlent nos frères,
La nature comme eux nous parle en sens contraires;

L'espérance dit : Oui; la nature dit : Non.
Nous entendons deux voix, mais laquelle a raison?
Je ne prononce pas sur ce sacré mystère;
Quelle bouche dirait ce que Dieu voulut taire?
L'esprit humain fendant la mer d'obscurité,
Trompé par chaque écueil, crie en vain : Vérité!
Sur ces bords ignorés plane une nuit divine;
Ce monde est une énigme : heureux qui la devine!...
L'énigme a-t-elle un mot? Pour moi, dussent mes yeux
N'en découvrir jamais le sens mystérieux,
Dussent, après mes jours, la tombe et son silence
De ce rêve divin confondre l'espérance,
En m'enlevant le prix pour qui j'ai combattu,
M'apprendre que j'étais dupe de la vertu,
Pour ce Dieu que mon cœur se crée et qu'il adore,
Dans ma sublime erreur j'immolerais encore
Et ce monde, et du temps la courte volupté,
A ce rêve doré de l'immortalité!

ÉPITRES.

A M. VICTOR HUGO.

Déjà la première hirondelle,
Seul être aux ruines fidèle,
Revient effleurer nos créneaux
Et des coups légers de son aile
Battre les gothiques vitraux
Où l'habitude la rappelle.
Déjà l'errante Philomèle,
Modulant son brillant soupir,
Trouve sur la tige nouvelle
Une feuille pour la couvrir;
Et de sa retraite sonore
Où son chant seul peut la trahir,
Semble une voix qui vient d'éclore
Pour saluer avec l'aurore
Chaque rose qui va s'ouvrir.
L'air caresse, le ciel s'épure,
On entend la terre germer;
Sur des océans de verdure
Le vent flotte pour s'embaumer;
La source reprend son murmure;
Tout semble dire à la nature :
Encore un printemps pour aimer!

Encore un degré vers la tombe

Où des ans aboutit le cours!
Encore une feuille qui tombe
De la couronne de nos jours,
Sans que ta main l'ait savourée,
Sans que ton cœur l'ait respirée!
Cependant nos printemps sont courts!
Épris de la seule nature,
Horace, ambitieux d'oubli,
Lui confiant sa vie obscure,
Écoutait l'éternel murmure
Des cascades de Tivoli.
Souvent, assis sur ces ruines
D'où je voyais mourir le jour
Sous l'ombre de ces deux collines
Qui cachaient son humble séjour,
J'allai, plein des mêmes pensées,
Chercher ses traces effacées
Aux lieux par son ombre habités;
Et livrant ses vers au zéphyre
A leur écho faire redire
Les sons plaintifs de cette lyre
Qu'il a deux mille ans répétés!
Fuyant le tumulte des villes,
Aux lieux où les vagues tranquilles
Lavent les bords silencieux,
Virgile, assis sur le rivage,
Charmait les rochers de la plage,
De ses concerts mystérieux.
Dans la solitude qu'il aime,
Il marquait du doigt l'arbre même
Qui devait ombrager ses os,
Et voulait que dans ce lieu sombre
Le concert des mêmes échos
Berçât le sommeil de son ombre
Du doux bruit des vents et des flots!
J'ai vu la retraite enchantée

Où, las d'une vie agitée
Par les orages du malheur,
Le Tasse, suivi par l'envie,
Revêtait, pour cacher sa vie,
Les humbles habits d'un pasteur.
Au penchant du cap de Sorrente,
Au pied d'un agreste rocher,
Bords où la vague transparente
Berce le paisible nocher,
Sous l'oranger de la colline
On voit encor l'humble ruine
De ce poétique séjour ;
L'écho des vents et des cascades
Y roule à travers les arcades
Des sons de tristesse et d'amour !

Et toi, leur enfant, tu t'exiles
Des lieux par la muse habités,
Pour traîner des loisirs stériles
Dans l'air corrompu des cités !
Oiseau chantant parmi les hommes,
Ah ! reviens à l'ombre des bois ;
Il n'est qu'au désert où nous sommes
Des échos dignes de ta voix !
Viens respirer avant l'aurore
L'air embaumé qui semble éclore
Des baisers des fleurs et du jour,
Et mêlant ton âme encor pure
Avec le ciel et la nature,
Rêver et chanter tour à tour !

Non loin de la rive embellie,
Où la Saône aux flots assoupis
Retrouve sa pente, et l'oublie
Pour caresser les verts tapis
Où son cours cent fois se replie ;

Au pied des monts où l'on croit voir
La nuit s'enfuir, le jour éclore,
Dont les neiges que le ciel dore
Comme un majestueux miroir
Sur nos champs projettent encore
Les premiers reflets de l'aurore
Et l'ombre lointaine du soir;
Entre deux étroites collines
Se creuse un oblique vallon,
Tel que Virgile ou Fénelon
L'auraient peint de leurs mains divines;
Le double mont qui le domine
Et le défend de l'aquilon
Sous le poids des forêts s'incline,
Et de pente en pente décline
Jusqu'au lit bordé de gazon
Où notre humble ruisseau sans nom
Déroule sa nappe argentine
Et dans son onde cristalline
Aime à bercer le doux rayon
De la lune qui l'illumine.
Le tiède regard du soleil
Le colore dès son réveil
De ses lueurs les plus dorées,
Et le soir ses teintes pourprées
Peignent le nuage vermeil
Où nage son disque, pareil
A des roses décolorées;
Et grâce à l'aspect de ces lieux,
Tour à tour éclatant et sombre,
Chacun de ses pas dans les cieux,
Par un contraste harmonieux,
Y fait lutter le jour et l'ombre!
Les champs, les fleurs, les eaux, les bois,
L'émail ondoyant des prairies,
Semés sur ses pentes fleuries,

S'entrelacent comme par choix,
Et semblent se plier aux lois
Des plus riantes symétries.
Le saule, penché sur les eaux,
Y baigne ses tristes rameaux
D'où ses larmes tombent en pluie,
Et qu'en agitant ses berceaux
L'haleine du zéphyr essuie.
Sur le tronc mousseux des ormeaux
La vigne avec grâce s'appuie,
Et couvre de ses verts arceaux
La moisson par l'été jaunie.
L'onde amoureuse du rocher,
D'où l'entraîne un courant rapide,
En retombe en nappe limpide,
Y remonte en poussière humide,
Semble chercher à s'attacher
A ses flancs en perle liquide
Qu'un rayon du jour vient sécher ;
Et, roulant sans bords sur sa pente
Que son écume au loin blanchit,
Bouillonne, fuit, dort ou serpente,
Gronde, murmure, et rafraîchit
L'air que charme sa plainte errante.
Suspendue aux flancs des coteaux,
L'humble chaumière des hameaux
Blanchit à travers le feuillage ;
Le couchant dore ses vitraux,
Et du toit couvert de roseaux
La fumée en léger nuage
Monte et roule ses plis mouvans,
Et cède aux caprices des vents
Qui la bercent sur le bocage.

Au sommet d'un léger coteau
Qui seul interrompt ces vallées,

S'élèvent deux tours accouplées
Par la teinte des ans voilées,
Seul vestige d'un vieux château
Dont les ruines mutilées
Jettent de loin sur le hameau
Quelques ombres démantelées ;
Elles n'ont plus d'autres vassaux
Que les nids des joyeux oiseaux,
L'hirondelle et les passereaux
Qui peuplent leurs nefs dépeuplées ;
Le lierre, au lieu des vieux drapeaux,
Fait sur leurs cimes crénelées
Flotter ses touffes déroulées,
Et tapisse de verts manteaux
Les longues ogives moulées,
Où les vautours et les corbeaux,
Abattant leurs noires volées,
Couvrent seuls les sombres créneaux
De leurs sentinelles ailées.
Ce n'est plus qu'un débris des jours,
Une ombre, hélas! qui s'évapore.
En vain à ces nobles séjours,
Comme le lierre aux vieilles tours,
Le souvenir s'attache encore ;
Minés par la vague des ans,
Sur le cours orageux du temps
Leur puissance s'en est allée ;
Ils font sourire les passans,
Et n'ont plus d'autres courtisans
Que les pauvres de la vallée.
Autour de l'antique manoir,
Tu n'entendras d'autre murmure
Que les soupirs du vent du soir
Glissant à travers la verdure,
Les airs des rustiques pipeaux,
Ou la clochette des troupeaux

Regagnant leur étable obscure,
Et quelquefois les doux concerts
D'une harpe mélancolique
Dont une brise ossianique
Vient par momens ravir les airs,
A travers l'ogive gothique,
A l'écho de ces murs déserts.

C'est là que l'amitié t'appelle;
C'est là que de tes heureux jours,
Par mille gracieux détours,
Sur une pente naturelle,
Tu laisseras errer le cours;
C'est là que la Muse rêveuse,
Descendant du ciel sur tes pas,
Viendra, t'ouvrant ses chastes bras,
Comme une aile silencieuse,
T'enlever aux soins d'ici-bas!
Notre âme est une source errante
Qui, dans son onde transparente,
S'empreint de la couleur des lieux;
De la nature elle est l'image :
Tantôt sombre comme un nuage,
Tantôt pure comme les cieux!
Si, quittant ses rives fleuries,
Ses flots, par leur pente emportés,
Vont laver ces plages flétries
Par l'ombre obscure des cités,
Elle perd la teinte azurée,
Et, ne conservant que son nom,
Elle traîne une onde altérée
Que souille un orageux limon;
Et le pasteur qui la vit naître
S'étonne et ne peut reconnaître
L'eau murmurante du vallon.
Mais, dès qu'abandonnant ces plages,

Et retrouvant son lit natal,
Sa pente sous de verts ombrages
Ramène son flot de cristal,
Sur le sable d'or qu'elle arrose,
En murmurant elle dépose
L'ombre qui ternit ses couleurs,
Et, dans son sein que le ciel dore,
Limpide, elle retrace encore
L'azur du soir ou de l'aurore,
Les bois, les astres et les fleurs!

A M. AMÉDÉE DE PARSEVAL.

   Du poëte de Stényclare
Si notre âge assoupi retrouvait les accords,
J'irais, je chanterais sur le luth de Pindare
Ou l'hymne du triomphe ou la gloire des morts.

Qu'il est beau de voler dans la noble carrière
   Sur la trace de nos soldats!
De suspendre sa lyre au bronze des combats,
Et, dans des tourbillons de flamme et de poussière,
   D'exciter leur vertu guerrière,
Ou de chanter la gloire en face du trépas!

La muse aime à planer sur les champs du carnage,
A fouler sous ses pieds des lambeaux d'étendards,
Les membres des héros sur la poussière épars,
Et les tronçons brisés des glaives que leur rage
Semble encor défier de ses derniers regards.

   Quel accompagnement sublime
Pour les chants inspirés du barde audacieux,
Que le bruit du canon roulant de cime en cime,
Ou le cri du coursier que la trompette anime,
Ou le fracas du pont qui gronde et qui s'abîme
   Sous la bombe tombant des cieux!

Fier alors du péril, le poëte partage
   La sainte gloire du guerrier,
Et cueille, transporté de joie et de courage,
Quelques rameaux sanglans de son même laurier.

Mais mon génie obscur est loin de tant d'audace :
  Fuyant la scène des combats,
J'aime mieux, sur les pas de Virgile ou d'Horace,
Dans quelque humble Tibur, comme eux cachant ma trace,
  Égarer mollement mes pas.

J'aime mieux du penchant des collines prochaines
Entendre au loin monter le doux chant des pasteurs,
Ou bourdonner l'abeille autour du tronc des chênes,
  Ou de mes limpides fontaines
Les flots assoupissans murmurer sous les fleurs.

J'aime mieux, dans ces bois où l'oiseau seul m'écoute,
Cherchant dès le matin le silence et le frais,
D'un pas inattentif perdre et chercher ma route,
Et, soupirant mes vers dans leurs antres secrets,
Entendre mes pas seuls résonner sous leur voûte,
Ou les pleurs de la nuit distiller goutte à goutte
  Du dôme tremblant des forêts.

A M. CASIMIR DELAVIGNE.

Saint-Pont, près Mâcon, 9 février 1824.

Grâce aux vers enchanteurs que tout Paris répète,
Ton nom a retenti jusque dans ma retraite;
Et le soir, pour charmer les ennuis des hivers,
Autour de mon foyer nous relisons ces vers
Où brille en se jouant ta muse familière,
Qu'eût enviés Térence, et qu'eût signés Molière.
Comment peux-tu passer, par quel don, par quel art,
De Syracuse au Havre, et du Gange à Bonnard?
Puis, déployant soudain les ailes de Pindare,
Sur les bords profanés de Sparte et de Mégare
Aller d'un vers brûlant tout à coup rallumer
Ces feux dont leurs débris semblent encor fumer,
Ces feux de la vertu, de l'honneur, du courage,
Que recouvrent en vain dix siècles d'esclavage?
Comment, redescendu de ce brillant séjour,
Dans les bois de Meudon viens-tu chanter l'amour?
Franchissant d'un seul trait tout l'empire céleste,
Le génie est un aigle, et ton vol nous l'atteste!

Relégué loin des bords où tout Paris charmé
Voit le fier Manlius en bourgeois transformé,
Obéissant aux cris d'un parterre idolâtre,
Livrer ton nom modeste aux bravos du théâtre,
Je n'ai point encor lu ces chants que par ta voix
Messène a soupirés pour la troisième fois.
En vain l'écho léger que chaque jour publie,
Oracle du matin que le soir on oublie,

A porté jusqu'à moi quelques lambeaux de vers,
Quelques sons décousus de tes brillans concerts :
Dans ma soif des beaux vers, que ton nom seul rallume,
J'ai dévoré la page, et j'attends le volume.
On dit que dans ces chants ton génie exalté
Prêche à des convertis l'antique liberté ;
On dit qu'après trente ans d'esclavage et de crimes
Cette divinité respire dans tes rimes
Les parfums épurés d'un chaste et noble encens ;
Que son nom dans ta bouche a repris son beau sens,
Et que, de trois pouvoirs lui formant un trophée,
De son bonnet sanglant ta main l'a décoiffée.
Ah! j'en rends grâce à toi! nous pourrons adorer
Celle qu'avant tes vers il nous fallait pleurer ;
Son culte entre tes mains est pur et légitime :
Tu renîrais tes dieux s'ils commandaient le crime.

Pour moi, tremblant encor du nom qu'elle a porté,
J'aborde ses autels avec timidité,
Craignant à chaque instant qu'arraché de sa base,
Le dieu mal affermi ne tombe et nous écrase.
Le siècle où je naquis excuse mes terreurs :
J'entendais au berceau le bruit de ses fureurs ;
Son arbre, dont le sang arrosait les racines,
Portait, au lieu de fruits, la mort et les rapines.
Pour la première fois quand j'invoquai son nom,
Ce fut sous les verrous d'une indigne prison,
Dans les étroits guichets du cachot solitaire ;
Elle me disputait aux baisers de mon père,
Qui, caressant son fils à travers les barreaux,
Payait d'un reste d'or la pitié des bourreaux.
Je vis, en grandissant, je vis sa main sanglante
Arracher des autels la prière tremblante,
Souiller, jeter au vent la cendre des tombeaux,
Des temples avilis disperser les lambeaux,
Et, le pied chancelant des suites d'une orgie,

Couvrant ses cheveux plats du bonnet de Phrygie,
Au long cri de la mort, à sa voix renaissant,
Danser sous l'échafaud qui ruisselait de sang.
Oui, voilà sous quels traits, dans ma sombre pensée,
Par la main du malheur son image est tracée.
Pardonne, ô Liberté ! pour effacer ces traits,
Il faut, il faut au moins un siècle de bienfaits.

Hâte ces jours heureux, toi qui chantes sa gloire !
Mêle une page blanche à sa funèbre histoire :
Qu'on la voie en tes vers, vierge de sang humain,
Rejeter ce poignard qui ruisselle en sa main ;
Devant un sceptre juste incliner un front libre ;
De la force et du droit maintenir l'équilibre ;
Nous couvrir d'une main du bouclier des lois,
Et de l'autre affermir la majesté des rois.

Mais c'est assez parler de nos vaines querelles ;
Le temps emportera ce siècle sur ses ailes,
Et laissera tomber dans l'éternelle nuit
De nos dissensions le misérable bruit.
D'autres siècles viendront, chargés d'autres promesses ;
Ils tromperont encor nos trompeuses sagesses ;
Sur leurs cours orageux l'homme encore emporté
Dans ses rêves nouveaux verra la vérité !
C'est la loi des esprits : tout cherche, et tout travaille.
Ce monde, cher Lavigne, est un champ de bataille
Où des ombres d'un jour passent en combattant :
Pour qui ? pour un fantôme, un système, un néant ;
Et, quand ils sont tout près de saisir leur idole,
C'est un ballon qui crève, et du vent qui s'envole.

Émule harmonieux des cygnes d'Eurotas,
Ne prêtons point la lyre à ces tristes combats.
Laissons d'un siècle vain l'impuissante sagesse
Soulever ces rochers qui retombent sans cesse ;

Dans la coupe d'Hébé ne versons point de fiel;
Ne mêlons point les voix de ces filles du ciel,
Ne mêlons pas les sons des lyres profanées
Aux cris des passions de nos jours déchaînées :
Mais demandons ensemble, à la nature, aux dieux,
Ces chants modérateurs, sereins, mélodieux,
Ces chants de la vertu, dont la sainte harmonie
Ressemble quelquefois à la voix du génie,
Qui calment les partis, adoucissent les mœurs,
S'élèvent au-dessus des terrestres clameurs,
Et, sur l'aile du temps traversant tous les âges,
Brillent comme l'iris sur les flancs des nuages.
Mais, adieu; de l'Épître osant braver les lois,
Ma muse inattentive élève trop la voix.
D'un ton plus familier, d'une voix plus touchante,
Je voulais te parler, et voilà que je chante.

Ainsi, quand sur les bords du lac qui m'est sacré,
Séduit par la douceur de son flot azuré,
Ouvrant d'un doigt distrait l'anneau qui la captive,
J'abandonne ma barque à l'onde qui dérive,
Je ne veux que raser dans mon timide cours
De ses golfes rians les flexibles contours,
Et, sous le vert rideau des saules du rivage,
Glisser, en dérobant quelques fleurs au bocage;
Mais du vent qui s'élève un souffle inaperçu
Badine avec ma voile, et l'enfle à mon insu;
Le flot silencieux sur la liquide plaine
Pousse insensiblement la barque qui m'entraîne,
L'onde fuit, le jour tombe; et, réveillé trop tard,
Je vois le bord lointain fuir devant mon regard.

A M. A. DE LAMARTINE.

PAR M. CASIMIR DELAVIGNE.

SUR LA LIBERTÉ.

Captif sous mes rideaux, dont la double barrière
Enfermait avec moi la fièvre meurtrière,
J'humectais vainement mes poumons irrités
Des sirops onctueux par Charlard inventés ;
Mon rhume s'obstinait, et ma bruyante haleine
Par secousse, en sifflant, s'exhalait avec peine.
Tes vers, qui m'ont sauvé, m'ont appris, un peu tard,
Qu'Apollon, pour guérir, vaut son docte bâtard ;
Et je crois, plein du dieu qu'en te lisant j'adore,
Que l'oracle du Pinde est celui d'Épidaure.

Oui, tu m'as bien compris ; oui, cette liberté
Qui séduit ma raison à sa mâle beauté,
Que ma muse poursuit de son ardent hommage,
Et dont mes fleurs d'un jour ont couronné l'image,
Propice à l'innocent, redoutable au pervers,
Est celle que Socrate invoque dans tes vers.
Messène l'adorait au pied du mont Ithôme,
Venise n'embrassa que son sanglant fantôme ;
Son arc de l'Helvétie a chassé les Germains,
Et la flèche de Tell étincelle en ses mains.

Créé pour commander, l'homme naquit sans maître,
Et, chef-d'œuvre imparfait du Dieu qui le fit naître,

Avec l'instinct du bien vers le mal emporté,
Pour choisir la vertu, reçut la liberté.
La licence est en lui l'abus d'un droit sublime :
La liberté gouverne, et la licence opprime.
Elle seule, à nos yeux, de son front sans pudeur
Sous un masque romain déguisa sa laideur,
Et de la liberté simulacre infidèle,
Lui ravit nos respects en se donnant pour elle.
L'excès de la raison comme un autre est fatal,
Et l'abus d'un grand bien le change en un grand mal.
Pour détrôner l'abus proscrirons-nous l'usage?
Mais quel bienfait si grand, ou quelle loi si sage,
Hors la tendre amitié, quel sentiment si beau,
Dont l'abus dangereux n'ait pas fait un fléau?
Du soupçon à l'œil faux la prudence est suivie,
Et l'émulation traîne après soi l'envie!
Pour la philosophie, un jour on m'a conté
Que son front se gonfla d'avoir trop médité;
Son cerveau douloureux s'ouvrit, et le sophisme
En sortit tout armé d'un double syllogisme;
Entre Euclide et Pascal, de l'excès du savoir
Naît le doute effaré, qui regarde sans voir;
La faiblesse pour mère a l'extrême indulgence,
Et l'extrême justice est presque la vengeance;
En punissant la faute, elle insulte au malheur :
La torture, à sa voix, fit mentir la douleur.
Thémis moins rigoureuse est aujourd'hui plus juste;
Mais on la trompe encore, et sa balance auguste
N'incline pas toujours du côté du bon droit;
Son glaive tombe à faux, et frappe en maladroit.
La chicane au teint jaune, aux doigts longs et difformes,
Entoure son palais du dédale des formes,
Et dans l'obscurité, les plaideurs aux abois
Sont par leurs défenseurs pillés au fond du bois.
J'ôte à ce parvenu la toge qui le pare,
Et je découvre un sot caché sous la simarre!

Que faire? De Thémis briser les tribunaux?
Mettre sa toque en cendre, et sa robe en lambeaux?
Mais je vois un bandit qui ne craint plus l'enquête,
A ma bourse, en plein jour, adresser sa requête;
Et deux plaideurs manceaux, de colère animés,
En champ clos pour leurs droits plaider à poings fermés.

Noble chevalerie, autrefois ta bannière
De l'Orient pour nous rapporta la lumière :
J'aime avec l'Arioste à vanter tes exploits,
Dont la justice errante a devancé les lois;
A voir tes jeux guerriers, ton amoureux servage,
Adoucir de nos mœurs l'aspérité sauvage.
Mais dans leurs jeux parfois tes preux moins innocens
Ont, la lance en arrêt, détroussé les passans,
Ont levé sur l'hymen des dîmes peu morales,
Et, possesseurs armés de leurs jeunes vassales,
Opposant aux maris des remparts crénelés,
Ont plus fait d'orphelins qu'ils n'en ont consolés.
Eh bien! de nos romans bannirons-nous les fées?
Irons-nous, de l'histoire arrachant tes trophées,
Des excès féodaux d'un fougueux châtelain,
Flétrir Clisson, Roland, Bayard et Duguesclin?

Le saint amour des rois dans sa ferveur antique
Des plus beaux dévoûmens fut la source héroïque.
Mais cet amour outré mène au mépris des lois,
Foule à pieds joints l'honneur, le bon sens et nos droits,
Sous le joug du pouvoir se jette avec furie,
Compte un homme pour tout, et pour rien la patrie.
J'en conclus qu'en tous lieux, surtout chez les Français,
L'incertaine raison marche entre deux excès,
Et court, dès qu'un faux pas l'écarte de sa route,
Du bonheur qu'on espère au malheur qu'on redoute;
Ainsi qu'un clair ruisseau, captif entre ses bords,
Qui sans les inonder leur verse ses trésors;

Gonflé par un orage, en un torrent se change,
Et roule sur les fleurs les débris et la fange.
Si les lois, si les arts, le bon droit, le bon goût,
Si tout admet l'excès, si l'excès flétrit tout,
Ami, la liberté n'en est pas plus complice
Que toute autre vertu dont l'abus est un vice.
A son front virginal ma main n'a pas ôté
Le bonnet phrygien qu'il n'a jamais porté.
Pourquoi donc, trop séduit d'une fausse apparence,
Nommer la liberté quand tu peins la licence?

Eh! que répondrais-tu, si quelque noir censeur,
Trompé par tes accords, et sourd à leur douceur,
Dans la Vierge immortelle à qui tu rends hommage,
Voulait voir cet esprit d'imposture et de rage
Qui, sur les bancs dorés d'un concile romain,
Présida dans Constance un brandon à la main;
De Jean Hus, en priant, signa l'arrêt barbare;
Au front d'un Alexandre égara la tiare;
Qui, le doigt sur la bouche, au fond du Louvre assis,
Attisait les complots que soufflait Médicis,
Et poussait Charles-Neuf, quand ses mains frénétiques
Frappaient d'un plomb dévot des sujets hérétiques;
Qui se signant le front, l'air contrit, l'œil fervent,
Pour immoler Henri s'échappait d'un couvent;
Dont partout aujourd'hui la tortueuse audace
Se mêle en habit court aux nouveaux fils d'Ignace;
Qui prêche sous le frac, rampe sous le surplis,
Cache son embonpoint sous sa robe à longs plis,
Malgré ses trois mentons vante ses abstinences,
Se glisse incognito de la chaire aux finances,
Résigné, s'il le faut, à sauter du saint lieu
Dans le fauteuil royal où s'assit Richelieu?
Mais non, ce fanatisme est l'abus que je blâme;
Il n'a pas allumé ces traits de vive flamme
Qui, par l'aigle de Meaux à ta muse inspirés,

Brillent comme un reflet de ses foudres sacrés.
Il n'a pas modulé ces sons dont l'harmonie
Semble un écho pieux des concerts d'Athalie.
Non, non, ce n'est pas lui que ta lyre a chanté ;
C'est la religion, sœur de la liberté !
Un flambeau dans les mains, les ailes étendues,
Des bras du roi des cieux toutes deux descendues,
Chez les rois de la terre ont voulu s'exiler
Pour affranchir l'esclave ou pour le consoler.
Toutes deux ont ensemble erré parmi les tombes,
Toutes deux, s'élançant du fond des catacombes,
Sous un même drapeau marchaient d'un même pas,
Répandaient la lumière et ne l'étouffaient pas.
L'une, le front paré des palmes du martyre,
Présente l'espérance aux humains qu'elle attire ;
Clémente, elle pardonne avec Guise expirant,
Embrase Fénelon d'un amour tolérant,
Guide Vincent de Paul, ensevelit Voltaire,
Brûle de chastes feux ces anges de la terre
Qui sans faste et sans crainte à la mort vont s'offrir,
Pour sauver un malade ou l'aider à mourir.
L'autre, le casque en tête, et le pied sur des chaînes,
Sourit à Miltiade, inspire Démosthènes,
Joue avec le laurier cueilli par Washington,
Et l'offre aux dignes fils des Grecs de Marathon,
Libres s'ils sont vainqueurs, et libres s'ils périssent,
Qu'un poëte secourt et que des rois trahissent.
Viens, et sans condamner nos cultes différens,
Viens aux pieds des deux sœurs échanger nos sermens.
Éclairés par leurs yeux, réchauffés sous leurs ailes,
Pour les mieux adorer, unissons-nous comme elles ;
Et, dans un même temple, à deux autels voisins,
Offrons nos dons divers sans désunir nos mains.

Que j'aime le tableau de ta barque incertaine
Cédant en vers si doux au souffle qui l'entraîne !

Au gré des flots mouvans, par la brise effleurés,
Sous nos deux pavillons nous voguons séparés;
Mais, quel que soit le bord où tende notre audace,
Pour nous montrer du doigt l'écueil qui nous menace,
Nous saluer d'un signe ou d'un regard ami
Laissons tomber la rame élevée à demi.
Demandons l'un pour l'autre une mer sans orage,
Un ciel d'azur, un port au terme du voyage,
Un vent qui nous y mène, et, propice à tous deux,
M'apportant tes souhaits, te reporte mes vœux.

A M. LÉON BRUYS D'OUILLY [1].

Paris, 8 avril 1836.

Enfans de la même colline,
Abreuvés au même ruisseau,
Comme deux nids sur l'aubépine,
Près du mien Dieu mit ton berceau !

De nos toits voisins les fumées
Se perdaient dans le même ciel,
Et de tes herbes parfumées
Mes abeilles volaient le miel ;

Souvent je vis ta douce mère,
De mes prés foulant le chemin,
Te mener, comme un jeune frère,
A moi, tout petit, par la main ;

En te soulevant vers ma lyre
Sur ses bras qui tremblaient un peu,
Dans mes vers t'enseigner à lire,
Enfant qui joue avec le feu !

Et je pensais par aventure,
En contemplant cet or mouvant
De ta soyeuse chevelure
Où les baisers pleuvaient souvent :

[1] Cette pièce est placée en tête d'un roman en vers intitulé *Thérèse*, et dont M. Bruys d'Ouilly est l'auteur.

« Charmant visage ! enfance heureuse,
« Sans prévoyance et sans oubli !
« Que jamais la gloire ne creuse
« Sur ce front blanc le moindre pli !

« Que jamais son flambeau n'allume
« D'un feu sombre ces yeux si beaux,
« Ainsi qu'une torche qui fume
« Et se réfléchit dans les eaux !

« Que jamais ses serres de proie
« N'éclaircissent avant le temps
« Ces cheveux où ma main se noie,
« Feuillage épais de ses printemps !

« Que jamais cette main, qui vibre
« Dans ma poitrine à tout moment,
« N'arrache à son cœur une fibre,
« Comme une corde à l'instrument !

« Si quelque voix chante en son âme,
« Que son écho mélodieux
« Soit dans l'oreille d'une femme
« Et sa gloire dans deux beaux yeux ! »

Je partis ; j'errai des années...
Quand je revins au vert vallon
Chercher nos jeunesses fanées,
Je ne trouvai plus que ton nom :

L'éclair qui m'avait fait poëte,
Jaloux de tes jours de repos,
S'était abattu sur ta tête
Comme un aiglon sur deux troupeaux.

L'astre naissant de ta carrière,
Sur ton front venant ondoyer,

Dardait des reflets de lumière
Qui te présageaient son foyer.

Plein d'ivresse et d'inquiétude,
En écoutant grandir ta voix,
Je repense à ta solitude,
A ton enfance au fond des bois :

Pleure ton fils, ô ma vallée !
Il saura ce que vaut trop tard
Une heure à ton ombre écoulée,
Un rêve qu'on berce à l'écart,

Le vol de la brise éphémère,
Au bruit de l'onde un pur sommeil,
Et ces voix de sœur et de mère
Qui nous appelaient au réveil !

A M. A. DE LAMARTINE.

PAR M. L. BRUYS D'OUILLY.

Paris, 1836.

En causant vers le soir à ton foyer gothique,
Deux mots étaient sortis de l'urne poétique :
Tu les roulais en toi comme sur le billard
La bille que ta main lançait dans le hasard :
Tu parlais du curé, tu parlais du poëte,
Déjà pour les chanter ta parole était prête.
Le premier de ces noms avec l'amour et Dieu
Fit rayonner ton œil d'une gerbe de feu.
Et la nuit vint bientôt, avec tout son délire,
Faire chanter ton cœur comme vibre une lyre.
A peine en ton vallon l'aube était de retour,
Qu'une voix me disait : « Ami, voici le jour! »
Et déjà près du seuil une crinière grise
Flottait en hennissant au souffle de la brise ;
Et bientôt tous les deux dans les sentiers épars,
Gravissant la montagne et fuyant les regards,
Tandis que l'émondeur ébranlait les vieux frênes,
Que la grive chantait sur le sommet des chênes,
Nous nous entretenions de ce sujet sacré
Dont la lave couvait sous ton front inspiré.
Puis ta poitrine enfin, comme un large cratère
Qui s'entrouvre et remplit les échos de la terre,
Fit retentir au loin les voûtes de tes bois
Sous les nombres brillans dont s'animait ta voix.

Ces vers, nous les verrons au grand jour apparaître :
Le monde les attend ! Moi qui les ai vus naître,
Je leur donne en passant le salut d'avenir ;
Mais la foule à l'envi viendra pour les bénir,
Et s'enivrer au chant de ton gosier sonore.
Comme l'oiseau des cieux, chaque jour à l'aurore,
S'élève de nouveau vers le flambeau du jour
L'œil rayonnant de joie et le cœur plein d'amour,
Ainsi quand de ton sein le flambeau du génie
Lancera ce rayon d'une nuit d'insomnie,
Chaque être qui respire et porte un cœur en soi
A son réveil aussi s'écrîra : « Gloire à toi ! »

Combien j'aime tes bois, tes monts et ta vallée,
De ses vieux châtaigniers au loin toute voilée,
Et ces toits enfumés, ces chaumes, ces hameaux
Épars dans les taillis au penchant des côteaux !
Le soir, quand je suis seul sur les bords de la Grôsne,
De même que ses flots s'élancent vers la Saône,
Ainsi vont mes pensers sous le toit où tu dors,
Ainsi ma voix se mêle au bruit de tes accords.
Je gravis en rêvant le mont qui nous sépare,
Et, tandis que mon œil sur le vallon s'égare,
Toujours un souvenir me ramène au sentier
De ces bois que mon cœur ne pourrait oublier.

De même qu'en ce jour je crois te voir encore,
Peut-être que pour moi jamais plus belle aurore
N'a brillé sous le ciel de ton riant vallon :
C'est durant l'automne, et pourtant l'horizon
Étalait à nos yeux, dès l'aube matinale,
Une pompe de feu vraiment orientale ;
Ton cheval au flanc gris bondissait sous ta main,
Et ton blanc lévrier volait sur le chemin,
Comme un oiseau du ciel égaré sur la plage ;
Tout semblait s'animer au loin sur ton passage

Et je te vois toujours sur ton noble coursier,
Quand le feu jaillissait sous sa corne d'acier,
L'arrêter tout à coup pour verser dans mon âme
Un flot étincelant de ces torrens de flamme
Qui battaient dans ton sein, écho mystérieux
Où tout vibre plus haut, même la voix des cieux.

Mais déjà loin, bien loin, tu laissais en arrière
L'écho qui redisait à l'écho ta prière,
Et comme sous tes pas grandissaient le chemin,
Et les bois, et les prés, et le lit du moulin,
Ainsi, dans ta pensée, à cette heure suprême,
Se déroulait déjà tout le plan du poëme;
Et ta voix et tes yeux, d'un air inspirateur,
En versaient le secret dans l'ombre de mon cœur.
Puis, d'un regard aimant et plein d'un saint délire,
« Pour chanter mon héros, ami, saisis ta lyre! »
Mais je sentis trop bien que de mes faibles doigts
Le luth qu'on me tendait tomberait et sans voix;
Puis, aussi, je sus voir sur ce front de poëte
Une épopée entière à jaillir déjà prête.
Crois donc que j'aimais trop à t'entendre chanter
Pour vouloir dans ta course un moment t'arrêter.

Cependant à Saint-Point, dans la même soirée,
Quand nous suivions de l'œil, sous la voûte éthérée,
L'étoile qui du ciel vers la terre s'enfuit
Comme un long fil d'argent que déroule la nuit,
Un autre nom sortit aussi de la même urne,
Un nom doux et brillant comme l'astre nocturne,
Ou comme cette étoile étincelant encor,
Un nom que sur ton front je lis en lettres d'or,
Un nom que l'on chérit chaque fois qu'on te nomme,
Toi qui sus faire aimer le poëte dans l'homme!

Mais ton choix était fait, car toi-même, en tes vers,

ÉPITRES.

Tu ne voulais chanter ta gloire à l'univers.
Pourtant, en remontant au jour de ta naissance,
De quels divins secrets, poëte par essence
Tu nous aurais dotés dans une heure d'amour,
En laissant tout ton cœur s'exhaler au grand jour!
Mais, hélas! ce sujet vaste comme le monde,
Cette mer de pensers en orages féconde,
C'est moi, dans ce moment, que le sort vint choisir
Pour y jeter ma barque au risque d'y périr.

Ami, sur cette mer où l'orage respire,
Si tu la vois chercher les eaux de ton navire,
Pour lui porter secours n'attends pas de signaux;
Songe qu'elle est sans voile et sans mât sur les eaux :
Du plus loin que tes yeux la verront dans l'orage,
Jette-lui de ta main la corde du naufrage,
Ou tu ne verras plus bientôt sous tes regards,
Au premier coup de vent, que des débris épars,
Que des rames au loin par les vagues roulées,
Car ses planches déjà sont si mal assemblées
Qu'on dirait un enfant qui voulut les unir.
Mais ton vaisseau s'enfuit si loin dans l'avenir,
Que l'œil ne verrait plus ta voile de poëte
Si j'avais attendu que la barque fût prête.

Un jour, à mon réveil, sur le sombre élément,
Comme un oiseau de mer, les deux ailes au vent,
Si je la vois voguer dans ton sillon de gloire,
Si je chante pour elle un hymne de victoire,
C'est à toi que ces chants s'adresseront encor;
Car enfant, c'est aux sons de cette harpe d'or
Qui vibre sous ta main, que je prêtai l'oreille,
Et c'est ta sainte voix aujourd'hui qui m'éveille.

Ah! si j'avais au cœur des sons assez puissans,
Dans quels divins transports, sous quels brûlans accens,

Le monde qui t'écoute écouterait encore
Ce torrent de pensers que mon cœur élabore,
Qui se presse sur moi, qui brûle et bat mon sein,
Comme dans son clocher palpite le tocsin !
Tes vers, je les ai lus : non, j'ai voulu les lire ;
Mais dès les premiers sons des élans de ta lyre,
J'ai senti remonter, de ce feuillet des cieux,
De ces larmes sans nom dans mon cœur et mes yeux ;
Et comme le nuage obscurcirait l'étoile,
Ces pleurs se sont sur moi déroulés comme un voile.
Mais c'est la goutte d'eau du mystique arrosoir
Que le jardinier verse aux calices le soir.
La fleur qui les reçoit, comme l'eau de la vie
Qu'un doux rayon du ciel sur l'étamine essuie,
De son rameau plié redresse, aux feux du jour,
Sa coupe débordant de parfums et d'amour.

LA
MORT DE SOCRATE.

AVERTISSEMENT.

Si la poésie n'est pas un vain assemblage de sons, elle est sans doute la forme la plus sublime que puisse revêtir la pensée humaine : elle emprunte à la musique cette qualité indéfinissable de l'harmonie qu'on a appelée céleste, faute de pouvoir lui trouver un autre nom : parlant aux sens par la cadence des sons, et à l'âme par l'élévation et l'énergie du sens, elle saisit à la fois tout l'homme; elle le charme, le ravit, l'enivre, elle exalte en lui le principe divin; elle lui fait sentir pour un moment *ce quelque chose de plus qu'humain* qui l'a fait nommer la langue des dieux.

C'est du moins la langue des philosophes, si la philosophie est ce qu'elle doit être, le plus haut degré d'élévation donné à la pensée humaine, la raison divinisée : la métaphysique et la poésie sont donc sœurs, ou plutôt ne sont qu'une : l'une étant le beau idéal dans la pensée, l'autre le beau idéal dans l'expression; pourquoi les séparer? pourquoi dessécher l'une et avilir l'autre? l'homme a-t-il trop de ses dons célestes pour s'en dépouiller à plaisir; a-t-il peur de donner trop d'énergie à son âme en réunissant ces deux puissances? Hélas! il retombera toujours assez tôt dans les formes et dans les pensées vulgaires! La sublime philosophie, la poésie digne d'elle, ne sont que des révélations rapides qui viennent interrompre trop rarement la triste monotonie des siècles : ce qui est beau dans tous les genres n'est pas de tous les jours ici-bas, c'est un éclair de cet autre monde où l'âme s'élève quelquefois, mais où elle ne séjourne pas.

Ces réflexions nous semblent propres à excuser du moins l'auteur de ce *fragment*, d'avoir tenté de fondre ensemble la poésie et la métaphysique de ces belles doctrines du sage des sages; quoique ce morceau porte le nom de Socrate, on y sent cependant déjà une philosophie plus avancée, et comme un avant-goût du christianisme près d'éclore : si un homme méritait sans doute qu'on lui en supposât d'avance les sublimes inspirations, cet homme était Socrate.

Il avait combattu toute sa vie cet empire des sens que le Christ venait renverser; sa philosophie était toute religieuse; elle était humble, car il la sentait inspirée; elle était douce, elle était tolérante, elle était résignée; elle avait deviné l'unité de Dieu, l'immortalité de l'âme, plus encore, s'il faut en croire les commentateurs de Platon et quelques mots étranges échappés de ces deux bouches sublimes. L'homme était allé jusqu'où l'homme pouvait aller; il fallait une révélation pour lui faire franchir encore un pas immense. Socrate, lui, en sentait le besoin; il l'indiquait; il la préparait par ses discours, par sa vie et par sa mort. Il était digne de l'entrevoir à ses derniers momens; en un mot, il était inspiré; il nous le dit, il nous le répète, et pourquoi refuserions-nous de croire sur parole l'homme qui donnait sa vie pour l'amour de la vérité? Y a-t-il beaucoup de témoignages qui vaillent la parole de Socrate mourant? Oui, sans doute, il était inspiré; il était un précurseur de cette révélation définitive que Dieu préparait de temps en temps par des révélations partielles. Car la vérité et la sagesse ne sont point de nous; elles descendent du ciel dans les cœurs choisis qui sont suscités de Dieu selon les besoins des temps. Il les semait çà et là; il les répandait goutte à goutte pour en donner seulement la connaissance et le désir, jusqu'au moment où il devait nous en rassasier avec plénitude.

Indépendamment de la sublimité des doctrines qu'il annonçait, la mort de Socrate était un tableau digne des regards des hommes et du ciel; il mourait sans haine pour ses persécuteurs, victime de ses vertus, s'offrant en holocauste pour la vérité : il pouvait se défendre, il pouvait se renier lui-même ; il ne le voulut pas ; c'eût été mentir au Dieu qui parlait en lui, et rien n'annonce qu'un sentiment d'orgueil soit venu altérer la pureté, la beauté de ce sublime dévouement. Ses paroles rapportées par Platon sont aussi simples à la fin de son dernier jour qu'au milieu de sa vie ; la solennité de ce grand moment de la mort ne donne à ses expressions ni tension ni faiblesse ; obéissant avec amour à la volonté des dieux qu'il aime à reconnaître en tout, son dernier jour ne diffère en rien de ses autres jours, si ce n'est qu'il n'aura pas de lendemain ! Il continue avec ses amis le sujet de conversation commencé la veille ; il boit la ciguë comme un breuvage ordinaire ; il se couche pour mourir, comme il aurait fait pour dormir, tant il est sûr que les dieux sont là, avant, après, partout, et qu'il va se réveiller dans leur sein !

Le poëte n'a pas interrompu son chant par les détails assez connus du jugement, et par les longues dissertations de Socrate et de ses amis ; il n'a chanté que les dernières heures et les dernières paroles du philosophe, ou du moins les paroles qu'il lui suppose. Nous l'imiterons ; nous nous contenterons de rappeler l'avant-scène aux lecteurs.

Socrate, condamné à mourir pour ses opinions religieuses, attendait la mort depuis plusieurs jours ; mais il ne devait boire la ciguë qu'au moment où le vaisseau envoyé tous les ans à Délos en l'honneur de Thésée, serait de retour dans le port d'Athènes. C'est ce vaisseau que l'on nommait *Théorie*, et qu'on apercevait dans le lointain au moment où le poëme commence.

Le *Serviteur des Onze* était un esclave de ce tribunal, destiné au service des prisonniers en attendant l'exécution des sentences. Ce fragment est imprimé comme il a été écrit par l'auteur, dans une forme inusitée, par couplets d'inégale longueur ; après chaque couplet, nous avons placé un trait qui indique la suspension du sens, et l'auteur passe souvent, sans autre transition, d'une pensée à une autre.

Nous nous servirons, pour les notes toutes tirées de Platon, de l'admirable traduction de Platon par M. Cousin. Ce jeune philosophe, digne d'expliquer un pareil maître, pour faire rougir notre siècle de ses honteux et dégradans sophismes, après l'avoir rappelé lui-même aux plus nobles théories du spiritualisme, a eu l'heureuse pensée de lui révéler la sagesse antique dans toute sa grâce et toute sa beauté. Trouvant la philosophie de nos jours encore toute souillée des lambeaux du matérialisme, il lui montre Socrate, et semble lui dire : Voilà ce que tu es! et voilà ce que tu as été! Espérons qu'en achevant son bel ouvrage, il la dégagera aussi des nuages dont Kant et quelques-uns de ses disciples l'ont enveloppée, et nous la fera apparaître enfin toute resplendissante de la pure lumière du christianisme.

LA MORT DE SOCRATE.

La vérité, c'est Dieu.

Le soleil se levant aux sommets de l'Hymète
Du temple de Thésée illuminait le faîte,
Et, frappant de ses feux les murs du Parthénon,
Comme un furtif adieu, glissait dans la prison ;
On voyait sur les mers une poupe dorée [1],
Au bruit des hymnes saints, voguer vers le Pyrée,
Et c'était ce vaisseau dont le fatal retour
Devait aux condamnés marquer leur dernier jour ;
Mais la loi défendait qu'on leur ôtât la vie
Tant que le doux soleil éclairait l'Ionie,
De peur que ses rayons, aux vivans destinés,
Par des yeux sans regard ne fussent profanés,
Ou que le malheureux, en fermant sa paupière,
N'eût à pleurer deux fois la vie et la lumière !
Ainsi l'homme exilé du champ de ses aïeux,
Part avant que l'aurore ait éclairé les cieux !

Attendant le réveil du fils de Sophronique,
Quelques amis en deuil erraient sous le portique [2],
Et sa femme portant son fils sur ses genoux,
Tendre enfant, dont la main joue avec les verrous,

Accusant la lenteur des geôliers insensibles,
Frappait du front l'airain des portes inflexibles!
La foule inattentive au cri de ses douleurs,
Demandait en passant le sujet de ses pleurs,
Et, reprenant bientôt sa course suspendue,
Et dans les longs parvis par groupes répandue,
Recueillait ces vains bruits dans le peuple semés,
Parlait d'autels détruits et des dieux blasphémés,
Et d'un culte nouveau corrompant la jeunesse,
Et de ce Dieu sans nom, étranger dans la Grèce!
C'était quelque insensé, quelque monstre odieux,
Quelque nouvel Oreste aveuglé par les dieux,
Qu'atteignait à la fin la tardive justice,
Et que la terre au ciel devait en sacrifice!
Socrate! et c'était toi qui, dans les fers jeté,
Mourais pour la justice et pour la vérité!!!

Enfin, de la prison les gonds bruyans roulèrent;
A pas lents, l'œil baissé, les amis s'écoulèrent :
Mais Socrate, jetant un regard sur les flots;
Et leur montrant du doigt la voile vers Délos :
« Regardez sur les mers cette poupe fleurie;
C'est le vaisseau sacré, l'heureuse Théorie [3]!
Saluons-la, dit-il : cette voile est la mort!
Mon âme, aussitôt qu'elle, entrera dans le port!
Et cependant parlez! et que ce jour suprême,
Dans nos doux entretiens, s'écoule encor de même [4]!
Ne jetons point aux vents les restes du festin,
Des dons sacrés des dieux usons jusqu'à la fin :
L'heureux vaisseau qui touche au terme du voyage
Ne suspend pas sa course à l'aspect du rivage;
Mais, couronné de fleurs, et les voiles aux vents,
Dans le port qui l'appelle il entre avec les chants!

« Les poëtes ont dit qu'avant sa dernière heure
En sons harmonieux le doux cygne se pleure ;
Amis, n'en croyez rien ! l'oiseau mélodieux
D'un plus sublime instinct fut doué par les dieux !
Du riant Eurotas près de quitter la rive,
L'âme, de ce beau corps à demi fugitive,
S'avançant pas à pas vers un monde enchanté,
Voit poindre le jour pur de l'immortalité,
Et, dans la douce extase où ce regard la noie,
Sur la terre en mourant elle exhale sa joie.
Vous qui près du tombeau venez pour m'écouter,
Je suis un cygne aussi : je meurs, je puis chanter ! »

Sous la voûte à ces mots, des sanglots éclatèrent :
D'un cercle plus étroit ses amis l'entourèrent :
« Puisque tu vas mourir, ami trop tôt quitté,
Parle-nous d'espérance et d'immortalité !
— Je le veux bien, dit-il : mais éloignons les femmes ;
Leurs soupirs étouffés amolliraient nos âmes ;
Or, il faut, dédaignant les terreurs du tombeau,
Entrer d'un pas hardi dans un monde nouveau !

« Vous le savez, amis ; souvent, dès ma jeunesse,
Un génie inconnu m'inspira la sagesse,
Et du monde futur me découvrit les lois.
Était-ce quelque dieu caché dans une voix ?
Une ombre m'embrassant d'une amitié secrète ?
L'écho de l'avenir ? la muse du poëte ?
Je ne sais ; mais l'esprit qui me parlait tout bas,
Depuis que de ma fin je m'approche à grands pas,
En sons plus élevés me parle, me console ;
Je reconnais plus tôt sa divine parole,
Soit qu'un cœur affranchi du tumulte des sens

Avec plus de silence écoute ses accens ;
Soit que, comme l'oiseau, l'invisible génie
Redouble vers le soir sa touchante harmonie ;
Soit plutôt qu'oubliant le jour qui va finir
Mon âme, suspendue aux bords de l'avenir,
Distingue mieux le son qui part d'un autre monde,
Comme le nautonier, le soir, errant sur l'onde,
A mesure qu'il vogue, et s'approche du bord,
Distingue mieux la voix qui s'élève du port.
Cet invisible ami jamais ne m'abandonne,
Toujours de son accent mon oreille résonne,
Et sa voix dans ma voix parle seule aujourd'hui ;
Amis, écoutez donc ! ce n'est plus moi ; c'est lui !... »

Le front calme et serein, l'œil rayonnant d'espoir,
Socrate à ses amis fit signe de s'asseoir ;
A ce signe muet soudain ils obéirent,
Et sur les bords du lit en silence ils s'assirent :
Symmias abaissait son manteau sur ses yeux ;
Criton d'un œil pensif interrogeait les cieux ;
Cébès penchait à terre un front mélancolique ;
Anaxagore, armé d'un rire sardonique,
Semblait, du philosophe enviant l'heureux sort,
Rire de la fortune et défier la mort !
Et le dos appuyé sur la porte de bronze,
Les bras entrelacés, le serviteur des Onze,
De doute et de pitié tour à tour combattu,
Murmurait sourdement : « Que lui sert sa vertu ? »
Mais Phédon, regrettant l'ami plus que le sage,
Sous ses cheveux épars voilant son beau visage,
Plus près du lit funèbre aux pieds du maître assis,
Sur ses genoux pliés se penchait comme un fils,
Levait ses yeux voilés sur l'ami qu'il adore ;
Rougissait de pleurer, et le pleurait encore !

Du sage cependant la terrestre douleur
N'osait point altérer les traits ni la couleur;
Son regard élevé loin de nous semblait lire;
Sa bouche, où reposait son gracieux sourire,
Toute prête à parler, s'entr'ouvrait à demi;
Son oreille écoutait son invisible ami;
Ses cheveux, effleurés du souffle de l'automne,
Dessinaient sur sa tête une pâle couronne,
Et, de l'air matinal par momens agités,
Répandaient sur son front des reflets argentés;
Mais, à travers ce front où son âme est tracée,
On voyait rayonner sa sublime pensée,
Comme à travers l'albâtre ou l'airain transparens,
La lampe, sur l'autel jetant ses feux mourans,
Par son éclat voilé se trahissant encore,
D'un reflet lumineux les frappe et les colore!
Comme l'œil sur les mers suit la voile qui part,
Sur ce front solennel attachant leur regard,
A ses yeux suspendus, ne respirant qu'à peine,
Ses amis attentifs retenaient leur haleine;
Leurs yeux le contemplaient pour la dernière fois;
Ils allaient pour jamais emporter cette voix!
Comme la vague s'ouvre au souffle errant d'Éole,
Leur âme impatiente attendait sa parole.
Enfin du ciel sur eux son regard s'abaissa,
Et lui, comme autrefois, sourit et commença :

« Quoi! vous pleurez, amis! vous pleurez quand mon âme
Semblable au pur encens que la prêtresse enflamme,
Affranchie à jamais du vil poids de son corps,
Va s'envoler aux dieux, et, dans de saints transports,
Saluant ce jour pur, qu'elle entrevit peut-être,
Chercher la vérité, la voir et la connaître!
Pourquoi donc vivons-nous, si ce n'est pour mourir?

Pourquoi pour la justice ai-je aimé de souffrir?
Pourquoi dans cette mort qu'on appelle la vie[5],
Contre ses vils penchans luttant, quoique asservie,
Mon âme avec mes sens a-t-elle combattu?
Sans la mort, mes amis, que serait la vertu?...
C'est le prix du combat, la céleste couronne
Qu'aux bornes de la course un saint juge nous donne;
La voix de Jupiter qui nous rappelle à lui!
Amis, bénissons-la! Je l'entends aujourd'hui:
Je pouvais, de mes jours disputant quelque reste,
Me faire répéter deux fois l'ordre l'ordre céleste.
Me préservent les dieux d'en prolonger le cours!
En esclave attentif, ils m'appellent, j'y cours!
Et vous, si vous m'aimez, comme aux plus belles fêtes,
Amis, faites couler des parfums sur vos têtes!
Suspendez une offrande aux murs de la prison!
Et, le front couronné d'un verdoyant feston,
Ainsi qu'un jeune époux qu'une foule empressée,
Semant de chastes fleurs le seuil du gynécée,
Vers le lit nuptial conduit après le bain,
Dans les bras de la mort menez-moi par la main!...

« Qu'est-ce donc que mourir? briser ce nœud infâme,
Cet adultère hymen de la terre avec l'âme,
D'un vil poids, à la tombe, enfin se décharger!
Mourir, n'est pas mourir; mes amis, c'est changer!
Tant qu'il vit, accablé sous le corps qui l'enchaîne,
L'homme vers le vrai bien languissamment se traîne,
Et, par ses vils besoins dans sa course arrêté,
Suit, d'un pas chancelant, ou perd la vérité.
Mais celui qui, touchant au terme qu'il implore,
Voit du jour éternel étinceler l'aurore,
Comme un rayon du soir remontant dans les cieux,
Exilé de leur sein, remonte au sein des dieux;

Et buvant à longs traits le nectar qui l'enivre,
Du jour de son trépas il commence de vivre ! »

« —Mais mourir, c'est souffrir ; et souffrir est un mal.
—Amis, qu'en savons-nous ? Et quand l'instant fatal
Consacré par le sang comme un grand sacrifice
Pour ce corps immolé serait un court supplice,
N'est-ce pas par un mal que tout bien est produit ?
L'été sort de l'hiver, le jour sort de la nuit[6],
Dieu lui-même a noué cette éternelle chaîne ;
Nous fûmes à la vie enfantés avec peine,
Et cet heureux trépas, des faibles redouté,
N'est qu'un enfantement à l'immortalité !

« Cependant de la mort qui peut sonder l'abîme ?
Les dieux ont mis leur doigt sur sa lèvre sublime :
Qui sait si dans ses mains prêtes à la saisir
L'âme, incertaine, tombe avec peine ou plaisir ?
Pour moi, qui vis encor, je ne sais, mais je pense
Qu'il est quelque mystère au fond de ce silence ;
Que des dieux indulgens la sévère bonté
A jusque dans la mort caché la volupté,
Comme, en blessant nos cœurs de ses divines armes,
L'Amour cache souvent un plaisir sous des larmes ! »

L'incrédule Cébès à ce discours sourit ;
—Je le saurai bientôt, dit Socrate. Il reprit :

« Oui : le premier salut de l'homme à la lumière,
Quand le rayon doré vient baiser sa paupière,
L'accent de ce qu'on aime à la lyre mêlé,
Le parfum fugitif de la coupe exhalé,
La saveur du baiser, quand de sa lève errante

L'amant cherche, la nuit, les lèvres de l'amante,
Sont moins doux à nos sens que le premier transport
De l'homme vertueux affranchi par la mort!
Et pendant qu'ici-bas sa cendre est recueillie,
Emporté par sa course, en fuyant il oublie
De dire même au monde un éternel adieu!
Ce monde évanoui disparaît devant Dieu!

———

«— Mais quoi! suffit-il donc de mourir pour revivre?
— Non : il faut que des sens notre âme se délivre,
De ses penchans mortels triomphe avec effort;
Que notre vie enfin soit une longue mort!
La vie est le combat, la mort est la victoire,
Et la terre est pour nous l'autel expiatoire
Où l'homme, de ses sens sur le seuil dépouillé,
Doit jeter dans les feux son vêtement souillé,
Avant d'aller offrir sur un autel propice
De sa vie, au Dieu pur, l'aussi pur sacrifice!

———

« Ils iront d'un seul trait, du tombeau dans les cieux,
Joindre, où la mort n'est plus, les héros et les dieux,
Ceux qui, vainqueurs des sens pendant leur courte vie,
Ont soumis à l'esprit la matière asservie,
Ont marché sous le joug des rites et des lois,
Du juge intérieur interrogé la voix,
Suivi les droits sentiers écartés de la foule,
Prié, servi les dieux, d'où la vertu découle,
Souffert pour la justice, aimé la vérité,
Et des enfans du ciel conquis la liberté!

« Mais ceux qui, chérissant la chair autant que l'âme,
De l'esprit et des sens ont resserré la trame,
Et prostitué l'âme aux vils baisers du corps,

Comme Léda livrée à de honteux transports,
Ceux-là, si toutefois un dieu ne les délivre,
Même après leur trépas ne cessent pas de vivre,
Et des coupables nœuds qu'eux-même ils ont serrés
Ces mânes imparfaits ne sont pas délivrés !
Comme à ses fils impurs Arachné suspendue,
Leur âme, avec leur corps mêlée et confondue,
Cherche en vain à briser ses liens flétrissans ;
L'amour qu'elle eut pour eux vit encor dans ses sens ;
De leurs bras décharnés ils la pressent encore,
Lui rappellent cent fois cet hymen qu'elle abhorre,
Et, comme un air pesant qui dort sur les marais,
Leur vil poids, loin des dieux, la retient à jamais !
Ces mânes gémissans, errant dans les ténèbres,
Avec l'oiseau de nuit jettent des cris funèbres ;
Autour des monumens, des urnes, des tombeaux,
De leur corps importun traînant d'affreux lambeaux,
Honteux de vivre encore, et fuyant la lumière,
A l'heure où l'innocence a fermé sa paupière,
De leurs antres obscurs ils s'échappent sans bruit,
Comme des criminels s'emparent de la nuit,
Imitent sur les flots le réveil de l'aurore,
Font courir sur les monts le pâle météore ;
De songes effrayans assiégeant nos esprits,
Au fond des bois sacrés poussent d'horribles cris,
Ou, tristement assis sur le bord d'une tombe,
Et dans leurs doigts sanglans cachant leur front qui tombe,
Jaloux de leurs victimes, ils pleurent leurs forfaits :
Mais les âmes des bons ne reviennent jamais ! »

Il se tut, et Cébès rompit seul le silence :
« Me préservent les dieux d'offenser l'Espérance !
Cette divinité qui, semblable à l'Amour,
Un bandeau sur les yeux, nous conduit au vrai jour!

Mais puisque de ses bords comme elle tu t'envoles,
Hélas! et que voilà tes suprêmes paroles,
Pour m'instruire, ô mon maître! et non pour t'affliger,
Permets-moi de répondre et de t'interroger. »
Socrate avec douceur, inclina son visage,
Et Cébès en ces mots interrogea le sage :

―――

« L'âme, dis-tu, doit vivre au delà du tombeau :
Mais si l'âme est pour nous la lueur d'un flambeau,
Quand la flamme a des sens consumé la matière,
Quand le flambeau s'éteint, que devient la lumière?
La clarté, le flambeau, tout ensemble est détruit,
Et tout rentre à la fois dans une même nuit!
Ou si l'âme est aux sens ce qu'est à cette lyre
L'harmonieux accord que notre main en tire,
Quand le temps ou les vers en ont usé le bois,
Quand la corde rompue a crié sous nos doigts,
Et que les nerfs brisés de la lyre expirante,
Sont foulés sous les pieds de la jeune bacchante,
Qu'est devenu le bruit de ces divins accords?
Meurt-il avec la lyre? et l'âme avec le corps?... »
Les sages, à ces mots, pour sonder ce mystère,
Baissant leurs fronts pensifs, et regardant la terre,
Cherchaient une réponse et ne la trouvaient pas!
Se parlant l'un à l'autre ils murmuraient tout bas :
« Quand la lyre n'est plus, où donc est l'harmonie?... »
Et Socrate semblait attendre son génie!

―――

Sur l'une de ses mains appuyant son menton,
L'autre se promenait sur le front de Phédon,
Et, sur son cou d'ivoire errrant à l'aventure,
Caressait en passant, sa blonde chevelure;
Puis détachant du doigt un de ses longs rameaux

Qui pendaient jusqu'à terre en flexibles anneaux
Faisait sur ses genoux flotter leurs molles ondes,
Ou dans ses doigts distraits roulait leurs tresses blondes,
Et parlait en jouant comme un vieillard divin
Qui mêle la sagesse aux coupes d'un festin !

« Amis, l'âme n'est pas l'incertaine lumière
Dont le flambeau des sens ici-bas nous éclaire ;
Elle est l'œil immortel qui voit ce faible jour
Naître, grandir, baisser, renaître tour à tour,
Et qui sent hors de soi, sans en être affaiblie,
Pâlir et s'éclipser ce flambeau de la vie,
Pareille à l'œil mortel qui dans l'obscurité
Conserve le regard en perdant la clarté !

« L'âme n'est pas aux sens ce qu'est à cette lyre
L'harmonieux accord que notre main en tire;
Elle est le doigt divin qui seul la fait frémir !
L'oreille qui l'entend ou chanter ou gémir,
L'auditeur attentif, l'invisible génie
Qui juge, enchaîne, ordonne et règle l'harmonie,
Et qui des sons discords que rendent chaque sens
Forme au plaisir des dieux des concerts ravissans !
En vain la lyre meurt et le son s'évapore,
Sur ces débris muets l'oreille écoute encore !
Es-tu content, Cébès ? — Oui, j'en crois tes adieux,
Socrate est immortel ! — Hé bien, parlons des dieux ! »

Et déjà le soleil était sur les montagnes,
Et, rasant d'un rayon les flots et les campagnes,
Semblait, faisant au monde un magnifique adieu,
Aller se rajeunir au sein brillant de Dieu !

Les troupeaux descendaient des sommets du Taygète;
L'ombre dormait déjà sur les flancs de l'Hymète;
Le Cythéron nageait dans un océan d'or;
Le pêcheur matinal, sur l'onde errant encore,
Modérant près du bord sa course suspendue,
Repliait, en chantant, sa voile détendue;
La flûte dans les bois, et ces chants sur les mers,
Arrivaient jusqu'à nous sur les soupirs des airs,
Et venaient se mêler à nos sanglots funèbres,
Comme un rayon du soir se fond dans les ténèbres!

—

« Hâtons-nous, mes amis, voici l'heure du bain;
Esclaves! versez l'eau dans le vase d'airain!
Je veux offrir aux dieux une victime pure. »
Il dit : et se plongeant dans l'urne qui murmure,
Comme fait à l'autel le sacrificateur,
Il puisa dans ses mains le flot libérateur,
Et, le versant trois fois sur son front qu'il inonde,
Trois fois sur sa poitrine en fit ruisseler l'onde;
Puis, d'un voile de pourpre en essuyant les flots,
Parfuma ses cheveux, et reprit en ces mots :
« Nous oublions le Dieu pour adorer ses traces!
Me préserve Apollon de blasphémer les Grâces!
Hébé versant la vie aux célestes lambris,
Le carquois de l'Amour, ni l'écharpe d'Iris,
Ni surtout de Vénus la brillante ceinture
Qui d'un nœud sympathique enchaîne la nature,
Ni l'éternel Saturne, ou le grand Jupiter,
Ni tous ces dieux du ciel, de la terre et de l'air!
Tous ces êtres peuplant l'Olympe ou l'Élysée
Sont l'image de Dieu par nous divinisée,
Des lettres de son nom sur la nature écrit,
Une ombre que ce Dieu jette sur notre esprit!
A ce titre divin ma raison les adore

Comme nous saluons le soleil dans l'aurore ;
Et peut-être qu'enfin tous ces dieux inventés,
Cet enfer et ce ciel par la lyre chantés,
Ne sont pas seulement des songes du génie,
Mais les brillans degrés de l'échelle infinie
Qui des êtres semés dans ce vaste univers
Sépare et réunit tous les astres divers.
Peut-être qu'en effet dans l'immense étendue,
Dans tout ce qui se meut, une âme est répandue ;
Que ces astres brillans sur nos têtes semés
Sont des soleils vivans et des feux animés ?
Que l'océan frappant sa rive épouvantée
Avec ses flots grondans roule une âme irritée ?
Que notre air embaumé volant dans un ciel pur
Est un esprit flottant sur des ailes d'azur ?
Que le jour est un œil qui répand la lumière ?
La nuit une beauté qui voile sa paupière ?
Et qu'enfin dans le ciel, sur la terre, en tout lieu,
Tout est intelligent, tout vit, tout est un dieu ?

—

« Mais, croyez-en, amis, ma voix prête à s'éteindre,
Par delà tous ces dieux que notre œil peut atteindre,
Il est sous la nature, il est au fond des cieux
Quelque chose d'obscur et de mystérieux
Que la nécessité, que la raison proclame,
Et que voit seulement la foi, cet œil de l'âme !
Contemporain des jours et de l'éternité !
Grand comme l'infini, seul comme l'unité !
Impossible à nommer ! à nos sens impalpable !
Son premier attribut c'est d'être inconcevable !
Dans les lieux, dans les temps, hier, demain, aujourd'hui,
Descendons, remontons, nous arrivons à lui !
Tout ce que vous voyez est sa toute-puissance !
Tout ce que nous pensons est sa sublime essence !

Force, amour, vérité, créateur de tout bien,
C'est le dieu de vos dieux! C'est le seul! c'est le mien!...

« — Mais le mal, dit Cébès, qui l'a créé? — Le crime :
Des coupables mortels châtiment légitime,
Sur ce globe déchu le mal et le trépas
Sont nés le même jour : Dieu ne les connaît pas !
Soit qu'un attrait fatal, une coupable flamme
Ait attiré jadis la matière vers l'âme;
Soit plutôt que la vie, en des nœuds trop puissans
Resserrant ici-bas l'esprit avec les sens,
Les pénètre tous deux d'un amour adultère,
Ils ne sont réunis que par un grand mystère!
Cette horrible union, c'est le mal : et la mort,
Remède et châtiment, la brise avec effort!
Mais à l'instant suprême où cet hymen expire,
Sur les vils éléments l'âme reprend l'empire,
Et s'envole, aux rayons de l'immortalité,
Au monde du bonheur et de la vérité! »

« — Connais-tu le chemin de ce monde invisible?
Dit Cébès : à ton œil est-il donc accessible?
— Mes amis, j'en approche, et pour le découvrir...
— Que faut-il? dit Phédon. — Être pur et mourir!

« Dans un point de l'espace inaccessible aux hommes[s],
Peut-être au ciel, peut-être aux lieux même où nous sommes,
Il est un autre monde, un Élysée, un ciel,
Que ne parcourent pas de longs ruisseaux de miel,
Où les âmes des bons, de Dieu seul altérées,
D'un nectar éternel ne sont pas enivrées,
Mais où les mânes saints, les immortels esprits,

De leurs corps immolés vont recevoir le prix !
Ni la sombre Tempé, ni le riant Ménale,
Qu'enivre de parfums l'haleine matinale,
Ni les vallons d'Hémus, ni ces riches coteaux
Qu'enchante l'Eurotas du murmure des eaux,
Ni cette terre enfin des poëtes chérie
Qui fait aux voyageurs oublier leur patrie,
N'approchent pas encore du fortuné séjour
Où le regard de Dieu donne aux âmes le jour :
Où jamais dans la nuit ce jour divin n'expire ;
Où la vie et l'amour sont l'air qu'elle respire ;
Où des corps immortels ou toujours renaissans
Pour d'autres voluptés lui prêtent d'autres sens !
« — Quoi ! des corps dans le ciel ? la mort avec la vie ?
— Oui, des corps transformés que l'âme glorifie !
L'âme, pour composer ces divins vêtemens,
Cueille en tout l'univers la fleur des élémens ;
Tout ce qu'ont de plus pur la vie et la matière,
Les rayons transparens de la douce lumière,
Les reflets nuancés des plus tendres couleurs,
Les parfums que le soir enlève au sein des fleurs,
Les bruits harmonieux que l'amoureux Zéphyre
Tire au sein de la nuit de l'onde qui soupire,
La flamme qui s'exhale en jets d'or et d'azur,
Le cristal des ruisseaux roulant dans un ciel pur,
La pourpre dont l'aurore aime à teindre ses voiles,
Et les rayons dormans des tremblantes étoiles,
Réunis et formant d'harmonieux accords,
Se mêlent sous ses doigts et composent son corps !
Et l'âme, qui jadis esclave sur la terre
A ses sens révoltés faisait en vain la guerre,
Triomphante aujourd'hui de leurs vœux impuissans,
Règne avec majesté sur le monde des sens,
Pour des plaisirs sans fin, sans fin les multiplie,
Et joue avec l'espace et les temps et la vie !

« Tantôt pour s'envoler où l'appelle un désir,
Elle aime à parfumer les ailes d'un zéphyr,
D'un rayon de l'iris en glissant les colore ;
Et du ciel aux enfers, du couchant à l'aurore,
Comme une abeille errante, elle court en tout lieu
Découvrir et baiser les ouvrages de Dieu !
Tantôt au char brillant que l'aurore lui prête
Elle attelle un coursier qu'anime la tempête ;
Et dans ces beaux déserts de feux errans semés
Cherchant ces grands esprits qu'elle a jadis semés,
De soleil en soleil, de système en système,
Elle vole et se perd avec l'âme qu'elle aime,
De l'espace infini suit les vastes détours,
Et dans le sein de Dieu se retrouve toujours !

―――

« L'âme, pour soutenir sa céleste nature,
N'emprunte pas des corps sa chaste nourriture ;
Ni le nectar coulant de la coupe d'Hébé,
Ni le parfum des fleurs par le vent dérobé,
Ni la libation en son honneur versée,
Ne sauraient nourrir l'âme : elle vit de pensée,
De désirs satisfaits, d'amour, de sentimens,
De son être immortel immortels alimens !
Grâce à ces fruits divins que le ciel multiplie,
Elle soutient, prolonge, éternise sa vie,
Et peut, par la vertu de l'éternel amour,
Multiplier son être, et créer à son tour !

―――

« Car, ainsi que les corps, le pensée est féconde.
Un seul désir suffit pour peupler tout un monde ;
Et de même qu'un son par l'écho répété,
Multiplié sans fin, court dans l'immensité,

Ou comme en s'étendant l'éphémère étincelle
Allume sur l'autel une flamme immortelle ;
Ainsi ces êtres purs l'un vers l'autre attirés,
De l'amour créateur constamment pénétrés,
A travers l'infini se cherchent, se confondent ;
D'une éternelle étreinte, en s'aimant se fécondent ;
Et, des astres déserts peuplant les régions,
Prolongent dans le ciel leurs générations !
O célestes amours ! saints transports ! chaste flamme !
Baisers où sans retour l'âme se mêle à l'âme !
Où l'éternel désir, et la pure beauté,
Poussent en s'unissant un cri de volupté !
Si j'osais !... » Mais un bruit retentit sous la voûte !
Le sage interrompu tranquillement écoute,
Et nous vers l'occident nous tournons tous les yeux :
Hélas ! c'était le jour qui s'enfuyait des cieux !

. . . .
. . . .

En détournant les yeux, le serviteur des Onze
Lui tendait le poison dans la coupe de bronze ;
Socrate la reçut d'un front toujours serein,
Et, comme un don sacré l'élevant dans sa main,
Sans suspendre un moment sa phrase commencée,
Avant de la vider acheva sa pensée.

Sur les flancs arrondis du vase au large bord,
Qui jamais de son sein ne versait que la mort,
L'artiste avait fondu sous un souffle de flamme,
L'histoire de Psyché, ce symbole de l'âme ;
Et, symbole plus doux de l'immortalité,
Un léger papillon en ivoire sculpté,

Plongeant sa trompe avide en ces ondes mortelles,
Formait l'anse du vase en déployant ses ailes :
Pysché, par ses parens dévouée à l'Amour,
Quittant avant l'aurore un superbe séjour,
D'une pompe funèbre allait environnée
Tenter comme la mort ce divin hyménée ;
Puis, seule, assise, en pleurs, le front sur ses genoux,
Dans un désert affreux attendait son époux ;
Mais, sensible à ses maux, le volage Zéphyre,
Comme un désir divin que le ciel nous inspire,
Essuyant d'un soupir les larmes de ses yeux,
Dormante sur son sein l'enlevait dans les cieux !
On voyait son beau front penché sur son épaule
Livrer ses longs cheveux aux doux baisers d'Éole,
Et Zéphyr, succombant sous son charmant fardeau,
Lui former de ses bras un amoureux berceau,
Effleurer ses longs cils de sa brûlante haleine,
Et jaloux de l'Amour la lui rendre avec peine !

Ici, le tendre Amour sur des roses couché
Pressait entre ses bras la tremblante Psyché,
Qui d'un secret effroi ne pouvant se défendre
Recevait ses baisers sans oser les lui rendre ;
Car le céleste époux trompant son tendre amour
Toujours du lit sacré fuyait avec le jour.

Plus loin, par le désir en secret éveillée,
Et du voile nocturne à demi dépouillée,
Sa lampe d'une main et de l'autre un poignard,
Psyché, risquant l'amour, hélas ! contre un regard,
De son époux qui dort tremblant d'être entendue,
Se penchant vers le lit, sur un pied suspendue,
Reconnaissait l'Amour, jetait un cri soudain,
Et l'on voyait trembler la lampe dans sa main !

LA MORT DE SOCRATE.

Mais de l'huile brûlante une goutte épanchée,
S'échappant par malheur de la lampe penchée,
Tombait sur le sein nu de l'amant endormi ;
L'Amour impatient, s'éveillant à demi,
Contemplait tour à tour ce poignard, cette goutte,...
Et fuyait indigné vers la céleste voûte !
Emblème menaçant des désirs indiscrets
Qui profanent les dieux, pour les voir de trop près !

La vierge cette fois errante sur la terre
Pleurait son jeune amant, et non plus sa misère :
Mais l'Amour, à la fin, de ses larmes touché,
Pardonnait à sa faute, et l'heureuse Psyché
Par son céleste époux dans l'Olympe ravie,
Sur les lèvres du dieu buvant des flots de vie,
S'avançait dans le ciel avec timidité ;
Et l'on voyait Vénus sourire à sa beauté !
Ainsi par la vertu l'âme divinisée
Revient égale aux dieux régner dans l'Élysée !

Mais Socrate élevant sa coupe dans ses mains,
« Offrons ! offrons d'abord aux maîtres des humains
De l'immortalité cette heureuse prémice ! »
Il dit : et vers la terre inclinant le calice
Comme pour épargner un nectar précieux,
En versa seulement deux gouttes pour les dieux :
Et de sa lèvre avide approchant le breuvage,
Le vida lentement sans changer de visage,
Comme un convive avant de sortir d'un festin
Qui dans sa coupe d'or verse un reste de vin,
Et pour mieux savourer le dernier jus qu'il goûte,
L'incline lentement et le boit goutte à goutte !
Puis, sur son lit de mort doucement étendu,
Il reprit aussitôt son discours suspendu :

« Espérons dans les dieux, et croyons-en notre âme !
De l'amour dans nos cœurs alimentons la flamme !
L'amour est le lien des dieux et des mortels ;
La crainte ou la douleur profanent leurs autels !
Quand vient l'heureux signal de notre délivrance,
Amis, prenons vers eux le vol de l'espérance !
Point de funèbre adieu ! point de cris ! point de pleurs !
On couronne ici-bas la victime de fleurs ;
Que de joie et d'amour notre âme couronnée
S'avance au-devant d'eux, comme à son hyménée !
Ce sont là les festons, les parfums précieux,
Les voix, les instrumens, les chants mélodieux,
Dont l'âme, convoquée à ce banquet suprême,
Avant d'aller aux dieux, doit s'enchanter soi-même !

« Relevez donc ces fronts que l'effroi fait pâlir !
Ne me demandez plus s'il faut m'ensevelir ;
Sur ce corps, qui fut moi, quelle huile on doit répandre,
Dans quel lieu, dans quelle urne il faut garder ma cendre :
Qu'importe à vous, à moi, que ce vil vêtement
De la flamme, ou des vers, devienne l'aliment ?
Qu'une froide poussière à moi jadis unie,
Soit balayée aux flots ou bien aux gémonies !
Ce corps vil composé des élémens divers
Ne sera pas plus moi qu'une vague des mers,
Qu'une feuille des bois que l'aquilon promène,
Qu'un argile pétri sous une forme humaine,
Que le feu du bûcher dans les airs exhalé,
Ou le sable mouvant de vos chemins foulé !

« Mais je laisse en partant à cette terre ingrate
Un plus noble débris de ce que fut Socrate,

LA MORT DE SOCRATE.

Mon génie à Platon! à vous tous mes vertus!
Mon âme aux justes dieux! ma vie à Mélitus,
Comme au chien dévorant qui sur le seuil aboie
En quittant le festin on jette aussi sa proie!...

———

Tel qu'un triste soupir de la rame et des flots
Se mêle sur les mers aux chants des matelots,
Pendant cet entretien, une funèbre plainte
Accompagnait sa voix sur le seuil de l'enceinte;
Hélas! c'était Myrto demandant son époux,
Que l'heure des adieux ramenait parmi nous!
L'égarement troublait sa démarche incertaine,
Et, suspendus aux plis de sa robe qui traîne,
Deux enfans, les pieds nus, marchant à ses côtés,
Suivaient en chancelant ses pas précipités!
Avec ses longs cheveux elle essuyait ses larmes;
Mais leur trace profonde avait flétri ses charmes;
Et la mort sur ses traits répandait sa pâleur;
On eût dit qu'en passant l'impuissante douleur,
Ne pouvant de Socrate atteindre la grande âme,
Avait respecté l'homme et profané la femme!
De terreur et d'amour saisie à son aspect,
Elle pleurait sur lui dans un tendre respect.
Telle aux fêtes du dieu pleuré par Cythérée
Sur le corps d'Adonis la bacchante éplorée,
Partageant de Vénus les divines douleurs,
Réchauffe tendrement le marbre de ses pleurs,
De sa bouche muette avec respect l'effleure,
Et paraît adorer le beau dieu qu'elle pleure!
Socrate, en recevant ses enfans dans ses bras,
Baisa sa joue humide et lui parla tout bas:
Nous vîmes une larme, et ce fut la dernière,
Sous ses cils abaissés rouler dans sa paupière.
Puis d'un bras défaillant offrant ses fils aux dieux:

« Je fus leur père ici, vous l'êtes dans les cieux !
Je meurs ! mais vous vivez ! veillez sur leur enfance !
Je les lègue, ô dieux bons, à votre providence !.... »

Mais déjà le poison dans ses veines versé
Enchaînait dans son cours le flot du sang glacé :
On voyait vers le cœur, comme une onde tarie,
Remonter pas à pas la chaleur et la vie,
Et ses membres raidis, sans force et sans couleur,
Du marbre de Paros imitaient la pâleur ;
En vain Phédon penché sur ses pieds qu'il embrasse
Sous sa brûlante haleine en réchauffait la glace,
Son front, ses mains, ses pieds se glaçaient sous nos doigts !
Il ne nous restait plus que son âme et sa voix !
Semblable au bloc divin d'où sortit Galathée
Quand une âme immortelle à l'Olympe empruntée,
Descendant dans le marbre à la voix d'un amant,
Fait palpiter son cœur d'un premier sentiment,
Et qu'ouvrant sa paupière au jour qui vient d'éclore
Elle n'est plus un marbre, et n'est pas femme encore !

Était-ce de la mort la pâle majesté ?
Ou le premier rayon de l'immortalité ?
Mais son front rayonnant d'une beauté sublime
Brillait comme l'aurore aux sommets de Didyme,
Et nos yeux qui cherchaient à saisir son adieu
Se détournaient de crainte et croyaient voir un dieu !
Quelquefois l'œil au ciel il rêvait en silence,
Puis déroulant les flots de sa sainte éloquence,
Comme un homme enivré du doux jus du raisin
Brisant cent fois le fil de ses discours sans fin,
Ou comme Orphée errant dans les demeures sombres,
En mots entrecoupés il parlait à des ombres !

« Courbez-vous, disait-il, cyprès d'Académus!
Courbez-vous, et pleurez; vous ne le verrez plus!
Que la vague en frappant le marbre du Pirée
Jette avec son écume une voix éplorée!
Les dieux l'ont rappelé! ne le savez-vous pas?...
Mais, ses amis en deuil, où portent-ils leurs pas?
Voilà Platon! Cébès, ses enfans et sa femme!
Voilà son cher Phédon, cet enfant de son âme!
Ils vont d'un pas furtif aux lueurs de Phœbé
Pleurer sur un cercueil aux regards dérobé,
Et, penchés sur mon urne, ils paraissent attendre
Que la voix qu'ils aimaient sorte encor de ma cendre.
Oui, je vais vous parler, amis, comme autrefois,
Quand penchés sur mon lit vous aspiriez ma voix!...
Mais que ce temps est loin! et qu'une courte absence
Entre eux et moi, grands dieux! a jeté de distance!
Vous qui cherchez si loin la trace de mes pas,
Levez les yeux; voyez!... ils ne m'entendent pas!
Pourquoi ce deuil? pourquoi ces pleurs dont tu t'inondes?
Épargne au moins, Myrto, tes longues tresses blondes*,
Tourne vers moi tes yeux de larmes essuyés;
Myrto, Platon, Cébès, amis!... si vous saviez!...

« Oracles, taisez-vous! tombez, voix du portique!
Fuyez, vaines lueurs de la sagesse antique!
Nuages colorés d'une fausse clarté,
Évanouissez-vous devant la vérité!
D'un hymen ineffable elle est prête d'éclore;
Attendez.... un, deux, trois..., quatre siècles encore,
Et ses rayons divins qui partent des déserts
D'un éclat immortel rempliront l'univers!
Et vous, ombres de Dieu qui nous voilez sa face!

---

* Socrate eut deux femmes, Xantippe et Myrto.

Fantômes imposteurs qu'on adore à sa place !
Dieux de chair et de sang ! dieux vivans ! dieux mortels !
Vices déifiés sur d'immondes autels,
Mercure aux ailes d'or, déesse de Cythère,
Qu'adorent impunis le vol et l'adultère ;
Vous tous, grands et petits, race de Jupiter,
Qui peuplez, qui souillez les eaux, la terre et l'air !
Encore un peu de temps, et votre auguste foule,
Roulant avec l'erreur de l'Olympe qui croule,
Fera place au Dieu saint, unique, universel,
Le seul Dieu que j'adore et qui n'a point d'autel...

. . . .
. . . .
« Quels secrets dévoilés ! quelle vaste harmonie !...
. . . .
. . . .
« Mais qui donc étais-tu, mystérieux génie ?
Toi qui, voilant toujours ton visage à mes yeux,
M'as conduit par la voix jusqu'aux portes des cieux !
Toi, qui m'accompagnant comme un oiseau fidèle
Caresse encor mon front du doux vent de ton aile.
Es-tu quelque Apollon de ce divin séjour ?
Ou quelque beau Mercure envoyé par l'Amour ?
Tiens-tu l'arc, ou la lyre, ou l'heureux caducée ?
Ou n'es-tu, réponds-moi, qu'une simple pensée ?
Ah ! viens, qui que tu sois, esprit, mortel, ou dieu ;
Avant de recevoir mon éternel adieu,
Laisse-moi découvrir, laisse-moi reconnaître
Cet ami qui m'aima même avant que de naître !
Que je puisse, en touchant au terme du chemin,
Rendre grâce à mon guide et pleurer sur sa main !
Sors du voile éclatant qui te dérobe encore !
Approche !... Mais que vois-je ? ô Verbe que j'adore,

Rayon co-éternel, est-ce vous que je vois ?...
Voilez-vous, ou je meurs une seconde fois[10] !

. . . .
. . . .

« Heureux ceux qui naîtront dans la sainte contrée
Que baise avec respect la vague d'Érythrée !
Ils verront, les premiers, sur leur pur horizon
Se lever au matin l'astre de la raison.
Amis, vers l'orient tournez votre paupière,
La vérité viendra d'où nous vient la lumière !
Mais qui l'apportera ?... C'est toi, Verbe conçu !
Toi, qu'à travers les temps mes yeux ont aperçu ;
Toi, dont par l'avenir la splendeur réfléchie
Vient m'éclairer d'avance au sommet de la vie.
Tu viens ! tu vis ! tu meurs d'un trépas mérité !
Car la mort est le prix de toute vérité !
Mais ta voix expirante en ce monde entendue
Comme la mienne, au moins, ne sera pas perdue.
La voix qui vient du ciel n'y remontera pas ;
L'univers assoupi t'écoute, et fait un pas ;
L'énigme du destin se révèle à la terre !
. . . .
Quoi ! j'avais soupçonné ce sublime mystère !
Nombre mystérieux ! profonde trinité !
Triangle composé d'une triple unité !
Les formes, les couleurs, les sons, les nombres même,
Tout me cachait mon Dieu ! tout était son emblème !
Mais les voiles enfin pour moi sont révolus ;
Écoutez !... » Il parlait : nous ne l'entendions plus !

Cependant dans son sein son haleine oppressée[11],
Trop faible pour prêter des sons à sa pensée,

Sur sa lèvre entr'ouverte, hélas! venait mourir;
Puis semblait tout à coup palpiter et courir :
Comme prêt à s'abattre aux rives paternelles
D'un cygne qui se pose on voit battre les ailes;
Entre les bras d'un songe il semblait endormi.
L'intrépide Cébès penché sur notre ami,
Rappelant dans ses yeux l'âme qui s'évapore,
Jusqu'au bord du trépas l'interrogeait encore :
« Dors-tu? lui disait-il; la mort, est-ce un sommeil? »
Il recueillit sa force, et dit : « C'est un réveil!
— Ton œil est-il voilé par des ombres funèbres?
— Non; je vois un jour pur poindre dans les ténèbres!
— N'entends-tu pas des cris, des gémissemens? —Non;
J'entends des astres d'or qui murmurent un nom!
— Que sens-tu? — Ce que sent la jeune chrysalide
Quand, livrant à la terre une dépouille aride,
Aux rayons de l'aurore ouvrant ses faibles yeux,
Le souffle du matin la roule dans les cieux!
— Ne nous trompais-tu pas? réponds : L'âme était-elle?...
— Croyez-en ce sourire, elle était immortelle!...
— De ce monde imparfait qu'attends-tu pour sortir?
— J'attends, comme la nef, un souffle pour partir!
— D'où viendra-t-il? — Du ciel! — Encore une parole?
— Non; laisse en paix mon âme, afin qu'elle s'envole! »
. . . .

Il dit, ferma les yeux pour la dernière fois,
Et resta quelque temps sans haleine et sans voix.
Un faux rayon de vie errant par intervalle [12]
D'une pourpre mourante éclairait son front pâle.
Ainsi, dans un soir pur de l'arrière-saison,
Quand déjà le soleil a quitté l'horizon,
Un rayon oublié des ombres se dégage,
Et colore en passant les flancs d'or d'un nuage.
Enfin plus librement il semble respirer,
Et, laissant sur ses traits son doux sourire errer,

« Aux dieux libérateurs, dit-il, qu'on sacrifie!
Ils m'ont guéri! — De quoi? dit Cébès. — De la vie!... »
Puis un léger soupir de ses lèvres coula
Aussi doux que le vol d'une abeille d'Hybla!
Était-ce?... Je ne sais; mais pleins d'un saint dictame
Nous sentîmes en nous comme une seconde âme!...
. . . .
. . . .
. . . .
. . . .
. . . .

Comme un lis sur les eaux et que la rame incline,
Sa tête mollement penchait sur sa poitrine;
Ses longs cils, que la mort n'a fermés qu'à demi,
Retombant en repos sur son œil endormi,
Semblaient, comme autrefois, sous leur ombre abaissée,
Recueillir le silence, ou voiler la pensée!
La parole surprise en son dernier essor
Sur sa lèvre entr'ouverte, hélas! errait encor,
Et ses traits où la vie a perdu son empire
Étaient comme frappés d'un éternel sourire!...
Sa main, qui conservait son geste habituel,
De son doigt étendu montrait encor le ciel!
Et quand le doux regard de la naissante aurore,
Dissipant par degrés les ombres qu'il colore,
Comme un phare allumé sur un sommet lointain,
Vint dorer son front mort des ombres du matin,
On eût dit que Vénus d'un deuil divin suivie
Venait pleurer encor sur son amant sans vie!
Que la triste Phœbé de son pâle rayon
Caressait, dans la nuit, le sein d'Endymion!
Ou que du haut du ciel l'âme heureuse du sage
Revenait contempler le terrestre rivage,
Et, visitant de loin le corps qu'elle a quitté,
Réfléchissait sur lui l'éclat de sa beauté!
Comme un astre bercé dans un ciel sans nuage

Aime à voir dans les flots briller sa chaste image !
. . . .
. . . .
. . . .
. . . .
On n'entendait autour ni plainte, ni soupir !...
C'est ainsi qu'il mourut ! si c'était là mourir !

NOTES.

PREMIÈRE NOTE.

On voyait sur les mers une poupe dorée.

ÉCHÉCRATE[1].

Phédon, étais-tu toi-même auprès de Socrate, le jour qu'il but la ciguë dans la prison, ou en as-tu seulement entendu parler?

PHÉDON[2].

J'y étais moi-même, Échécrate.

ÉCHÉCRATE.

Que dit-il à ses derniers momens, et de quelle manière mourut-il? Je l'entendrais volontiers, car nous n'avons personne à Phliunte qui fasse maintenant de voyage à Athènes, et depuis longtemps il n'est pas venu chez nous d'Athénien qui ait pu nous donner aucun détail à cet égard, sinon qu'il est mort après avoir bu la ciguë. On n'a pu nous dire autre chose.

PHÉDON.

Vous n'avez donc rien su du procès, ni comment les choses se passèrent?

ÉCHÉCRATE.

Si fait : quelqu'un nous l'a rapporté, et nous étions étonnés que la sentence n'eût été exécutée que longtemps après avoir été rendue. Quelle en fut la cause, Phédon?

---

[1] Échécrate, de Phliunte, ville de Sicyonie. C'est probablement le Pythagoricien dont parle Platon dans sa IX⁰ lettre à Architas.
Voyez Diog. Laerce, liv. VIII, ch. 46; Jambl. (*Vita Pithagoræ*, I, 36.)
[2] Chef de l'école d'Élis. (Voy. Diog. Laerce, II, 105.)

PHÉDON.

Une circonstance particulière. Il se trouva que la veille du jugement on avait couronné la poupe du vaisseau que les Athéniens envoient chaque année à Délos.

ÉCHÉCRATE.

Qu'est-ce donc que ce vaisseau ?

PHÉDON.

C'est, au dire des Athéniens, le même vaisseau sur lequel jadis Thésée conduisit en Crète les sept jeunes gens et les sept jeunes filles qu'il sauva en se sauvant lui-même. On raconte qu'à leur départ les Athéniens firent vœu à Apollon, si Thésée et ses compagnons échappaient à la mort, d'envoyer chaque année à Délos une théorie ; et, depuis ce temps, ils ne manquent pas d'accomplir leur vœu. Quand vient l'époque de la théorie, une loi ordonne que la ville soit pure, et défend d'exécuter aucune sentence de mort avant que le vaisseau soit arrivé à Délos et revenu à Athènes ; et quelquefois le voyage dure longtemps, lorsque les vents sont contraires. La théorie commence aussitôt que le prêtre d'Apollon a couronné la poupe du vaisseau ; ce qui eut lieu, comme je le disais, la veille du jugement de Socrate. Voilà pourquoi il s'est écoulé un si long intervalle entre sa condamnation et sa mort.

DEUXIÈME NOTE.

Quelques amis en deuil erraient sous le portique.

ÉCHÉCRATE.

Quels étaient ceux qui se trouvaient là, Phédon ?

PHÉDON.

Des compatriotes ; il y avait cet Apollodore, Critobule et son père Criton, Hermogène[1], Épigène[2], Eschine[3], et Antisthène[4]. Il y avait

---

[1] Fils d'Hipponicus. (Voyez le *Cratyle*.)
[2] Voyez l'*Apologie*. — XÉNOPHON, *Memorab.*
[3] Auteur de trois Dialogues qui nous ont été conservés. (Voyez l'*Apologie*.)
[4] Chef de l'école cynique. (DIOG. LAERCE, liv. VI.)

aussi Ctésippe[1], du bourg de Péanée, Ménexène[2], et encore quelques autres du pays. Platon, je crois, était malade.

ÉCHÉCRATE.

Y avait-il des étrangers?

PHÉDON.

Oui; Symmias de Thèbes, Cébès et Phédondes[3]; et de Mégare, Euclide[4], et Terpsion[5].

ÉCHÉCRATE.

Aristippe[6] et Cléombrote[7] n'y étaient-ils pas?

PHÉDON.

Non; on disait qu'ils étaient à Égine.

ÉCHÉCRATE.

N'y en avait-il pas d'autres?

PHÉDON.

Voilà, je crois, à peu près tous ceux qui y étaient.

ÉCHÉCRATE.

Eh bien, sur quoi disais-tu que roula l'entretien?

TROISIÈME NOTE.

« C'est le vaisseau sacré! l'heureuse Théorie!

SOCRATE.

Quelle nouvelle? Est-il arrivé de Délos le vaisseau au retour duquel je dois mourir[8]?

---

[1] Voyez l'*Entidème* et le *Lysis*.—Péanée, bourg ou dème de la tribu Pandionide.

[2] Voyez le *Ménexène*.

[3] De Thèbes, et non de Cyrène, comme le veut Ruhnkenius.

[4] Chef de l'école mégarique. (DIOG. LAERCE, liv. II.)

[5] Voyez le *Théétète*.

[6] De Cyrène, chef de la secte cyrénaïde.

[7] D'Ambracie. On dit qu'après avoir lu le *Phédon* il se jeta dans la mer. (CALLIMACH., *épig.* 24.)

[8] Voici le commencement du *Phédon*.

CRITON.

Non, pas encore; mais il paraît qu'il doit arriver aujourd'hui, à ce que disent des gens qui viennent de Sunium[1], où ils l'ont laissé. Ainsi il ne peut manquer d'être ici aujourd'hui; et demain matin, Socrate, il te faudra quitter la vie.

SOCRATE.

A la bonne heure, Criton : si telle est la volonté des dieux, qu'elle s'accomplisse. Cependant je ne pense pas qu'il arrive aujourd'hui.

CRITON.

Et pourquoi ?

QUATRIÈME NOTE.

Dans nos doux entretiens, s'écoule encor de même !

L'accusation intentée à Socrate, telle qu'elle existait encore au second siècle de l'ère chrétienne, à Athènes, dans le temple de Cybèle, au rapport de Phavorinus, cité par Diogène Laërce, reposait sur ces deux chefs : 1° que Socrate ne croyait pas à la religion de l'État; 2° qu'il corrompait la jeunesse, c'est-à-dire, évidemment, qu'il instruisait la jeunesse à ne pas croire à la religion de l'État.

Or, l'Apologie de Socrate ne répond d'une manière satisfaisante ni à l'un ni à l'autre de ces deux chefs d'accusation. Au lieu de déclarer qu'il croit à la religion établie, Socrate prouve qu'il n'est pas athée; au lieu de faire voir qu'il n'instruit pas la jeunesse à douter des dogmes consacrés par la loi, il proteste qu'il lui a toujours enseigné une morale pure. Comme plaidoyer, comme défense régulière, on ne peut nier que l'Apologie de Socrate ne soit très-faible.

C'est qu'elle ne pouvait guère ne pas l'être, que l'accusation était fondée, et qu'en effet, dans un ordre de choses dont la base est une religion d'État, on ne peut penser comme Socrate de cette religion, et publier ce qu'on en pense, sans nuire à cette religion,

---

Promontoire de l'Attique, vis-à-vis des Cyclades.

et par conséquent sans troubler l'État, et provoquer, à la longue, une révolution ; et la preuve en est que, deux siècles plus tard, quand cette révolution éclata, ses plus zélés partisans, dans leurs plus violentes attaques contre le paganisme, n'ont fait que répéter les argumens de Socrate dans l'*Euthyphron*. On peut l'avouer aujourd'hui, Socrate ne s'élève tant comme philosophe que précisément à condition d'être coupable comme citoyen, à prendre ce titre et les devoirs qu'il impose dans le sens étroit et selon l'esprit de l'antiquité. Lui-même connaissait si bien sa situation, qu'au commencement de l'Apologie il déclare qu'il ne se défend que pour obéir à la loi.

CINQUIÈME NOTE.

Pourquoi dans cette mort qu'on appelle la vie...

« Mais pour arriver au rang des dieux, que celui qui n'a pas philosophé et qui n'est pas sorti tout à fait pur de cette vie, ne s'en flatte pas; non, cela n'est donné qu'au philosophe. C'est pourquoi Symmias et Cébès, le véritable philosophe s'abstient de toutes les passions du corps, leur résiste, et ne se laisse pas entraîner par elles; et cela bien qu'il ne craigne ni la perte de sa fortune et la pauvreté, comme les hommes vulgaires et ceux qui aiment l'argent, ni le déshonneur et la mauvaise réputation, comme ceux qui aiment la gloire et les dignités.

Il ne conviendrait pas de faire autrement, repartit Cébès.

Non, sans doute, continua Socrate : aussi ceux qui prennent quelque intérêt à leur âme, et qui ne vivent pas pour flatter le corps, ne tiennent pas le même chemin que les autres qui ne savent où ils vont; mais, persuadés qu'il ne faut rien faire qui soit contraire à la philosophie, à l'affranchissement et à la purification qu'elle opère, ils s'abandonnent à sa conduite, et la suivent partout où elle veut les mener.

Comment, Socrate ?

La philosophie recevant l'âme liée véritablement et pour ainsi dire collée au corps, et forcée de considérer les choses non par elle-même, mais par l'intermédiaire des organes comme à travers les murs d'un cachot et dans une obscurité absolue, reconnaissant que toute la force du cachot vient des passions qui font que le prisonnier aide lui-même à serrer sa chaîne; la philosophie, dis-je, recevant l'âme en cet état, l'exhorte doucement et travaille à la délivrer : et pour cela elle lui montre que le témoignage des yeux et du corps est plein d'illusions, comme celui des oreilles, comme celui des autres sens; elle l'engage à se séparer d'eux, autant qu'il est en elle; elle lui conseille de se recueillir et de se concentrer en elle-même, de ne croire qu'à elle-même, après avoir examiné au dedans d'elle et avec l'essence même de sa pensée ce que chaque chose est en son essence, et de tenir pour faux tout ce qu'elle apprend par un autre qu'elle-même, tout ce qui varie selon la différence des intermédiaires : elle lui enseigne que ce qu'elle voit ainsi, c'est le sensible et le visible! ce qu'elle voit ainsi par elle-même, c'est l'intelligence et l'immatériel. Le véritable philosophe sait que telle est la fonction de la philosophie. L'âme donc, persuadée qu'elle ne doit pas s'opposer à sa délivrance, s'abstient, autant qu'il lui est possible, des voluptés, des désirs, des tristesses, des craintes; réfléchissant qu'après les grandes joies et les grandes craintes, les tristesses et les désirs immodérés, on n'éprouve pas seulement les maux ordinaires, comme d'être malade, ou de perdre sa fortune, mais le plus grand et le dernier de tous les maux, et même sans en avoir le sentiment.

Et quel est donc ce mal, Socrate?

C'est que l'effet nécessaire de l'extrême jouissance et de l'extrême affliction est de persuader à l'âme que ce qui la réjouit ou l'afflige est très-réel ou très-véritable, quoiqu'il n'en soit rien. Or, ce qui nous réjouit ou nous afflige, ce sont principalement les choses visibles, n'est-ce pas?

Certainement.

N'est-ce pas surtout dans la jouissance et la souffrance que le corps subjugue et enchaîne l'âme?

Comment cela?

Chaque peine, chaque plaisir a, pour ainsi dire, un clou avec lequel il attache l'âme au corps, la rend semblable, et lui fait croire que rien n'est vrai que ce que le corps lui dit. Or, si elle emprunte au corps ses croyances et partage ses plaisirs, elle est, je pense, forcée de prendre aussi les mêmes mœurs et les mêmes habitudes, tellement qu'il lui est impossible d'arriver jamais pure à l'autre monde; mais, sortant de cette vie toute pleine encore du corps qu'elle quitte, elle retombe bientôt dans un autre corps, et y prend racine, comme une plante dans la terre où elle a été semée; et ainsi elle est privée du commerce de la pureté et de la simplicité divine.

Il n'est que trop vrai, Socrate, dit Cébès.

Voilà pourquoi, mon cher Cébès, le véritable philosophe s'exerce à la force et à la tempérance, et nullement pour toutes les raisons que s'imagine le peuple. Est-ce que tu penserais comme lui?

Non pas.

Et tu fais bien. Ces raisons grossières n'entreront pas dans l'âme du véritable philosophe; elle ne pensera pas que la philosophie doit venir la délivrer, pour qu'après elle s'abandonne aux jouissances et aux souffrances et se laisse enchaîner de nouveau par elles, et que ce soit toujours à recommencer comme la toile de Pénélope. Au contraire, en se rendant indépendante des passions, en suivant la raison pour guide, en ne se départant jamais de la contemplation de ce qui est vrai, divin, hors du domaine de l'opinion; en se nourrissant de ces contemplations sublimes, elle acquiert la conviction qu'elle doit vivre ainsi tant qu'elle est dans cette vie, et qu'après la mort elle ira se réunir à ce qui lui est semblable et conforme à sa nature, et sera délivrée des maux de l'humanité. Avec un tel régime, ô Symmias, ô Cébès, et après l'avoir suivi fidèlement, il n'y a pas de raison pour craindre qu'à la sortie du corps elle s'envole emportée par les vents, se dissipe et cesse d'être.

SIXIÈME NOTE.

L'été sort de l'hiver, le jour sort de la nuit.

Quand Socrate eut ainsi parlé, Cébès prenant la parole lui dit : Socrate, tout ce que tu viens de dire me semble très-vrai. Il n'y a qu'une chose qui paraît incroyable à l'homme : c'est ce que tu as dit de l'âme. Il semble que lorsque l'âme a quitté le corps, elle n'est plus; que, le jour où l'homme expire, elle se dissipe comme une vapeur ou comme une fumée, et s'évanouit sans laisser de traces : car si elle subsistait quelque part recueillie en elle-même et délivrée de tous les maux dont tu as fait le tableau, il y aurait une grande et belle espérance, ô Socrate, que tout ce que tu as dit se réalise : mais que l'âme survive à la mort de l'homme, qu'elle conserve l'activité et la pensée, voilà ce qui a peut-être besoin d'explication et de preuves.

Tu dis vrai, Cébès, reprit Socrate ; mais comment ferons-nous ? Veux-tu que nous examinions dans cette conversation si cela est vraisemblable, ou si cela ne l'est pas ?

Je prendrai un très-grand plaisir, répondit Cébès, à entendre ce que tu penses sur cette matière.

Je ne pense pas au moins, reprit Socrate, que si quelqu'un nous entendait, fût-ce un faiseur de comédies, il pût me reprocher que je badine, et que je parle de choses qui ne me regardent pas [1]. Si donc tu le veux, examinons ensemble cette question. Et d'abord voyons si les âmes des morts sont dans les enfers ou si elles n'y sont pas. C'est une opinion bien ancienne [2] que les âmes, en quittant ce monde, vont dans les enfers, et que de là elles reviennent dans ce monde, et retournent à la vie après avoir passé par la mort. S'il en est ainsi, et que les hommes, après la mort, reviennent à la vie, il s'ensuit nécessairement que les âmes sont dans les enfers pendant cet intervalle; car elles ne reviendraient pas au monde, si elles n'étaient plus : et c'en sera une preuve suffisante si nous voyons clairement que les vivans ne naissent que des morts; car si cela n'est point il faut chercher d'autres preuves.

Fort bien, dit Cébès.

Mais, reprit Socrate, pour s'assurer de cette vérité, il ne faut pas se contenter de l'examiner par rapport aux hommes, il faut aussi l'examiner par rapport aux animaux, aux plantes et à tout ce qui naît; car on verra par là que toutes les choses naissent de la même manière, c'est-à-dire de leurs contraires, lorsqu'elles en ont, comme le beau a pour contraire le laid, le juste a pour contraire l'injuste, et ainsi mille autres choses. Voyons donc si c'est une nécessité absolue que les choses qui ont leur contraire ne naissent que de ce contraire; comme par exemple, s'il faut de toute nécessité, quand

---

[1] Allusion à un reproche d'Eupolis, poëte comique. (OLYMP., ad Phædon.; PROCLUS, ad Parmenidem, lib. I, p. 50, edit. Parisiens., t. IV.)

[2] Dogme pythagoricien, et même orphique. (OLYMP., ad Phædon.—Voyez Orph. Frag. HERMANN, p. 510.)

une chose devient plus grande, qu'elle fût auparavant plus petite, pour acquérir ensuite cette grandeur.

Sans doute.

Et quand elle devient plus petite, s'il faut qu'elle fût plus grande auparavant, pour diminuer ensuite.

Evidemment.

Tout de même, le plus fort vient du plus faible, le plus vite du plus lent.

C'est une vérité sensible.

Eh quoi! reprit Socrate, quand une chose devient plus mauvaise, n'est-ce pas de ce qu'elle était meilleure? et quand elle devient plus juste, n'est-ce pas de ce qu'elle était moins juste?

Sans difficulté, Socrate.

Ainsi donc, Cébès, que toutes les choses viennent de leurs contraires, voilà ce qui est suffisamment prouvé.

Très-suffisamment, Socrate.

Mais entre ces deux contraires, n'y a-t-il pas toujours un certain milieu, une double opération qui mène de celui-ci à celui-là et ensuite de celui-là à celui-ci? Le passage du plus grand au plus petit, ou du plus petit au plus grand, ne suppose-t-il pas nécessairement une opération intermédiaire, savoir, augmenter et diminuer?

Oui, dit Cébès.

N'en est-il pas de même de ce qu'on appelle se mêler et se séparer, s'échauffer et se refroidir, et de toutes les autres choses? Et quoiqu'il arrive quelquefois que nous n'ayons pas de termes pour exprimer toutes ces nuances, ne voyons-nous pas réellement que c'est toujours une nécessité absolue que les choses naissent les unes des autres, et qu'elles passent de l'une à l'autre par une opération intermédiaire?

Cela est indubitable.

Eh bien! reprit Socrate, la vie n'a-t-elle pas aussi son contraire, comme la veille a pour contraire le sommeil?

Sans doute, dit Cébès.

Et quel est ce contraire?

C'est la mort.

Ces deux choses ne naissent-elles donc pas l'une de l'autre, puisqu'elles sont contraires? et puisqu'il y a deux contraires, n'y a-t-il pas une double opération intermédiaire qui les fait passer de l'un à l'autre!

Comment non?

Pour moi, repartit Socrate, je vais vous dire la combinaison des deux contraires, le sommeil et la veille, et la double opération qui les convertit l'un dans l'autre; et toi, tu m'expliqueras l'autre combinaison. Je dis donc, quant au sommeil et à la veille, que du sommeil naît la veille, et de la veille le sommeil; et que ce qui mène de la veille au sommeil, c'est l'assoupissement, et du sommeil à la veille, c'est le réveil. Cela n'est-il pas assez clair?

Très-clair.

Dis-nous donc de ton côté la combinaison de la vie et de la mort. Ne dis-tu pas que la mort est le contraire de la vie?

Oui.

Et qu'elles naissent l'une de l'autre?

Sans doute.

Qui naît donc de la vie?

La mort.

Et qui naît de la mort?

Il faut nécessairement avouer que c'est la vie.

C'est donc de ce qui est mort que naît tout ce qui vit, choses et hommes?

Il paraît certain.

Et par conséquent, reprit Socrate, après la mort nos âmes vont habiter les enfers.

Il le semble.

Maintenant, des deux opérations qui font passer de l'état de vie à l'état de mort, et réciproquement, l'une n'est-elle pas manifeste? car mourir tombe sous les sens, n'est-ce pas?

Sans difficulté.

Mais quoi! pour faire le parallèle, n'existe-t-il pas une opération contraire, ou la nature est-elle boiteuse de ce côté-là? Ne faut-il pas nécessairement que mourir ait son contraire?

Nécessairement.

Et quel est-il?

Revivre.

Revivre, dit Socrate, est donc, s'il a lieu, l'opération qui ramène de l'état de mort à l'état de vie. Nous convenons donc que la vie ne naît pas moins de la mort que la mort de la vie, preuve satisfaisante que l'âme, après la mort, existe quelque part, d'où elle revient à la vie.

SEPTIÈME NOTE.

Hâtons-nous, mes amis, voici l'heure du bain.

Il est à peu près temps que j'aille au bain; car il me semble qu'il est mieux de ne boire le poison qu'après m'être baigné, et d'épargner aux femmes la peine de laver un cadavre.

Quand Socrate eut achevé de parler, Criton prenant la parole : A la bonne heure, Socrate, lui dit-il; mais n'as-tu rien à nous recommander, à moi et aux autres, sur tes enfans ou sur toute autre chose où nous pourrions te rendre service?

Ce que je vous ai toujours recommandé, Criton; rien de plus : ayez soin de vous; ainsi vous me rendrez service, à moi, à ma famille, à vous-mêmes, alors même que vous ne me promettriez rien présentement; au lieu que si vous vous négligez vous-mêmes, et si vous ne voulez pas suivre comme à la trace ce que nous venons de dire, ce que nous avions dit il y a longtemps, me fissiez-vous aujourd'hui les promesses les plus vives, tout cela ne servirait pas à grand'chose.

Nous ferons tous nos efforts, répondit Criton, pour nous conduire ainsi; mais comment t'ensevelirons-nous?

Tout comme il vous plaira, dit-il, si toutefois vous pouvez me saisir, et que je ne vous échappe pas. Puis, en même temps, nous regardant avec un sourire plein de douceur : Je ne saurais venir à bout, mes amis, de persuader à Criton que je suis le Socrate qui s'entretient avec vous, et qui ordonne toutes les parties de son discours; il s'imagine toujours que je suis celui qu'il va voir mort tout à l'heure, et il me demande comment il m'ensevelira; et tout ce long discours que je viens de faire pour vous prouver que, dès que j'aurai avalé le poison, je ne demeurerai plus avec vous, mais que je vous quitterai, et irai jouir des félicités ineffables, il me paraît que j'ai dit tout cela en pure perte pour lui, comme si je n'eusse voulu que vous consoler et me consoler moi-même. Soyez donc mes cautions auprès de Criton, mais d'une manière toute contraire à celle dont il a voulu être la mienne auprès des juges : car il a répondu pour moi que je ne m'en irais point; vous, au contraire, répondez pour moi que je ne serai pas plus tôt mort que je m'en irai, afin que le pauvre Criton prenne les choses plus doucement, et qu'en voyant brûler mon corps, ou le mettre en terre, il ne s'afflige pas sur moi, comme si je souffrais de grands maux, et qu'il ne dise pas à mes funérailles qu'il expose Socrate, qu'il l'emporte, qu'il l'enterre; car il faut que tu saches, mon cher Criton, lui dit-il, que parler improprement ce n'est pas seulement une faute envers les choses, mais c'est aussi un mal que l'on fait aux âmes. Il faut avoir plus de courage, et dire que c'est mon corps que tu enterres; et enterre-le comme il te plaira, et de la manière qui te paraîtra la plus conforme aux lois.

En disant ces mots, il se leva et passa dans une chambre voisine, pour y prendre le bain; Criton le suivit, et Socrate nous pria de l'attendre. Nous l'attendîmes donc, tantôt nous entretenant de tout ce qu'il nous avait dit, et l'examinant encore, tantôt parlant de l'horrible malheur qui allait nous arriver; nous regardant véritablement comme des enfans privés de leur père, et condamnés à passer le reste de notre vie comme des orphelins. Après qu'il fut sorti du bain, on lui apporta ses enfans, car il en avait trois, deux en bas âge [1], et un qui était déjà assez grand [2]; et on fit entrer les femmes de sa famille [3]. Il leur parla quelque temps en présence de Criton, et leur donna ses ordres; ensuite il fit retirer les femmes et les enfans, et revint nous trouver; et déjà le coucher du soleil approchait, car il était resté longtemps enfermé.

. . . .

Mais je pense, Socrate, lui dit Criton, que le soleil est encore sur les montagnes, et qu'il n'est pas couché : d'ailleurs je sais que beaucoup d'autres ne prennent le poison que longtemps après que

---

[1] Sophroniscus et Menexenus.
[2] Lamproclès.
[3] Il ne s'agit ici que de Xantippe et de quelques autres femmes alliées à la famille de Socrate, et nullement de ses deux épouses Xantippe et Myrto.

l'ordre leur en a été donné ; qu'ils mangent et qu'ils boivent à souhait, quelques-uns même ont pu jouir de leurs amours ; c'est pourquoi ne te presse pas, tu as encore du temps.

Ceux qui font ce que tu dis, Criton, répondit Socrate, ont leurs raisons ; ils croient que c'est autant de gagné : et moi, j'ai aussi les miennes pour ne pas le faire ; car la seule chose que je crois gagner, en buvant un peu plus tard, c'est de me rendre ridicule à moi-même, en me trouvant si amoureux de la vie, que je veuille l'épargner lorsqu'il n'y en a plus[1]. Ainsi donc, mon cher Criton, fais ce que je te dis, et ne me tourmente pas davantage.

A ces mots, Criton fit signe à l'esclave qui se tenait auprès. L'esclave sortit, et, après être resté quelque temps, il revint avec celui qui devait donner le poison, qu'il portait tout broyé dans une coupe. Aussitôt que Socrate le vit : Fort bien, mon ami, lui dit-il ; mais que faut-il que je fasse ? car c'est à toi à me l'apprendre.

Pas autre chose, lui dit cet homme, que de te promener quand tu auras bu, jusqu'à ce que tu sentes tes jambes appesanties, et alors de te coucher sur ton lit ; le poison agira de lui-même. Et en même temps, il lui tendit la coupe. Socrate la prit avec la plus parfaite sécurité, Échécrate, sans aucune émotion, sans changer de couleur ni de visage ; mais regardant cet homme d'un œil ferme et assuré comme à son ordinaire : Dis-moi, est-il permis de répandre un peu de ce breuvage, pour en faire une libation ?

Socrate, lui répondit cet homme, nous n'en broyons que ce qu'il est nécessaire d'en boire.

HUITIÈME NOTE.

Dans un point de l'espace inaccessible aux hommes.

Premièrement, reprit Socrate, je suis persuadé que si la terre est au milieu du ciel et de forme sphérique, elle n'a besoin ni de l'air, ni d'aucun autre appui pour s'empêcher de tomber ; mais que le

[1] Allusion à un vers d'Hésiode. (*Les Œuvres et les Jours*, v. 367.)

ciel même, qui l'environne également, et son propre équilibre, suffisent pour la soutenir; car toute chose qui est en équilibre, au milieu d'une autre qui la presse également, ne saurait pencher d'aucun côté, et par conséquent demeure fixe et immobile; voilà de quoi je suis persuadé.

Et avec raison, dit Symmias.

De plus, je suis convaincu que la terre est fort grande, et que nous n'en habitons que cette petite partie qui s'étend depuis le Phase jusqu'aux colonnes d'Hercule, répandus autour de la mer comme des fourmis ou des grenouilles autour d'un marais : et je suis convaincu qu'il y a plusieurs autres peuples qui habitent d'autres parties semblables; car partout sur la face de la terre il y a des creux de toutes sortes de grandeur et de figure, où se rendent les eaux, les nuages et l'air grossier, tandis que la terre elle-même est au-dessus dans le ciel pur où sont les astres, et que la plupart de ceux qui s'occupent de ces matières appellent l'*éther*, dont tout ce qui afflue perpétuellement dans les cavités que nous habitons n'est proprement que le sédiment. Enfoncés dans ces cavernes sans nous en douter, nous croyons habiter le haut de la terre, à peu près comme quelqu'un qui, faisant son habitation dans les abîmes de l'Océan, s'imaginerait habiter au-dessus de la mer, et qui, pour voir au travers de l'eau le soleil et les astres, prendrait la mer pour le ciel, et n'étant jamais monté au-dessus, à cause de sa pesanteur et de sa faiblesse, et n'ayant jamais avancé sa tête hors de l'eau, n'aurait jamais vu lui-même combien le lieu que nous habitons est plus pur et plus beau que celui qu'il habite, et n'aurait jamais trouvé personne qui pût l'en instruire. Voilà l'état où nous sommes. Confinés dans quelques creux de la terre, nous croyons en habiter les hauteurs; nous prenons l'air pour le ciel, et nous croyons que c'est là le véritable ciel dans lequel les astres font leur cours, c'est-à-dire que notre pesanteur et notre faiblesse nous empêchent de nous élever au-dessus de l'air; car si quelqu'un allait jusqu'au haut, et qu'il pût s'y élever avec des ailes, il n'aurait pas plus tôt mis la tête hors de cet air grossier, qu'il verrait ce qui se passe dans cet heureux séjour, comme les poissons en s'élevant au-dessus de la surface de la mer voient ce qui se passe dans l'air que nous respirons : et s'il était d'une nature propre à une longue contemplation, il connaîtrait que c'est le véritable ciel, la véritable lumière, la véritable terre; car cette terre, ces roches, tous les lieux que nous habitons, sont corrompus et calcinés, comme ce qui est dans la mer est rongé par l'âcreté des sels : aussi dans la mer on ne trouve que des cavernes, du sable, et partout où il y a de la terre, une vase profonde ; il n'y naît rien de parfait, rien qui soit d'aucun prix, rien enfin qui puisse être comparé à ce que nous avons ici. Mais ce qu'on trouve dans l'autre séjour est encore plus au-dessus de ce que nous voyons dans le nôtre ; et, pour vous faire connaître la beauté de cette terre pure, située au milieu du ciel, je vous dirai, si vous voulez, une belle fable qui mérite d'être écoutée.

Et nous, Socrate, nous l'écouterons avec un très-grand plaisir, dit Symmias.

On raconte, dit-il, que la terre, si on la regarde d'en haut, paraît comme un de nos ballons couverts de douze bandes de différentes couleurs, dont celles que nos peintres emploient ne sont que les échantillons ; mais les couleurs de cette terre sont infiniment plus brillantes et plus pures, et elles l'environnent tout entière. L'une est d'un pourpre merveilleux ; l'autre, de couleur d'or ; celle-là d'un blanc plus brillant que le gypse et la neige ; et ainsi des autres couleurs qui la décorent, et qui sont plus nombreuses et plus belles que toutes celles que nous connaissons. Les creux même de cette terre, remplis d'eau et d'air, ont aussi leurs couleurs particulières, qui brillent parmi toutes les autres ; de sorte que dans toute son étendue cette terre a l'aspect d'une diversité continuelle. Dans cette terre si parfaite, tout est en rapport avec elle, plantes, arbres, fleurs et fruits ; les montagnes même et les pierres ont un poli, une transparence, des couleurs incomparables ; celles que nous estimons tant ici, les cornalines, les jaspes, les émeraudes, n'en sont que de petites parcelles. Il n'y en a pas une seule, dans cette heureuse terre, qui ne les vaille, ou ne les surpasse encore : et la cause en est que là les pierres précieuses sont pures ; qu'elles ne sont ni rongées, ni gâtées comme les nôtres par l'âcreté des sels et par la corruption des sédimens qui descendent et s'amassent dans cette terre basse, où ils infectent les pierres et la terre, les plantes et les animaux. Outre toutes ces beautés, cette terre est ornée d'or, d'argent et d'autres métaux précieux, qui, répandus en tous lieux en abondance, frappent les yeux de tous côtés, et font de la vue de cette terre un spectacle de bienheureux. Elle est aussi habitée par toutes sortes d'animaux et par des hommes, dont les uns sont répandus au milieu des terres, et les autres autour de l'air, comme nous autour de la mer, et d'autres dans des îles que l'air forme près du continent ; car l'air est là ce que sont ici l'eau et la mer pour notre usage ; et ce que l'air est pour nous, pour eux est l'éther. Leurs saisons sont si bien tempérées, qu'ils vivent beaucoup plus que nous, toujours exempts de maladies ; et pour la vue, l'ouïe, l'odorat et tous les autres sens, et pour l'intelligence même, ils sont autant au-dessus de nous, que l'air surpasse l'eau en pureté, et que l'éther surpasse l'air. Ils ont des bois sacrés, des temples que les dieux habitent réellement ; des oracles, des prophéties, des visions, toutes les marques du commerce des dieux : ils voient aussi le soleil et la lune et les astres tels qu'ils sont ; et tout le reste de leur félicité suit à proportion.

Voilà quelle est cette terre à sa surface ; elle a tout autour d'elle plusieurs lieux, dont les uns sont plus profonds et plus ouverts que le pays que nous habitons ; les autres plus profonds, mais moins ouverts, et d'autres moins profonds et plus plats. Tous ces lieux sont percés par-dessous en plusieurs points, et communiquent entre eux par des conduits tantôt plus larges, tantôt plus étroits, à travers lesquels coule, comme des bassins, une quantité immense d'eau : des masses surprenantes de fleuves souterrains qui ne s'épuisent jamais ; des sources d'eaux froides et d'eaux chaudes : des fleuves de feu et d'autres de boue, les uns plus liquides, les autres plus épais, comme en Sicile ces torrens de boue et de feu qui précèdent la lave, et comme la lave elle-même. Ces lieux se remplissent de l'une ou de l'autre de ces matières, selon la direction qu'elles prennent chaque fois en se débordant. Ces masses énormes se meuvent en haut et en bas, comme un balancier placé dans l'intérieur de la terre. Voici à peu près comment ce mouvement s'opère : parmi les ouvertures de la terre, il en est une, la plus grande de toutes, qui passe tout au travers de la terre ; c'est celle dont parle Homère, quand il dit[1] :

Bien loin, là où sous la terre est le plus profond abîme ;

et que lui-même ailleurs et beaucoup d'autres appellent le Tartare. C'est là que se rendent, et c'est de là que sortent de nouveau tous les fleuves, qui prennent chacun le caractère et la ressemblance de

---

[1] *Iliade*, liv. VIII, v. 14.

la terre sur laquelle ils passent. La cause de ce mouvement en sens contraire, c'est que le liquide ne trouve là ni fond ni appui; il s'agite suspendu, et bouillonne sens dessus dessous; l'air et le vent font de même tout à l'entour, et suivent tous ses mouvemens et lorsqu'il s'élève et lorsqu'il retombe; et comme dans la respiration, où l'air entre et sort continuellement, de même ici l'air, emporté avec le liquide dans deux mouvemens opposés, produit des vents terribles et merveilleux, en entrant et en sortant. Quand donc les eaux, s'élançant avec force, arrivent vers le lieu que nous appelons le lieu inférieur, elles forment des courans qui vont se rendre, à travers la terre, vers des lits de fleuves qu'ils rencontrent et qu'ils remplissent comme avec une pompe. Lorsque les eaux abandonnent ces lieux et s'élancent vers les nôtres, elles les remplissent de la même manière; de là elles se rendent, à travers des conduits souterrains, vers les différens lieux de la terre, selon que le passage leur est frayé, et forment les mers, les lacs, les fleuves et les fontaines; puis s'enfonçant de nouveau sous la terre, et parcourant des espaces, tantôt plus nombreux et plus longs, tantôt moindres et plus courts, elles se jettent dans le Tartare, les unes beaucoup plus bas, d'autres seulement un peu plus bas, mais toutes plus bas qu'elles n'en sont sorties. Les unes ressortent et retombent dans l'abîme précisément du côté opposé à leur issue; quelques autres, du même côté: il en est aussi qui ont un cours tout à fait circulaire, et se replient une ou plusieurs fois autour de la terre comme des serpens, descendent le plus bas qu'elles peuvent et se jettent de nouveau dans le Tartare. Elles peuvent descendre de part et d'autre jusqu'au milieu, mais pas au delà; car alors, elles remonteraient: elles forment plusieurs courans fort grands; mais il y en a quatre principaux dont le plus grand, et qui coule le plus extérieurement tout autour, est celui qu'on appelle Océan. Celui qui lui fait face, et coule en sens contraire, est l'Achéron, qui traversant des lieux déserts, et s'enfonçant sous la terre, se jette dans le marais Achérusiade, où se rendent les âmes de la plupart des morts, qui, après y avoir demeuré le temps ordonné, les unes plus, les autres moins, sont renvoyées dans ce monde pour y animer de nouveaux êtres. Entre ces deux fleuves coule un troisième, qui, non loin de sa source, tombe dans un lieu vaste, rempli de feu, et y forme un lac plus grand que notre mer, où l'eau bouillonne mêlée avec la boue. Il sort de là trouble et fangeux, et continuant son cours en spirale, il se rend à l'extrémité du marais Achérusiade, sans se mêler avec ses eaux; et après avoir fait plusieurs tours sous terre, il se jette vers le plus bas du Tartare; c'est ce fleuve qu'on appelle le Puriphlégéton, dont les ruisseaux enflammés saillent sur la terre, partout où ils trouvent une issue. Du côté opposé, le quatrième fleuve tombe d'abord dans un lieu affreux et sauvage, à ce que l'on dit, et d'une couleur bleuâtre. On appelle ce lieu Stygien, et Styx le lac que forme le fleuve en tombant. Après avoir pris dans les eaux de ce lac des vertus horribles, il se plonge dans la terre, où il fait plusieurs tours; et se dirigeant vis-à-vis du Puriphlégéton, il le rencontre dans le lac de l'Achéron, par l'extrémité opposée. Il ne mêle ses eaux avec les eaux d'aucun autre fleuve; mais, après avoir fait le tour de la terre, il se jette aussi dans le Tartare, par l'endroit opposé au Puriphlégéton. Le nom de ce fleuve est le Cocyte, comme l'appellent les poëtes.

NEUVIÈME NOTE.

Mais qui donc étais-tu, mystérieux génie?

Mais peut-être paraîtra-t-il inconséquent que je me sois mêlé de donner à chacun de vous des avis en particulier, et que je n'aie jamais eu le courage de me trouver dans les assemblées du peuple, pour donner mes conseils à la république. Ce qui m'en a empêché, Athéniens, c'est ce je ne sais quoi de divin et de démoniaque, dont vous m'avez si souvent entendu parler, et dont Mélitus, pour plaisanter, a fait un chef d'accusation contre moi. Ce phénomène extraordinaire s'est manifesté en moi dès mon enfance; c'est une voix qui ne se fait entendre que pour me détourner de ce que j'ai résolu, car jamais elle ne m'exhorte à rien entreprendre : c'est elle qui s'est toujours opposée à moi quand j'ai voulu me mêler des affaires de la république, et elle s'y est opposée fort à propos; car sachez bien qu'il y a longtemps que je ne serais plus en vie, si je m'étais mêlé des affaires publiques, et je n'aurais rien avancé ni pour vous ni pour moi. Ne vous fâchez point, je vous en conjure, si je vous dis la vérité. Non, quiconque voudra lutter franchement contre les passions d'un peuple, celui d'Athènes, ou tout autre peuple; quiconque voudra empêcher qu'il se commette rien d'injuste ou d'illégal dans un état, ne le fera jamais impunément. Il faut de toute nécessité que celui qui veut combattre pour la justice, s'il veut vivre quelque temps, demeure simple particulier, et ne prenne aucune part au gouvernement. Je puis vous en donner des preuves incontestables, et ce ne seront pas des raisonnemens, mais ce qui a bien plus d'autorité auprès de vous, des faits. Écoutez donc ce qui m'est arrivé, afin que vous sachiez bien que je suis incapable de céder à qui que ce soit contre le devoir, par crainte de la mort; et que, ne voulant pas le faire, il est impossible que je ne périsse pas. Je vais vous dire des choses qui vous déplairont, et où vous trouverez peut-être la jactance des plaidoyers ordinaires : cependant je ne vous dirai rien qui ne soit vrai.

DIXIÈME NOTE.

Voilez-vous, ou je meurs une seconde fois!

Après cela, ô vous qui m'avez condamné, voici ce que j'ose vous prédire; car je suis précisément dans les circonstances où les hommes lisent dans l'avenir, au moment de quitter la vie.

ONZIÈME NOTE.

Cependant dans son sein son haleine oppressée...

Il s'assit sur son lit, et n'eut pas le temps de nous dire grand'-chose : car le serviteur des Onze entra presque en même temps, et s'approchant de lui : Socrate, dit-il, j'espère que je n'aurai pas à te faire le même reproche qu'aux autres : dès que je viens les avertir, par l'ordre des magistrats, qu'il faut boire le poison, ils s'emportent contre moi et me maudissent ; mais pour toi, depuis que tu es ici, je t'ai toujours trouvé le plus courageux, le plus doux et le meilleur de ceux qui sont jamais venus dans cette prison ; et en ce moment je suis bien assuré que tu n'es pas fâché contre moi, mais contre ceux qui sont la cause de ton malheur, et que tu connais bien. Maintenant, tu sais ce que je viens t'annoncer ; adieu, tâche de supporter avec résignation ce qui est inévitable. En même temps il se détourna en fondant en larmes, et se retira. Socrate, le regardant, lui dit : Et toi aussi, reçois mes adieux ; je ferai ce que tu dis. Et se tournant vers nous : Voyez, nous dit-il, quelle honnêteté dans cet homme ! tout le temps que j'ai été ici, il m'est venu voir souvent, et s'est entretenu avec moi : c'était le meilleur des hommes, et maintenant comme il me pleure de bon cœur ! Mais allons, Criton, obéissons-lui de bonne grâce, et qu'on m'apporte le poison, s'il est broyé ; sinon qu'il le broie lui-même.

DOUZIÈME NOTE.

Un faux rayon de vie errant par intervalle.

Jusque-là, nous avions eu presque tous assez de force pour retenir nos larmes ; mais le voyant boire, et après qu'il eut bu, nous n'en fûmes plus les maîtres. Pour moi, malgré tous mes efforts, mes larmes s'échappèrent avec tant d'abondance, que je me couvris de mon manteau pour pleurer sur moi-même : car ce n'était pas le malheur de Socrate que je pleurais, mais le mien, en songeant quel ami j'allais perdre. Criton, avant moi, n'ayant pu retenir ses larmes, était sorti ; et Apollodore, qui n'avait presque pas cessé de pleurer auparavant, se mit alors à crier, à hurler et à sangloter avec tant de force, qu'il n'y eut personne à qui il ne fît fendre le cœur, excepté Socrate : Que faites-vous ? dit-il, ô mes bons amis ! N'était-ce pas pour cela que j'avais renvoyé les femmes, pour éviter des scènes aussi peu convenables ? car j'ai toujours ouï dire qu'il faut mourir avec de bonnes paroles. Tenez-vous donc en repos, et montrez plus de fermeté.

Ces mots nous firent rougir, et nous retînmes nos pleurs.

Cependant Socrate, qui se promenait, dit qu'il sentait ses jambes s'appesantir, et il se coucha sur le dos, comme l'homme l'avait ordonné. En même temps le même homme qui lui avait donné le poison s'approcha, et, après avoir examiné quelque temps ses pieds et ses jambes, il lui serra le pied fortement, et lui demanda s'il le sentait; il dit que non. Il lui serra ensuite les jambes; et portant ses mains plus haut, il nous fit voir que le corps se glaçait et se raidissait; et, le touchant lui-même, il nous dit que, dès que le froid gagnerait le cœur, Socrate nous quitterait. Déjà tout le bas-ventre était glacé. Alors se découvrant, car il était couvert : Criton, dit-il, et ce furent ses dernières paroles, nous devons un coq à Esculape; n'oublie pas d'acquitter cette dette.

Cela sera fait, répondit Criton. Mais vois si tu as encore quelque chose à nous dire.

Il ne répondit rien, et un peu de temps après il fit un mouvement convulsif; alors l'homme le découvrit tout à fait : ses regards étaient fixes. Criton s'en étant aperçu, lui ferma la bouche et les yeux.

LE DERNIER CHANT

DU

PÈLERINAGE D'HAROLD.

AVERTISSEMENT.

Childe-Harold est un poëme de lord Byron. Le noble barde, dont l'Europe pleure aujourd'hui la mort glorieuse et prématurée, en donna successivement, et pendant un intervalle de dix années, quatre chants au public. Harold est un enfant de l'imagination, un nom plutôt qu'un héros; lord Byron ne s'en est servi que comme d'un fil qui pût guider le lecteur et le poëte lui-même dans les sites variés que le pèlerin est censé parcourir; comme d'un type auquel il pût attribuer les sentimens et les pensées qu'il tirait de son propre fonds : Harold, en un mot, est le prête-nom de lord Byron. Le poëte, qui avait d'abord nié *avec affectation* cette identité avec son héros, en convient à la fin de la préface de son quatrième chant.

« Quant à ce qui regarde, dit-il, la conduite de ce qua-
« trième chant, le pèlerin Harold paraîtra encore moins
« souvent sur la scène que dans les précédens, et il sera
« presque entièrement fondu avec l'auteur parlant en son
« propre nom. Le fait est que je me lassais de tirer, entre
« Harold et moi, une ligne de séparation que chacun sem-
« blait décidé à ne pas apercevoir : c'est ainsi que personne
« ne voulait croire le Chinois de Goldsmith un Chinois véri-
« table. C'était vainement que je m'imaginais avoir établi
« une distinction entre le poëte et le pèlerin : le soin même
« que je prenais de conserver cette distinction, et mon dé-
« sappointement de la trouver inutile, nuisaient tellement à
« mon inspiration, que je résolus de l'abandonner, et c'est

« ce que j'ai fait ici ; les opinions qui se sont formées et qui
« se formeront encore à ce sujet sont aujourd'hui devenues
« tout à fait indifférentes. Qu'on juge l'ouvrage et non l'é-
« crivain ! L'auteur qui n'a dans son esprit d'autres res-
« sources que la réputation éphémère ou permanente due
« à ses premiers succès, mérite le sort des auteurs. »

Cette inutile distinction, rejetée par l'auteur anglais, est encore plus complétement effacée dans ce dernier chant du Pèlerinage d'Harold, par M. de Lamartine. Le nom d'Harold est évidemment et toujours employé ici pour celui de lord Byron. Mais parcourons les premiers chants de ce singulier poëme, afin que le lecteur en comprenne mieux la suite.

Harold est un jeune voyageur qui, lassé de bonne heure des voluptés de la vie, quitte sa terre natale, l'Angleterre, et parcourt le monde en chantant ce qu'il voit, ce qu'il sent ou ce qu'il pense : c'est une Odyssée pittoresque et morale, une divagation poétique, qui n'a d'autre centre d'intérêt et d'unité que la fiction légère du personnage d'Harold. Au premier chant, il est en Portugal et en Espagne ; il en décrit les sites, les mœurs, et quelques-unes des grandes et terribles scènes qu'offrait cette terre héroïque, à l'époque de la première invasion des Français.

Le second chant est une peinture de la Grèce et de l'Asie-Mineure, où lord Byron avait fait un premier voyage en 1808. Il salue tour à tour leurs mers, leurs montagnes, leurs tombeaux, leurs ruines, et chaque lieu lui inspire des impressions et des vers dignes de ses immortels souvenirs.

Le troisième chant commence par une invocation touchante à *Adda*, fille unique du poëte, loin de laquelle les orages de sa vie l'emportent encore. On sait qu'à cette époque une séparation légale, dont les véritables motifs sont restés un mystère, venait d'être prononcée entre le noble lord et lady Byron. Il dit un éternel adieu au rivage d'Angleterre, et, parcourant le champ de bataille de Waterloo, il décrit cette dernière lutte entre l'Europe et *l'homme du destin*. De là, longeant les bords du Rhin, il traverse rapidement les Alpes, célèbre l'Helvétie et les bords enchantés du lac Léman.

Le quatrième chant, et peut-être le plus magnifique, trouve le poëte à Venise. Il décrit les rives mélancoliques de la Brenta, va pleurer Pétrarque sur sa tombe d'Arqua; déplore le sort de l'Italie, tour à tour envahie par tous les barbares ; jette un regard sur Florence, et se reposant à Rome, laisse sa muse s'abandonner à loisir à toutes les inspirations qui s'exhalent de ses monumens et de ses débris. Jamais peut-être la poésie moderne n'a revêtu de plus sublimes expressions, des images plus fortes et des sentimens plus intimes. Ici le poëte, abandonnant tout à coup son héros, adresse un salut sublime à la mer qu'il aperçoit des hauteurs d'Albano, sur la route de Naples, et disant adieu au lecteur, lui souhaite un bonheur qu'il n'a pas trouvé lui-même.

Ce poëme, dont rien dans les littératures classiques ne peut nous donner une idée, était l'œuvre de prédilection de lord Byron. Voici en quels termes il en parle dans une dédicace à M. Hobhouse, son ami et son compagnon de voyage :

« Je passe ici de la fiction à la vérité : ce poëme est le
« plus long et le plus fortement pensé de mes ouvrages. Nous
« avons parcouru ensemble, à diverses époques, les con-
« trées que la chevalerie, l'histoire ou la fable ont rendues
« célèbres; l'Espagne, la Grèce, l'Asie-Mineure et l'Italie ;
« ce qu'Athènes et Constantinople étaient pour nous il y a
« quelques années, Venise et Rome l'ont été plus récem-
« ment : mon poëme aussi, ou mon pèlerin, ou l'un et
« l'autre, si l'on veut, m'ont accompagné partout. Peut-
« être trouvera-t-on excusable la vanité qui me fait reve-
« nir avec tant de complaisance à mes vers. Pourrais-je ne
« pas tenir à un poëme qui me lie en quelque sorte aux
« lieux qui me l'ont inspiré, et aux objets que j'ai essayé
« de décrire? La composition de *Childe-Harold* a été pour
« moi une source de jouissances. Je ne m'en sépare qu'avec
« une sorte de regret, dont, grâce à ce que j'ai éprouvé,

« j'étais loin de me croire susceptible pour des objets ima-
« ginaires, etc., etc. »

Le lecteur partagera sans doute cette légitime prédilection du poëte. C'est dans *Childe-Harold* qu'on peut trouver lord Byron tout entier; car il y a répandu avec profusion, *avec amour*, comme disent les Italiens, les inépuisables richesses de sa palette; soit qu'il peigne la nature morte, que son génie vivifie toujours, soit qu'il s'élève aux plus hautes régions de la pensée et de la philosophie, soit qu'il s'abandonne, comme au hasard, au cours capricieux de ses rêveries, et fasse vibrer, jusqu'à rompre, toutes les cordes sensibles de son âme et de la nôtre. Il reprend à chaque instant le dernier mot de sa strophe, à l'imitation de nos anciennes ballades; et, comme si ce seul mot suffisait pour éveiller cette puissante imagination, il en fait le thème d'une autre série de strophes, et s'élance, sans autre transition, dans une sphère nouvelle d'idées ou de sentimens. Il faudrait tout citer si l'on citait quelque chose d'une aussi étrange conception. Nous aimons mieux renvoyer le lecteur à l'ouvrage même.

On a beaucoup reproché à lord Byron l'immoralité de quelques-uns de ses ouvrages, ses principes désorganisateurs de tout ordre social, et ses sentimens anti-religieux; mais ces reproches, trop souvent fondés ailleurs, ne nous paraissent pas à beaucoup près aussi applicables à *Childe-Harold* qu'à quelques-uns de ses derniers poëmes : on y sent davantage la fraîcheur de la vie et de la jeunesse. On voudrait, il est vrai, en effacer quelques nuages; mais ces nuages n'empêchent cependant pas le lecteur de reconnaître et d'admirer, dans cette œuvre d'un beau génie, l'expression d'une belle âme. Et d'où viendrait ce génie qui nous émeut et nous charme, si ce n'était d'une âme grande et féconde? Il n'a jamais eu d'autre source. Malheureusement aussi il n'a jamais préservé les hommes qui l'ont possédé des erreurs les plus funestes de l'esprit et des passions les plus orageuses du cœur! Lord Byron en est un nouvel exemple : plusieurs de ses ouvrages sont un scandale pour ses admirateurs même; il en a empoisonné

AVERTISSEMENT.

les plus brillantes pages d'un scepticisme de parade, aussi funeste à la génération qui l'admire qu'à son propre talent. Nous ne prétendons point l'excuser; peut-être lui-même, s'il eût vécu..... Mais il n'est plus! Tout en voulant prémunir la jeunesse contre les principes déplorables de ses derniers ouvrages, il faut jeter un voile sur les taches de ce grand génie : ce génie doit faire augurer de son âme, et sa mort peut servir d'excuse à sa vie. Il a sacrifié ses jours, en Grèce, à la cause de la religion, de la liberté et de l'enthousiasme. Ses actions réfutent ses paroles.

M. de Lamartine, voulant conduire le poëme de *Childe-Harold* jusqu'à son véritable terme, la mort du héros, le reprend où lord Byron l'avait laissé, et, sous la fiction transparente du nom d'Harold, chante les dernières actions ou les dernières pensées de lord Byron lui-même, son passage en Grèce et sa mort. Il a pensé sans doute que le mode le plus convenable de chanter l'homme qu'il admire, était celui qu'il avait adopté lui-même; et la forme de *Childe-Harold* lui était trop évidemment indiquée, pour qu'il lui fût possible d'en adopter une autre : peut-être cette forme même donnera-t-elle lieu à quelques critiques. Peut-être lui reprochera-t-on comme un excès d'audace, comme une profanation, ce qui n'a été chez lui qu'un juste sentiment de modestie et de déférence pour un génie supérieur. Il n'a pris le genre du poëme et le nom du héros de lord Byron, que par respect pour lord Byron, qui se peignait lui-même sous cette forme emblématique. Toute autre forme, tout autre nom, eussent été moins périlleux pour lui : ils eussent rappelé moins immédiatement un talent qui écraserait tout ce qui tenterait de l'égaler; mais une imitation n'est point une lutte, c'est un hommage. A Dieu ne plaise que ce nom de Childe-Harold puisse donner une autre idée! Quel poëte oserait faire parler lord Byron? on s'apercevrait trop vite que ce n'est que son ombre. Cependant ce mot d'imitation, que nous venons de prononcer, ne rend pas exactement notre pensée : la forme et le genre sont seuls imités; les idées, les sentimens, les images ne le sont pas. Il nous a semblé, au contraire, que l'auteur français avait pris le plus grand soin d'éviter toute imitation de ce genre ; et qu'on ne retrouve pas, dans ce cinquième chant, une seule des pensées ou des comparaisons que le poëte anglais a prodiguées dans les quatre premiers chants de son poëme. On peut être soi sous le nom d'un autre.

Ce genre de poëme n'a pas encore de nom générique dans la littérature moderne. Ce n'est pas le poëme didactique, car il n'enseigne rien ; ce n'est pas le poëme descriptif, car il raconte aussi ; ce n'est pas le poëme épique, il n'en a ni les héros, ni le caractère, ni l'importance, ni la majesté : il tient de ces trois genres à la fois ; il raconte, il décrit, il médite, il enseigne ; le héros est le poëte lui-même ou le cœur de l'homme en général, avec ses impressions les plus variées et les plus profondes ; c'est le poëme d'une civilisation avancée, où l'homme sent encore la nature avec cette force d'enthousiasme qu'il ne perdra jamais, mais où il se plaît à analyser ses propres sentimens, à se rendre compte de ce qu'il éprouve, à savourer à loisir ses impressions fugitives, et où son propre cœur est devenu pour lui un thème plus intéressant que les aventures un peu usées des héros imaginaires, fabuleux ou historiques. L'intérêt est tout dans le style, et la forme, à peine esquissée, n'est qu'un fil imperceptible pour lier d'un lien commun les idées et les sentimens qui se succèdent.

Le poëme anglais de *Childe-Harold* est écrit en stances d'un nombre égal de vers, indiquées par un chiffre romain. C'est la stance de Spencer, forme que lord Byron avait adoptée et rajeunie, comme plus propre à ce genre de composition, où l'imagination, se livrant à tous ses caprices, ne suit plus pas à pas l'ordre méthodique de la prose, mais s'élance sans transition prononcée, d'une idée à l'autre. Cette forme devait être conservée dans ce cinquième chant par M. de Lamartine ; mais la poésie française ne possède aucun rhythme analogue à la stance de Spencer, ou aux couplets du Tasse dans sa *Jérusalem*. Pour y suppléer, il a donc été obligé de composer ce dernier chant en stances irrégulières, d'un nombre de vers indéterminé. Ici, c'est le sens et non le nombre de vers qui indique la suspension et le repos ; nous les indiquons, comme dans le poëme original, par un chiffre romain. Quelques personnes ont déjà reproché à M. de Lamartine d'avoir adopté cette forme pour quelques-unes de ses poésies ; nous n'avons rien à leur répondre, si ce n'est qu'elles peuvent facilement la faire disparaître en ne s'arrêtant pas aux suspensions qu'elle indique. Quant à nous, nous pensons toujours que, dans des compositions de longue haleine, des repos ménagés avec art sont nécessaires à la pensée comme aux forces du lecteur, et que ces repos ne peuvent être plus convenablement indiqués que par le poëte lui-même. Il nous aurait paru aussi inconvenant qu'inutile de parler des opinions politiques ou religieuses de l'auteur français dans l'avertissement d'un ouvrage de littérature légère, si nous n'avions été récemment encore mis en garde contre l'injustice des interprétations les plus forcées, par des articles de journaux où l'on discutait les opinions de l'homme au lieu des vers du poëte. Un de ces journaux, dont nous respectons du reste l'impartialité et les doctrines (littéraires), a été jusqu'à dire que les poésies de M. de Lamartine étaient *l'hymne du découragement et du scepticisme.* L'office du poëte n'est point sans doute de prêcher des dogmes en vers ; mais nous en appelons à la conscience de tous les lecteurs pour réfuter une assertion de cette nature... Si les *Méditations Poétiques* ont eu un si honorable succès, elles l'ont dû surtout à ce sentiment religieux qui respire dans toutes leurs pages. Tout le monde l'a senti, tout le monde l'a dit ; et, c'est sans doute le genre d'éloge auquel l'auteur a été le plus sensible. Quelques vers pris isolément, ou détachés de l'ensemble qui les explique, peuvent donner lieu sans doute à des interprétations du genre de celles que nous combattons ici ; mais un vers, une stance, ne forment pas plus le sens d'un morceau de poésie, qu'un son isolé ne forme un concert : c'est l'accord qu'il faut juger.

Quoi qu'il en soit, et pour ôter tout prétexte à de semblables méprises, nous croyons devoir prévenir ici le lecteur, au nom de M. de Lamartine, que la *liberté*, qu'invoque dans ce nouvel ouvrage la muse de Childe-Harold, n'est point celle dont le nom profané a retenti depuis trente ans dans les luttes des factions, mais cette indépendance naturelle et légale, cette liberté, fille de Dieu, qui fait qu'un peuple est un peuple, et qu'un homme est un homme ; droit sacré et imprescriptible dont aucun abus criminel ne peut usurper ou flétrir le beau nom. Quant au ton plus réel de scepticisme qui se retrouve dans quelques morceaux de ce dernier chant de *Childe-Harold*, il est inutile de faire remarquer qu'il se trouve uniquement dans la bouche du héros, que, d'après ses opinions trop connues, l'auteur français ne pouvait faire parler contre la vraisemblance de son caractère. Satan, dans Milton, ne parle point comme les anges. L'auteur et le héros ont deux langages fort opposés ; et M. de Lamartine serait très-affligé qu'on pût l'accuser, même injustement, d'avoir fait naître le plus léger doute sur ses intentions, ou d'avoir répandu l'ombre d'un nuage sur des convictions religieuses qui sont les siennes, et qu'il regarde avec raison comme la seule lumière de la vie et le plus précieux trésor de l'homme.

DÉDICACE.

Te souviens-tu du jour où, gravissant la cime
    Du Salève aux flancs azurés,
Dans un étroit sentier qui pend sur un abîme
Nous posions en tremblant nos pas mal assurés?
Tu marchais devant moi. Balancés par l'orage,
Les rameaux ondoyans du mélèze et du pin,
S'écartant à regret pour t'ouvrir un passage,
Secouaient sur ton front les larmes du matin;
Un torrent sous tes pieds s'écroulant en poussière,
Traçait sur les rochers de verdâtres sillons,
Et, de sa blanche écume où jouait la lumière,
Élevait jusqu'à nous les flottans tourbillons.

    Un nuage grondait encore
Sur les confins des airs, à l'occident obscur,
Tandis qu'à l'orient le souffle de l'aurore
Découvrait la moitié d'un ciel limpide et pur,
Et dorait de ses feux la voile qui colore
Des vagues du Léman l'éblouissant azur!
Tout à coup sur un roc, dont tu foulais la cime,
Tu t'arrêtas : tes yeux s'abaissèrent sur moi;
Tu me montrais du doigt les flots, les monts, l'abîme,
La nature et le ciel... et je ne vis que toi!...

Ton pied léger semblait s'élancer de sa base;
Ton œil planait d'en haut sur ces sublimes bords;
    Ton sein, oppressé par l'extase,
    Se soulevait sous ses transports,
Comme le flot captif qui, bouillant dans le vase,
S'enfle, frémit, s'élève, et surmonte ses bords;

DÉDICACE.

Sur l'angle d'un rocher ta main était posée ;
Par l'haleine des vents goutte à goutte essuyés,
    Tes cheveux trempés de rosée,
Distillaient lentement ses perles à tes pieds.

    Des cascades l'écume errante
Faisait autour de toi, sur un tapis de fleurs,
De son prisme liquide ondoyer les couleurs,
    Et d'une robe transparente
Semblait t'envelopper dans ses plis de vapeurs !
Tu ressemblais... Mais non, toute image est glacée.
Rien d'humain ne saurait te retracer aux yeux ;
    Rien... qu'une céleste pensée,
    Qui, durant un songe pieux,
Sur ses ailes de feu dans les airs balancée,
Et du sein d'un cœur pur vers Dieu même élancée,
    S'élève et plane dans les cieux !

Je te vis ; je jurai de consacrer la trace
    De ce trop rapide moment,
Et de graver ici ton nom... Ta main l'efface
    De ce fragile monument.
    Un jour, quand je te verrai lire
Ces vers dont un regard est le seul avenir,
Si tes yeux attendris ne peuvent retenir
    Une larme aux sons de ma lyre,
    Ah ! qu'au moins tu puisses te dire :
« Ces chants qui m'ont ému, c'est moi qui les inspire,
    « Et sa muse est mon souvenir ! »

LE DERNIER CHANT

DU

PÈLERINAGE D'HAROLD.

I.

Muse des derniers temps, divinité sublime,
Qui des monts fabuleux n'habites plus la cime ;
Toi qui n'as pour séjour, pour temples, pour autels,
Que le sein frémissant des généreux mortels ;
Toi dont la main se plaît à couronner ta lyre
Des lauriers du combat, des palmes du martyre,
Et qui fais retentir l'Hémus ressuscité
Des noms vengeurs du Christ et de la liberté !
Sentiment plus qu'humain que l'homme déifie,
Viens seul ! c'est à toi seul que mon cœur sacrifie !
Les siècles de l'erreur sont passés, l'homme est vieux ;
Ce monde, en grandissant, a détrôné ses dieux,
Comme l'homme qui touche à son adolescence
Brise les vains hochets de sa crédule enfance ;
L'Olympe n'entend plus, sur ses sommets sacrés,
Hennir du dieu du jour les coursiers altérés ;
Jupiter voit sa foudre entre ses mains brisée,
Des fils grossiers d'Omar provoquer la risée ;
Le Nil souille au désert, de son impur limon,

Les débris mutilés de l'antique Memnon;
Délos n'a plus d'autels, Delphes n'a plus d'oracles,
Le temps a balayé le temple et les miracles.
Hors le culte éternel, vingt cultes différens,
Du stupide univers bienfaiteurs ou tyrans,
Ont passé! cherchez-les dans la cendre de Rome!...
Mais il reste à jamais au fond du cœur de l'homme
Deux sentimens divins, plus forts que le trépas :
L'Amour, la Liberté, dieux qui ne mourront pas!

II.

L'amour! je l'ai chanté, quand, plein de son délire,
Ce nom seul murmuré faisait vibrer ma lyre,
Et que mon cœur cédait au pouvoir d'un coup d'œil,
Comme la voile au vent qui la pousse à l'écueil.
J'aimai, je fus aimé, c'est assez pour ma tombe;
Qu'on y grave ces mots, et qu'une larme y tombe!
Remplis seul aujourd'hui ma pensée et mes vers,
Toi qui naquis le jour où naquit l'univers,
Liberté! premier don qu'un Dieu fit à la terre,
Qui marquas l'homme enfant d'un divin caractère,
Et qui fit reculer, à son premier aspect,
Les animaux tremblant d'un sublime respect,
Don plus doux que le jour, plus brillant que la flamme,
Air pur, air éternel qui fais respirer l'âme!
Trop souvent les mortels, du ciel même jaloux,
Se ravissent entre eux ce bien commun à tous!
Plus durs que le destin, dans d'indignes entraves,
De ce que Dieu fit libre ils ont fait des esclaves!
Ils ont de ses saints droits dégradé la raison :
Qu'ai-je dit? ils ont fait un crime de ton nom!
Mais, semblable à ce feu que le caillou recèle,
Dont l'acier fait jaillir la brûlante étincelle,
Dans les cœurs asservis tu dors; tu ne meurs pas!

Et, quand mille tyrans enchaîneraient tes bras,
Sous le choc de ces fers dont leurs mains t'ont chargée
Tu jaillis tout à coup, et la terre est vengée!

III.

Ces temps sont arrivés! Aux rivages d'Argos [1],
N'entends-tu pas ce cri qui monte sur les flots?
C'est ton nom! il franchit les écueils des Dactyles;
Il éveille en sursaut l'écho des Thermopyles;
Du Pinde et de l'Ithôme il s'élance à la fois;
La voix d'un peuple entier n'est qu'une seule voix :
Elle gronde, elle court, elle roule, elle tonne;
Le sol sacré tressaille à ce bruit qui l'étonne,
Et, rouvrant ses tombeaux, enfante des soldats
Des os de Miltiade et de Léonidas!
N'entends-tu pas siffler sur les flots du Bosphore
Tous ces brûlots armés de feu qui les dévore;
Qui, sillonnant la nuit l'archipel enflammé,
A travers les écueils dont Mégare est semé,
Comme un serpent de feu glissent dans les ténèbres,
Illuminent ses mers de cent phares funèbres,
Surprennent, sur les flots, leurs tyrans endormis,
Se cramponnent aux flancs des vaisseaux ennemis,
Et, leur dardant un feu que la vengeance allume,
Bénissent leurs trépas pourvu qu'il les consume?...

Ce sont là les flambeaux dignes de tes autels!
Viens donc, dernier vengeur du destin des mortels,
Toi que la tyrannie osait nommer un rêve!
La croix dans une main et dans l'autre le glaive,
Viens voir, à la clarté de ces bûchers errans,
Ressusciter un peuple et périr des tyrans!

IV.

Mais où donc est Harold, ce pèlerin du monde
Dont j'ai suivi longtemps la course vagabonde?
A-t-il donc jeté l'ancre au midi de ses jours?
Ou s'est-il endormi dans d'ignobles amours?
Ai-je perdu ce fil de mes sombres pensées
Qui, marquant de mes pas les traces effacées,
M'aidait à retrouver moi-même dans autrui?
Mystérieux héros! c'était moi, j'étais lui;
Et sans briser jamais le nom qui les rassemble,
Nos deux cœurs, nos deux voix, sentaient, chantaient ensemble;
Mais, depuis qu'en partant, la ville des Césars,
Le vit se retourner vers ses sacrés remparts,
Que Tibur, encor plein du chantre de Blanduse,
Tressaillit de plaisir sous les pas de sa muse,
Et que de son sommet éclatant, d'où les yeux
Plongent sur une mer qui va s'unir aux cieux,
Albano l'entendit, en découvrant l'abîme²,
Saluer l'Océan d'un adieu si sublime,
On n'a plus reconnu sa voix; et l'univers,
Encor retentissant de ses derniers concerts,
Comme un temple muet, semble attendre en silence
Que l'hymne interrompu tout à coup recommence.
Que fait-il? Sur quels bords ses astres inconstans
Ont-ils poussé ses mâts brisés avant le temps?
Quels flots furent témoins de son dernier naufrage?
Quel sol consolateur lui prêta son rivage?
O Muse qui donnais ta lyre à ses douleurs,
Viens donc, suivons ses pas aux traces de ses pleurs!

V.

Il est nuit: mais la nuit sous ce ciel n'a point d'ombre :

Son astre suspendu dans un dôme moins sombre,
Blanchit de ses lueurs des bords silencieux
Où la vague se teint du bleu pâle des cieux ;
Où la côte des mers, de cent golfes coupée,
Tantôt humble et rampante et tantôt escarpée,
Sur un sable argenté vient mourir mollement,
Ou gronde sous le choc de son flot écumant.
De leurs vastes remparts les Alpes l'environnent ;
Leurs sommets colorés que les neiges couronnent,
De colline en colline abaissés par degrés,
Montrent, près de l'hiver, des climats tempérés
Où l'aquilon fuyant de son propre royaume,
De leurs tièdes parfums s'attiédit et s'embaume.
A travers des cyprès, dont l'immobilité,
Symbole de tristesse et d'immortalité,
Projette sur les murs ses ombres sépulcrales
Que les reflets du ciel percent par intervalles,
S'étend sur la colline un champêtre séjour :
Un long buisson de myrte en trace le contour ;
Sur des gazons naissans de flexibles allées,
D'un rideau de verdure à peine encor voilées,
Égarant au hasard leur cours capricieux,
Conduisent en tournant, ou les pas, ou les yeux ;
Jusqu'au seuil où, formant de vertes colonnades,
La clématite en fleur se suspend aux arcades ;
Sur les toits aplatis, des jardins d'oranger
Ornent de leur fruit d'or leur feuillage étranger ;
L'eau fuit dans les bassins, et, quand le jour expire,
Imite en murmurant les frissons du zéphyre.
De là, l'œil enchanté voit, au pied des coteaux,
Gênes, fille des mers, sortir du sein des eaux :
Les dômes élancés de ses saintes demeures,
D'où l'airain frémissant fait résonner les heures,
Et les mâts des vaisseaux qui, dormant dans ses ports,
S'élèvent au niveau des palais de ses bords,
Et quand le flot captif les presse et les soulève,

D'un lourd gémissement font retentir la grève.
Quel silence!... Avançons... Tout dort-il en ces lieux?
L'éclat d'aucun flambeau n'y vient frapper mes yeux;
Nul pas n'y retentit, nulle voix n'y murmure;
Seulement, au détour de cette route obscure,
Un page et deux coursiers attendent; et plus bas,
Dans cette anse où les flots expirent sans fracas,
Un brick aux flancs étroits, que l'on charge en silence,
Tend sa voile, et déjà sous son poids se balance.
Ces armes, ces coursiers, ce vaisseau loin du port,
Tout révèle un départ, et cependant tout dort!...

VI.

Mais non, tout ne dort pas; de fenêtre en fenêtre,
Voyez ce seul flambeau briller et disparaître;
Il avance, il recule, il revient tour à tour.
Éclaire-t-il les pas du crime ou de l'amour?
Aux douteuses clartés qu'il jette sur le sable,
On croit le voir trembler dans une main coupable.
Il descend, il s'arrête à l'angle du palais;
Et l'œil, à la faveur de ses brillans reflets,
S'insinue, et parcourt un réduit solitaire
Dont les rideaux légers trahissent le mystère.
Sur le pavé, couvert des plus riches tapis,
Du pied le plus léger les pas sont assoupis;
Les murs en sont ornés d'opulentes tentures;
Sous les lambris dorés, d'élégantes peintures,
De tout voile jaloux dépouillant la beauté,
Enchaînent le regard ivre de volupté;
Et, sur trois pieds d'albâtre, une lampe nocturne
Y répand un jour doux, du sein voilé d'une urne.
Là, sous l'alcôve sombre où le pâle flambeau,
Semblable au feu mourant qui luit sur un tombeau,
Mêle d'ombre et de jour une teinte incertaine,

Une jeune beauté dort sur un lit d'ébène :
Son front est découvert ; le sommeil, en ses jeux,
Semble avoir dispersé l'or de ses blonds cheveux
Qui, flottant sur son sein que leur voile caresse,
Jusqu'au pied de son lit roulent en longue tresse ;
Près d'elle on voit encor, confusément jetés,
Les ornemens d'hier qu'à peine elle a quittés ;
Ses anneaux, ses colliers, ses parures chéries,
Mêlés avec les fleurs que la veille a flétries,
Jonchent le seuil du lit d'ambre, de perle et d'or,
Qu'un de ses bras pendans semble y chercher encor !

VII.

La porte s'ouvre ; un homme, à pas comptés, s'avance.
Une lampe à la main, il s'arrête en silence :
Est-ce Harold ?... c'est bien lui ! Que le temps l'a changé !
Que son front, jeune encor, de jours semble chargé !
L'éclat dont son génie éclairait son visage
Luit toujours, mais, hélas ! c'est l'éclair dans l'orage ;
Et, plus que ce flambeau qui tremble dans sa main,
On croit voir vaciller son âme dans son sein.
Dans l'amère douceur d'un sourire farouche,
L'amour et le mépris se mêlent sur sa bouche ;
L'œil n'y peut du remords discerner la douleur,
Mais on dirait, à voir sa mortelle pâleur,
Qu'une apparition vengeresse, éternelle,
Le glace à chaque instant d'une terreur nouvelle :
Immobile, il contemple, au chevet de ce lit,
Cette femme qui dort, et qu'un songe embellit.
Encore dans la fleur de son adolescence,
Ses traits ont tout d'un ange... excepté l'innocence ;
Ses yeux sont ombragés du voile de ses cils ;
Mais un pli qui se cache entre ses deux sourcils,
Trace que le sommeil n'a pas même effacée,

Semble espérer en vain qu'un soupir lui réponde !

« Voilà donc ce qui fit mon bonheur un instant !
Mon bonheur !... Non, de toi je n'attendais pas tant :
Pourvu que le plaisir, les voluptés légères
Couronnassent de fleurs nos chaînes passagères ;
Que, dans ce doux climat par tes pas embelli,
Je pusse respirer ses parfums... et l'oubli ;
Que le remords, fuyant aux accens de ta bouche,
Laissât le doux sommeil s'approcher de ma couche ;
Léna ! c'était assez pour un cœur profané !
C'était mon seul bonheur ! et tu me l'as donné !
Mais, de quelque nectar qu'elle ait été remplie,
La coupe où nous buvons a toujours une lie ;
N'épuisons donc jamais sa liqueur qu'à demi,
Et, consacrant le reste au destin ennemi,
Faisons-lui prudemment, quelque effort qu'il en coûte,
Une libation de la dernière goutte !
Je t'aime encor ; je pars. Adieu !... Trompeur sommeil,
Retarde un désespoir qui l'attend au réveil ! »

IX.

Harold s'est élancé sur son léger navire ;
Dans les câbles tendus la nuit déjà soupire ;
La voile, qui s'entr'ouvre au vent qui l'arrondit,
Monte de vergue en vergue, et s'enfle et s'agrandit ;
Et, couvrant ses flancs noirs de l'ombre de son aile,
Fait pencher sur les flots le vaisseau qui chancelle.
On lève l'ancre, il fuit ; le flot qu'il a fendu
Sur sa trace un moment demeure suspendu,
Et, retombant bientôt en vapeur qui surnage,
De blancs flocons d'écume inonde au loin la plage :
Voilà tout ce qu'Harold a laissé dans ces lieux !...
Et la vague a repris son bord silencieux.

Jamais, d'aucun autel ne baisant la poussière,
Sa bouche ne murmure une courte prière ;
Jamais, touchant du pied le parvis d'un saint lieu,
Sous aucun nom mortel il n'invoqua son Dieu !
Le dieu qu'adore Harold est cet agent suprême,
Ce Pan mystérieux, insoluble problème,
Grand, borné, bon, mauvais, que ce vaste univers
Révèle à ses regards sous mille aspects divers ;
Être sans attributs, force sans providence,
Exerçant au hasard une aveugle puissance ;
Vrai Saturne, enfantant, dévorant tour à tour,
Faisant le mal sans haine et le bien sans amour ;
N'ayant pour tout dessein qu'un éternel caprice ;
Ne commandant ni foi, ni loi, ni sacrifice ;
Livrant le faible au fort et le juste au trépas,
Et dont la raison dit : Est-il ? ou n'est-il pas ?

XI.

Ses compagnons épars, groupés sur le navire,
Ne parlent point entre eux de foi ni de martyre,
Ni des prodiges saints par la croix opérés,
Ni des péchés remis dans des lieux consacrés ;
D'un plus fier évangile apôtres plus farouches,
Des mots retentissans résonnent sur leurs bouches :
Gloire, honneur, liberté, grandeur, droit des humains,
Mort aux tyrans sacrés, égorgés par leurs mains,
Mépris des préjugés sous qui rampe la terre,
Secours aux opprimés, vengeance, et surtout guerre !
Ils vont, suivant partout l'errante liberté,
Répondre en Orient au cri qu'elle a jeté ;
Briser les fers usés que la Grèce assoupie
Agite, en s'éveillant, sur une race impie,
Et voir dans ses sillons, inondés de leur sang,
Sortir d'un peuple mort un peuple renaissant.

Fuyant de vague en vague, Harold, avec tristesse,
Voit sous les flots brillans la rive qui s'abaisse ;
Bientôt son œil confond l'océan et les cieux;
Et ces bords immortels, disparus à ses yeux,
Semblent s'évanouir en de vagues nuages,
Comme un nom qui se perd dans le lointain des âges.

XIII.

« Italie! Italie! adieu, bords que j'aimais!
Mes yeux désenchantés te perdent pour jamais!
O terre du passé, que faire en tes collines?
Quand on a mesuré tes arcs et tes ruines,
Et fouillé quelques noms dans l'urne de la mort,
On se retourne en vain vers les vivans : tout dort,
Tout, jusqu'aux souvenirs de ton antique histoire,
Qui te feraient du moins rougir devant ta gloire !
Tout dort! et cependant l'univers est debout!
Par le siècle emporté tout marche, ailleurs, partout!
Le Scythe et le Breton, de leurs climats sauvages
Par le bruit de ton nom guidés vers tes rivages,
Jetant sur tes cités un regard de mépris,
Ne t'aperçoivent plus dans tes propres débris,
Et, mesurant de l'œil tes arches colossales,
Tes temples, tes palais, tes portes triomphales,
Avec un rire amer, demandent vainement
Pour qui l'immensité d'un pareil monument;
Si l'on attend qu'ici quelque autre César passe,
Ou si l'ombre d'un peuple occupe tant d'espace?
Et tu souffres sans honte un affront si sanglant!
Que dis-je? tu souris au barbare insolent!
Tu lui vends les rayons de ton astre qu'il aime!
Avec un lâche orgueil, tu lui montres, toi-même,
Ton sol partout empreint des pas de tes héros,
Ces vieux murs où leurs noms roulent en vains échos,

Sur des bords où la gloire a ranimé leurs os,
Je vais chercher ailleurs (pardonne, ombre romaine!)
Des hommes, et non pas de la poussière humaine!...

XIV.

« Mais, malgré tes malheurs, pays choisi des dieux,
Le ciel avec amour tourne sur toi les yeux;
Quelque chose de saint sur tes tombeaux respire,
La Foi sur tes débris a fondé son empire!
La Nature, immuable en sa fécondité,
T'a laissé deux présens : ton soleil, ta beauté!
Et noble dans son deuil, sous tes pleurs rajeunie,
Comme un fruit du climat enfante le génie!
Ton nom résonne encore à l'homme qui l'entend,
Comme un glaive tombé des mains du combattant!
A ce bruit impuissant, la terre tremble encore,
Et tout cœur généreux te regrette et t'adore!

« Et toi qui m'as vu naître, Albion, cher pays
Qui ne recueilleras que les os de ton fils,
Adieu! Tu m'as proscrit de ton libre rivage;
Mais dans mon cœur brisé j'emporte ton image!
Et, fier du noble sang qui parle encore en moi,
De tes propres vertus t'honorant malgré toi,
Comme ce fils de Sparte allant à la victoire,
Je consacre à ton nom ou ma mort ou ma gloire!
Adieu donc! Je t'oublie, et tu peux m'oublier :
Tu ne me reverras que sur mon bouclier!

XV.

« Que ce vent dans ma voile avec grâce soupire!
On dirait que le flot reconnaît mon navire,

Marche, recule, avance, et se perd dans son doute!

XVI.

« Mon but! trop près de moi mes mains l'avaient placé.
J'ai fait deux pas à peine, et je l'ai dépassé!
J'ai chanté; l'univers, charmé de mon délire,
D'une gloire précoce a couronné ma lyre.
C'est assez; je suis las de ce stérile bruit,
Par l'écho monotone en tout lieu reproduit;
Un nom! toujours un nom! qu'est-ce qu'un nom m'importe?
Hélas! et qu'apprend-il à celui qui le porte?
Que dans l'urne sans fond un mot de plus jeté
Tombe en retentissant dans la postérité.
Qu'est-ce que cette gloire incertaine, éphémère,
Qui s'écrit sur la feuille en léger caractère,
Dont par l'aile du Temps un seul mot effacé
Emporte pour jamais le souvenir glacé?
Simulacre de gloire, ombre de renommée,
Qui s'engloutit dans l'ombre, ou se perd en fumée!
Fantôme dont mon cœur fut un jour ébloui,
Et que j'ai méprisé dès que j'en ai joui!

« Il me faut cette gloire impérissable, immense,
Qui, payant d'autres cœurs d'une autre récompense,
Aux derniers coups du bronze encor retentissant,
Sur la terre ou les flots s'écrit avec du sang,
Et couvrant d'un trophée un champ de funérailles,
Grave à jamais nos noms sur l'airain des batailles,
Ou sur les fondemens du temple ensanglanté
Que la Victoire enfin fonde à la Liberté!

Et n'attendre pour prix, pour couronne, et pour gloire,
Qu'un regard de ce juge en qui l'on voudrait croire....
Est-ce assez de vertu pour mériter ce nom?
Hé bien! sachons enfin si c'est un rêve ou non! »

XVIII.

Silence!... Est-ce un nuage, ou l'ombre d'une voile
Qui du soir tout à coup vient dérober l'étoile?
L'ombre approche, s'étend. « Aux armes! un vaisseau! »
Comme un noir ouragan, son poids fait plier l'eau;
Ses trois ponts élevés d'étages en étages,
Ses antennes, ses mâts, ses voiles, ses cordages,
Cachant l'azur du ciel aux yeux des matelots,
D'une nuit menaçante obscurcissent les flots.
Tel un vautour des mers, fondant sur l'hirondelle,
Couvre déjà l'oiseau de l'ombre de son aile.
Quel est le pavillon? c'est l'odieux croissant.
Qu'entend-on sur son bord? un soupir gémissant,
Les sanglots des enfans et des vierges plaintives
Qui pleurent de Chio les paternelles rives,
Et qu'un vainqueur cruel traîne en captivité,
Pour présenter leur tête ou vendre leur beauté.
« Délivrons, dit Harold, ou vengeons ces victimes!
Que l'amour ne soit pas le prix sanglant des crimes!
Feu... » L'éclair est moins prompt, le tonnerre ennemi
Éveille coup sur coup l'Ottoman endormi;
Chaque boulet, fidèle au regard qui le guide,
Semble emprunter de l'homme un instinct homicide,
Trace un sillon sanglant dans les rangs qu'il abat,
Fait écrouler le pont sous les débris du mât,
Ou brise le timon dans les mains du pilote.
Déjà, comme un corps mort, la masse immense flotte;
En vain pour éloigner le plomb qui fond sur eux,
Ses trois ponts à la fois vomissent tous leurs feux :

Et la mer, les portant sur ses vagues profondes,
Semble rouler au loin des flammes au lieu d'ondes.
Mais le salpêtre en feu lance un dernier éclair ;
L'air frémit, le coup part, le vaisseau vole en l'air :
Ses éclats, retombant de distance en distance,
Sèment d'un son lugubre un lugubre silence ;
L'onde éteint les débris, l'air emporte le bruit,
Et l'Océan n'est plus que silence et que nuit.

XX.

Mais, sur les flots obscurs, quel son renaît, expire,
Et comme un cri plaintif roule autour du navire ?
Serait-ce…! Harold, rebelle aux cris des matelots,
Reconnaît une voix,… s'élance au sein des flots,
Nage au bruit, voit flotter sur la nuit de l'abîme,
Un débris qu'embrassait une jeune victime,
L'arrache aux flots jaloux, l'emporte triomphant,
Et revient sur le pont déposer… une enfant.
Essuyant ses beaux yeux du flot qui les inonde,
De ses cheveux trempés il fait ruisseler l'onde,
La réchauffe aux rayons d'un foyer rallumé,
Et, sous son vêtement à demi consumé,
Aux anneaux d'un collier qui pend sur sa poitrine,
Il découvre un portrait !… Il le prend, il s'incline,
Aux lueurs de la flamme il contemple… Grands dieux !
Ces traits !… sont ceux d'Harold !!! Il n'en croit pas ses yeux.
« Quel est ton nom ? — Adda. — Ton pays ? — Épidaure.
— Ta mère ? — Éloydné. — Ton père ? — Je l'ignore :
Ma mère, en expirant sous le glaive assassin,
Cacha, sans le nommer, son image en mon sein.
On dit qu'un étranger… Mais qui sait ce mystère ?
— C'est assez, dit Harold ; va ! je serai ton père ! »
Et, pressant sur son cœur l'enfant abandonné,
Il murmurait tout bas le nom d'Éloydné !

Au mouvement du jour qui chasse l'ombre obscure,
Paraissent endoyer en vagues de verdure.
Là, l'histoire ou la fable ont semé leurs grands noms
Sur des débris sacrés, sur les mers, sur les monts.
Ce sommet, c'est le Pinde! et ce fleuve est Alphée!
Chaque pierre a son nom, chaque écueil son trophée;
Chaque flot a sa voix, chaque site a son dieu;
Une ombre du passé plane sur chaque lieu.
Ces marais sont le Styx, ce gouffre est la Chimère!
Et, touchés par les pieds de la muse d'Homère,
Ces bords où sont écrits vingt siècles éclatans,
Retentissant encore des pas lointains du temps,
D'un poëme scellé par la gloire et les âges,
Semblent, à chaque pas, dérouler d'autres pages.
Le regard, que l'esprit ne peut plus rappeler,
Avec ses souvenirs cherche à les repeupler;
Et, frappé tour à tour de son deuil, de ses charmes,
Brille de leur éclat ou pleure de leurs larmes.
Tel, si, pendant le cours d'un songe dont l'erreur
Lui rappelle des traits consacrés dans son cœur,
Un fils, le sein gonflé d'une tendresse amère,
Dans un brillant lointain voit l'ombre de sa mère :
Dévorant du regard ce fantôme chéri,
Il contemple, en pleurant, ce sein qui l'a nourri,
Ces bras qui l'ont porté, ces yeux dont la lumière
Fut le premier flambeau qui guida sa paupière,
Ces lèvres dont l'accent, si doux à répéter,
Dicta les premiers sons qu'il tenta d'imiter,
Ce front qu'à ses baisers dérobe un voile sombre :
Et, lui tendant les bras, il n'embrasse qu'une ombre.

XXII.

Homère! A ce grand nom, du Pinde à l'Hellespont,
Les airs, les cieux, les flots, la terre, tout répond.

Pour souiller la vertu d'un éternel poison,
Ces insectes impurs, ces ténébreux reptiles,
Héritiers de la honte et du nom des Zoïles,
Qui, pareils à ces vers par la tombe nourris,
S'acharnent sur la gloire et vivent de mépris !
C'est la loi du destin, c'est le sort de tout âge :
Tant qu'il brille ici-bas, tout astre a son nuage.
Le bruit d'un nom fameux de trop près entendu,
Ressemble aux sons heurtés de l'airain suspendu,
Qui, répandant sa voix dans les airs qu'il éveille,
Ébranle au loin le temple et tourmente l'oreille :
Mais qui, vibrant de loin, et d'échos en échos
Roulant ses sons éteints dans les bois, sur les flots,
Comme un céleste accent, dans la vague soupire,
Dans l'oreille attentive avec mollesse expire,
Attendrit la pensée, élève l'âme aux cieux,
De ses accords sacrés charme l'homme pieux,
Et, tandis que le son lentement s'évapore,
Au bruit qu'il n'entend plus le fait rêver encore.

XXIII.

Mais quel est ce rocher qui, creusé par les mers,
Résonne nuit et jour du choc des flots amers,
Incline sur les eaux son sommet chauve et sombre,
Et couvre de si loin le sommet de son ombre ?
Attestant sur ces bords les âges révolus,
Noble et dernier débris d'un temple qui n'est plus,
Une seule colonne y brave la tempête,
Et, du sein des écueils dressant encor sa tête,
Semble rester debout sur ces bords éclatans,
Comme entre un siècle et l'autre une borne des temps.
Des injures du ciel le pêcheur la préserve ;
Et ce dernier soutien du temple de Minerve
Sert à guider de loin les yeux des matelots,

Quel spectacle, grands dieux! vient frapper son regard!

Auprès d'un simple autel, formé d'un cippe antique,
Qui du temple écroulé jonchait le vieux portique,
Trois fois douze cercueils, avec ordre rangés,
De palmes, de cyprès, de narcisse ombragés,
Formaient, autour du prêtre, une funèbre enceinte,
Où les diacres chantaient en répandant l'eau sainte.
Harold, en contemplant ces pompes du trépas,
Croit compter des guerriers tombés dans les combats,
Et, promenant sur eux ses yeux voilés de larmes,
Cherche autour des tombeaux ces fiers coursiers, ces armes,
Ces bronzes, ces tambours, qui, pleurant les héros,
D'un dernier bruit de gloire accompagnent leurs os.
Il ne voit que des fleurs et des voiles pudiques,
Des emblèmes touchans des vertus domestiques,
Des couronnes d'hymen, l'aiguille, les fuseaux,
Que les femmes d'Hellé portaient jusqu'aux tombeaux;
Des vierges qui, vidant des corbeilles d'acanthe,
Effeuillaient sous leurs doigts les lis de l'Érymanthe;
Des enfans éplorés, en habits d'orphelin,
Tenant les coins flottans de longs linceuls de lin;
Et plus loin, des guerriers qui, la tête inclinée,
Plaignant avant le temps la beauté moissonnée,
Pressaient en frémissant leur glaive dans leur main,
Et poussant des sanglots qu'ils retiennent en vain,
A l'horreur de ce deuil semblaient livrer leurs âmes,
Et pleuraient sans rougir... comme on pleure des femmes.
A cet étrange aspect, saisi d'étonnement,
Harold n'ose troubler leur saint recueillement;
Mais, au moment fatal du divin sacrifice[6],
Quand le prêtre, en ses mains élevant le calice,
Boit le sang adoré du martyr immortel,
Une vierge s'élance aux marches de l'autel,
Et, victime échappée au sort qu'elle raconte,
Le front ceint de lauriers, mais rougissant de honte,

L'aurore suit au ciel l'étoile matinale,
La terre retentit du cri d'ALLAH! Des pas,
Dans l'ombre des vallons roulent avec fracas;
De menaçantes voix s'appellent, se répondent;
Sur nos fronts, sous nos pieds le fer luit, les feux grondent,
Et du rapide obus les livides clartés
Nous montrent nos bourreaux fondant de tous côtés.
Déjà, sous le tranchant du sanglant cimeterre,
Nos premiers rangs atteints roulent, jonchent la terre;
Par un étroit sentier, de noirs rochers couvert,
Un seul passage encore à la fuite est ouvert:
Les vierges, les vieillards, à la hâte s'y glissent;
Leurs enfans dans les bras, les mères y gravissent;
Et tandis que nos fils, nos frères, nos époux,
En disputent l'entrée en périssant pour nous,
D'un sommet escarpé qui pend sur un abîme,
Pour attendre la mort, nous atteignons la cime.

XXVI.

« C'était un tertre vert sur un pic suspendu:
L'Érymanthe, à nos pieds, par un torrent fendu,
Découvrait tout à coup un gouffre vaste et sombre,
Dont l'œil épouvanté n'osait mesurer l'ombre;
Des rochers s'y dressaient, sur leur base tremblans,
Des troncs déracinés en hérissaient les flancs;
Des vautours tournoyans, plongeant dans ses ténèbres,
En frappaient les parois de leurs ailes funèbres,
Et, dans le fond voilé du gouffre sans repos,
On entendait, sans voir, mugir, hurler des flots,
Dont les vents engouffrés, dans l'abîme qui fume,
Sur ses bords déchirés roulaient, brisaient l'écume,
Et, du noir précipice épaississant la nuit,
D'une foudre éternelle y redoublaient le bruit.
De ce sublime écueil environné d'orage,

Qu'en des jours plus heureux nos voix faisaient entendre,
Et dont le doux refrain et l'amoureux accord
Doublaient en cet instant les horreurs de la mort !

XXVII.

Semez, semez de narcisse et de rose,
Semez la couche où la beauté repose !

Pourquoi pleurer? C'est ton jour le plus beau !
Vierge aux yeux noirs, pourquoi pencher ta tête
Comme un beau lis courbé par la tempête,
Que son doux poids fait incliner sur l'eau ?

Semez, semez de narcisse et de rose,
Semez la couche où la beauté repose !

C'est ton amant ! il vient ; j'entends ses pas ;
Que cet anneau soit le sceau de sa flamme !
Si ton amour est entré dans son âme,
Sans la briser il n'en sortira pas !

Semez, semez de narcisse et de rose,
Semez la couche où la beauté repose !

Entre tes mains prends ce sacré flambeau ;
Vois comme il jette une flamme embaumée !
Que d'un feu pur votre âme consumée
Parfume ainsi la route du tombeau !

Semez, semez de narcisse et de rose,
Semez la couche où la beauté repose !

Vois-tu jouer ces chevreaux couronnés,
Que sur ton seuil ont laissés tes compagnes ?
Ainsi bientôt l'émail de nos campagnes
Verra bondir tes heureux nouveau-nés ?

Semez, semez de narcisse et de rose,
Semez la couche où la beauté repose !

Vole au vallon, courbe un myrte en cerceau,
Pour ombrager ton enfant qui sommeille ;
Le moissonneur prépare sa corbeille,
La jeune mère arrondit son berceau !

Et sur chaque cercueil qu'il transforme en autels,
Fume comme le sang des martyrs immortels ;
Le bronze des combats retentit sur leur cendre :
Mais déjà l'étranger est trop loin pour l'entendre :
Évoquant de ces bords le génie exilé[7],
Il s'élance, il franchit les hauteurs de Phylé ;
Phylé ! champs immortels, où le vengeur d'Athène,
Brisant les trente anneaux d'une sanglante chaîne,
Sur l'autel de Minerve, à côté de Solon,
De sa fumante épée osa graver un nom !
Harold s'est arrêté sur ton roc qui domine
Les remparts de Cécrops, les flots de Salamine,
Et d'où le ciel sans borne ouvre de tout côté
L'horizon de la gloire et de la liberté !

XXX.

Le soleil, se plongeant sous les monts de l'Attique,
Prolonge sur Phylé l'ombre du Penthélique.
Appuyé sur le tronc de l'arbre de Daphné,
De chefs et de soldats Harold environné,
Comme un fils revenu des rives étrangères
Qui partage au retour ses présens à ses frères,
Leur montre de la main, sur la poussière épars,
Ces faisceaux éclatans de lances, de poignards,
Ces monceaux de boulets qui sillonnent la terre,
Ces chars retentissans qui roulent le tonnerre,
L'or qui paye le sang, le fer qui ravit l'or.
Les chefs à leurs soldats partagent ce trésor ;
Le féroce Albanais, l'Épirote au front chauve[8],
L'Étolien couvert d'une saie au poil fauve,
Les dauphins de Parga, ces hardis matelots[9]
Qui jamais de leur sang ne teignent que les flots,
Le laboureur armé des vallons de Phocide,
Le nomade pasteur des fiers coursiers d'Élide,

Si le glaive jamais tremblait dans votre main,
Souvenez-vous d'hier! et songez à demain!
Pour confondre le lâche et raffermir les braves,
Le seul bruit de leurs fers suffit à des esclaves!
Moi, pour prix du trésor que je viens vous offrir,
Je ne demande rien, que le droit de mourir,
De verser avec vous sur les champs du carnage,
Un sang bouillant de gloire et digne d'un autre âge,
Et de voir, en mourant, mon génie adopté
Par les fils de la Grèce et de la Liberté!
Oui, pourvu qu'en tombant pour votre sainte cause,
Je réponde à l'exil par une apothéose;
Que sur les fondemens d'un nouveau Parthénon,
La gloire d'une larme arrose un jour mon nom,
Et que de l'Occident ma grande ombre exilée
S'élève dans vos cœurs un brillant mausolée,
C'est assez! Le martyre est le sort le plus beau,
Quand la liberté plane au-dessus du tombeau! »

XXXII.

Le canon gronde au loin dans les vallons d'Alphée,
Sur les flots de Lépante et les flancs de Ryphée :
Au signal des combats qu'il entend retentir,
Tout Hellène est soldat, tout soldat est martyr.
Harold vole à ce bruit, comme l'aigle à la foudre.
Le voyez-vous, perçant ces nuages de poudre,
Abandonner le mors à son fougueux coursier,
Dans des sillons de feu, sous des voûtes d'acier,
S'élancer, des héros étonner le courage,
S'enivrer de la mort et sourire au carnage,
Tandis qu'autour de lui, par la foudre emportés,
Des membres palpitans pleuvent de tous côtés?
Au sifflement du plomb, au fracas de la bombe
Qui creuse un sol fumant, rebondit et retombe,

Mais la croix triomphante a vu fuir le croissant ;
La Grèce s'est lavée avec son propre sang,
Et les fiers Osmanlhys, les Delhys et les Slaves,
Vils esclaves dressés à chasser aux esclaves,
Vont au lieu de trophée, en dignes fils d'Othman,
Porter leur propre tête aux portes du sultan.

XXXV.

Le Panthéon s'éveille aux accens des prophètes :
Mais Harold triomphant se dérobe à ses fêtes,
Et, laissant retomber le glaive de sa main,
De ses déserts chéris il reprend le chemin.

Il est des cœurs fermés aux bruits légers du monde,
Où le bonheur n'a plus d'écho qui lui réponde,
Mais où la pitié seule élève encor sa voix,
Comme une eau murmurante au fond caché des bois.
Êtres mystérieux, inconnus, solitaires,
Fuyant l'éclat, la foule et les routes vulgaires,
Le courant de la vie est trop lent à leur gré :
Seule, il faut que leur âme ait un lit séparé,
Où, roulant à grands flots, et de cimes en cimes,
Tantôt sur les sommets, tantôt dans les abîmes,
Elle gronde, elle écume, elle emporte ses bords ;
Où, calmant tout à coup ses orageux transports,
Sans désir, sans penchant, comme oubliant sa pente,
Dans un repos rêveur elle dorme et serpente,
Et réfléchisse en paix, dans son flottant miroir,
La nature, et le ciel, et le calme du soir :
Cœurs pétris de contraste, étrangers où nous sommes,
Hommes, mais tour à tour plus ou moins que des hommes ;
Tel est Harold : cherchons le désert qu'il a fui ;
Le repos dans la foule est un enfer pour lui.

L'ombre enfin du Très-Haut, sur ces lieux répandue,
Tout étonne, attendrit son âme confondue :
Il se trouble, et bientôt, ralentissant ses pas,
Semble adorer le Dieu!... le Dieu qu'il ne croit pas!
Le vieillard de ses pieds essuyant la poussière,
Ouvre au fier pèlerin sa porte hospitalière,
Et lui montre du doigt, sur la muraille écrit :
« Béni soit l'étranger qui vient au nom du Christ. »

XXXVI.

Ces murs abandonnés pour Harold ont des charmes :
Dans la salle sonore il dépose ses armes ;
Ses pages sont assis à l'ombre de leurs tours ;
Ses fiers coursiers, paissant l'herbe des vastes cours,
Errent en liberté sur les funèbres pierres
Qui des sacrés martyrs indiquent les poussières,
Et, les frappant du pied, de longs hennissemens
Font résonner l'écho de ces vieux monumens.
Mais Harold n'entend plus leur voix qui le rappelle ;
De caveaux en caveaux, de chapelle en chapelle,
Égarant, nuit et jour, ses pas silencieux,
Il murmure, il soupire, il lève au ciel ses yeux,
Et son âme, oubliant des scènes effacées,
Reprend à son insu le cours de ses pensées.
Mais à quoi pense-t-il?... Il est de courts instans,
Où notre âme, échappant à la matière, au temps,
Comme l'aigle qui plonge au-dessus des nuages,
Se perd dans un chaos de sentimens, d'images,
Fantômes de l'esprit, pressentimens confus,
Que nul mot ne peut peindre et qu'aucun œil n'a vus ;
Ténébreux océan où, d'abîme en abîme,
L'esprit roule, englouti dans une nuit sublime,
Et du ciel à la terre, et de la terre aux cieux,
Jusqu'à ce qu'un éclair, éblouissant nos yeux,

Oublie à son aspect le coup qui l'a frappé !...
A peine dix saisons, brillant sur son visage,
De printemps en printemps ont amené son âge
A ce terme incertain de la vie, où le cœur,
Comme un fruit sur sa tige où tient encor la fleur,
Au jour de la raison par degrés semble éclore,
Et par son ignorance au berceau touche encore ;
Age pur, âge heureux des anges dans le ciel,
Qui formes pour leur âme un printemps éternel,
Tu ne brilles qu'un jour pour les fils de la terre,
Alors que l'Amour même avec un œil de frère,
Peut fixer sans rougir son regard enchanté
Sur le front virginal de la jeune beauté,
Et demander sans crainte, aux lèvres de l'enfance
Un sourire, un baiser, purs comme l'innocence !

Ses blonds cheveux, livrés aux vents capricieux,
Couvrent à chaque instant son visage et ses yeux ;
Mais sa main enfantine à chaque instant les chasse,
Et, sur son col charmant les roulant avec grâce,
Sur lui de ses beaux yeux laisse planer l'azur ;
Tels deux astres jumeaux veillent dans un ciel pur.

XXXVIII.

Minuit couvre les murs du sombre monastère :
Adda repose en paix dans sa tour solitaire.
Harold seul, du sommeil oubliant les pavots,
Ne peut plus assoupir son âme sans repos,
Et, frappant les parvis de son pas monotone,
S'égare ; et, se guidant de colonne en colonne,
Aux mourantes clartés de la lampe des morts,
Dans le temple désert se traîne avec efforts.

De l'astre de la nuit un rayon solitaire,
A travers les vitraux du sombre sanctuaire,

Tout ce qui n'est pas lui n'est rien, n'est qu'un délire !
De hochets ici-bas nous changeons tour à tour,
L'amour n'a qu'une fleur, le plaisir n'a qu'un jour :
La coupe du savoir sous nos lèvres s'épuise ;
L'ambitieux conquiert un sceptre, et puis le brise.
La gloire est un flambeau sur un cercueil jeté,
Et qui brûle toujours la main qui l'a porté ;
Mais celui qui, brûlant pour la beauté suprême,
De ses désirs sacrés se consume lui-même,
Ne sent jamais tarir ses songes dans son sein ;
Ce qu'il rêvait hier, il le rêve demain,
Et l'espoir qu'il emporte au moment qu'il succombe,
Comme le fer du brave, est scellé dans sa tombe !...

« Vains mortels ! qui de nous ou de lui s'est lassé ?
Lequel fut, répondez, le sage ou l'insensé ?
Hélas ! la mort le sait, le tombeau peut le dire ;
Mais, erreur pour erreur, délire pour délire,
Le plus long, à mes yeux, et le plus regretté,
C'est ce rêve doré de l'immortalité !

XXXIX.

« J'ai toujours dans mon sein roulé cette pensée ;
J'ai toujours cherché Dieu ! mais mon âme lassée
N'a jamais pu donner de forme à ses désirs
Et ne l'a proclamé que par ses seuls soupirs.
Dans les dieux d'ici-bas ne voyant qu'un emblème,
J'ai voulu, vain orgueil ! m'en créer un moi-même.
Ah ! j'aurais dû peut-être, humblement prosterné,
Le recevoir d'en-haut, tel qu'il nous fut donné,
Et, courbant sous sa foi ma raison qui l'ignore,
L'adorer dans la langue où l'univers l'adore !...

« Toi, dont le nom sublime a changé tant de fois,

Il ne sent point son mal; mais son mal, c'est la mort.
Voyez-vous dans son lit s'écouler à plein bord
Ce fleuve du désert, ce Nil sacré, dont l'onde
D'un bruit majestueux bat sa rive féconde?
Comme l'éternité son flot renaît toujours;
Nul obstacle nouveau ne s'oppose à son cours;
De la mer qui l'attend son urne est loin encore...
Cependant tout à coup le sable le dévore,
Et, dans son propre lit soudain évanoui,
L'œil en vain le demande, il n'est plus, il a fui!
Ainsi les jours d'Harold fuyaient, et de sa vie
Dans son sein jeune encor la source s'est tarie!
Mais il rêve toujours les mers, les cieux, les bois.
« Adda, soutiens mes pas pour la dernière fois;
Avant que ce beau jour cède à la nuit obscure,
Laisse-moi dans sa gloire adorer la nature! »

XLI.

L'astre du jour, qui touche à la cime des monts,
Semble du haut des cieux retirer ses rayons;
Comme un pêcheur, le soir, assis sur sa nacelle,
Retire ses filets d'où l'eau brille et ruisselle.
Le ciel moins éclatant laisse l'œil, en son cours,
De l'horizon limpide embrasser les contours,
Et, d'un vol plus léger, faisant glisser les ombres
De ses reflets fondus dans des teintes plus sombres,
Comme un prisme agitant ses diverses couleurs,
Varie, en s'éteignant, ses mourantes lueurs.
Par un accord secret, s'éteignant à mesure,
Les flots, les vents, les sons, les voix de la nature,
Sous les ailes du soir tout paraît s'assoupir;
Le ciel n'a qu'un rayon... le jour n'a qu'un soupir!...

Harold, assis au pied de l'arbre au noir feuillage,

Ou faisait frissonner, sous le mât qu'il incline,
Le triangle flottant d'une voile latine
Que le soleil dorait de son dernier rayon,
Comme un léger nuage au bord de l'horizon.
Aucun bruit sous le ciel, que la flûte des pâtres,
Ou le vol cadencé des colombes bleuâtres,
Dont les essaims, rasant le flot sans le toucher,
Revenaient tapisser les mousses du rocher,
Et mêler aux accords des vagues sur les rives
Le doux gémissement de leurs couples plaintives!
Enfin, dans les aspects, les bruits, les élémens,
Tout était harmonie, accord, enchantemens,
Et l'âme et le regard, flottant à l'aventure,
S'élevaient par degrés au ton de la nature,
Comme, aux tons successifs d'un concert enchanteur,
Une musique élève et fait vibrer le cœur!

XLII.

« Triomphe, disait-il, immortelle Nature,
Tandis que devant toi ta frêle créature,
Élevant ses regards de ta beauté ravis,
Va passer et mourir; triomphe! Tu survis!
Qu'importe? Dans ton sein, que tant de vie inonde,
L'être succède à l'être, et la mort est féconde!
Le temps s'épuise en vain à te compter des jours;
Le siècle meurt et meurt, et tu renais toujours!
Un astre dans le ciel s'éteint; tu le rallumes!
Un volcan dans ton sein frémit; tu le consumes!
L'Océan de ses flots t'inonde; tu les bois!
Un peuple entier périt dans les luttes des rois;
La terre, de leurs os engraissant ses entrailles,
Sème l'or des moissons sur le champ des batailles!
Le brin d'herbe foulé se flétrit sous mes pas,
Le gland meurt, l'homme tombe, et tu ne les vois pas!

Ta voix consolatrice enchanta ma douleur!
Et maintenant encore... à cette heure dernière...
Tout ce que je regrette en fermant ma paupière,
C'est le rayon brillant du soleil du midi
Qui se réfléchira sur mon marbre attiédi!

XLIII.

« Oui, seul, déshérité des biens que l'âme espère,
Tu me ferais encore un Éden de la terre,
Et je pourrais, heureux de ta seule beauté,
Me créer dans ton sein ma propre éternité!
Pourvu que, dans les yeux d'un autre être, mon âme
Réfléchît seulement son extase et sa flamme
Comme toi-même ici tu réfléchis ton Dieu,
Je pourrais... Mais j'expire... Arrête... encore adieu!
Adieu, soleils flottans dans l'azur de l'espace!
Jours rayonnans de feux, nuits touchantes de grâce!
Du soir et du matin ondoyantes lueurs!
Forêts où de l'aurore étincellent les pleurs!
Sommets brillans des monts où la nuit s'évapore!
Nuages expirans, qu'un dernier rayon dore!
Arbres qui balancez d'harmonieux rameaux!
Bruits enchantés des airs! soupirs, plaintes des eaux!
Ondes de l'Océan, sans repos, sans rivages,
Vomissant, dévorant l'écume de vos plages!
Voiles, grâces des eaux qui fuyez sur la mer!
Tempête où le jour brille et meurt avec l'éclair!
Vagues qui, vous gonflant comme un sein qui respire,
Embrassez mollement le sable ou le navire!
Harmonieux concerts de tous les élémens!
Bruit! silence! repos! parfums! ravissemens!
Nature enfin, adieu... Ma voix en vain t'implore,
Et tu t'évanouis au regard qui t'adore.
Mais la mort de plus près va réunir à toi,

Il croit compter les coups de son lointain tonnerre.
Le canon gronde!... « Allons, mes armes! mon coursier!
Que ma main fasse encore étinceler l'acier!
Que mon dernier soupir rachète des esclaves!
Que mon sang fume au moins sur la terre des braves! »
Il dit : et, succombant à ce dernier effort,
Se soulève un moment, puis retombe et s'endort.
Mais, dans le long délire où ce sommeil le plonge,
Harold rêvait encor; sublime et dernier songe!
Jamais rêve, glaçant l'esprit épouvanté,
Ne toucha de plus près l'horrible vérité!...

XLV.

Délivré de ces maux dont la mort nous délivre,
Harold à son trépas s'étonnait de survivre,
Et, de son corps flétri traînant les vils lambeaux,
S'avançait au hasard dans l'ombre des tombeaux.
Nul astre n'éclairait l'horizon solitaire;
Ce n'était plus le ciel, ce n'était plus la terre;
C'était autour de lui comme un second chaos;
Ses deux bras étendus ne touchaient que des os,
Qui cherchant comme lui leurs pas dans les ténèbres,
Remplissaient l'air glacé de cliquetis funèbres,
Pareils au flot pressé par le flot qui le suit,
Je ne sais quel instinct les poussait dans la nuit :
Ils allaient, ils allaient, comme va la poussière
Que le vent du désert balaie en sa carrière,
Vers ces champs désolés où Josaphat en deuil
Verra le genre humain s'éveiller du cercueil.
Ces générations, dont la tombe est peuplée,
Se pressaient pour entrer dans l'obscure vallée.
L'ange exterminateur, une épée à la main,
A leur foule muette en fermait le chemin,
A peine Harold paraît, la barrière se lève;

Des trois flambeaux divins la céleste lumière ;
Marche avec ta raison, ton génie et ta foi ;
Et, si tu les éteins, malheur ! malheur à toi !
Ta main, plongeant à faux dans l'urne mal choisie,
Puiserait au hasard ou la mort, ou la vie !... »

XLVII.

Silence ! Tout se tait : Harold, glacé d'effroi,
Du ciel à ses côtés voit descendre la Foi ;
Elle met dans ses mains ce feu pur, dont la flamme,
Dans la nuit du destin, éclaire et guide l'âme ;
Mais ce jour éblouit son œil épouvanté.
Harold, aux premiers pas, trébuche à sa clarté ;
Et, rendant à la nuit sa débile paupière,
Le céleste flambeau s'éteint dans la poussière.
Harold emprunte alors celui de la Raison ;
Son faible éclat colore un moins large horizon :
Il suffit cependant à ses pas qu'il assure.
Ses pieds, mieux affermis, marchent avec mesure ;
Mais des oiseaux de nuit le vol pesant et bas
Fait vaciller ses feux mourant à chaque pas ;
De l'ombre de sa main en vain il les protége :
Leur foule ténébreuse incessamment l'assiége ;
Il pâlit, et le vent des ailes d'un oiseau
Éteint son autre espoir et son second flambeau !...

XLVIII.

Il en reste un dernier !... La clémence infinie
Laisse briller encor celui de son génie ;
Flambeau qui trop souvent brilla sans l'éclairer !
Harold, en le portant, tremble de respirer ;
Et, cachant dans son sein son expirante flamme,

S'étend pour occuper le lit du mausolée !
La mort couvre ses yeux, et leur globe éclipsé,
Comme un cristal terni par un souffle glacé,
Se voilant à demi sous sa noire paupière,
Semble, en la recevant, éteindre la lumière.
Est-ce là ce foyer de sentimens divers,
D'où l'âme et le regard jaillissaient en éclairs ?
Dans son orbite éteint, ce regard terne et sombre
De ces cils abaissés ne peut plus percer l'ombre ;
Et ce sein, où battait tant de vie et d'amour,
Où chaque passion frémissait tour à tour,
Ce sein, dont un désir eût soulevé la tombe,
Sans mouvement, sans voix, sans haleine retombe,
Et ne peut soulever ce long voile de deuil,
Ce funèbre tissu, vêtement du cercueil !

Mais son âme, où fuit-elle au moment qu'il expire ?
Son âme ? Ah ! viens, alors ; viens, Ange du martyre !
Toi, dont la main efface, aux yeux du Tout-Puissant,
Les péchés d'un mortel avec son propre sang !
Toi qui, dans la balance où Dieu pèse la vie,
Mets la mort d'un héros près des jours d'un impie !
Viens, les yeux rayonnant d'un espoir incertain,
Porter l'âme d'Harold au juge souverain ;
Et, révoquant l'arrêt, sur le livre de grâce
Écrire avec ta palme un pardon qui l'efface !

Et vous qui jusqu'ici, de climats en climats,
Enchaînés à sa lyre, avez suivi ses pas ;
Si ces chants quelquefois ont élevé votre âme,
Donnez-lui... donnez-lui... ce qu'une ombre réclame,
Une larme !... c'est là ce funèbre denier,
Ce tribut qu'à la mort tout mortel doit payer !
Et quand vous passerez près du dernier asile
Où la croix des tombeaux jette une ombre immobile,

NOTES.

PREMIÈRE NOTE.

> Ces temps sont arrivés ; aux rivages d'Argos,
> N'entends-tu pas ce cri qui monte sur les flots?
> C'est ton nom : il franchit les écueils des Dactyles;
> Il éveille en sursaut l'écho des Thermopyles.

L'insurrection de la Grèce contre ses barbares oppresseurs est un des plus beaux spectacles qu'il ait été donné à l'homme de contempler. Tous les prodiges de l'héroïsme antique, tous les dévouemens des plus sublimes martyres, se renouvellent tous les jours sous les yeux de l'Europe. Les vers de cette note font allusion au nouveau combat des Thermopyles, si admirablement décrit par M. de Pouqueville dans son *Histoire de la régénération de la Grèce,* t. III, p. 182.

DEUXIÈME NOTE.

> Albano l'entendit en découvrant l'abîme,
> Saluer l'Océan d'un adieu si sublime.

Nous faisons allusion ici à ces dernières strophes du IVe chant de *Childe-Harold,* un des plus magnifiques morceaux de poésie que les temps modernes aient produits; les voici :

CLXXIX.

Déroule tes vagues d'azur, majestueux Océan! Mille flottes parcourent vainement tes routes immenses; l'homme, qui couvre la terre de ruines, voit la mer irritée les rendait plus terribles, mes terreurs me charmaient encore ; car j'étais comme un de tes enfans, je me confiais gaîment à tes vagues, et je jouais avec ton humide crinière, comme je le fais encore en ce moment...

TROISIÈME NOTE.

Où va-t-il ? Il gouverne au berceau du soleil.
Mais pourquoi sur son bord ce terrible appareil ?

Lord Byron avait, dit un de ses amis qui le connaissait bien, l'ambition de se faire un nom aussi grand par ses actions, que celui qu'il s'était fait déjà par ses écrits. Peu de temps avant sa mort, il composa son ode belle et touchante sur le trente-sixième anniversaire de sa naissance ; ode qui prouve d'une manière remarquable, cette nouvelle passion. Voici un des couplets :

Si tu regrettes ta jeunesse, pourquoi vivre ? Tu es sur une terre où tu peux chercher une mort glorieuse : cours aux armes et sacrifie tes jours ! Ne réveille point la Grèce, elle est réveillée ; mais réveille-toi toi-même !

Lord Byron s'embarqua à Livourne, et arriva à Céphalonie dans les premiers jours du mois d'août 1823, accompagné de six ou sept amis, à bord du vaisseau anglais *l'Hercule,* capitaine Scott, qu'il avait frété exprès pour le conduire en Grèce. Il aimait à observer la nature ; il passait la plus grande partie des nuits à contempler les objets qui se présentent dans un voyage de mer ; car il savait *jouir des charmes de la douce présence de la nuit.* Il était bien au-dessus de l'affectation des extases poétiques ; mais on voit, dans tous ses ouvrages, combien il trouvait de délices à nourrir son imagination des beautés du monde physique. Il y a dans ses écrits plus d'images empruntées au spectacle de la mer, que dans ceux d'aucun autre poëte. Il les devait toutes à la Méditerranée et à ses rivages éclairés par le soleil du Midi. Tandis que le vaisseau majestueux glissait à l'ombre de Stromboli, il contemplait le cours mélancolique des vagues ; et quoique plongé dans ses rêveries ordinaires, son œil paraissait plus tranquille, et son front pâle plus doux.

C'était un point très-important de déterminer vers quelle partie de la Grèce lord Byron dirigerait sa course. Le pays était en proie à aucune résistance. Colonna n'est pas moins fréquentée par les peintres que par les pirates.

C'est là que l'artiste plante son pupitre, et cherche le pittoresque dans les ruines.
(LHODGSON, *lady Jane Grey*.)

CINQUIÈME NOTE.

Quel immense cortége, en longs habits de deuil,
De colline en colline, etc.

Cet épisode est historique, et s'il ne l'était pas dans tous ses détails, qui aurait osé l'inventer?

Dans le recueil des *Chants populaires de la Grèce moderne*, publiés et traduits par M. C. Fauriel, on trouve le morceau suivant:

« Le combat de la première journée ne fut pas décisif. Le se-
« cond, celui du lendemain, fut terrible; il était encore un peu
« incertain, lorsque soixante femmes, voyant qu'il allait finir par
« l'extermination des leurs, se rassemblèrent sur une éminence es-
« carpée qui avait un de ses flancs taillé à pic sur un abîme, au
« fond duquel un gros torrent se brisait entre mille pointes de roc
« dont son lit et ses bords étaient partout hérissés. Là, elles déli-
« bérèrent sur ce qu'elles avaient à faire pour ne pas tomber au
« pouvoir des Turcs, qu'elles s'imaginaient déjà voir à leur pour-
« suite. Cette délibération du désespoir fut courte; et la résolution
« qui la suivit, unanime. Ces soixante femmes étaient, pour la
« plupart, des mères plus ou moins jeunes, ayant avec elles leurs
« enfans, que les unes portaient à la mamelle ou dans leurs bras,
« que les autres tenaient par la main. Chacune prend le sien, lui
« donne le dernier baiser, et le lance ou le pousse, en détournant
« la tête, dans le précipice voisin. Quand il n'y a plus d'enfans à
« précipiter, elles se prennent l'une l'autre par la main, commen-
« cent une danse en rond, aussi près que possible du bord du pré-
« cipice, et la première d'elles qui, le premier tour fait, arrive sur
« le bord, s'en élance, et roule de roche en roche jusqu'au fond
« de l'horrible abîme. Cependant le cercle ou le chœur continue à

« le défunt, la douleur qu'elle ressent de sa perte. Ce premier de-
« voir rempli, elles se retirent toutes chez une de leurs parentes
« ou de leurs amies les plus voisines. Là, elles changent de vête-
« mens, s'habillent de blanc comme pour la cérémonie nuptiale,
« avec cette différence qu'elles gardent la tête nue, les cheveux
« épars et pendans. Tandis qu'elles changent ainsi de parure, d'au-
« tres femmes s'occupent du mort. Elles l'habillent, de la tête aux
« pieds, des meilleurs vêtemens qu'il portait avant que d'être ma-
« lade; et, dans cet état, elles l'étendent sur un lit très-bas, le vi-
« sage découvert, tourné vers l'orient, et les bras en croix sur sa
« poitrine.

« Ces apprêts terminés, les parentes reviennent, dans leur parure
« de deuil, à la maison du défunt, en laissant les portes ouvertes,
« de manière que toutes les autres femmes du lieu, amies, voisines
« ou inconnues, puissent entrer à leur suite. Toutes se rangent en
« cercle autour du mort, et leur douleur s'exhale de nouveau, et
« comme la première fois, sans règle et sans contrainte, en larmes,
« en cris ou en paroles; à ces plaintes spontanées et simultanées
« succèdent bientôt des lamentations d'une autre espèce : ce sont les
« myriologues. Ordinairement c'est la plus proche parente qui pro-
« nonce le sien la première. Après elle les autres parentes, les amies,
« les simples voisines; toutes celles, en un mot, des femmes pré-
« sentes, qui veulent payer au défunt ce dernier tribut d'affection,
« s'en acquittent l'une après l'autre, et quelquefois plusieurs en-
« semble. Il n'est pas rare que, dans le cercle des assistantes, il se
« rencontre des femmes étrangères à la famille, qui, ayant récem-
« ment perdu quelqu'un de leurs proches, en ont l'âme pleine, et
« ont encore quelque chose à leur dire; elles voient dans le mort
« présent un messager qui peut porter au mort qu'elles pleurent un
« nouveau témoignage de leurs souvenirs et de leurs regrets, et
« adressent au premier un myriologue dû et destiné au second.
« D'autres se contentent de jeter au défunt des bouquets de fleurs
« ou divers menus objets qu'elles le prient de vouloir bien remettre,
« dans l'autre monde, à ceux des leurs qu'elles y ont.

« L'effusion des myriologues dure jusqu'au moment où les prêtres
« viennent chercher le corps pour le conduire à la sépulture, et se
« prolonge jusqu'à l'arrivée du convoi funèbre à l'église. Ils cessent
« durant les prières et les psalmodies des prêtres, pour recommen-
« cer au moment où le corps va être mis en terre.

rions ajouter qu'il n'y a ni plume ni pinceau capables de rendre l'héroïque dévouement de ses habitans, dans les derniers temps de la lutte qu'ils ont soutenue, plus que tous les autres, pour l'affranchissement de la Grèce. Ils ressemblent, assure-t-on, aux montagnards d'Écosse; leurs vêtemens, leur figure, leurs mœurs, sont les mêmes. Les montagnes de l'Albanie seraient tout à fait celles de la Calédonie, si le climat en était moins méridional. J'ai trouvé, ajoute lord Byron, en Albanie, les femmes les plus belles que j'aie jamais vues pour la taille et pour la tournure. Elles étaient occupées à réparer un chemin dégradé par les torrens. Leur démarche est tout à fait théâtrale; cela vient sans doute, de leur manteau qu'elles portent attaché sur une épaule. Leur longue chevelure fait penser aux Spartiates, et l'on ne peut se faire une idée du courage qu'elles déploient dans les guerres de partisans.

NEUVIÈME NOTE.

Les dauphins de Parga, ces hardis matelots
Qui jamais de leur sang ne teignent que les flots.

Les Grecs appellent les Parganiotes, *dauphins des mers*. Tout le monde connaît les infortunes de Parga, vendue à Ali-Pacha par les Anglais, aux Turcs par des chrétiens.

DIXIÈME NOTE.

De Leuctre à Marathon, tout répond, tout vous crie :
« Vengeance! liberté! gloire! vertu! patrie! »

Bataille de Leuctre, gagnée par Épaminondas, général des Thébains, 371 ans avant Jésus-Christ, où Cléombrote, roi de Sparte, perdit la vie. Bataille de Marathon, gagnée par Miltiade, le 6 *boédromion*, 15 septembre, 490 ans avant Jésus-Christ. L'année suivante, Miltiade, accusé par un peuple ingrat, mourut en prison.

NOTES.

« Melpomène lui avait départi le don de la voix et de la cithare
« pour chanter le temps où, gardant les troupeaux du polémarque
« son père, aux bords du Selleïs, il abandonna sa patrie, con-
« quise par Ali-Pacha, pour se réfugier sous les drapeaux français,
« à l'ombre desquels il crût en sagesse et en valeur. De la taille
« ordinaire des *Souliotes*, qui est de cinq pieds environ, sa lé-
« gèreté était telle qu'on le comparait au zéphyr. Nul ne l'égalait à
« la lutte, au jeu du disque; et quand ses yeux bleus s'animaient,
« que sa longue chevelure flottait sur ses épaules, et que son front,
« rasé suivant l'usage antique, reflétait les rayons du soleil, il
« avait quelque chose de si extraordinaire, qu'on l'aurait pris pour
« un descendant de ces Pélasges, enfans de Phaéton, qui civili-
« sèrent l'Épire. Il avait laissé sa femme et deux enfans sur la terre
« étrangère, pour se livrer avec plus d'audace aux chances des
« combats. Poëte et guerrier, dans les momens de repos il prenait
« sa lyre et redisait aux enfans de la Selleïde les noms des héros
« leurs aïeux, leurs exploits, leur gloire, et l'obligation où ils
« étaient de mourir, comme eux, pour les saintes lois du Christ et
« de la patrie, objets éternels de la vénération des Grecs. Sa femme
« Chrysé vint le rejoindre après l'insurrection de la Grèce, et voulut
« combattre à ses côtés. — Marc Botzaris, en avant de Misso-
« lunghi, soutint avec six cents pallikares les efforts de l'armée
« ottomane tout entière. Les Thermopyles pâliront un jour à ce
« récit. — Retranchés auprès de Crionero, fontaine située à l'angle
« occidental du mont Aracynthe, ces braves, après avoir peigné
« leurs belles chevelures, suivant l'usage immémorial des soldats
« de la Grèce, conservé jusqu'à nos jours, se lavent dans les eaux
« de l'antique Aréthuse, et revêtus de leurs plus riches ornemens,
« ils demandent à s'unir par les liens de la fraternité, en se décla-
« rant *Ulamia*. Un ministre des autels s'avance aussitôt. Prosternés
« au pied de la croix, ils échangent leurs armes, ils se donnent
« ensuite la main en formant une chaîne mystérieuse; et, re-
« cueillis devant le Dieu rédempteur, ils prononcent les paroles sa-
« cramentelles : *Ma vie est ta vie, et mon âme est ton âme.* Le
« prêtre alors les bénit, et ayant donné le baiser de paix à Marc
« Botzaris, qui le rend à son lieutenant, ses soldats s'étant mutuel-
« lement embrassés, présentent un front menaçant à l'ennemi.

« C'était le 4 novembre 1822, au lever du soleil : on apercevait
« de Missolunghi et d'Anatolico le feu du bataillon immortel qui

« sous pavillon turc. Ils paraissaient chassés par les bricks de leur
« escorte qui battaient flamme et pavillon de la croix, et le costume
« ottoman que portaient les équipages des brûlots complétait l'illu-
« sion, lorsque deux frégates turques, placées en vedette à l'entrée
« du port, les signalèrent, comme pour les diriger vers le point
« qu'ils cherchaient.

« Le jour commençait à baisser, et il était impossible de distin-
« guer le vaisseau amiral au milieu d'une forêt de mâts, quand
« celui-ci répondit aux signaux des frégates d'avant-garde par trois
« coups de canon. *Il est à nous*, dit aussitôt Kanaris à son équi-
« page; *courage, camarades! nous le tenons!* Manœuvrant direc-
« tement vers le point d'où le canon s'était fait entendre, il aborde
« l'énorme citadelle flottante, en enfonçant son mât de beaupré dans
« un de ses sabords, et le vaisseau s'embrase avec une telle rapidité,
« que, de plus de deux mille individus qui le montaient, le capitan-
« pacha et une trentaine des siens parviennent seuls à se dérober à
« la mort.

« Au même instant, un second vaisseau est mis en feu par le
« brûlot de Cyriaque, et la rade n'offre plus qu'une scène déplorable
« de carnage, de désordre et de confusion. Les canons, qui s'échauf-
« fent, tirent successivement ou par bordée, et quelques-uns chargés
« de boulets incendiaires propagent le feu, tandis que la forteresse
« de Ténédos, croyant les Grecs entrés au port, canonne ses propres
« vaisseaux. Ceux-ci coupent leurs câbles, se pressent, se heurtent, se
« démâtent, arrachent mutuellement leurs bordages, ou s'échouent,
« et la majeure partie ayant réussi à s'éloigner, malgré la confusion
« inséparable d'une semblable catastrophe, est à peine portée au
« large, qu'elle est assaillie par une de ces tempêtes qui rendent
« une mer étroite aussi terrible que dangereuse, pendant les longues
« nuits de novembre. Les vaisseaux voguent à l'aventure, s'abordent
« dans l'obscurité, et s'endommagent. Plusieurs périssent, corps et
« biens; douze bricks font côte sur les plages de la Troade; deux
« frégates et une corvette, abandonnées, on ne sait comment, de
« leurs équipages, sont emportées par les courans jusqu'aux atté-
« rages de Paros.

« Pendant que les Turcs se débattaient au milieu des flammes, et
« en luttant contre les flots, les équipages des brûlots, formant
« un total de dix-sept hommes, assistaient tranquillement à la des-
« truction de la flotte du sultan. Ils virent successivement sauter le

Le lecteur lira sans doute avec intérêt ici le récit des derniers momens de lord Byron, transmis par un homme de confiance qui ne l'a pas quitté pendant vingt-cinq ans.

« Mon maître, dit Fletcher, montait à cheval tous les jours, lors-
« que le temps le permettait. Le 9 avril fut un jour fatal : milord fut
« très-mouillé durant la promenade, et, à son retour, quoiqu'il eût
« changé d'habits complétement, comme il était resté très-longtemps
« dans ses vêtemens mouillés, il se sentit légèrement indisposé, et
« le rhume dont il s'était plaint depuis que nous avions quitté Cépha-
« lonie, rendit cet accident plus grave. Quoiqu'il eût peu de fièvre
« pendant la nuit du 10, il se plaignit de douleurs dans les membres
« et du mal de tête, ce qui ne l'empêcha pas néanmoins de monter
« à cheval dans l'après-midi. A son retour, mon maître dit que la
« selle n'était pas tout à fait sèche, et qu'il craignait que cela ne
« l'eût rendu plus malade; la fièvre revint, et je vis avec bien du
« chagrin, le lendemain matin, que l'indisposition devenait plus
« sérieuse : milord était très-affaissé, et se plaignit de n'avoir
« point dormi de la nuit; il n'avait aucun appétit. Je lui préparai
« un peu d'*arrow-root;* il en prit deux ou trois cuillerées seulement,
« et me dit qu'il était fort bon, mais qu'il ne pouvait en prendre
« davantage. Ce ne fut que le troisième jour, le 12, que je com-
« mençai à concevoir des alarmes. Dans tous les rhumes que mon
« maître avait eus jusque-là, le sommeil ne l'avait pas abandonné,
« et il n'avait point eu de fièvre; j'allai donc chez le docteur Bruno
« et chez M. Millingen, ses deux médecins, et leur fis plusieurs
« questions sur la maladie de mon maître; ils m'assurèrent qu'il
« n'y avait aucun danger, que je pouvais être parfaitement tran-
« quille, que dans peu de jours tout irait bien : c'était le 13. Le
« jour suivant, je ne pus m'empêcher de supplier milord d'envoyer
« chercher le docteur Thomas, de Zante. Mon maître me dit de
« consulter à ce sujet les docteurs : ils me dirent qu'il n'était pas
« nécessaire d'appeler aucun autre médecin, parce qu'ils espéraient
« que tout irait bien dans peu de jours. Je dois faire remarquer ici
« que milord répéta plusieurs fois, dans le cours de la journée, que
« les docteurs n'entendaient rien à sa maladie. — En ce cas, milord,
« vous devriez consulter un autre médecin. — Ils me disent, Flet-
« cher, que ce n'est qu'un rhume ordinaire, comme tous ceux que

NOTES. 477

« dormir, et vous savez que depuis une semaine je n'ai pas dormi.
« Je sais, ajoutait-il, qu'un homme ne peut être sans dormir qu'un
« certain temps, après quoi il devient nécessairement fou, sans
« que l'on puisse le sauver, et j'aimerais mieux dix fois me brûler
« la cervelle que d'être fou : je ne crains pas la mort, je suis plus
« préparé à mourir que l'on ne pense.

« Je ne crois pas que milord ait eu l'idée que sa fin approchait,
« jusqu'au 18 ; il me dit alors : Je crains que Tita et vous ne tom-
« biez malades, en me veillant ainsi nuit et jour. Je lui répondis
« que nous ne le quitterions point jusqu'à ce qu'il fût mieux.
« Comme il y avait eu un peu de délire dans la journée du 16,
« j'avais eu soin de retirer les pistolets et le stylet qui jusque-là,
« étaient restés à côté de son lit, la nuit. Le 18, il m'adressa sou-
« vent la parole ; il paraissait mécontent du traitement qu'avaient
« suivi les médecins. Je lui demandai alors de me permettre d'en-
« voyer chercher le docteur Thomas. — Envoyez-le chercher ;
« mais dépêchez-vous : je suis fâché de ne pas vous l'avoir laissé
« envoyer chercher plus tôt.

« Je ne perdis pas un moment à exécuter ses ordres, et à en
« faire part au docteur Bruno et à M. Millingen, qui me dirent que
« j'avais très-bien fait, parce qu'ils commençaient eux-mêmes à
« être très-inquiets. Quand je rentrai dans la chambre de milord :
« Avez-vous envoyé ? me dit-il. — Oui, milord. — Vous avez bien
« fait : je désire savoir ce que j'ai. Quoiqu'il ne parût pas se croire
« si près de sa fin, je m'aperçus qu'il s'affaiblissait d'heure en
« heure, et qu'il commençait à avoir des accès de délire. Il me dit
« à la fin d'un de ses accès : Je commence à croire que je suis sé-
« rieusement malade ; et si je mourais subitement, je désire vous
« donner quelques instructions, que j'espère que vous aurez soin
« de faire exécuter. Je l'assurai de ma fidélité à exécuter ses vo-
« lontés, et ajoutai que j'espérais qu'il vivrait assez longtemps pour
« les faire exécuter lui-même. A quoi il répondit : Non, c'en est
« fait, il faut tout vous dire sans perdre un moment. — Irai-je,
« milord, chercher une plume, de l'encre et du papier ? — Oh
« mon Dieu ! non, vous perdriez trop de temps, et je n'en ai point
« à perdre. Faites bien attention, me dit-il.

« Votre sort est assuré, Fletcher. — Je vous supplie, milord, de
« songer à des choses plus importantes ! — O mon enfant ! dit-il ;
« ô ma chère fille, ma chère Adda ! Oh ! mon Dieu ! si j'avais pu

« demi-heures, et nous continuâmes à lui soulever la tête toutes
« les fois qu'il revenait; jusqu'à six heures du soir du lendemain
« 19, que je vis milord ouvrir les yeux et les refermer sans aucun
« symptôme de douleur, sans faire le moindre mouvement d'aucun
« de ses membres. O mon Dieu ! m'écriai-je, je crains que milord
« ne soit mort. Les médecins tâtèrent le pouls, et dirent : Vous
« avez raison, il n'est plus. »

(*Westminster Review.*)

DOUZIÈME NOTE.

Mais taisons-nous !... La tombe est le sceau du mystère !

Lord Byron exprime la même idée dans le troisième chant d'*Harold*, après un parallèle entre Voltaire et Jean-Jacques Rousseau.

Ne troublons pas la paix de leurs cendres ; s'ils ont mérité la vengeance du ciel, ils subissent leurs peines : ce n'est point à nous de les juger, encore moins de les condamner. L'heure viendra où les mystères de la mort nous seront révélés ; l'espérance et la terreur reposent ensemble dans la poussière de la tombe ; et lorsque, selon notre croyance, la vie viendra nous y ranimer, la clémence divine pardonnera, ou sa justice viendra réclamer les coupables.

FIN DU TOME PREMIER.

TABLE

DU TOME PREMIER.

	Pages.
ADIEUX AU COLLÉGE DE BELLEY.	1
DISCOURS DE RÉCEPTION A L'ACADÉMIE FRANÇAISE.	3
RÉPONSE DE M. LE BARON CUVIER, directeur de l'Académie Française, au discours de M. de Lamartine, prononcé dans la séance du 1er avril 1830.	23
DES DESTINÉES DE LA POÉSIE.	35

PREMIÈRES MÉDITATIONS POÉTIQUES.

PREMIÈRE MÉDITATION. — L'Isolement.	69
DEUXIÈME MÉDITATION. — L'Homme. A lord Byron.	72
TROISIÈME MÉDITATION. — A Elvire.	81
QUATRIÈME MÉDITATION. — Le Soir.	83
CINQUIÈME MÉDITATION. — L'Immortalité.	85
SIXIÈME MÉDITATION. — Le Vallon.	90
SEPTIÈME MÉDITATION. — Le Désespoir.	93
HUITIÈME MÉDITATION. — La Providence à l'homme.	98
NEUVIÈME MÉDITATION. — Souvenir.	102
DIXIÈME MÉDITATION. — Ode.	105
ONZIÈME MÉDITATION. — L'Enthousiasme.	110
DOUZIÈME MÉDITATION. — La Retraite. A. M de C***.	113
TREIZIÈME MÉDITATION. — Le Lac.	116
QUATORZIÈME MÉDITATION. — La Gloire. A un poëte exilé.	119
QUINZIÈME MÉDITATION. — La Naissance du duc de Bordeaux.	122
SEIZIÈME MÉDITATION. — La Prière.	127
DIX-SEPTIÈME MÉDITATION. — Invocation.	131
DIX-HUITIÈME MÉDITATION. — La Foi.	132
DIX-NEUVIÈME MÉDITATION. — Le Génie. A M. de Bonald.	138
VINGTIÈME MÉDITATION. — Philosophie. Au marquis de la Maisonfort.	142

ÉPITRES.

A M. Victor Hugo. 309
A M. Amédée de Parseval. 317
A M. Casimir Delavigne. 319
A M. A. de Lamartine, par M. Casimir Delavigne, sur la Liberté. . . 323
A M. Léon Bruys d'Ouilly. 329
A M. A. de Lamartine, par M. L. Bruys d'Ouilly. 332

La Mort de Socrate. — Avertissement. 337
La Mort de Socrate. 343
Notes. 371

Le dernier chant du Pèlerinage d'Harold. — Avertissement. . . . 395
Dédicace. 403
Le dernier chant du Pèlerinage d'Harold. 405
Notes 461

FIN DE LA TABLE DU TOME PREMIER.

LAGNY. — Typographie de VIALAT et Cⁱᵉ.

Montre que sur ce front quelque peine est passée.
Sa lèvre, où le sourire erre encore au hasard,
Glace le sentiment en charmant le regard ;
Plus encor que l'amour la volupté s'y joue ;
La peine en fait fléchir l'arc mobile, et sa joue
Ressemble au lis penché vers le midi du jour,
Qu'ont déjà respiré le zéphyr ou l'amour.

VIII.

« Dors ! murmurait Harold d'une voix comprimée ;
Toi que je vais quitter ! toi que j'ai tant aimée !
Toi qui m'aimas peut-être, ou dont l'art séducteur
Par l'ombre de l'amour trompa du moins mon cœur.
Qu'importe que le tien ne fût qu'un doux mensonge !
Je fus heureux par toi ; tout bonheur est un songe !
Et je pars avant l'heure où le triste réveil
Eût dissipé pour nous cet enfant du sommeil !
Heureux qui s'éloignant pendant que l'erreur dure,
Emporte dans son cœur une image encore pure ;
Qui peut, dans les horreurs de son triste avenir,
Nourrir, comme un flambeau, quelque cher souvenir,
Et ne voit pas du moins, en perdant ce qu'il aime,
Cette idole qui tombe ou qu'il brisa lui-même,
D'un bonheur qui n'est plus étaler les débris
Où l'éternel remords rampe auprès du mépris !...
Gravez-vous dans mes yeux, voluptueuse image,
Front serein dont mon souffle écartait tout nuage !
Beaux yeux dont le regard me cherchera demain !
Lèvres dont les accens m'enivraient ! tendre main
Qui, s'ouvrant vainement pour s'unir à la mienne,
Ne rencontrera plus d'appui qui la soutienne !
Bouche que le sommeil n'a pu même assoupir !
Je voudrais emporter... tout ! jusqu'à ce soupir
Qui, soulevant ce sein plus mobile que l'onde,

Mais sur le pont tremblant du vaisseau qui dérive,
Un bruit sourd et confus monte et frappe la rive;
La voix des vents s'y mêle aux cris des matelots;
On y voit confondus, rouler au gré des flots,
Des faisceaux éclatans de harnais et d'armures,
Qui rendent en tombant de sinistres murmures;
Des sabres, des mousquets brillans d'argent et d'or,
Que la poudre et le sang n'ont pas ternis encor;
Des lances, des drapeaux où, parmi le tonnerre,
Brille un signe inconnu sur les champs de la guerre;
On voit autour des mâts, des coursiers enchaînés,
Battre le pont tremblant sous leurs pieds étonnés,
Et, secouant leurs crins qu'un flot d'écume inonde,
Hennir à chaque vent qui les berce sur l'onde.
Mais Harold, que fait-il? Seul, au bout du vaisseau,
Enveloppé des plis de son large manteau,
Sombre comme la nuit dont son cœur est l'image,
D'un œil insouciant il voit fuir le rivage.

X.

Où va-t-il?... Il gouverne au berceau du soleil [3].
Mais pourquoi sur son bord ce terrible appareil?
Va-t-il, le cœur brûlant d'une foi magnanime,
Conquérir une tombe au désert de Solyme;
Ou, pèlerin armé, son bourdon à la main,
Laver ses pieds souillés dans les flots du Jourdain?
Non : du sceptique Harold le doute est la doctrine;
Le croissant ni la croix ne couvrent sa poitrine;
Jupiter, Mahomet, héros, grands hommes, dieux,
(O Christ, pardonne-lui!) ne sont rien à ses yeux
Qu'un fantôme impuissant que l'erreur fait éclore,
Rêves plus ou moins purs qu'un vain délire adore,
Et dont, par ses clartés, la superbe raison,
Siècle après siècle, enfin délivre l'horizon.

XII.

Déjà, dorant les mâts, le rayon de l'aurore
Se joue avec les flots que sa pourpre colore ;
La vague, qui s'éveille au souffle frais du jour,
En sillons écumeux se creuse tour à tour ;
Et le vaisseau, serrant la voile mieux remplie,
Vole et rase de près la côte d'Italie.
Harold s'éveille ; il voit grandir dans le lointain
Les contours azurés de l'horizon romain ;
Il voit sortir grondant, du lit fangeux du Tibre,
Un flot qui semble enfin bouillonner d'être libre,
Et Soracte, dressant son sommet dans les airs,
Seul se montrer debout où tomba l'univers.
Plus loin, sur les confins de cette antique Europe,
Dans cet Éden du monde, où languit Parthénope,
Comme un phare éternel sur les mers allumé,
Son regard voit fumer le Vésuve enflammé ;
Semblable au feu lointain d'un mourant incendie,
Sa flamme, dans le jour un moment assoupie,
Lance, au retour des nuits, des gerbes de clartés ;
La mer rougit des feux dans son sein reflétés,
Et les vents, agitant ce panache sublime,
Comme un pilier en feu d'un temple qui s'abîme,
Font pencher sur Pæstum, jusqu'à l'aube des jours,
La colonne de feu qui s'écroule toujours.
A la sombre lueur de cet immense phare,
Harold longe les bords où frémit le Ténare ;
Où l'Élysée antique, en un désert changé,
Étalant les débris de son sol ravagé,
Du céleste séjour dont il offrait l'image
Semble avoir conservé les astres sans nuage.
Mais là, près de la tombe où le grand cygne dort,
Le vaisseau tout à coup tourne sa poupe au bord.

Ces marbres mutilés par le fer du barbare,
Ces bustes, avec qui son orgueil te compare,
Et de ces champs féconds les trésors superflus,
Et ce ciel qui t'éclaire, et ne te connaît plus !
Rougis !... Mais non : briguant une gloire frivole,
Triomphe ! On chante encore au pied du Capitole !
A la place du fer, ce sceptre des Romains,
La lyre et le pinceau chargent tes faibles mains ;
Tu sais assaisonner des voluptés perfides,
Donner des chants plus doux aux voix de tes Armides,
Animer les couleurs sous un pinceau vivant ;
Ou, sous l'adroit burin de ton ciseau savant,
Prêter avec mollesse, au marbre de Blanduse,
Les traits de ces héros dont l'image t'accuse !
Ta langue, modulant des sons mélodieux,
A perdu l'âpreté de tes rudes aïeux ;
Douce comme un flatteur, fausse comme un esclave,
Tes fers en ont usé l'accent nerveux et grave ;
Et semblable au serpent, dont les nœuds assouplis
Du sol fangeux qu'il couvre imitent tous les plis,
Façonnée à ramper par un long esclavage,
Elle se prostitue au plus servile usage,
Et, s'exhalant sans force en stériles accens,
Ne fait qu'amollir l'âme et caresser les sens.

« Monument écroulé, que l'écho seul habite !
Poussière du passé, qu'un vent stérile agite !
Terre, où les fils n'ont plus le sang de leurs aïeux,
Où sur un sol vieilli les hommes naissent vieux,
Où le fer avili ne frappe que dans l'ombre,
Où sur les fronts voilés plane un nuage sombre,
Où l'amour n'est qu'un piége, et la pudeur qu'un fard,
Où la ruse a faussé le rayon du regard,
Où les mots énervés ne sont qu'un bruit sonore,
Un nuage éclaté qui retentit encore !
Adieu ! Pleure ta chute en vantant tes héros !

Comme le fier coursier, par son maître flatté,
Hennit en revoyant celui qu'il a porté !
Oui, vous m'avez déjà bercé sur vos rivages,
O vagues, de mon cœur orageuses images,
Plaintives, sans repos, terribles comme lui,
Vous savez qui j'étais ! mais qui suis-je aujourd'hui ?
Ce que j'étais alors : un mystère, un problème ;
Un orage éternel qui roule sur lui-même ;
Un rêve douloureux qui change sans finir ;
Un débris du passé qui souille l'avenir ;
Un flot, comme ces flots errant à l'aventure,
Portant de plage en plage une écume, un murmure,
Et qui, semblable en tout au mobile élément,
Sans avancer jamais, flotte éternellement !
Qu'ai-je fait de mes jours ? où sont-ils ? quel usage,
Aux autres, à moi-même, atteste leur passage ?
Quelle borne éternelle a marqué mon chemin ?
Quel fruit ai-je cueilli qui n'ait trompé ma main ?
Tentant mille sentiers sans savoir lequel suivre,
Où n'ai-je pas erré ?... Mais errer, est-ce vivre ?...
N'est-il pas dans le ciel, en nous-même, ici-bas,
Quelque but éclatant pour diriger nos pas,
Et vers qui l'Espérance, en marchant, puisse dire :
S'il m'échappe, du moins je sais à quoi j'aspire ?

« L'hirondelle, en suivant les saisons dans les airs,
Voit, des bords qu'elle fuit, l'autre rive des mers ;
Le pilote, que l'ombre entoure de ses voiles,
Suit un phare immobile au milieu des étoiles ;
L'aigle vole au soleil, la colombe à son nid ;
Sur l'abîme orageux que sa proue aplanit,
Sous des cieux inconnus guidé par sa boussole,
A travers l'horizon le vaisseau voit le pôle ;
L'homme seul ne voit rien pour marquer son chemin,
Qu'hier et qu'aujourd'hui, semblables à demain ;
Et changeant à toute heure et de but et de route,

XVII.

« Souvent, le bras posé sur l'urne d'un grand homme,
Soit aux bords dépeuplés des longs chemins de Rome,
Soit sous la voûte auguste où, de ses noirs arceaux,
L'ombre de Westminster consacre ses tombeaux,
En contemplant ces arcs, ces bronzes, ces statues,
Du long respect des temps par l'âge revêtues,
En voyant l'étranger, d'un pied silencieux,
Ne toucher qu'en tremblant le pavé de ces lieux,
Et des inscriptions sur la poudre tracées
Chercher pieusement les lettres effacées,
J'ai senti qu'à l'abri d'un pareil monument
Leur grande ombre devait dormir plus mollement ;
Que le bruit de ces pas, ce culte, ces images,
Ces regrets renaissans et ces larmes des âges,
Flattaient sans doute encore, au fond de leur cercueil,
De ces morts immortels l'impérissable orgueil ;
Qu'un cercueil, dernier terme où tend la gloire humaine,
De tant de vanités est encor la moins vaine ;
Et que pour un mortel peut-être il était beau
De conquérir du moins, ici-bas, un tombeau !...
Je l'aurai !... Cependant mon cœur souhaite encore
Quelque chose de plus ; mais quoi donc ? il l'ignore.
Quelque chose au delà du tombeau ! Que veux-tu ?
Et que te reste-t-il à tenter ?... la vertu !
Hé bien ! pressons ce mot jusqu'à ce qu'il se brise !
S'immoler sans espoir pour l'homme qu'on méprise ;
Sacrifier son or, ses voluptés, ses jours,
A ce rêve trompeur... mais qui trompe toujours ;
A cette liberté que l'homme qui l'adore
Ne rachète un moment que pour la vendre encore ;
Venger le nom chrétien du long oubli des rois ;
Mourir en combattant pour l'ombre d'une croix,

Comme un adroit lutteur, le brick léger s'efface,
Les coups mal dirigés se perdent dans l'espace ;
Cent boulets sur les flots vont jaillir en sifflant ;
Puis, d'un coup de timon rapporté sur son flanc,
Dans ses agrès brisés son mât penché s'engage.
Harold, le sabre en main, s'élance à l'abordage,
Et, faisant tournoyer son glaive autour de lui,
Trace un cercle sanglant : tout tombe, ou tout a fui.
C'en est fait! ses guerriers, élancés sur sa trace,
Du pont jonché de morts ont balayé l'espace.

XIX.

« Rendez-vous! » Mais quel cri de surprise et d'horreur
Dans son sanglant triomphe arrête le vainqueur?
L'Ottoman veut-il donc périr avec sa proie?
Voyez, déjà la flamme en torrens se déploie;
Du pied fumant des mâts monte un long cri de mort :
Harold épouvanté s'élance sur son bord,
Et, du navire en feu détachant son navire,
Hors du vent enflammé lentement se retire.
Pleurant sur son triomphe, il contemple de loin
Ce funèbre bûcher dont l'abîme est témoin.
Excité par les vents, le rapide incendie,
De sabords en sabords, court, monte, se replie,
Remonte, redescend, rase les flots fumans,
Entoure le vaisseau de ses feux écumans,
Et, sous les coups du vent éparpillant ses flammes,
Revient et l'engloutit sous ses brûlantes lames;
Lançant ses dards de feu, glissant comme un serpent,
Le long des mâts noircis il s'élève en rampant;
La vergue tombe en feu sur le pont qu'elle écrase;
La voile en frémissant se déroule et s'embrase;
Emportés dans les airs, ses lambeaux enflammés
Vont tomber sur les flots à demi consumés,

Soit qu'il sût le secret de sa triste naissance,
Soit qu'il fût attendri des grâces de l'enfance,
Et voulût opposer à son cœur attristé
Cette image du ciel : innocence et beauté !

XXI.

Mais déjà le navire, aux lueurs de l'aurore,
Du sein brillant des mers voit une terre éclore;
Terre dont l'Océan, avec un triste orgueil,
Semble encor murmurer le nom sur chaque écueil,
Et dont le souvenir, planant sur ses rivages,
Se répand sur les flots comme un parfum des âges.
C'est la Grèce ! A ce nom, à cet auguste aspect,
L'esprit anéanti de pitié, de respect,
Contemplant du destin le déclin et la cime,
De la gloire au néant a mesuré l'abîme.
Par les pas des tyrans ses bords sont profanés,
Ses temples sont détruits, ses peuples enchaînés,
Et sur l'autel du Christ, brisé par la conquête,
L'Ottoman fait baiser le turban du Prophète :
Mais, à travers ce deuil, le regard enchanté
Reconnaît en pleurant son antique beauté,
Et la nature, au moins, par le temps rajeunie,
Y triomphe de l'homme et de la tyrannie.
C'est toujours le pays du soleil et des dieux !
Ses monts dressent encor leurs sommets dans les cieux,
Et, noyant les contours de leur cime azurée,
Semblent encor nager dans une onde éthérée.
Ses coteaux, abaissant leurs cintres inclinés,
Par l'arbre de Minerve à demi couronnés,
Expirent par degrés sur la plage sonore
Où Syrinx sur les flots semble gémir encore,
Et, présentant aux yeux leurs penchans escarpés,
Du soleil tour à tour selon l'heure frappés,

Monument d'un autre âge et d'une autre nature,
Homme! l'homme n'a plus le mot qui te mesure!
Son incrédule orgueil s'est lassé d'admirer,
Et, dans son impuissance à te rien comparer,
Il te confond de loin avec ces fables même,
Nuages du passé qui couvrent ton poëme!
Cependant tu fus homme, on le sent à tes pleurs!
Un dieu n'eût pas si bien fait gémir nos douleurs!
Il faut que l'immortel qui touche ainsi notre âme
Ait sucé la pitié dans le lait d'une femme.
Mais, dans ces premiers jours, où d'un limon moins vieux,
La nature enfantait des monstres ou des dieux,
Le ciel t'avait créé dans sa magnificence
Comme un autre Océan, profond, sans rive, immense ;
Sympathique miroir, qui, dans son sein flottant,
Sans altérer l'azur de son flot inconstant,
Réfléchit tour à tour les grâces de ses rives,
Les bergers poursuivant les nymphes fugitives,
L'astre qui dort au ciel, le mât brisé qui fuit,
Le vol de la tempête aux ailes de la nuit,
Ou les traits serpentans de la foudre qui gronde,
Rasant sa verte écume et s'éteignant dans l'onde!

Cependant l'univers, de ses traces rempli,
T'accueillit, comme un Dieu... par l'insulte et l'oubli!
On dit que, sur ces bords où règne ta mémoire,
Une lyre à la main tu mendiais ta gloire!...
Ta gloire! Ah! qu'ai-je dit? Ce céleste flambeau
Ne fut aussi pour toi que l'astre du tombeau!
Tes rivaux, triomphant des malheurs de ta vie,
Plaçant entre elle et toi les ombres de l'envie,
Disputèrent encore à ton dernier regard
L'éclat de ce soleil qui se lève si tard!
La pierre du cercueil ne sut pas t'en défendre ;
Et de ces vils serpens qui rongèrent ta cendre,
Sont nés, pour dévorer les restes d'un grand nom,

Ou l'esquif du pêcheur égaré sur les flots.
Elle a donné son nom au cap qu'elle couronne[4].
Harold, qui voit blanchir l'éternelle colonne,
Reconnaît Sunium... Sunium! A ce nom,
Il croit revoir flotter la robe de Platon,
Quand ce sage, fuyant une foule insensée,
Venait dans le désert consulter... sa pensée;
Et qu'assis en silence au bord des flots amers,
Son œil divin plongé dans le ciel ou les mers,
Écoutant en soi-même un vague et doux murmure,
Il croyait distinguer la voix de la nature,
Ou des sphères du ciel le bruit harmonieux,
Ou ces songes divins qui lui parlaient des dieux!
Voix céleste, qui parle au bord des mers profondes,
Dans les soupirs des bois, dans les accords des ondes,
Partout où l'homme enfin n'a point gravé ses pas,
Harold aussi t'entend!... mais ne te comprend pas!

XXIV.

Son vaisseau lentement flotte en longeant la plage,
Mais quel chant solennel s'élève du rivage?
Quel immense cortége, en blancs habits de deuil[5],
De colline en colline, et d'écueil en écueil,
Comme un troupeau lointain que le berger ramène,
Par ses prêtres conduit serpente dans la plaine!
Quel deuil semble peser sur leurs fronts affligés?
De quels pieux fardeaux leurs bras sont-ils chargés?
Avec quel saint respect sur l'herbe ils les déposent,
Et, fléchissant leurs fronts, de larmes les arrosent!
Approchons!... De plus près le vent soufflant du bord,
Aux oreilles d'Harold porte un hymne de mort;
Il frémit, mais son cœur dédaigne un vain présage,
Et bientôt son esquif l'a jeté sur la plage :
A la foule attentive il se mêle au hasard.

Ses longs cheveux épars, emblème de son deuil,
Chante l'hymne de mort à ses sœurs du cercueil !

XXV.

« Sur les sommets glacés du sauvage Érymanthe,
Des bords délicieux où le Lâos serpente,
Fuyant les fers sanglans d'un vainqueur inhumain,
De rochers en rochers nous gravissons en vain;
Le féroce Delhys, que son vézir excite,
Nous suivant jusqu'aux lieux que le tonnerre habite,
Comme un troupeau de daims forcé par les chasseurs,
Fait tomber sous ses coups nos derniers défenseurs.
Déjà, du haut des monts, sur nos camps descendue,
Notre dernière nuit nous dérobe à sa vue :
Nuit courte ! nuit suprême, hélas ! dont le matin
Doit éclairer l'horreur de notre affreux destin !
Le sommeil ne vint pas effleurer nos paupières :
Les prêtres, vers le ciel élevant nos prières,
En mots mystérieux que nous n'entendions pas,
Bénissaient sous nos pieds la terre du trépas;
Sur le granit tranchant des roches escarpées,
Les guerriers aiguisaient le fil de leurs épées,
Et, les voyant briller, les pressaient sur leur cœur,
Comme un frère mourant embrasse son vengeur !
Assises à leurs pieds, les mères, les épouses,
De ces heures de mort, hélas ! encor jalouses,
D'une invincible étreinte enlaçaient leurs époux,
Ou, posant tristement leurs fils sur leurs genoux,
Dans un amer baiser qu'interrompaient leurs larmes,
Pour la dernière fois s'enivraient de leurs charmes,
Et leur faisaient couler, avant que de périr,
Les gouttes de ce lait que la mort va tarir !...

« Mais à peine, dorant les sommets du Ménale,

Nos yeux plongeaient aussi sur le lieu du carnage.
Ils voyaient, sous le fer des cruels Musulmans,
Tomber l'un après l'autre, amis, frères, amans,
Et, par leur nombre, hélas! que le glaive dévore,
Comptaient combien d'instans il nous restait encore!
Déjà, sur les débris d'un peuple tout entier,
Le féroce Ottoman s'ouvre un sanglant sentier.
Une femme, une mère, ô désespoir sublime!
« Il ne nous reste plus qu'un vengeur... c'est l'abîme! »
Dit-elle, et vers le bord précipitant ses pas,
Elle montre l'enfant qui sourit dans ses bras,
De sa bouche entr'ouverte arrache la mamelle,
L'élève dans ses mains, tremble, hésite, chancelle,
Et, s'animant aux cris d'un vainqueur furieux,
Le lance dans l'abîme en détournant les yeux!...
Le gouffre retentit en dévorant sa proie.
Elle sourit au bruit que l'écho lui renvoie,
Et se tournant vers nous : « Vous frémissez? pourquoi?
Il est libre, dit-elle; et vous, imitez-moi,
Mères, qui, nourrissant vos fils du lait des braves,
N'avez pas, dans vos flancs, porté de vils esclaves! »
Chaque mère, à ces mots, dans l'abîme sans fond
Jette un poids à son tour, et l'abîme répond;
Puis, formant tout à coup une funèbre danse,
Entrelaçant nos mains et tournant en cadence,
Aux accens de ce chœur qu'aux rives de l'Ysmen
Les vierges vont chanter aux fêtes de l'hymen,
Notre foule en s'ouvrant forme une ronde immense,
Et, chaque fois que l'air finit et recommence,
Celle qu'au bord fatal a ramené le sort,
Comme un anneau brisé d'une chaîne de mort,
S'en détache, et d'un saut s'élance dans l'abîme;
Le bruit sourd de son corps, roulant de cime en cime,
Du gouffre insatiable ébranlant les échos,
Accompagnait le chœur qui chantait en ces mots:
Contraste déchirant, air gracieux et tendre,

Semez, semez de narcisse et de rose,
Semez la couche où la beauté repose!

Sais-tu les airs qu'il faut pour assoupir
Le jeune enfant qui pend à la mamelle?
Entends, entends gémir la tourterelle;
D'une eau qui coule imite le soupir!

Semez, semez de narcisse et de rose,
Semez la couche où la beauté repose.

XXVIII.

« Ainsi, guidant nos pas aux accens du plaisir,
Ces chants faits pour l'amour nous servaient à mourir!
Telle aux champs des combats la musique guerrière,
Ouvrant aux combattans la sanglante carrière,
Jusqu'aux bouches du bronze accompagne leurs pas,
Et mêle un air de fête aux horreurs du trépas!
Mais d'instans en instans, hélas! tournant plus vite,
Le chœur se rétrécit, le chant se précipite,
Et le bruit de nos voix que retranche le sort,
Décroît avec le nombre et meurt avec la mort!...
A coups plus répétés déjà l'abîme gronde,
Le cœur bat, le sol fuit, nos pas pressent la ronde;
Chaque tour emportait une femme, une voix...
Et le cercle fatal tourna soixante fois!
Moi-même... Mais sans doute, en cet instant terrible,
Un ange me soutint sur son aile invisible,
Pour raconter au monde un sublime trépas
Qu'a vu ce siècle impie... et qu'il ne croira pas! »

XXIX.

Elle ne parle plus, la foule écoute encore:
Un nuage d'encens s'enflamme et s'évapore;

Tony Johannot pinxit.   Goutière sculpsit.

CHILDE HAROLD.

De chefs et de soldats Harold environné.

(Voyez le Chant du Pèlerinage de Childe Harold.)

Aux sons de la trompette, aux accens du tambour,
Sous leurs drapeaux bénis défilent tour à tour,
Déroulent les faisceaux, et parés de leurs armes,
Leur promettent du sang en les baignant de larmes.

XXXI.

Leur cœur voit dans Harold un être plus qu'humain,
Qui, le soc, le trident, ou l'olive à la main,
Venait, comme les dieux, entouré de mystère,
Porter un nouveau culte ou des lois à la terre.
Mais Harold, imposant silence à leurs transports :
« Je ne suis qu'un barbare, étranger sur vos bords,
Fils d'un soleil moins pur et de moins nobles pères,
Indigne, ô fils d'Hellé, de vous nommer mes frères,
Vous, dont le monde entier, en comptant vos aïeux,
Ne nomme que des rois, des héros, ou des dieux!
Mais, partout où le temps fait luire leur mémoire,
Où le cœur d'un mortel palpite au nom de gloire,
Où la sainte pitié penche pour le malheur,
La Grèce compte un fils, et ses fils un vengeur!...
Je ne viens point ici, par de vaines images,
Dans vos seins frémissans réveiller vos courages ;
Un seul cri vous restait, et vous l'avez jeté,
Votre langue n'a plus qu'un seul mot!... Liberté!
Et que dire aux enfans ou de Sparte ou d'Athènes?
Ce ciel, ces monts, ces flots, voilà vos Démosthènes!
Partout où l'œil se porte, où s'impriment les pas,
Le sol sacré raconte un triomphe, un trépas;
De Leuctre à Marathon, tout répond, tout vous crie [10] :
« Vengeance! liberté! gloire! vertu! patrie! »
Ces voix, que les tyrans ne peuvent étouffer,
Ne vous demandent pas des discours, mais du fer!
Le voilà! prenez donc! armez-vous! que la terre
Du sang de ses bourreaux enfin se désaltère!

Il s'arrête... il écoute... il semble avec transport
Exposer comme un but sa poitrine à la mort,
Et, l'œil en feu, semblable à l'ange de la guerre,
Jouer avec le glaive et braver le tonnerre.

XXXIII.

Oui! le dieu des mortels est le dieu des combats!
Le carnage est divin, la mort a des appas!
Et celui qui, des mers élevant les nuages,
Déchaîna l'aquilon pour rouler les orages,
Et fit sortir du choc de la foudre en fureur
Ces bruits majestueux qui charment la terreur,
Par un secret dessein de sa vaste sagesse,
A caché pour le brave une sanglante ivresse,
Un goût voluptueux, un attrait renaissant,
Dans ce jeu redoutable où le prix est du sang,
Où le sort tient les dés, où la mort incertaine
Plane comme un vautour sur une proie humaine,
Et, de la gloire enfin découvrant le flambeau,
Proclame... Quoi!... le nom de ce vaste tombeau!

XXXIV.

Qu'un autre aux tons d'Homère ose monter sa lyre,
Chante d'un peuple entier le généreux martyre,
Martyre triomphant, qui d'un sang glorieux
Délivre la patrie et rachète les cieux!
Un jour, quand du lointain les sublimes nuages
Couvriront ces exploits du mystère des âges,
Les noms d'Odysséus, de Marc, de Kanaris [1],
Auprès du nom des dieux sur les autels inscrits,
Régneront; maintenant, il suffit qu'on les nomme.
Pour son siècle incrédule un héros n'est qu'un homme!

Sur les flancs ombragés du sublime Aracynthe,
Lieux où la mer formant une orageuse enceinte,
Vit, au jour d'Actium, le sceptre des humains,
Comme un glaive brisé, rouler de mains en mains ;
Près d'un vallon couvert d'ifs à la feuille obscure,
Où dans son large lit l'Achéloüs murmure,
Et dans le sein des mers prêt à perdre ses flots,
Répand dans ses forêts de funèbres sanglots,
Sous les troncs ténébreux des cyprès, des platanes,
Qui cachent, comme un voile, au regard des profanes,
Sur la terre d'Islam, un temple du vrai Dieu,
Harold s'arrête, et frappe aux portes d'un saint lieu,
Où la plaintive voix d'un pieux solitaire
Réveillait seule, hélas ! l'écho du monastère.
Seul et dernier gardien de ces divins autels,
Le vieillard n'avait plus de nom chez les mortels.
Cyrille était son nom parmi les saints ; son âge
N'avait point vers la terre incliné son visage ;
La prière en fixant son âme sur les cieux,
Vers la voûte céleste avait tourné ses yeux ;
Et son front couronné de ses boucles fanées,
Portait légèrement le fardeau des années ;
Ses lèvres respiraient les grâces de son cœur ;
Il tenait dans ses mains ce sceptre du pasteur,
Ce bâton pastoral que ses mains paternelles
Étendaient autrefois sur des brebis fidèles ;
Mais la houlette, hélas ! veuve de son troupeau,
Ne servait qu'à guider le pasteur au tombeau.
Sa barbe à blancs flocons roulait sur sa poitrine.
Harold, en le voyant, se recueille et s'incline,
Et, frappé de silence à cet auguste aspect,
Aborde le vieillard avec un saint respect.
Il croit sentir, il sent, tandis qu'il le contemple,
Ce qu'éprouve un impie en entrant dans un temple.
Ces autels, dont les fronts ont creusé les parois,
Ces murs que la prière a percés tant de fois,

Comme le dernier coup de foudre après l'orage,
Vienne d'un trait de feu déchirer ce nuage,
Et, répandant sur l'âme une affreuse clarté,
La replonge soudain dans une obscurité!
Ainsi roulait d'Harold l'orageuse pensée,
Et, semblable à la flèche avec force lancée,
Qui revient briser l'arc d'où le trait est parti,
Revenait déchirer son sein anéanti!
Oui, la pensée humaine est une double épée,
Une arme à deux tranchans, au feu du ciel trempée,
Don propice ou fatal que nous ont fait les dieux,
Pour nous frapper nous-même, ou conquérir les cieux!

XXXVII.

Qu'un bizarre destin préside à notre vie!
La gloire lui refuse un trépas qu'il envie;
Et ses jours dans l'oubli, de momens en momens,
S'éteignent comme un feu qui manque d'alimens!
Voyez pâlir son front! voyez sa main tremblante,
Pour affermir en vain sa marche chancelante,
Chercher à chaque pas un repos, un appui!
On dirait que le sol se dérobe sous lui,
Que la nuit l'environne, ou qu'il voit, comme Oreste,
Deux soleils s'agiter dans la voûte céleste.
Tel qu'un génie enfant qui veille sur ses jours,

Adda, sa chère Adda l'accompagne toujours;
C'est elle, dont la voix, plus douce à son oreille,
De sombres visions quelquefois le réveille :
Ses yeux avec douceur semblent la contempler;
Du doux nom de sa fille il aime à l'appeler;
Sa fille aura bientôt ces grâces et cet âge...
Ce n'est pas elle, hélas! au moins c'est son image!
Et son cœur, un moment par le bonheur trompé,

Glissait comme l'espoir à travers le malheur,
Ou dans la nuit de l'âme un regard du Seigneur.
A sa lueur pieuse, Harold ému contemple
Les noms des morts brisés sur les pavés du temple;
Des martyrs et des saints les bustes insultés,
D'une trace récente encore ensanglantés,
Et l'autel, dépouillé d'une pompe inutile,
A peine relevé par les mains de Cyrille,
Mais dans sa solitude et dans sa nudité,
Couvert de ces terreurs, de cette majesté,
Qu'en dépit de la foi, du doute, ou du blasphème,
Le seul nom du Très-Haut imprime au marbre même.

Harold, ralentissant ses pas silencieux,
S'assied sur un tombeau. « Quelle paix en ces lieux!
Dit-il; et que ces morts dont je foule la pierre,
Dorment profondément dans leur lit de poussière!
L'espace qu'en ces lieux je couvre de mon pié
A suffi pour ces saints : c'est là qu'ils ont prié;
C'est là qu'ils ont trouvé ce sommeil que j'envie!
Naître, prier, mourir, ce fut toute leur vie.
L'univers fut pour eux l'ombre de cet autel;
Et, des songes divers qui bercent un mortel,
Science, ambition, gloire, amour, vertu, crime,
Ils n'en ont eu qu'un seul!... mais il était sublime!
Quoi! ce songe immortel, en est-il un? Ce Dieu
Qu'ils priaient à toute heure et voyaient en tout lieu,
Et dont jusqu'au tombeau leur âme possédée
Fit son seul aliment, n'est-ce rien qu'une idée?
Une idée éternelle!... un espoir, un appui
Que l'homme apporte au monde et remporte avec lui!
Qui suffit à l'emploi de cette âme infinie;
Qui, voilée un instant, jamais évanouie,
Plane de siècle en siècle et règne ici, partout!...
N'est-ce rien? Oserais-je?... Ah! peut-être est-ce tout!...
Peut-être que, seul but de tout ce qui respire,

Dieu, Jéhova, Sauveur, Destin, qui que tu sois !
Toi qu'on ne vit jamais qu'à travers un mystère,
Énigme dont le mot ferait trembler la terre,
Écoute : s'il est vrai qu'interrompant ses lois
La nature ait jadis entendu notre voix ;
Que, cédant au pouvoir d'un nom que tout redoute,
Les astres enchantés suspendissent leur route,
Et qu'au charme vainqueur de mots mystérieux,
La lune en chancelant se détachât des cieux ;
Dût ce ciel m'écraser, dût, à ce mot suprême,
La terre en s'entr'ouvrant m'anéantir moi-même !
Par le seul charme vrai, puissant, universel,
Un désir dévorant dans le sein d'un mortel,
Je t'évoque ! Réponds, fût-ce aux coups de la foudre,
Et qu'un mot vienne enfin me confondre ou m'absoudre !

« Et vous, dont le tombeau retentit sous mes pas,
Mânes ensevelis dans un sanglant trépas,
Dans l'éternel bonheur si la pitié vous reste,
Au nom, au nom du Dieu que le martyre atteste,
Éveillez-vous ! Parlez !... du fond du monument
Que j'entende un seul mot ! un soupir seulement !
Un soupir suffirait pour éclaircir mon doute !... »
Et collant son oreille à la funèbre voûte,
Il semblait écouter un murmure lointain :
Et quand le saint vieillard, au retour du matin,
Vint rallumer la lampe éteinte avec l'aurore,
Le front dans la poussière il écoutait encore !

XL.

Mais son regard en vain se soulève au soleil ;
Le jour vient sans chaleur, la nuit vient sans sommeil,
Son front tombe accablé sous le poids des journées,
Et chaque heure en fuyant emporte des années :

Contemple tour à tour les flots, les cieux, la plage,
Et recueillant le bruit des bois et de la mer,
Semble s'entretenir avec l'Esprit de l'air ;
Tandis qu'à ses côtés, folâtrant sur la rive,
Adda, tournant vers lui sa paupière attentive,
Brise les fleurs des champs écloses sous sa main,
En sème ses cheveux, en parfume son sein,
Et, nouant en bouquets leur tige qu'elle cueille,
Sur les genoux d'Harold en jouant les effeuille.

Du Pinde et de l'OEta les sommets escarpés,
Des derniers traits du jour à cette heure frappés,
Élevaient derrière eux leurs vastes pyramides,
D'où le soleil, brillant sur des neiges limpides,
Faisait jaillir au loin ses reflets colorés,
Et, creusant en sillons des nuages dorés,
Comme un navire en feu flottant dans les orages,
Semblait près d'échouer sur ces sublimes plages.
S'abaissant par degrés, de coteaux en coteaux,
Les racines des monts se perdaient sous les eaux :
Là, comme un second ciel la mer semblait s'étendre,
Et reposait les yeux dans un azur plus tendre ;
L'Aracynthe y jetait son ombre loin du bord,
Et, se perdant au loin dans son golfe qui dort,
Ses neiges, ses forêts, et ses côtes profondes
Flottaient au gré du vent dans le miroir des ondes.
La mer des Alcyons, si douce aux matelots,
En sillons écumeux ne roulait point ses flots ;
Une brise embaumée en ridait la surface ;
La vague, sous la vague expirant avec grâce,
N'élevait sur ses bords ni murmure, ni voix ;
Seulement, sur son sein bondissant quelquefois,
Un flot, qui retombait en brillante poussière,
Semait sur l'Océan un flocon de lumière.
Fuyant avec le jour sur les déserts de l'eau,
Le vent arrondissait le dôme d'un vaisseau,

Plus riante et plus jeune au moment qu'il expire,
Hélas ! comme à présent tu sembles lui sourire,
Et, t'épanouissant dans toute ta beauté,
Opposer à sa mort ton immortalité !

« Quoi donc ? N'aimes-tu pas au moins celui qui t'aime ?
N'as-tu pas de pitié pour notre heure suprême ?
Ne peux-tu, dans l'instant de nos derniers adieux,
D'un nuage de deuil te voiler à mes yeux ?
Mes yeux moins tristement verraient ma dernière heure,
Si je pensais qu'en toi quelque chose me pleure,
Que demain la clarté du céleste rayon
Viendra d'un jour plus pâle éclairer mon gazon,
Et que les flots, les vents et la feuille qui tombe,
Diront : « Il n'est plus là; taisons-nous sur sa tombe. »
Mais non ! tu brilleras demain comme aujourd'hui !
Ah ! si tu peux pleurer, Nature, c'est pour lui !
Jamais Être, formé de poussière et de flamme,
A tes purs élémens ne mêla mieux son âme !
Jamais esprit mortel ne comprit mieux ta voix,
Soit qu'allant respirer la sainte horreur des bois,
Mon pas mélancolique ébranlant leurs ténèbres,
Troublât seul les échos de leurs dômes funèbres;
Soit qu'au sommet des monts, écueils brillans de l'air,
J'entendisse rouler la foudre, et que l'éclair,
S'échappant coup sur coup dans le choc des nuages,
Brillât d'un feu sanglant comme l'œil des orages;
Soit que, livrant ma voile aux haleines des vents,
Sillonnant de la mer les abîmes mouvans,
J'aimasse à contempler une vague écumante
Crouler sur mon esquif en ruine fumante,
Et m'emporter au loin sur son dos triomphant
Comme un lion qui joue avec un faible enfant !
Plus je fus malheureux, plus tu me fus sacrée !
Plus l'homme s'éloigna de mon âme ulcérée,
Plus dans la solitude, asile du malheur,

Et ce corps, et ces sens, et ce qui pense en moi,
Et, les rendant aux flots, à l'air, à la lumière,
Avec tes élémens confondre ma poussière.
Oui ; si l'âme survit à ce corps épuisé,
Comme un parfum plus vif quand le vase est brisé,
Elle ira.... »

XLIV.

Mais l'airain, comme une voix qui pleure,
Des heures d'un mourant frappe la dernière heure....
De sa couche funèbre Harold entend, hélas!
Résonner dans la nuit cet appel du trépas;
Et, rappelant de loin son âme évanouie,
Compte les tintemens de la lente agonie.
D'un côté de son lit, debout, le saint vieillard
Élève vers le ciel son sublime regard,
Et, tenant dans ses mains une torche de hêtre,
Ressemble au temps qui voit l'éternité paraître :
De l'autre, entre ses doigts pressant sa froide main,
Adda, sous ses baisers la réchauffant en vain,
S'abandonne en enfant à ses seules alarmes;
Ses cheveux sur son sein ruissellent de ses larmes,
Et, penchant son beau front profané par le deuil,
Ressemble en sa douleur à l'ange du cercueil,
Qui, noyant dans ses pleurs sa torche évanouie,
Regarde palpiter la flamme de la vie!
Ainsi mourait Harold, et son œil abattu
Ne voyait en s'ouvrant qu'innocence et vertu,
Sur ce seuil où son âme, au terme de sa route,
N'allait porter, hélas! que remords et que doute!...

Mais déjà son regard ne voit plus ici-bas
Que ces songes sanglans précurseurs du trépas ;
Il écoute ; il entend des bruits, des cris de guerre ;

L'ange aux regards de feu le pousse de son glaive ;
Et seul, nu, palpitant, dans ce terrible lieu,
Pour subir son épreuve, il entre devant Dieu ;
Mais le Christ, plus brillant que l'éternelle aurore,
Sa balance à la main, n'y jugeait point encore !

XLVI.

« Harold, dit une voix ; voici l'affreux moment !
Tu vas te prononcer ton propre jugement.
Pendant que tu vivais, dans une nuit obscure,
Abusant de ces jours que le ciel vous mesure,
Tu perdis à douter ce temps fait pour agir !
Bientôt le jour sans fin à tes yeux va surgir !
Mais du Dieu qui t'aimait l'ineffable clémence
T'accorde une autre épreuve. Écoute, et recommence !
Mais tremble ! car tu vas tirer ton dernier sort.
Au lieu le plus obscur, où, sur ces champs de mort,
La nuit semble épaissir ses ombres taciturnes,
L'Ange du jugement vient de placer deux urnes
Dont l'uniforme aspect trompe l'œil et la main :
L'une d'elles pourtant renferme dans son sein
L'incorruptible fruit de cet arbre de vie,
Qu'aux premiers jours du monde une fatale envie
Fit cueillir, avant l'heure, à l'homme criminel,
Fruit qui donna la mort, et peut rendre éternel ;
L'autre cache aux regards, dans son ombre profonde,
Celui qui tenta l'homme et qui perdit le monde !
Ce symbole du mal, ce ténébreux serpent
Y roule les replis de son orbe rampant,
Et, noircissant ses bords du venin qui le ronge,
Lance un dard éternel à la main qui s'y plonge !...
Avant de te juger, Jéhova, par ma voix,
T'ordonne de tenter ce redoutable choix ;
Mais il te donne encor, pour guider ta paupière,

La veille avec effroi, comme on veille son âme.
Cependant près du but, son œil épouvanté
Voit baisser par degrés sa douteuse clarté ;
Sur les urnes du sort elle blanchit à peine ;
Il veut la ranimer avec sa propre haleine :
Il souffle... elle s'éteint. « Malheureux, dit la voix,
Tu reçus trois flambeaux pour éclairer ton choix ;
Tous trois se sont éteints au terme de ta route :
L'urne éclaircira seule un si terrible doute !
Dans son sein, que la nuit dérobe à ton regard,
Tente un choix éternel, et choisis au hasard !... »
Une sueur de sang, plus froide que la tombe,
Du front pâli d'Harold à larges gouttes tombe :
Il recule, il hésite, il voit, il touche en vain ;
Trois fois d'une urne à l'autre il promène sa main ;
Trois fois, doutant d'un choix que le hasard inspire,
De leurs bords incertains, tremblante, il la retire ;
Enfin, bravant du sort l'arrêt mystérieux,
Il plonge jusqu'au fond en détournant les yeux.
Déjà ses doigts, crispés par l'horreur qui les glace,
S'entr'ouvrent pour sonder le ténébreux espace,
Quand, des plis du serpent soudain enveloppé,
Il tombe !... un cri s'échappe : « Harold, tu t'es trompé ! »
Et l'écho de ce cri, que Josaphat prolonge,
L'éveillant en sursaut, chasse son dernier songe...
Il frémit ; il soulève un triste et long regard ;
Un mot fuit sur sa lèvre... Hélas ! il est trop tard !

XLIX.

Il n'est plus !... il n'est plus, l'enfant de mon délire !
Il n'est plus qu'un vain son qui frémit sur ma lyre !
L'immortel pèlerin est au terme : il s'endort !
Voyez comme son front repose dans la mort !
Comme sa main ouverte, à ses côtés collée,

En murmurant des morts la pieuse oraison,
N'oubliez pas au moins de prononcer son nom!
Si Dieu compte là-haut les regrets de la terre...
Mais, taisons-nous! la tombe est le sceau du mystère[12]!

son pouvoir s'arrêter sur tes bords : tu es le seul auteur de tous les ravages dont l'humide élément est le théâtre. Il n'y reste aucun vestige de ceux de l'homme ; son ombre se dessine à peine sur sa surface, lorsqu'il s'enfonce, comme une goutte d'eau, dans tes profonds abîmes, privé de tombeau, de linceul, et ignoré !

CLXXX.

Ses pas ne sont point imprimés sur tes domaines, qui ne sont pas une dépouille pour lui... Tu te soulèves et le repousses loin de toi ! Le lâche pouvoir qu'il exerce pour la destruction de la terre n'excite que tes dédains ; tu le fais voler avec ton écume jusqu'aux nuages, et tu le rejettes, en te jouant, aux lieux où il a placé toutes ses espérances : son cadavre gît sur la plage, près du port qu'il voulait aborder.

CLXXXI.

Que sont ces armemens redoutables qui vont foudroyer les villes de tes rivages, épouvanter les nations et faire trembler les monarques dans leurs capitales ? Que sont ces citadelles mouvantes, semblables à d'énormes baleines, et dont les mortels qui les construisent sont si fiers, qu'ils osent se parer des vains titres de *seigneurs de l'Océan* et d'*arbitres de la guerre ?* Que sont-elles pour toi ? un simple jouet. Nous les voyons, comme ta blanche écume, se fondre dans les ondes amères, qui anéantissent également l'orgueilleuse Armada ou les débris de Trafalgar.

CLXXXII.

Tes rivages sont des empires qui changent sans cesse, et tu restes toujours le même ! Que sont devenues l'Assyrie, la Grèce, Rome et Carthage ? Tes flots battaient leurs frontières au jour de la liberté ; et plus tard, sous le règne des tyrans, leurs peuples, esclaves ou barbares, obéissent à des lois étrangères. La destinée fatale a converti des royaumes en déserts. Mais rien ne change en toi, que le caprice de tes vagues ; le temps ne grave aucune ride sur ton front d'azur : tel tu vis l'aurore de la création, tel tu es encore aujourd'hui !

CLXXXIII.

Glorieux miroir où le Tout-Puissant aime à se contempler au milieu des tempêtes : calme ou agité, soulevé par la brise, par le zéphyr ou l'aquilon, glacé vers le pôle, bouillant sous la zone torride, tu es toujours sublime et sans limites, tu es l'image de l'éternité, le trône de l'Invisible ; ta vase féconde elle-même produit les monstres de l'abîme ! Chaque région t'obéit ; tu avances terrible, impénétrable et solitaire !

CLXXXIV.

Je t'ai toujours aimé, Océan, et les plus doux plaisirs de ma jeunesse étaient de me sentir sur ton sein, errant à l'aventure sur tes flots. Dès mon enfance, je jouais avec tes brisans ; rien n'égalait le charme qu'ils avaient pour moi. Si

des divisions intestines ; il eût craint de donner aveuglément le poids de son nom à une faction ; il voulait s'instruire. Il se détermina à relâcher à Céphalonie ; il y fut très-bien accueilli par les autorités anglaises.

Lord Byron, après quelques jours à Céphalonie, sur les instances de Maurocordato et du héros Marc Botzaris, vint débarquer à Missolunghi, enflammé d'une ardeur militaire qui allait jusqu'au délire : il le dit lui-même dans une de ses lettres. Après avoir, de son argent, payé la flotte grecque, il s'occupa de former une brigade de Souliotes. Cinq cents de ces soldats, les plus braves de la Grèce, se mirent à sa solde le 1ᵉʳ janvier 1824 ; et il ne fut pas difficile de trouver un but digne d'eux et de leur nouveau chef...

QUATRIÈME NOTE.

> Elle a donné son nom au cap qu'elle couronne.
> Harold, qui voit blanchir l'éternelle colonne,
> Reconnaît Sunium.

Autrefois Sunium, aujourd'hui le cap Colonna. Si l'on en excepte Athènes et Marathon, il n'y a point, dans toute l'Attique, de site qui mérite plus d'intérêt. Seize colonnes sont une source inépuisable d'études pour l'artiste et pour l'antiquaire : le philosophe salue avec respect le lieu où Platon enseignait ses doctrines en conversant avec ses élèves ; le voyageur est enchanté de la beauté d'un paysage d'où l'on voit toutes les îles qui couvrent la mer Égée. Le temple de Minerve se voit d'une grande distance en mer. Je suis allé deux fois par terre et une fois par mer au cap Colonna. Du côté de la terre, la vue est moins belle que quand on s'en approche en venant des îles. La seconde fois que nous allâmes par terre, nous fûmes surpris par un parti de Maïnotes qui étaient cachés dans les cavernes. Nous avons su, dans la suite, par un prisonnier qu'ils avaient rendu après avoir reçu sa rançon, qu'ils avaient été détournés de nous attaquer par la vue de deux Albanais qui m'accompagnaient ; s'étant imaginé, heureusement pour nous, que nous avions une bonne escorte de ces mêmes Arnautes, ils ne s'avancèrent pas, et laissèrent ainsi passer, saine et sauve, notre caravane trop peu nombreuse pour opposer

« tourner, et, à chaque tour, une danseuse s'en détache de la même
« manière jusqu'à la soixantième. On dit que par une sorte de
« prodige, il y eut une de ces femmes qui ne se tua point dans sa
« chute. »

Voilà un des prodiges d'héroïsme et d'infortune dont notre âge est chaque jour témoin... Et l'Europe regarde !!!.....

SIXIÈME NOTE.

> Mais au moment fatal du divin sacrifice,
> Quand le prêtre, en ses mains élevant le calice,
> Boit le sang adoré du Martyr immortel,
> Une vierge s'élance aux marches de l'autel, etc.

En Grèce, les oraisons funèbres ou myriologues sont prononcées par des femmes. Voici à ce sujet, les détails donnés par M. Fauriel, dans son discours préliminaire des *Chants populaires de la Grèce moderne;* chants qui nous semblent démontrer jusqu'ici que, si les Grecs modernes ont recouvré la valeur de leurs aïeux, ils sont loin encore de rappeler leur génie poétique. Il y a plus de Léonidas et de Thémistocles que d'Homères et de Tyrtées.

« Les chants funèbres, par lesquels on déplore la mort de ses
« proches, prennent le nom particulier de *myriologia*, comme qui
« dirait *discours de lamentations, complaintes.* Les myriologues
« ont, avec les autres chants domestiques des Grecs, cela de
« commun, qu'ils sont d'un usage également général, également
« consacré ; mais ils offrent des particularités par lesquelles ils
« tiennent à quelques-uns des traits les plus saillans du caractère
« et du génie national. J'en parlerai dans un autre endroit, pour
« considérer l'espèce et le degré de faculté poétique qu'ils exigent
« et supposent : il n'est question ici que de donner une idée som-
« maire des cérémonies funèbres dont ils font partie, et auxquelles
« il faut toujours les concevoir attachés.

« Un malade vient-il de rendre le dernier soupir, sa femme, ses
« filles, ses sœurs, celles, en un mot, de ses plus proches parentes
« qui sont là, lui ferment les yeux et la bouche, et épanchent libre-
« ment, chacune selon son naturel et sa mesure de tendresse pour

« Quand quelqu'un est mort à l'étranger, on place sur le lit fu-
« nèbre un simulacre de sa personne, et l'on adresse à cette image
« les mêmes lamentations que l'on adresserait au vrai cadavre. Les
« mères font aussi des myriologues sur les enfans en bas âge qu'elles
« perdent, et ils sont souvent du pathétique le plus gracieux. Le
« petit mort y est regretté sous l'emblème d'une plante délicate,
« d'une fleur, d'un oiseau, ou de tout autre objet naturel assez
« charmant pour que l'imagination d'une mère se complaise à y
« comparer son enfant.

« Les myriologues sont toujours chantés et composés par des
« femmes. Les adieux des hommes sont simples et laconiques. Je
« n'ai jamais entendu parler d'un myriologue prononcé par un
« homme. Dans la Grèce asiatique, il y a des femmes myriologistes
« de profession, que l'on appelle au besoin, moyennant un salaire,
« pour faire et chanter les myriologues, ou, pour mieux dire, ce qui
« en tient lieu. »

(*Chants populaires de la Grèce moderne.*)

SEPTIÈME NOTE.

Évoquant de ces bords le génie exilé,
Il s'élance, il franchit les hauteurs de Phylé, etc.

Phylé, ville ruinée dont on voit encore les débris : elle fut prise par Thrasybule avant l'expulsion des trente tyrans.

HUITIÈME NOTE.

Le féroce Albanais, l'Épirote au front chauve, etc.

L'Albanie comprend une partie de la Macédoine, l'Illyrie et l'Épire. Ce pays, qu'on peut apercevoir des côtes d'Italie, est un des plus beaux de la Grèce. Lord Byron dit qu'il n'est point de plume ou de pinceau capable de rendre la beauté de ses sites; nous pour-

ONZIÈME NOTE.

Les noms d'Odysséus, de Marc, de Kanaris, etc.

ODYSSÉUS OU ODYSSÉE. — Fils d'Andriséus, né en Épire, il entra d'abord au service d'Ali-Pacha. Après la mort de ce tyran, il se met à la tête de ses compatriotes, descend du mont Parnasse, et proclame le règne de la Croix. Il défait Omer-Vrione, successeur d'Ali. « Le récit de ses exploits, dit Pouqueville, volant de
« bouche en bouche, fait éclater l'insurrection jusque parmi les
« peuplades des plateaux supérieurs du mont Œta. Le même jour,
« sans aucune de ces hésitations qui décèlent la crainte de se com-
« promettre, les habitans des cantons d'Hypati, ceux de Gravari,
« de Lidoriki, de Malendrino, de Venetico, qui formaient jadis la
« *Doride*, la Locride hespérienne et l'Étolie, secouent le joug de
« leurs oppresseurs. Des éphores, nom oublié dans la Grèce, rem-
« placent les codja-bachis; le bonnet de raja est foulé aux pieds,
« et le croissant renversé dans tous les lieux où il existait des mos-
« quées; une nouvelle ère commence pour l'Étolie. Bientôt Odyssée
« est déclaré la terreur des musulmans : il les bat, les poursuit,
« s'empare d'Athènes, est nommé deux fois commandant général
« des troupes de l'insurrection grecque et remporte une seconde
« victoire de Platée. Le courage personnel d'Odyssée, ses mœurs
« sauvages, ses vêtemens, tout rappelle un de ces héros d'Ho-
« mère, un de ces hommes primitifs qui ne se montrent qu'à la
« naissance des peuples, et dont l'histoire ressemble bientôt à la
« fable. Tout récemment encore, Odyssée, mécontent du gouver-
« nement grec, vient de congédier ses derniers compagnons
« d'armes, et, seul avec sa femme et ses enfans, il s'est retiré
« dans une caverne du mont Parnasse, dont il a fortifié l'entrée
« avec des palissades et du canon. L'ostracisme, comme on le voit,
« est de tous les siècles : les peuples reprennent leur nom ; mais
« les hommes ne perdent pas leur ingratitude; il est à désirer que
« les Grecs n'imitent pas en tout leurs aïeux, et ne souillent pas
« leur terre régénérée du sang de leurs libérateurs. »

MARCO BOTZARIS. — Digne pendant d'Odyssée, mais plus civilisé que lui; voici le portrait qu'en donne Pouqueville :

« s'assoupit à midi. Il reprit avec une nouvelle vivacité deux heures
« après, et diminua insensiblement jusqu'au soir. A l'apparition des
« premières étoiles, on aperçut dans le lointain les flammes des bi-
« vouacs ennemis dans la plaine ; la nuit fut calme, et, le 5 au
« matin, Marc Botzaris rentra à Missolunghi, suivi de vingt-deux
« Souliotes; le surplus de ses braves avait vécu.

« A la faveur de cette héroïque résistance, le président du gou-
« vernement, Maurocordato, avait approvisionné Missolunghi, et
« fait embarquer pour le Péloponèse les vieillards, les femmes et les
« enfans. Marc Botzaris voulait pourvoir de la même manière à la
« sûreté de sa femme et de ses enfans; mais Chrysé, son épouse,
« ne pouvait se résoudre à l'abandonner : elle lui adresse les adieux
« les plus déchirans; elle tombe à ses pieds avec les timides créa-
« tures qui le nommaient leur seigneur et leur père. Marc Botzaris
« les bénit au nom du Dieu des batailles. Il les accompagne ensuite
« au port; il suit des yeux le vaisseau; il tend les bras à sa femme;
« hélas ! il la quittait pour la dernière fois. Il périt, peu de temps
« après, dans une bataille nocturne contre les Turcs, et sa mort
« fut aussi glorieuse, aussi sainte que sa vie. »

KANARIS.—Le Thémistocle de l'insurrection grecque, né à Psara,
âgé de trente à trente-deux ans, d'une petite taille, l'œil vif et perçant, l'air mélancolique : tel est le portrait qu'en fait le capitaine
Clotz. Il brûle trois fois la flotte ottomane.

« Les Hydriotes (dit Pouqueville) avaient à peine relâché à Psara,
« qu'on vota unanimement la destruction de la flotte ottomane qui
« était à Ténédos. Une division navale composée de douze bricks de
« Psara, avait observé sa position. L'entreprise était difficile : les
« Turcs, sans cesse aux aguets depuis la catastrophe de Chio, se
« gardaient avec soin et visitaient les moindres bâtimens. Cepen-
« dant, comme l'amirauté avait une confiance extrême dans Ka-
« naris, qui s'offrit encore pour cette périlleuse mission, on se
« décida à la hasarder.

« On ajouta un brûlot à celui que le plus intrépide des hommes
« de notre siècle devait monter, et malgré le temps orageux qui
« régnait, les deux armemens mirent en mer le 9 novembre, à sept
« heures du soir, accompagnés de deux bricks de guerre, fins voi-
« liers. Arrivés, le jour suivant, à leur destination, les gardes-côtes
« de Ténédos les virent sans défiance doubler un des caps de l'île,

« vaisseau amiral, et cette altesse tremblante se sauver à terre dans
« un canot, lui qui montait, quelques minutes auparavant, le plus
« beau navire des mers de l'Orient. Le second vaisseau s'abîma
« ensuite avec seize cents hommes, sans qu'il s'en sauvât que deux
« individus à demi brûlés, qui s'accrochèrent à des débris que la
« vague mugissante porta vers la plage, sur laquelle gisaient deux
« superbes frégates.

« O Ténédos ! Ténédos ! ton nom, rendu célèbre par la lyre d'Ho-
« mère et de Virgile, ne peut plus être oublié, quand on parlera de
« la gloire des enfans des Grecs ! Le chantre des *Messéniennes*,
« Casimir Delavigne, a dit leurs douleurs et leur héroïsme ; mais
« qui célébrera leur triomphe, en racontant comment les bricks des
« Hellènes, après avoir recueilli Constantin Kanaris, Cyriaque et
« leurs braves, présentant leurs voiles à la tempête, et naviguant sur
« la cime des vagues, reparurent, le 12 novembre, au port de Psara ?
« Les éphores, suivis d'une foule nombreuse de peuple, de soldats
« et de matelots, s'étaient portés à leur rencontre, dès qu'on eut
« signalé leur approche. Mille cris de joie éclatent au moment qu'ils
« prennent terre. *Salut au vainqueur de Ténédos ! Honneur et
« gloire aux braves ! La patrie reconnaissante*, dit le président des
« éphores, en posant une couronne de lauriers sur la tête de Kanaris,
« *honore en toi le vainqueur de deux amiraux ennemis.*

« Il dit, et remontant vers la ville, le cortége, précédé de Kanaris,
« se rend à l'église ; là, le héros, déposant sa couronne aux pieds
« de l'image de la Vierge, mère du Christ, le front prosterné dans
« la poussière, confessant que toute victoire vient de Dieu, s'humilie
« devant le Seigneur. Il confesse les péchés de la faiblesse humaine
« aux pieds des ministres des autels, et, après avoir reçu le pain de
« vie, aussi modeste et aussi grand, le *vainqueur de deux amiraux
« ennemis* se retire au sein de sa famille.

« Mais il veut en vain se dérober aux hommages : son nom a
« retenti avec trop d'éclat pour rester ignoré. Le capitaine d'un
« vaisseau anglais qui arrivait à Psara le demande et l'interroge ;
« il veut savoir comment les Grecs préparent leurs brûlots pour en
« obtenir de pareils résultats. — *Comme vous le faites, comman-
« dant ; mais nous avons un secret que nous tenons caché ici*,
« dit-il en montrant son cœur : *l'amour de la patrie nous l'a fait
« trouver.* » (POUQUEVILLE, *His^t. de la Rég. de la Grèce.*)

« j'ai déjà eus. — Je suis sûr, milord, que vous n'en avez jamais
« eu d'aussi sérieux. — Je le crois, dit-il. Je renouvelai mes
« instances le 15, pour qu'on appelât le docteur Thomas; on m'as-
« sura de nouveau que milord serait mieux dans deux ou trois jours.
« D'après ces assurances répétées, je ne fis plus aucune instance que
« lorsqu'il fut trop tard.

« Les médecines fortes qu'on lui faisait prendre ne me semblaient
« pas les plus convenables à sa maladie; car, n'ayant rien dans l'es-
« tomac, elles me paraissaient ne devoir lui procurer que des dou-
« leurs : c'eût été le cas, même avec une personne en bonne santé.
« Mon maître n'avait pris, depuis huit jours, qu'une petite quantité
« de bouillon en deux ou trois fois, et deux cuillerées d'*arrow-*
« *root*, le 18, la veille de sa mort. La première fois que l'on parla
« de le saigner fut le 15. Quand le docteur Bruno le proposa, mon
« maître s'y opposa d'abord, et demanda à M. Millingen s'il avait
« de fortes raisons pour lui tirer du sang; la réponse fut qu'une
« saignée pouvait être de quelque avantage, mais qu'on pouvait la
« différer jusqu'au lendemain. En conséquence, mon maître fut
« saigné au bras droit, le 16 au soir, et on lui tira seize onces de
« sang. Je remarquai qu'il était très-enflammé. Alors le docteur
« Bruno dit qu'il avait souvent pressé mon maître de se faire sai-
« gner, mais qu'il n'avait pas voulu y consentir. Survint une
« longue dispute sur le temps que l'on avait perdu, et sur la né-
« cessité d'envoyer à Zante; sur quoi l'on me dit, pour la première
« fois, que cela était inutile, parce que mon maître serait mieux
« ou n'existerait plus avant l'arrivée du docteur Thomas. L'état de
« mon maître empirait; mais le docteur Bruno pensait qu'une nou-
« velle saignée lui sauverait la vie. Je ne perdis pas un moment pour
« aller dire à mon maître combien il était nécessaire qu'il consentît
« à être saigné; il me répondit : Je crains bien qu'ils n'entendent
« rien à ma maladie; et tendant son bras : Tenez, dit-il, voilà mon
« bras; faites ce que vous voudrez.

« Milord s'affaiblissait de plus en plus, et le 17 il fut saigné une
« fois dans la matinée, et une fois à deux heures de l'après-midi.
« Chacune de ces deux saignées fut suivie d'un évanouissement, et
« il serait tombé si je ne l'avais pas retenu dans mes bras. Afin de
« prévenir un semblable accident, j'avais soin de ne pas le laisser
« remuer sans le supporter.

« Ce jour-là, mon maître me dit deux fois : Je ne peux pas

« la voir ! Donnez-lui ma bénédiction ; donnez-la à ma chère sœur
« Augusta et à ses enfants. Vous irez chez lady Byron ; dites-lui,
« dites-lui tout. Vous êtes bien dans son esprit.

« Milord paraissait profondément affecté en ce moment : la voix
« lui manqua ; je ne pouvais attraper que des mots par intervalles :
« mais il parlait entre ses dents, paraissait très-grave, et élevait
« souvent la voix pour dire: Fletcher, si vous n'exécutez pas les
« ordres que je vous ai donnés, je vous tourmenterai, s'il est pos-
« sible. Je lui dis : Milord, je n'ai pas entendu un mot de ce que
« vous avez dit. — O Dieu ! s'écria-t-il, tout est fini ! Il est trop
« tard maintenant. Est-il possible que vous ne m'ayez pas entendu?
« — Non, milord, mais essayez encore une fois de me faire con-
« naître vos volontés. — Comment le puis-je? Il est trop tard...
« Tout est fini ! — Ce n'est pas notre volonté, mais celle de Dieu
« qui se fait. — Oui, dit-il, ce n'est pas la mienne ; mais je vais
« essayer. En effet, il fit plusieurs efforts pour parler ; mais il ne
« pouvait prononcer que deux ou trois mots de suite, comme, ma
« femme ! mon enfant ! ma sœur ! Vous savez tout ; dites tout :
« vous connaissez mes intentions. Le reste était inintelligible.

« Il était à peu près midi ; les médecins eurent une consultation,
« et il fut décidé de donner à milord du quinquina dans du vin. Il
« y avait huit jours qu'il n'avait rien pris que ce que j'ai dit, et
« qui ne pouvait le soutenir. A l'exception de quelques mots que je
« répéterai à ceux auxquels ils étaient adressés, et que je suis prêt
« à leur communiquer s'ils le désirent, il fut impossible de rien
« entendre de ce que dit milord après avoir pris son quinquina. Il
« témoigna le désir de dormir ; je lui demandai s'il voulait que
« j'allasse chercher M. Parry. — Oui, allez le chercher. M. Parry
« le pria de se tranquilliser ; il versa quelques larmes, et parut som-
« meiller. M. Parry sortit de la chambre avec l'espérance de le
« trouver plus calme à son retour. Hélas ! c'était le commencement
« de la léthargie qui précéda sa mort. Les derniers mots que je lui
« ai entendu prononcer furent ceux-ci, qu'il prononça dans la soi-
« rée du 18, à six heures environ : Il faut que je dorme mainte-
« nant. Il laissa tomber sa tête pour ne plus la relever ; il ne fit
« pas un seul mouvement pendant vingt-quatre heures. Il avait,
« par intervalles, des suffocations et une espèce de râle ; alors
« j'appelai Tita pour m'aider à lui relever la tête, et il me parais-
« sait qu'il était tout-à-fait engourdi. Le râle revenait toutes les

Vingt-unième méditation. — Le Golfe de Baïa.	146
Vingt-deuxième méditation. — Le Temple.	149
Vingt-troisième méditation. — Chants lyriques de Saül.	151
Vingt-quatrième méditation. — Hymne au Soleil.	156
Vingt-cinquième méditation. — Adieu.	158
Vingt-sixième méditation.— La Semaine Sainte à la Roche-Guyon.	161
Vingt-septième méditation. — Le Chrétien mourant.	164
Vingt-huitième méditation. — Dieu. A M. l'abbé F. de Lamennais.	165
Vingt-neuvième méditation. — L'Automne.	171
Trentième méditation. — La Poésie sacrée. A M. Eug. de Genoude.	173

NOUVELLES MÉDITATIONS POÉTIQUES.

Première méditation. — Le Passé. A M. A. de V***.	183
Deuxième méditation. — Ischia.	191
Troisième méditation. — Sapho, élégie antique.	195
Quatrième méditation. — La Sagesse.	201
Cinquième méditation. — Le poëte mourant.	204
Sixième méditation. — L'Esprit de Dieu. A L. de V***.	210
Septième méditation. — Bonaparte.	214
Huitième méditation. — Les Etoiles. A madame de P***.	221
Neuvième méditation. — Le Papillon.	226
Dixième méditation. — A El***.	227
Onzième méditation. — Elégie.	229
Douzième méditation. — Tristesse.	231
Treizième méditation. — La Solitude.	233
Quatorzième méditation. — Consolation.	237
Quinzième méditation. — Les Préludes. A M. Victor Hugo.	240
Seizième méditation. — La Branche d'amandier.	253
Dix-septième méditation. — L'Ange. Fragment épique.	254
Dix-huitième méditation. — L'apparition de l'ombre de Samuel à Saül. Fragment dramatique.	260
Dix-neuvième méditation. — Stances.	266
Vingtième méditation. — La Liberté, ou une Nuit à Rome. A Eli. duch. de Dev.	268
Vingt-unième méditation. — Adieux à la Mer.	273
Vingt-deuxième méditation. — Le Crucifix.	277
Vingt-troisième méditation. — Apparition.	281
Vingt-quatrième méditation. — Chant d'amour.	283
Vingt-cinquième méditation. — Improvisée à la Grande Chartreuse.	292
Vingt-sixième méditation. — Adieux à la Poésie.	294
La chute du Rhin à Lauffen. — Paysage.	299
Une jeune fille.	302
Réflexion.	304

www.ingramcontent.com/pod-product-compliance
Lightning Source LLC
Chambersburg PA
CBHW071715230426
43670CB00008B/1021